# 中国，被遗忘的盟友

## 西方人眼中的抗日战争全史

[英] 拉纳·米特（Rana Mitter）◎著
蒋永强　陈逾前　陈心心　◎译
聂洪萍　◎审校

新世界出版社
NEW WORLD PRESS

**图书在版编目（CIP）数据**

中国，被遗忘的盟友：西方人眼中的抗日战争全史（英）米特著；蒋永强，陈逾前，陈心心译．—北京：新世界出版社，2015.3

ISBN 978-7-5104-5293-2

Ⅰ．①中…Ⅱ．①米… ②蒋…③陈… ④陈…Ⅲ．①抗日战争史－中国Ⅳ．① K265

中国版本图书馆 CIP 数据核字（2015）第 031873 号

**中国，被遗忘的盟友：西方人眼中的抗日战争全史**

---

**作　　者**：[英] 拉纳·米特（Rana Mitter）
**译　　者**：蒋永强　陈逾前　陈心心
**策　　划**：中资海派
**执行策划**：黄　河　桂　林
**责任编辑**：刘丽刚　杜　力
**特约编辑**：梁桂芳　郑　春　余　涛
**责任印制**：李一鸣　张　英
**出版发行**：新世界出版社
**社　　址**：北京西城区百万庄大街 24 号（100037）
**发 行 部**：(010) 6899 5968　(010) 6899 8705（传真）
**总 编 室**：(010) 6899 5424　(010) 6832 6679（传真）
http://www.nwp.cn　　http://www.newworld-press.com
**版 权 部**：+8610 6899 6306
**版权部电子邮箱**：frank@nwp.com.cn
**印　　刷**：深圳市彩美印刷有限公司
**经　　销**：新华书店
**开　　本**：787mm × 1092mm　1/16
**字　　数**：350 千
**印　　张**：27
**版　　次**：2015 年 4 月第 1 版　2015 年 9 月第 3 次印刷
**书　　号**：ISBN 978-7-5104-5293-2
**定　　价**：68.00 元

---

# 国际畅销书
# 《中国，被遗忘的盟友：西方人眼中的抗日战争全史》
# 震撼登陆中国

《中国，被遗忘的盟友：西方人眼中的抗日战争全史》简体平装版于 2014 年 7 月上旬在中国正式推出，短短数周内即得到各大知名报纸和网站争相报道。（以下排名不分先后）

## 报　纸

《人民日报》《参考消息》《环球时报》《北京青年报》
《北京晨报》《经济观察报》《解放日报》《文汇报》
《东方早报》《第一财经日报》《新闻晨报》《南方日报》
《南方都市报》《羊城晚报》《深圳商报》《深圳特区报》
《晶报》《海南日报》《淮海晚报》《广州 E 报》《邢台日报》
《南宁晚报》《滕州日报》《宁波晚报》《内蒙古日报》
《发展导报》《济南日报》《长江日报》《法制晚报》
《石家庄日报》《重庆日报》《青年参考》《都市晨报》

## 网　站

新华网　人民网　中国新闻出版网　中国网　环球网

网　易　搜狐网　凤凰网　新浪读书　澎湃新闻

腾讯网　光明网　开卷网　北发图书网　大众读书网

深圳新闻网　半壁江读书网　价值中国网　商业评论网

## 其　他

凤凰卫视《开卷八分钟》(英文版)

江苏卫视《南京大屠杀死难者国家公祭日特别节目》

# 致中国读者信

FORGOTTEN ALLY
China's World War II, 1937 ~ 1945

To Chinese readers of *Forgotten Ally*:

It is a real pleasure and honor to present to Chinese readers my new book *Forgotten Ally: China's World War II, 1937 ~ 1945*. The subject of China's wartime experience has not been well-understood in the west, and my book has aimed to educate western readers about the terrible events that took place during those years, as well as showing how China changed at that time. I am delighted that a Chinese translation of my book is now available to readers in China. I hope that even for Chinese readers, there will be plenty of new and interesting information about the war. Additionally, I hope Chinese readers will find it interesting to see how a western scholar looks at the importance of the war against Japan in the shaping of modern China.

I do hope you will enjoy reading this book, that you will find it a detailed and sympathetic portrayal of one of the most traumatic periods in Chinese history, and that it will stimulate you to find out more about the period of China's War of Resistance.

**Rana Mitter**

**Oxford**

**March 2014**

致《中国，被遗忘的盟友：西方人眼中的抗日战争全史》的中国读者：

对于本书的中文版能够与你们见面，我感到十分荣幸和愉快。西方人对中国抗日战争的历史知之甚少，而我创作本书的目的就在于让他们了解那段悲惨的历史，并为他们展现中国的转型历程。我希望你们也能从中学到一些新鲜、有趣的知识。此外，我还希望你们能从一位西方学者的角度去发现并了解抗日战争对中国现代化转型的重要性。

我在这本书上花费了许多心血，极力呈现中国历史上最惨痛的那段时期。我衷心地希望你们能喜欢它，也希望能借此激励你们收集更多有关抗日战争的史料。

拉纳·米特
牛津大学
2014年3月

1937年8月18日，难民潮涌向上海的白渡桥。仅在6周前，中日战争在中国北平正式拉开序幕。

1937 年，一举跻身战时领袖的蒋介石，正在发表演讲。

1937 年，上海外滩的难民们。当时，为了躲避日本的侵略，中国人纷纷逃往城中的各个中立租界。

1937 年 12 月，撤退的中国部队在南京修建射击防御工事。不久之后，这里将成为可怕的屠杀现场。

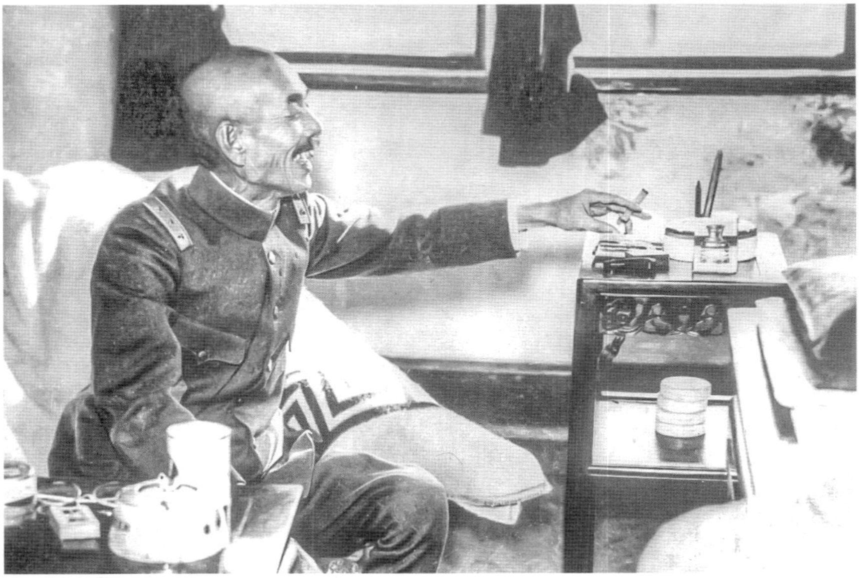

1938 年，松井石根将军在上海的总部。在几个月之前，松井石根允许他的部队在南京占领区随心所欲地杀人放火，奸淫掳掠。

戴笠，国民党军统局副局长，兼任“中美合作所”主任。戴笠意欲把他手下的特务培养成蒋介石的耳目。

周佛海，国民党高级官员，后密切参与了汪精卫的投敌叛国活动，并在1938年与日本人进行合作。

李士群，汪精卫的安全负责人，为人恶毒奸诈，常在人称“魔窟”的汪伪特工总部部署恐怖活动。

1938年4月，台儿庄战役。这是抗日战争期间，中国国民党在正面战场中罕见的胜利，让战士们士气大增。

1938年7月，日本军队在黄河决堤后利用小船渡河。蒋介石下令炸毁黄河堤，暂时阻挡了日军的进攻，同时也牺牲了居住在沿岸的众多老百姓。

1938年5月，毛泽东在延安鲁迅艺术学院发表演讲。抗日战争初期，中国共产党竭力争取群众的支持。

1938年6月，广州市民正在躲避空袭。抗日战争早期，空袭的危险时刻存在。

1938年7月，蒋介石在武汉主持最高军事会议，他被迫面临是否要放弃武汉的艰难抉择。

1940年南京伪政府成立前的汪精卫（右）与褚民谊。汪精卫在日本的扶持下，建立了与国民党政府对抗的伪政府。

1939年，重庆市遭空袭后无家可归的百姓。在5月3日和4日这两天，重庆城遭受了日机的狂轰滥炸，战时人民的生活雪上加霜。

这幅漫画描绘了汪精卫在1940年3月30日就职伪政府主席的情景。汪精卫被画成一位发出万丈光芒的“巨人”，说“他在抗日前途一片暗淡之时，为人民带来了希望”。

克莱尔·李·陈纳德将军。他率领的“飞虎队”为抗日的国民党打了一剂强心针。

约瑟夫·W. 史迪威（绰号“醋性子乔”）。他担任蒋介石的参谋长，二人关系的恶化也影响了随后几年的中美关系。

1942 年，蒋介石和莫罕达斯·甘地在加尔各答附近会面。

毛泽东视察驻扎在延安的八路军部队。在整个抗日战争中，中国共产党在敌后开展的游击战给日本侵略者以重创。

1942 年，在缅甸的中国受伤士兵。在联合抗日早期，从缅甸撤军是盟军的一次奇耻大辱。

1943年，河南大饥荒中逃亡的难民。这次饥荒是由自然因素、社会因素和外部不可控因素共同造成的结果，大大削弱了国民党政府的统治。

1943年，河南省，一位女性灾民。

1943 年，中国士兵守卫着一架美式 P-40 战斗机。

包瑞德上校（左）和外交官谢伟思在他们的延安住所外。他们是访问延安的美国“迪克西使团”的成员。

1943 年 2 月 18 日，宋美龄（蒋夫人）站在美国众议院的演讲台上发言。美国对中国的援助在抗日战争中起到了重要作用，但无论宋美龄如何辩护，蒋介石在战争中失去的声誉也已无法恢复。

（从左至右）蒋介石、富兰克林·D. 罗斯福、温斯顿·丘吉尔和宋美龄，1943 年在开罗会议现场。

1943 年 11 月，在日本东京召开的大东亚会议的与会者，（从左至右）分别是巴莫、张景惠、汪精卫、东条英机、旺·威泰耶康、何塞·劳雷尔和苏巴斯·钱德拉·鲍斯。这次会议旨在缓和东南亚各国人民的反日运动，以应对盟军的反攻。

1944 年 11 月，难民徒步而行。日本在 1944 年发动的豫湘桂会战席卷了华中地区，其中摧毁的大部分是国民党的统辖区。

1945 年美式坦克载着中国士兵驶入缅甸。盟军坚持要中国参加，协助夺回他们在 1942 年失去的战场。

1945年9月9日，在南京举行的日本投降仪式上，侵华日军总司令冈村宁次向何应钦带领的中方代表团递交投降书。

（从左至右）张治中、毛泽东、帕特里克·赫尔利、周恩来和王若飞。一行人在1945年日本投降之后，飞往重庆与蒋介石进行会谈。

2012年12月13日，中国武警战士抬着花圈向侵华日军南京大屠杀遇难同胞纪念馆行进，举行大屠杀遇难同胞七十五周年纪念祭。

# 权威推荐



**国际问题专家　美国前国务卿　亨利·基辛格**

拉纳·米特的新作《中国，被遗忘的盟友：西方人眼中的抗日战争全史》非常成功，它描绘了成百上千万中国人民的英勇抗战史，以及战争如何促使现代中国崛起。这本书揭开了行将被人遗忘的历史记忆，为人类史料的丰富和完整化做出了重大贡献。

**《纽约时报》**

《中国，被遗忘的盟友：西方人眼中的抗日战争全史》是一部惊世骇俗的作品！

**《华尔街日报》**

《中国，被遗忘的盟友：西方人眼中的抗日战争全史》是一部引人注目的权威之作。它深入研究了中国在"二战"盟军中所处的角色，展现了中国人民在抗日战争中付出的惨重代价，以及战争创伤对中国战后发展的影响，可谓精妙绝伦。

**《华盛顿邮报》**

每一个对中国、对"二战"以及中国与世界发展关系这一论题感兴趣的人，都应该读读《中国，被遗忘的盟友：西方人眼中的抗日战争全史》。拉纳·米特以精湛的笔触将有关战争、饥荒、大屠杀、外交以及阴谋的故事完美地融合在这部杰作当中。

**《华盛顿时报》**

拉纳·米特以少见的客观性对中日战争这个主题进行了深入分析，其观点尖锐但不失中肯。《中国，被遗忘的盟友：西方人眼中的抗日战争全史》是任何一个想要全面了解太平洋战争之人的必读书。

**《金融时报》**

在《中国，被遗忘的盟友：西方人眼中的抗日战争全史》这本书中，作者拉纳·米特对许多鲜为人知的历史深层问题进行了精辟分析，使其成为一部至关重要又恰逢其时的著作……此外，米特在书中对当今中日对立关系的成因也进行了深刻论证。

**《泰晤士报》**

《中国，被遗忘的盟友：西方人眼中的抗日战争全史》是拉纳·米特关于中日战争史的杰作，是对“二战”中我们知之甚少的那部分历史的权威著述。想要了解这一超级大国今日为何能崛起，就应该更多地着眼于其历史。本书思路清晰，文笔优美。

**《外交事务》**

拉纳·米特致力于从一个全新的角度深入地剖析在中日战争这场惨烈的冲突中所有角色的状况，从而引发一定的历史共鸣。

**《每日电讯报》**

数十年来，西方读者对拉纳·米特在这部杰作中论述的有关中国的遭遇知之甚少。拉纳·米特对这场战争中的军事策略进行了动人而明晰的解读。这也是一部一流的社会政治史。拉纳·米特严肃、优雅、适度的梳理，对于遭受过精神创伤的中国人而言可谓理想的疏导。

**《卫报》**

《中国，被遗忘的盟友：西方人眼中的抗日战争全史》忠实地还原了中日战争中重大战事的全貌，感性与理性兼备，文字精彩绝伦；所有研究“二战”的历史学家都应该感谢拉纳·米特的研究，没有哪本书能比他的著作更具参考意义了。

**《科克斯书评》**

拉纳·米特以大卫·麦库卢式的叙事方式，将一段复杂的历史鲜活地呈现出来，不失为一部有关中日战争的杰作。

**《经济学人》**

《中国，被遗忘的盟友：西方人眼中的抗日战争全史》是一部严谨细致又深具启发性的研究著作。拉纳·米特用独特的视角讲述发生在中国人身上的故事，从蒋介石的日记到中央记者的记述，再到逃离战乱的中产阶级心中的感受，他从第一人称的角度巧妙地描述着中日战争的历史。

**《观察家报》**

这部扣人心弦的著作不仅对中日战争进行了详尽的学术梳理，其前言也对中国20世纪上半叶的政治史进行了精要的阐释……全书生动呈现了遭遇这场苦难的中国人顽强抗争的身影。

**新华网 《瞭望东方周刊》**

拉纳·米特的《中国，被遗忘的盟友：西方人眼中的抗日战争全史》，首次以西方史学家的视角重写了中国八年抗战史，全书以毛泽东、蒋介石、汪精卫三个历史人物为主线，描绘了台儿庄战役、武汉会战、长沙会战等正面战场的场景，也向西方读者介绍了更不为他们所了解的、沦陷区的不同形式的抗争，是西方世界里最重磅的“中国·历史”类书籍。

**《重庆日报》记者　强　雯**

拉纳·米特表示，之所以出版本书，是因为世界遗忘了中国在“二战”时期的巨大贡献……（他）要还中国历史一个清白……全世界应该给中国在“二战”中的地位、作用以公正的评价。

**《文汇报》记者　吴宇桢**

拉纳·米特教授严肃而鲜明地提出：在亚洲战场上英勇抗击日本的中国，是“二战”历史中不能被遗忘的第四位“盟友”。

**香港《信报》创办人　林行止**

《中国，被遗忘的盟友：西方人眼中的抗日战争全史》的研究可谓深入与客观。想认识在八年抗战中（包括4年“二战”），中国如何不惜牺牲抗日，并付出了何种惨重代价的读者，此书不容错过。

**深圳卫视《决胜制高点》节目主持人　朱克奇**

中国人民的抗日战争，艰苦卓绝；而在艰苦卓绝的情形下仍能奋战到底，不论在当时，还是在今天，都值得中国人引以为傲。但是，这段光荣的历史长期以来在西方被忽视、被歪曲，甚至被遗忘。

此书可以说是一个纠偏，但也仅仅是个开始。在必须维护“二战”战后秩序的今天，我们也必须发出这样的声音：中国拒绝被遗忘。这种拒绝，首先要落实在我们如何尊重自己的历史上。

**长城抗战网总编　贾元良**

西方的中国通用史实告诉世界：中国的抗日战争，成就了“二战”反法西斯同盟国的胜利，不可淡定！

**近代中国人物与档案文献研究中心主任　复旦大学教授　吴景平**

《中国，被遗忘的盟友：西方人眼中的抗日战争全史》不仅对西方学界破除“欧洲中心”的传统史观具有重要的示范意义，对于中国人更加全面地理解抗战也不失为一个新的视角。中国的抗日斗争，不仅包括正面战场和敌后战场的军事斗争，还包括文学、艺术领域，以及沦陷区的工矿企业和补给线上不甘屈服的中国人都展现了积极强大的抗击侵略者的精神。

**北京外交智库察哈尔学会研究员　和静均**

《中国，被遗忘的盟友：西方人眼中的抗日战争全史》，是西方著名历史学家拉纳·米特的力作。通过他充溢着思辩性的笔墨，一个贫弱国家抵抗并击败现代化日本法西斯军队的悲壮历史，以不同于以往的视角呈现于读者眼前，并直指当今中日关系动荡的深层原因。此书观点独特敏锐，在同类书籍中无人可及，不读为遗憾矣。

**抗战研究专家《1944：松山战役笔记》作者　余　戈**

《中国，被遗忘的盟友：西方人眼中的抗日战争全史》是一部很棒的中国抗日战争全史。它仔细考察了中国在“二战”盟军中所处的角色，展现了中国人民在战争中付出的惨重代价，以及战争如何全面影响中国走向现代化的历程。观点独到，文笔犀利！

# 目 录

FORGOTTEN ALLY
China's World War II, 1937-1945

## 第二部分　兵灾连绵

## 第三部分　孤军奋战

# 第四部分　饮鸩为盟

# 推荐序 I



曹景行
资深媒体人　时事评论员

## 中国本为世界而战，世界须还中国公道！

拉纳·米特的《中国，被遗忘的盟友：西方人眼中的抗日战争全史》简体平装版 2014 年出版，正是时候。2015 年是世界反法西斯战争胜利七十周年，无论是当年的战胜国还是战败国，都将再一次直面千万亡灵，直面历史的真实。拉纳·米特书中的核心问题正是，一直以来西方国家都低估了中国在第二次世界大战中的重大作用和贡献，为了历史也为了今天，世界都应该还中国一个公道！

在 70 多年前的那场人类浩劫中，每个国家、每个民族都遭受了无法抹去的创痛。2013 年夏天在挪威北部某港口小镇街头，一块石碑告诉我，当年纳粹德国败退时一把火烧了整个镇子，只留下我身旁的小教堂。而在我们中国，就算用万千块这样的石碑都无法记录下当年日本鬼子的罪孽恶行！

要公平看待中国对“二战”的贡献，必须跳出以欧洲战场为中心的传统史观，就像拉纳·米特努力去做的那样。从 1931 年开始的整整

14 年，不管牺牲如何巨大，不管有没有外援，一直坚持抵抗侵略国的只有咱们中华民族！

最了不起的是，即使到了丢失了半壁大好河山的危亡时刻，中国也没有同日本媾和，更没有投降。1937 年全面抗战初始，中国军事家蒋百里就大声疾呼："胜也罢，败也罢，就是不要同它（日本）讲和！"中国还真的做到了，可惜的是蒋百里早早病逝，没能等到日本侵略者俯首的那一天。

可以肯定，要是没有中国的坚持，"二战"一定不会那样结束。试想，如果让日本侵吞了整个中国，那么英国很可能失去印度，丘吉尔还能撑多久？苏联将不得不对德对日两面作战，斯大林还能从乌拉尔以东源源不断地调运援兵？至于美国，或许要多牺牲一两百万士兵，才能把日本人打败。但是它们的历史总是记录它们自己的辛苦和勇气，却忘了（或者低估了）东方还有一个死撑到底的中国，帮了它们大忙。

对中国的不公平首先就体现在战时的大国交易中。丘吉尔坚拒把香港归还中国，斯大林对日开战的先决条件居然是把盟友中国的东北占为己有，还硬要中国吞下外蒙古独立的苦果！美国看似公道，但它为了战后同苏联较量，不仅独占战败后的日本，排拒中国的参与，而且还把本应归还中国的钓鱼岛当作人情留给战败国日本。在他们眼中，中国真的不算什么！

直到 70 多年后的今天，西方在重新看待中国的同时，也应该还这个"被遗忘的盟友"一个迟到的公道。尤其当日本右翼想靠否定"二战"罪孽来让其国家"正常化"，当年的世界反法西斯联盟更应该发出一个共同的声音，绝不允许它翻历史的公案。而只有公允地肯定中国抗日战争的丰功伟绩，才能把日本侵略者永远钉死在审判席上，永世不得超生。

这也应该是台海两岸的共同努力。记得 2005 年 8 月 30 日，中国国务院新闻办在北京介绍中国如何纪念抗日战争胜利六十周年。新闻发布会上，我提出的问题是：今天大陆如何看待国民党正面战场的作用？当时任国台办副主任的王在希先生回答我的问题时表示："国民党军队主要在日军进攻的正面作战，形成了与共产党领导的、以人民武装开辟的敌后战场相区别的正面战场。正面战场的各次重大战役，是中国抗日战争乃至世界反法西斯战争的一个重要组成部分……"这是大陆官方对于正面战场的明确肯定。

肯定整体的抗战历史，当然就要肯定所有的抗战勇士。2014 年 3 月间的一段微博说："广西老兵关怀计划志愿者在访问时，遇到一名隐没乡间 60 多年的抗战老兵。这名老兵生活困苦无人过问，志愿者来进行慰问时，他不敢相信，当志愿者说'凡是打过日本的都算'，老人竟孩子般地号啕大哭起来。"当然，这位抗战老兵属于"国军"，但无论是"国军"还是"共军"，当年打的都是同一个日本鬼子！

60 多年后的"都算"，虽然来得很晚，毕竟还是来了。我们终于懂了，要人家公正看待我们的抗战，我们更应该以同样的公正看待自己，还自己一个公道。

# 推荐序II

FORGOTTEN ALLY
China's World War II, 1937 ~ 1945

《参考消息》

## “二战”回眸：西方遗忘了浴血的中国

美国《华尔街日报》网站2013年10月1日发表了题为《评拉纳·米特所著〈中国，被遗忘的盟友：西方人眼中的抗日战争全史〉》（作者：美国哥伦比亚大学新闻学院教授霍华德·弗伦奇）的文章。

拉纳·米特所著《中国，被遗忘的盟友：西方人眼中的抗日战争全史》是一部关于中国“二战”经历的重要而令人信服的历史书。此书通过仔细考察中国在当年同盟国战争行动中的角色，中国人在自己的抗日斗争中所付出的常常吃力不讨好的代价，以及中国的战争创伤对国家战后发展的影响等，再一次让“谁丢掉了中国”这个问题具备了新意。

作者开篇写道：“几十年来，我们关于那场全球性战争的理解一直未能对中国的角色给出恰如其分的说法。即使在中国被考虑在内的时候，它也只是一个次要角色，一个在一场让美国、苏联和英国出尽风头的战争中跑龙套的小演员。”

无独有偶，学术界今天对于中国为“二战”所做贡献的视而不见，与早年对苏联所付出牺牲的漠视何其相似。只是到了冷战快结束的时候，西方历史学家才开始给予苏联人较为慷慨的赞扬，并允许在一段并不完全是极权与自由之争的战争历史中保留更多道德的复杂性。

拉纳·米特的著作给了中国应有的历史评价。书中记述了中国从1937年开始，拖住80万日本侵略军，从而消耗掉日本的破坏性能量，使之无法把力量投向其他战区。在骇人听闻的1937年南京大屠杀中，日本陆军集体轮奸中国妇女，把中国男性平民当靶子练习杀人，并把成百上千的被俘者绑在一起用汽油烧死。

中国还通过其他不那么容易被承认的方式付出了代价。这个世界上人口最多的国家，早期为进入现代化社会进行了大量基础设施和工业化投资，这些都在战争中被扫荡殆尽。整个国家的铁路网、封闭式公路和工厂大部分都遭到了摧毁。

在这部充满了引人入胜的逸闻故事的著作中，主要人物是中国国民党领袖、战时的国家元首蒋介石。西方对蒋介石的矛盾心理，导致它们减少对中国的战争支持。正如作者所写的：“西方指责中国的战争行动（特别是国民党在其中的作用），所依据的是关于中国政权过于腐败和不得人心以至于无法获得支持的说法。战时美国流行的一个笑话利用谐音把蒋介石的名字（Chiang Kai-shek）念成‘兑现我的支票（Cash My-Check）’。这并不完全公平。实际情况要复杂一些：欧洲第一的战略意味着需要以最低的代价把中国留在战争中，而蒋介石就曾一再被迫把自己的军队按照有利于盟军地缘战略利益，却有损于中国自身目标的方式投入战场。”

正是在这种意义上，或许可以说战时的中国被丢掉了，甚至可以说不止一次被丢掉了。在做出向国民党提供资金、物资和人员支持的决定性承诺时，富兰克林·罗斯福和他的将军们一而再，再而三地犹豫不决，从而为日军的进逼打开了方便之门。1942年，盟军坚持让蒋介石派出主力部队阻止日军占领缅甸，导致其与蒋介石的关系被推到了悬崖边上，而当时中国自己也正面临着日军在侵华战争中发动的最大规模的进攻之一。蒋介石当时曾写道："我确信美国的政策只不过是居心叵测地利用我们。"

随着蒋介石对国家的控制变得日益脆弱，美国向毛泽东和其以延安为根据地的军队派出了参观人员。美国的外交官灵机一动，觉察到了与共产党展开合作的机会，后者凭着其主要根据地的井然秩序让美国参观者叹为观止。不过这个时刻未能持续——就在毛泽东的共产党开始逐渐占据上风的时候，华盛顿却冷落了他。美国再次让自己成为蒋介石政权的后盾，此时该政权即将失败。1949 年，共产党最终取得胜利。一年后毛泽东的新中国和美国便在朝鲜半岛兵戎相见。

此书更客观地描述了蒋介石。陶涵曾在 2009 年出版的《蒋介石与现代中国》一书中提出过一种对蒋介石更具同情心的观点。不过，《中国，被遗忘的盟友：西方人眼中的抗日战争全史》绝非单向的修正主义。拉纳·米特详细记录了蒋介石对于自己的战时策略所造成的人道代价的无动于衷。例如，蒋介石在 1938 年水淹黄河流域低洼地区以延缓日军前进的做法，最终置近 100 万中国民众于死地，但他却撒下弥天大谎，并试图从中国 5000 年的历史故事中寻找借口，来为这场灾难开脱。

# 前　言



## 重庆重生：现代中国的缩影

### 血腥的活剧

1939 年春，尽管存在诸多不稳定因素，但从整体上看，欧洲还算太平。然而，在 7000 公里之外的东方，第二次世界大战的枪声已然鸣起。

5 月 3 日，中国西南部城市重庆此时虽晴，但闷热难当。作为“中国三大火炉”之一，40℃以上的高温天气对这座城市而言已是稀松平常。正午时分，《新民报》记者张西洛正准备吃饭，在他看来，这座城市一如往常：熙攘的街道上，小商贩们卖力兜售着各种商品；忙碌的码头边，船只穿梭往返，数百苦力往来搬运货物，每有乘客下船，数十个轿夫便会争先迎上去。重庆是著名的“山城”，陡峭的山岩将山上的城市与长江隔开，所以若经济条件允许，坐轿子上山才算是明智之举。

在各种商铺前，商贩正与买家讨价还价。重庆从未如此热闹过。1937 年 10 月，迫于日军 3 个月以来的侵略压力，国民政府宣布再无力驻守当时的首都南京，重庆也因此被立为陪都。上百万难民蜂拥而至，使这座常住人口不及 50 万人的城市，在 8 年内人口迅速翻了一番。拥挤的市场，匆忙搭建的简陋土坯房，都是难民激增的明证。如此一来，原本就邋遢的重庆市容显得更加凌乱不堪。

张西洛正准备就座吃饭，突然听到一阵声响，他很清楚，那意味着新一轮的恐怖事件即将爆发。他回忆道："中午，我们听到一阵短促的警报声，连饭也顾不得吃，我便匆忙收拾了一下，准备去金汤街的报社防空洞躲避。"[1] 大约过了半小时，一阵更急促的警报声响彻天际，随之而来的是接连不断的轰炸。报社仅剩的几个人都抓起自己的随身物品，急忙钻进防空洞。

张西洛是幸运的，因为他所在的避难所是城中最先进的，由重庆防空司令部修建而成。防空洞内灯火通明，还配有通信设备以及充足的食物和水。而城中大部分市民只能躲在那些难抵猛烈空袭的简易避难所。后来曾有人写道："紧急警报一响，全家近十口人都钻到桌子下面躲了起来。"英国驻重庆领事馆为表明中立态度，命人特别挂起一面硕大的英国国旗，以警示空袭飞行员。但战场上没有绝对的安全，即使对特权阶层来说也是如此。前不久，在日本空袭一座自来水厂之时，附近的使馆大楼就未能幸免于难。

中午 12 点 45 分，36 架 96 式中型攻击机密密麻麻出现在天空中，急速逼近轰炸目标。它们均属日本海军航空队，航程能达 1000 多公里。日军正以此攻势对国民党政府施加压力，迫其投降。

防空洞内的张西洛清楚地听到飞机引擎的轰鸣声：他首先判断出零星几架中国飞机起飞迎敌的声音；不久，隆隆的炸弹爆炸声和中国高射炮声响成一片。后来，空袭持续了整整 1 个小时，直到下午 2 点 35 分才解除警报。

张西洛走出防空洞查看情况：从码头到居民区，所到之处满目疮痍；毁灭是如此的彻底，在一眼望不到尽头的废墟中，一个路口几家银行建筑依然矗立，反而给张西洛一种奇怪的感觉。数小时后，夜幕降临之时，仍有哭啼声、呼救声不绝于耳。他回忆说："太凄惨了。"他先后采访了几位伤者及死者家属，之后便匆匆返回报社赶稿。

5月4日，第二天，张西洛在当地一座公园采访时，巧遇当时新闻界响当当的人物——《大公报》记者范长江。他们见到一位哭泣的妇女，之后才了解到：昨天，她原本与丈夫带着两个孩子来游园，不料遇上空袭，一家人躲避不及，丈夫被炸死，两个孩子都受了伤。这个妇女边哭边叫道："为什么日本鬼子不连我们母子也一起炸死？这让我们怎么活下去啊？"

数年后，有人谈起当天的一幕幕惨剧：炸弹来袭时，他父亲正与一群年轻的工人聊天。突然，他父亲听到一声巨响，随后亲眼看见那群工人"瞬间被炸得血肉横飞"。他母亲还听说：为了躲避空袭，大家拼命往防空洞钻，在黑暗与混乱中，发生了严重的踩踏事故，许多人就那样被活活踩死了。[2]

然而，重庆仍未脱险。5月4日下午，警报再次响起。5点17分，27架日本战机出现在重庆上空，发起又一轮轰炸。一位幸存者回忆道："我们坐在桌下，仿佛身处惊涛骇浪之上的一叶孤舟，不住地震动摇晃；外面弹片横飞，窗玻璃被炸得破碎落地，哗哗乱响，敌机的嗡嗡声、机枪扫射的呼啸声在头顶震荡盘旋。"惊恐之余，他好奇地瞄向窗外，"窗外火光冲天，周围的楼房也在接连倒塌，可爱的家园似乎被夷为平地，变成一片火海了"。晚上7点左右，警报解除了。新民报社的办公楼还在，其前后左右的建筑悉数中弹被毁。[3]

在5月4日的轰炸中，日军出动的飞机数量相较于前一日有所减少，但攻击范围更大，目标打击更精确。据不完全统计，5月3日的轰炸共造成673人死亡，1608处房屋被毁。而5月4日的死亡人数达3318人，被毁房屋3803处。两次空袭引起了国际社会对重庆及逃亡中的国民党政府命运的关注和担忧。与此同时，西班牙共和国也在孤注一掷地发起战斗，反抗佛朗哥的军队。世界各国的使节、战地记者以及商人共同见证了这场发生在中国陪都的浩劫。然而，日军对重庆的轰炸持续了数年之久，5月3、4日的轰炸不过是无数次轰炸中最惨烈的例子。轰炸袭击最为密集的时期——1938年5月～1941年8月，共发生218起使用燃烧弹及杀伤炸弹的袭击，造成11885人死亡，其中多数为平民。[4]空袭警报声已成为战时重庆市民日常生活的一部分。几十年后，一位童年时生活在重庆的人回忆说："那时，我耳边永远鸣响着空袭警报的厉声吼啸；眼前永远呈现着悬挂在美丰银行大厦顶的两枚警报红球。"[5]

重庆被毁的噩耗令蒋介石感到十分震惊。那时他已退守至位于重庆黄山的官邸（此处的黄山并非安徽黄山，而是指抗日战争时期，位于重庆南岸的蒋介石黄山官邸，是"二战"同盟国中国战区的指挥中心。——译者注），远离重庆市中心。在5月3日晚的日记中，他写道：40多架敌机今日袭击了重庆，炸毁了军事委员会大楼及周围大片地区。城中百姓死伤无数。第二天他更伤感地写下：今夜敌机又一次轰炸了重庆，还投掷了燃烧弹。这是我今生所见最惨烈之景象，让人惨不忍睹。如老天爷有眼，为何不让我们的敌人遭到报应呢？[6]（关于出自《蒋介石日记》的引文，因该日记收藏于海外，目前尚未对中国大陆完全公开原文，因此部分引文只能使用其他语言翻译过来的白话文代替。——译者注）

然而，仍有一部分中国人在废墟中看到了希望。轰炸期间，包括中国著名小说家老舍在内的众多文化人士身处重庆。因为他们拒绝在日军占领区内生活，所以来到重庆，一同住在郊区北碚。在北碚，老舍能清楚地看到重庆市中心升起的滚滚硝烟，这也让他意识到空袭日期别样的象征意义。对那一代的作家和艺术家而言，"五四"这个日子很特别。1919年的5月4日，一群青年学生在北京发起了一场反抗帝国主义的游行示威，那场运动也最终成为中国历史上最著名的自由思想运动。新思想高举“民主”和“科学”两面旗帜，猛烈抨击封建主义旧文化，倡导新文化。距五四运动整整 20 年后（1939 年 5 月 4 日），这场爆发在重庆的大轰炸令中国的有识之士难以释怀。老舍在文章《五四之夜》中写道：

> 继续努力……记住，这是五四！人道主义的，争取自由解放的五四，不能接受这火与血的威胁；我们要用心血争取并必定获得大中华的新生！我们活着，我们斗争，我们胜利，这是我们五四的新口号！[7]

在刚成为陪都时，重庆不过是中国西南的一个普通山城，人口不超过 50 万。但如今，重庆已成为中国四大直辖市之一，人口多达 3303 万。同时，在经济方面呈现一派欣欣向荣的景象。其中，电子信息产业的发展尤为令人瞩目。据统计，2011 年重庆电子信息产业实现产值 2500 亿元，笔记本电脑产量达到 2547 万台，全世界每 100 台笔记本电脑就有 7 台产自重庆。熬过了日军的轰炸，熬过了多年的艰苦时光，重庆已从当初的普通山城，重生为如今活力四射的大都市。发生如此大蜕变的重庆，可谓现代中国的缩影。

但在西方世界，重庆大轰炸依然鲜为人知。即便在中国，这一事件也被掩盖了数十年之久。虽然知之者甚少，但重庆大轰炸仍是“二战”中的大事件。几十年来，我们关于那场全球性战争的理解一直未能对中国的角色给出恰如其分的说法。即使在中国被考虑在内的时候，它也只是一个次要角色，一个在一场美国、苏联和英国扮演主角的大戏中跑龙套的小演员。

中国是最早抗击轴心国侵略的国家。抗日战争爆发于 1937 年，早于英、法两国反法西斯战争两年之久，比美国参战早 4 年。1941 年 12 月 7 日“珍珠港事件”爆发后，美国的主要战略目标之一就是“确保中国持续参战”，以此牵制身处中国内陆的大批日军。在同盟国的整体部署中，中国的战略地位也极其重要。但是，相比其他同盟国，中国在政治和经济方面的力量薄弱，因而自主权很小。诚然，抗日战争是中国历史进程中至关重要的一步，标志着中国从半殖民地半封建社会转变为拥有独立主权的国家，登上世界舞台，承担起区域性和全球性的责任。

## 永不忘却的战争

至今，外界对中国在漫长的八年抗战（1937 ~ 1945）中所付出的高昂代价还没有一个全面的认识。据不完全统计，其间中国有 1400 万人死亡（英、美两国死亡总人数各约 40 万，苏联则超过了 2000 万），超过 8000 万难民被迫逃亡，同时处于萌芽阶段的现代化也遭到扼杀。[8] 1949 年中华人民共和国成立之时，正是因为这场战争，整个国家几乎一穷二白。

近年来，人们对中日战争的进程更为清楚。1937 年 7 月 7 日，在北京近郊突发的中日军事摩擦，史称“卢沟桥事变”，是中日战争全面爆发的导火索。直到 1945 年 8 月，战争才宣告结束。八年抗战中，国民党政府曾被迫迁都，上百万难民流离失所；大片中国领土被日军占领。同时，日本还收买扶持中国叛徒，建立伪满洲国，蓄意瓦解国民党政府的统治。而与此同时，在这个国家的其他区域，中国共产党在抗日斗争中赢得民心，并通过彻底的社会改革，不断扩大革命根据地。

“二战”期间，中国经济遭受重创，来之不易的现代化建设被扼杀在摇篮之中，其中几乎所有的铁路交通和 1927 ~ 1937 年这 10 年建造的高速公路和工厂都被破坏殆尽；广州珠三角地区 30% 的基础设施被毁，上海 52% 的基础建设被破坏，当时的首都南京 80% 的城市建设几乎都化为灰烬。[9]

这场战争基本肃清了日、英两大帝国的在华势力，却也同时为美、苏势力入华创造了机会。整个抗日战争史同时也是一部平民百姓的苦难史：从众所周知的南京大屠杀（1937 年 12 月～ 1938 年 1 月），日军攻陷南京，烧杀抢掠，无恶不作，到 1938 年 6 月黄河大决堤，蒋介石政府为了给国民党军换取宝贵的时间，牺牲了千千万万中国同胞。

同时，抗日战争也是中国政府和中国人民齐心协力的一次全民英勇抗战。中国人民殊死抵抗，排除万难，最终取得了抗战的胜利，让“中国不可能获胜”的预言不攻自破。在“珍珠港事件”爆发前的 4 年里，中国一直孤军奋战，独自反抗日本法西斯的侵略。日本当时是一个高度军事化，技术先进的国家，而中国这个欠发达的贫困国家，抵抗住了日本 80 万高度军事化的精锐部队。[10] 此后 4 年，盟军在欧洲与亚洲两个战场同时作战，均获得胜利，其中中国的持久抗战功不可没。而抗日战争也成了对中国未来的设想各持己见的三大人物的人生转折点。战争期间，不论褒贬，国民党领袖蒋介石无疑是各界关注的焦点。1937 年战争爆发之际，几乎所有人，包括共产党内人士都认为他是唯一能代表中国与日本抗衡的人物。蒋介石曾梦想战争能像一把烈火令中国凤凰涅槃——成为一个主权独立、繁荣富强的国家，并在战后亚洲乃至整个世界秩序中充当领导角色。

最终，蒋介石赢得了战争，却失去了国家。而其最大的对手中国共产党最高领导人毛泽东，则在抗日战争中成长为一代领袖。战争爆发之际，共产党尚未壮大，作为共产党领导人之一，毛泽东被迫转移到偏远的中国西北农村。而抗战结束之时，他已经控制了中国相当大的地区，人口高达近 1 亿，并掌握了 100 万人的军队。[11]

相反，战争却也毁掉了另外一个人。这个人常常游离在中国历史学家的研究之外，他就是汪精卫。汪精卫是 20 世纪中国历史中的一大悲剧人物。青年时期的汪精卫，作为一名民族主义者和革命家，比蒋介石和毛泽东更为突出，其地位仅次于伟大的革命家孙中山。但在抗日战争期间，汪精卫的一个决定，使他沦为背叛中国人民的千古罪人。

蒋介石、毛泽东和汪精卫这三个人，都利用这场战争来实践各自对一个自由、现代化中国的设想。战争迫使他们各自为营，所暴露的根本分歧也最终促成了毛泽东领导地位的确立。

研究中日战争是解读中国为何能够一跃成为世界强国的关键。想要了解变革中这个国家的自我认同感，在变幻莫测的世界格局中它所扮演的角色，以及其不为人知的一面，研究中国的“二战”史至关重要。细心观察你会发现，中日战争留下的痕迹至今在中国仍随处可见：为纪念南京大屠杀，中国修建了侵华日军南京大屠杀遇难同胞纪念馆；重庆也保留了绰号“醋性子乔”的美国参谋长约瑟夫·史迪威的故居，这位上将与蒋介石暴风骤雨般的交锋对随后几十年的中美关系影响深远。现如今，中国电视上仍经常播放八路军在中国北方抗日的纪录片和以中日战争为背景的电视剧。

中日战争还为这个国家留下了很多无形的影响。抗日战争削弱并分裂了中国，1949 年中国共产党成为执政党，之后又治理中国至今。在当今国际社会中，中国致力于打造“负责任的大国”形象，中国的观察家和外交官们回忆起中国作为同盟国的一员，与美、苏、英并肩作战的经历。在他们看来，中国在“二战”中与同盟国其他成员合作对抗反动势力，与今天努力成为世界新秩序中不可或缺的大国是相同的。如今，中美关系日益紧张，部分原因在于中方认为欧美已忘却其在“二战”时的贡献，以及为击退美国的敌人所做出的努力，是重新提及这段历史的时候了。

如今，中日关系仍旧是中国外交关系中最为堪忧的一个部分，两国摩擦焦点仍旧是中日战争。中国年轻一代对日本侵华表现出的强烈愤慨，塑造了他们的民族自豪感。20 世纪 90 年代，时年四十几岁的记者方军独自前往日本，采访参与侵华战争的退伍军人。“当时（我们的祖国）不强大也不富裕，”他说道，“我们失去了东北……从上海撤退到南京，却令那里血流成河。”[12] 如此可见，日本在中国的战时行径在今天仍能引发强烈的情绪。

近年来，中国青年反日情绪从未得到缓和，因为他们始终认为，日本从未对其在中国犯下的暴行真心悔过，而这种强烈的情绪随时可能爆发：2003 年有报道称，中国东北某城市爆发了声势浩大的反日游行，起因正是一些日本商人举办淫乱派对，且事发时正是 9 月 18 日——那是日本全面侵华的开始之日；2005 年，包括众多大学生在内的中国抗议者包围了日本驻上海领事馆，抗议日本谋求联合国安理会常任理事国席位。如此的反日情绪爆发的根源终究是中日战争遗留下的两国 60 多年来的积怨。

2012 年夏天，钓鱼岛事件的发生致使中国多个城市爆发反日游行示威，中日关系进一步陷入僵局。“二战”后，美日安全联盟不仅确保了美国在亚太地区的强势地位，也将日本纳入美国的保护伞之下。中国人对美日同盟的愤慨多半源自“中国理应成为处理亚太地区事务的主要力量”的认知。但仇日的历史根源来自对中国贫弱之时日军在中国土地上为非作歹的共同记忆。

回顾抗日战争，也多少可以抚平一些国共内战留下的伤疤。在中国，有一处景点让了解毛泽东时代的人们甚为惊叹，那就是毛泽东的老对手蒋介石位于黄山的别墅。别墅依照重庆大轰炸时蒋介石日记中的描述进行了修复。如今，它几乎与战时原貌无异，其内部陈列的部分展品充分证明蒋介石曾在抗日战争时期发挥过积极作用。

西方对这场战争给中国遗留下来的诸多问题的认知尚且不足。[13]很多人也还没意识到中国在“二战”中所发挥的作用：即使知道中国参战的人也往往将其视为次要战场。这些人普遍认为中国在战争中所扮演的角色微不足道，且是心意不决、贪污腐败的盟友，对最终消灭日本法西斯贡献不大，因而没有必要像看待其他参战大国那样对其进行全面审视。

中国人认为西方世界对中国战况的不解多是因为战争发生在几千

英里之外，但这种观点完全错误。1939 年 5 月 3 日和 4 日经历了大轰炸之后，响彻重庆上空的防空警报，早已传出中国国界。陪都重庆的哀号传到了西方，必定会被看作是反抗压迫的象征。可以肯定的是，这场战争对他国人民而言并不遥远，而在当时它也是最受全球瞩目的战争之一。1938 年，英国杰出诗人奥登作过著名的《来自中国的十四行诗》，其中一首写道："生活陷入罪恶：南京，达豪（达豪，德国城市，1933 年第一个纳粹集中营在那里建成。——译者注）。"

对许多西方进步人士而言，中日战争与西班牙内战密不可分。很多观察家，包括奥登及其密友、小说家克里斯托夫·衣修伍德，摄影师罗伯特·卡帕，以及导演尤里斯·伊文思，把这两场战争联系起来，轮番进行报道，视二者为全世界所有民主、进步的政府所进行的反法西斯主义、反极端民族主义战争的一部分。在英国，援华会积极为中国募集资金。连《时代》杂志的美国记者白修德也称重庆一役"是一段小插曲，是成千上万中国人紧密团结，靠着对伟大中国的信念，以及从日本人手中夺回领土的强烈愿望，共同经历的一段故事"，这个人后来曾抨击过蒋介石。[14]

与 1939 年就结束的西班牙内战不同，抗日战争最终演变成席卷欧亚的战争。[15]

不可否认的是，1945 年以后，"二战"几乎对欧、亚、美洲各大陆上的所有大国，如美、英、法、德、日都产生了重大影响。自此，美国开始将自己视为世界警察，英国渴望重塑后帝国主义形象，笼罩在原子弹阴影下的日本期待塑造爱好和平的形象。相比之下，1945 年之后的几十年里，首先遭受轴心国侵犯的中国，情况却仍不明朗：普遍的看法是，当代中国是"文化大革命"的产物，更有甚者认为它是 19 世纪鸦片战争之辱的产物，却鲜有人认为它是抗日战争的产物。如今，令中国命运危在旦夕的战斗以及战役名称，如台儿庄战役、长沙之战、豫湘桂会战，很难像硫黄岛决战、敦刻尔克大撤退、库尔斯克会战、塞班岛战役及诺曼底登陆等引发强烈的文化共鸣。

为什么中国的战时历史会从我们的记忆中淡出？为什么现在有必要重新唤醒它？

简而言之，这段历史早在冷战初期就被抹杀了，近期才重新浮现。中国的抗日史被掩埋，对此，西方国家与中国大陆、台湾都有责任。各方对这场战争的解读均采取了冷战时期的态度。竭力打造战后和平世界的西方对它没有兴趣，各方也都开始认为中日战争是一段尴尬时期，更与新中国的辉煌无关。很少有人愿意回顾这段令人沮丧的历史，因为它是中国近现代灾难史的谷底。

强调战争史有助于增强民族自尊心，中国也支持这一论点。直到20世纪70年代，很多西方战争史的研究都集中在西欧前线，有意淡化苏联的重要贡献。相应地，苏联在社会各阶层广泛宣扬1941～1945年的“伟大的卫国战争”，重塑战后形象，并试图以此在国际社会谋求利益。中国有选择地宣扬抗日战争，并以此增强战后民族凝聚力。公开谈及战争期间，唯一详细讨论过的就是以延安为中心的革命根据地，因为毛泽东在那里领导了农民革命。中国的史料很少会提及战时重庆大轰炸，也没有提到战时与日本的合作，与英美的联盟，甚至对南京大屠杀这类战争罪行的谈论也不多。

20世纪80年代，情况发生了根本转变。共产党决定恢复战时历史，国共两党不论党派分歧并肩作战，共同抵抗外国侵略者。为了铭记这段历史，中国政府先后兴建了多个新的战争博物馆，其中包括侵华日军南京大屠杀遇难同胞纪念馆；而后，中国境内又出现了突显国民党军队作用的电影和博物馆，这意味着之前主要强调在前线殊死抵抗的中共，相对忽略同样贡献巨大的国民党军队的情形得以改变；尘封数十年的密档被揭开，大量新的学术研究成果不断涌现。

本书的完成得益于中国的改革开放。本书重新认识中国在“二战”中所起的作用，并不是西方学术界把自己的议程强加给中国，而是得益于中国自身的重大变化。是时候全面、完整地重新诠释这场旷日持久的中日战争以及中国在“二战”中所发挥的关键作用了。如今冷战已结束，我们应关注的重点已不再是“谁丢失了中国”，也不再是防范共产主义渗透以及贯彻麦卡锡主义，而应研究“为什么战争改变了中国”。这个更具开放性、更有成效的问题可以充分避免相互指责，使大家齐力找出问题根源。与此同时，它还能将争论焦点从美国的作用转移到中国自身。

重新诠释中日战争让我们终于可以脱离那些不真实的描写。这场战争应该被理解为中国漫长的现代化进程中的一次中断。到 20 世纪 30 年代，经历了近一个世纪的外敌入侵、国内纷争、经济动荡，国共两党都想成立一个政治独立的国家，建立一个统一、稳定、能带动经济发展繁荣的政府。早在 1937 年战争爆发前数十年，国民党就曾尝试去追求这些目标，但日本的侵略行径令他们难以成功。对任何政府来说，从征税到“粮食供应”，再到解决大量难民潮等问题都显得过于棘手，似乎难以有效解决。

中日战争标志着中国的政权从国民党转移到共产党一方，这一过程无法避免。战争早期，在“珍珠港事件”爆发之前，还存在另一种可能性：日本可能会赢，中国沦为大日本帝国的一部分。因此，重新认识战争年代的中国必须从国民党、共产党以及投敌叛国者三方为实现现代化的中国做出的努力来综合考量。

想正确看待那段历史，必然要承认中国是战时同盟国四大核心国之一，与美、苏、英三国地位同等。这段中国历史不仅是被遗忘的同盟国的历史，也是同盟国中受战争影响最大的国家的血泪史。从根本上讲，即便是 1941 年 6 月遭德国入侵而伤亡惨重的苏联，其转变程度也远不及中国：苏联被迫接受了极限考验却并没有因此垮掉，它奋力反击并幸存了下来。1945 年，国民党政府内外交困，日本的侵略彻底摧毁了它。西方指责中国的战争行动（特别是国民党在其中的作用），所依据的是关于中国政权过于腐败和不得人心以至于无法获得支持的说法。战时美国流行的一个笑话利用谐音把蒋介石的名字（Chiang Kai-shek）念成“兑现我的支票（Cash My-Check）”。这并不完全公平。实际情况要复杂一些：欧洲第一的战略意味着需要以最低的代价把中国留在战争中，而蒋介石就曾一再被迫把自己的军队按照有利于盟军地缘战略利益，却有损于中国自身目标的方式投入战场。国民党政权艰难维系到 1945 年，之所以最终灭亡，并不是因为盲目地反共、拒绝抗日，也不是因为愚蠢或原始的军事思想作怪，而是源于内外交困以及不可靠的西方盟友。

重新审视中日战争还有其他意义，战乱对现今中国社会仍有影响。那段时期空袭频发，人们需要将居住地和工作地合二为一，因为外出很危险；1949 年后，中国建立了类似“工作单位”的组织，直到 20 世纪 90 年代才被分解。在残酷的战争年代，政府努力在战乱中维持某种秩序，中国社会的管理也因此多了一些强制、官僚色彩，管理分化更细。对“无序”恐惧，是中国官方思维形成的一个重要因素。国家在战时对社会的高要求也导致了社会对政府的高要求。战争给为难民谋求福利、改善健康卫生条件提供了大量的体验机会。参战的其他国家，尤其是英国，不得不为忍受战乱痛苦的民众提供福利。而在中国，国民党因贪腐和不作为最终创造了只有共产党才能满足的社会需求。[16]

早在 21 世纪早期，中国就已经在全球政治舞台上占据一席之地，旨在说服世界它是“负责任的大国”。它证明自己的其中一种方式就是提醒人们铭记那段历史——那些中国与其他进步国家并肩抗争法西斯的日子：第二次世界大战。如果我们想了解中国在当今世界的作用，最好应该提醒自己：中国在 20 世纪三四十年代参与那场艰苦卓绝的战争，不仅仅是为了国家尊严和生存，还为了所有同盟国的胜利。正是在那场战争中，东西方一起抗击了有史以来最黑暗的邪恶力量。

# 第一部分 大战在即

FORGOTTEN ALLY

China's World War II, 1937 ~ 1945

第 1 章

# 逆转的实力

曾几何时，日本一度恭恭敬敬地遣使赴华，但现在却刀剑相向。甲午一战，东亚的强弱彻底易势，中国的救亡运动也从此拉开序幕。那是一个风云激荡的时代，毛泽东、蒋介石、汪精卫等风云人物纷纷登上历史舞台。一幕震撼天地的大剧即将上演……

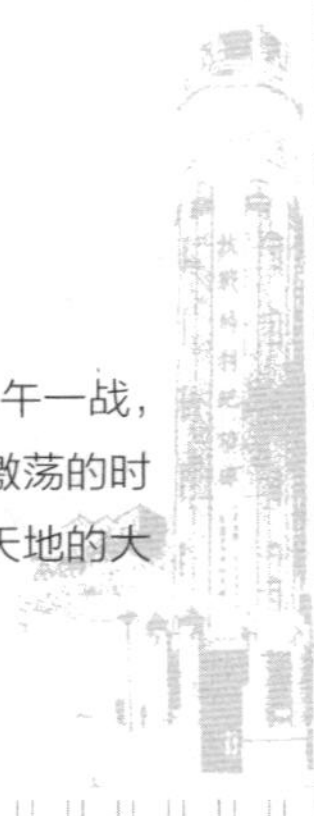

## “三千年未有之变局”

中日冲突并非始于 1937 年，而是从几十年前起就开始酝酿。20 世纪上半叶，对这个一水之隔的蕞尔岛国，中国的感情可谓爱恨交织。随着时间不断推移，这种情感冲突也变得愈加强烈。20 世纪三四十年代，日本军队的一系列暴行让中国饱受蹂躏，同时也使这种仇恨达到了顶峰，但在此之前，对中国而言，日本的形象十分复杂，既是恶魔，亦是良师。它就像一所学校，曾有成千上万中国学生赴日留学；它也像一座避难所，当中国异端人士遭到当局威胁时纷纷逃往日本，其中甚至包括著名的革命家孙中山；日本还像一位楷模，中国改良运动的精英皆以日本为典范，研究这个东亚岛国如何在不到 30 年的时间里完成军事化、工业化并傲然屹立于世界民族之林。无论是福是祸，20 世纪的中国历史中“日本”这个名字必定会反复出现。因此，两国人民经常挂在嘴边的一句话就是，日本与中国“唇齿相依”。[1]

既然关系如此密切，中日两国间何以爆发了历史上最血腥的战争之一？要想理解这场冲突的根源，必须追溯到 19 世纪末。彼时的中国人面临着一系列令人沮丧的社会问题：洪水泛滥、饥荒蔓延，外国侵略不断。除此以外，一场有史以来最严峻的生存危机正日益逼近。中国的统治阶层逐渐意识到，他们已无法掌握这个庞大国家及其众多子民的命运。这个昔日充满自信的文明古国如今已沦为新兴国际体系的受害者，在这个体系中，工业化和帝国主义的扩张重塑了整个世界；一切似乎突如其来，大多数中国人都难以理解这种历史性的衰落。仅在一个世纪以前，西方的许多政治观察家还认为，中华帝国无疑是全球最伟大的国家。譬如，伏尔泰就曾将法国与中国放在一起品评优劣，并对中国心向往之。几个世纪以来，中国的专制王朝统治着这个世界上人口最多、体制最为复杂的泱泱大国。他们早在 1000 多年前就通过科举考试来招贤纳士，而西方直到很久以后才开始实行这种制度。

这也是中国的文化影响力最为鼎盛的时期。作为中国历代经纶之术的基础，儒家尊卑有序的保守思想越过中国边境，辐射到整个东南亚，在很大程度上决定了日本、朝鲜及东南亚诸国的历史发展；中国的书法、绘画和金属工艺亦在上述地区闻名遐迩；此时的商品经济也十分活跃，南方的热带水果等商品成了华中与华北各大城市富商巨贾们的盘中珍馐。与此相对应，日本的统治者却越来越感到力不从心。由于担心竞相到来的西班牙与葡萄牙传教士让日本人皈依天主教，从 1633 年起，“挟天皇以令诸侯”的德川幕府实施了“海禁”或曰“锁国”的政策：任何日本人不得离开日本，违者以死刑论处；外贸也受到了严格限制，只允许在长崎港的“出岛”这个人工岛屿和其他一些偏远岛屿上与荷兰、中国和朝鲜的商人开展贸易活动。[2] 较之于日本的如临大敌，中国宫廷显然从容得多。1793 年，英国大使马戛尔尼勋爵试图促使中英通商，最终却无功而返。乾隆皇帝傲慢地宣布：“天朝从不贵奇巧，并无需尔国制办物件。”[3] 尽管皇帝对此漫不经心，但中国经济仍然与世界经济高度融合，远未走向孤立或闭关锁国。清朝年间（1644 ~ 1912）出产于华中地区的景德镇瓷器，以其蓝白相间的独特款式为 18 世纪英法两国的典雅居室增色不少；马铃薯和玉米等来自美洲新大陆的农作物得到推广种植，方便了中国人向西部迁徙拓荒。1700 ~ 1800 年，中国的人口翻了一番，从 1.5 亿增长到 3 亿之多。[4]

1644 年末代王朝清朝的建立，无疑是中国文化对周边地区影响的最佳例证。满族的铁骑从东北踏入中原，满清王朝得以建立，然而，就像此前的蒙古族和其他"蛮夷"一样，满族人虽然征服了中国的领土，却对汉人成熟的社会秩序表示尊重。清朝在位时间最长的两位皇帝康熙（1661 ~ 1722 年在位）和乾隆（1736 ~ 1795 年在位）都曾亲自主持编纂大型典籍，在诗词歌赋方面亦有建树，以示他们深谙汉族传统文化；另一方面，满清统治者们也在皇宫里和社会上尽量保持和推广满族习俗。

然而，中国在此时取得的成功也为将来埋下了祸患。虽然该国领土在 18 世纪大幅扩张，但官吏人数仍然偏少，税赋水平相对较低。由于缺少岁入，政府的军事开支十分有限。19 世纪初，当西方的帝国主义威胁初露端倪时，这个问题得以进一步凸显。新的入侵者与以往改朝换代的征服者截然不同，他们不赞同中国人的天下观，也不认为中国处于世界中央。英国于 1815 年在滑铁卢之战大败拿破仑帝国，又在工业化进程中获得巨大经济利益，成为列强之首。早在 1600 年，英国商人就成立了东印度公司，现在他们正伺机为南亚占领区生产的商品寻找市场。[5]

有一种作物在当地长势良好，那就是罂粟。罂粟能够提炼出一种黏稠的黑色膏状物，人吸食后会产生强烈的幻觉。这种毒品被引入中国后很快大行其道。实际上，早在几百年前，鸦片就被中国的达官显贵用于入药和壮阳，但大量销售鸦片却是英国人的"杰作"。这股强大的毁灭力量引起了清政府的警觉，他们因此派遣高官林则徐到广东虎门销毁英国商人在当地囤积的鸦片。林则徐包围了"工厂"里的商人，一举缴获了大量鸦片，销烟运动取得了成功，但也在无意间引发了一场战争。英国外交大臣帕默斯顿勋爵被授权对中国人使用武力，以惩罚他们对英国政府的“冒犯”，史称“第一次鸦片战争”（1839 ~ 1842）。面对英国的坚船利炮，中国的防御相形见绌，朝廷最终不得不忍辱媾和。

1842 年，清朝代表签署了中国历史上第一个不平等条约——《南京条约》。该条约强迫清政府开放上海等地作为通商口岸，并将香港岛割让给英国。《南京条约》标志着一个屈辱世纪的开始，中国从此丧失了对主权的控制，听凭外国列强的摆布。时至今日，“南京条约”这个词语仍然能够唤起中国人对那段黑暗历史的集体回忆。在随后几十年里，英、美、法等西方列强相继对中国发起挑衅，每一次胜利都伴随着更多的特权与土地割让，其中最令中国人深恶痛绝的是“领事裁判权”。西方列强认为中国法律不够健全，不足以保护他们的利益，因而“创造”了这一权利。根据规定，即使涉外案件发生在中国领土，清政府也不得强迫条约当事国的嫌疑人在中国的法庭上解决法律纠纷或接受刑事指控。反之，双方必须在受外国政府支配的“会审公廨”接受审问。[6]

上海的核心地位也是在此时建立的。在历史上，上海只是中国的一个小型商埠，南京和扬州这两座名城的映衬使它在上千年的时间里黯然无光，但从某种程度上来说，现代上海却是帝国主义造就的。《南京条约》赋予了这座城市通商权，中国人眼里这项丧权辱国的条约，在客观上却使上海发展成了独一无二的大都会，在市中心建起了两个受外国主权把控的租界区，其中法租界无异于法国在上海市内的一小块殖民地，而公共租界的情形则更为复杂。公共租界不是正式的殖民地，它名义上隶属上海工部局管辖。但直到 1928 年，上海工部局才允许华人当选董事，在此之前董事多由英国人担任，后来还有美国人和日本人。这些殖民者自称“上海居民”，这座城市俨然成了他们自己的小国家；此外，尽管公共租界不直接由伦敦负责，但多被视作与英国利益攸关，而清政府仅能控制租界以外。一些黑帮正是利用上海华洋分治的局面，从毒品、卖淫和赌博中大肆敛财，其中最臭名昭著的当数杜月笙手下的青帮。这座城市的殖民史，也为中国年轻的民族主义者提供了近距离观摩现代社会的机会。上海流光溢彩的霓虹灯和五光十色的百货商场，即使是在数千英里之外的内陆地区也声名远扬。

在此情况下，清王朝不得不重新考虑应对西方列强的整体战略。《南京条约》签署两年后，钦差大臣耆英试图使用这个古老王朝惯用的语言，为道光皇帝重新解释这一局面。他说，洋人“常主观臆断，且难以理喻”，朝廷切勿“为虚名而动干戈”，而应当设法实现让洋人入乡随俗的“宏图”。[7] 耆英希望，就像几百年前安抚了来自中亚地区和北方草原的外族入侵者一样，清政府也能够与英国达成和解。但他显然低估了这种新的威胁，因为其本质与前者截然不同。帝国主义者不仅要占据土地，还要主宰思想。

一系列不平等条约使基督教传教士得以广泛深入中国内地。这些传教士并不总是受人欢迎的，因为他们身后或多或少倚仗着洋枪洋炮；可另一方面，他们也让中国人第一次见识了西方文化和现代医学，因此还是为基督教找到了不少新的追随者。

谁也没有料到的是，19 世纪 50 年代，由于信仰的转变，一个年轻人即将引起天下大乱。此人名叫洪秀全，来自广东省，曾在科举考试中屡次碰壁。他发起了一场名为“太平天国”的运动。这场运动最初看似前途黯淡，但却迅速演变成中国乃至世界有史以来最大规模的内战之一。1853 ~ 1864 年，太平天国在中国南京建立起一个独立的政权，统治着数百万臣民。它名义上是一个基督教政权，但却对基督教教义进行了篡改。譬如，他们承认洪秀全是耶稣的弟弟，这令大多数传教士或洋人反感，因而不愿与他们联合。此外，太平天国还颁布了禁食鸦片等严格的敕令，采取措施重新分配财产和田地，并在一篇檄文中写道，要让“无处不均匀，无人不饱暖”。[8]

清政府急于将太平天国运动镇压下去，但几十年来积累的衰弱，让满族八旗子弟组成的清军无力面对声势浩大的狂热组织，只能望洋兴叹。因此，朝廷决定利用值得信赖的地方官员所掌握的新军将这场农民起义镇压了下去。据记载，1864 年，仅在决战南京之役中就有 10 万人丧生。然而这一举措也进一步削弱了清王朝的统治：军权从中央向各省的转移虽然解了燃眉之急，但也为地方军阀的割据埋下了隐患。[9]

这种四分五裂的军事和政治局面让中国变得越来越脆弱，也为将来的中日之战埋下了导火线。如果中央统治者的权力没有在 1860 年后日趋分散，日本似乎不可能在 20 世纪 30 年代入侵中国。军事化状态以及中央集权的逐步削弱导致一种暴力文化的产生，动摇了清王朝最后 50 年的统治。随着反帝国主义情绪的高涨，洋人成了暴力事件的攻击目标。虽然中国从未正式丧失主权，但洋人可以在境内有恃无恐地随意游荡，几乎不用担心自己的行为会引起任何法律后果，也因此引发了中国人与这些入侵者之间一连串令人不安的冲突。1900 年，义和团运动爆发。这场农民运动的成员自称“拳民”，他们深受宗教影响，大多练习武术，该运动因此又称为“义和拳运动”。19 世纪末的一场大旱导致饥荒蔓延、饿殍遍野，义和拳运动因此迅猛发展，其间华北一些洋人与华人基督教徒遭到杀害，直至发展到义和拳民围困北京外国公使馆两个月；拳民还利用“洋鬼子，尽除完，大清一统靖江山”等口号，煽动人们的仇外情绪。[10] 旱灾与饥荒导致各地的暴力活动却愈演愈烈，人们不再相信中央政府，而是自发建立起形形色色的民兵组织，以抵御打家劫舍的土匪与腐败成性的官吏。

蒋介石出生于 1887 年，当时正值太平天国运动后的风雨飘摇时期。即使是对身边的很多亲信来说，蒋介石也是一个谜一般的人物。他性格倔强，擅用手腕，冷酷无情。作为一个熟读《圣经》的孔门弟子，他对反帝革命矢志不渝。从青年时代起，他就坚定了重新统一中国和铲除国内帝国主义势力的信念。在整个军事政治生涯中，他始终如一地追求这个目标，但却采取了错综复杂甚至不乏诡诈的战略，最令人津津乐道的是，他擅长在同僚中挑拨离间并坐收渔翁之利。20 世纪 30 年代，一名英国记者曾经写道，蒋介石“善于使朋友保持亲密，但更善于使敌人内斗”。[11] 蒋介石的父亲是浙江省宁波市的一名盐商，他的家乡繁华富庶、物产丰饶。他从小接受了极为传统的教育，接受了仁、义、礼、智、信等儒家的思想体系与价值观念。但是，在 20 世纪初期，一所新式军校却对他产生了决定性影响。此外，他还是中国为数不多的有过海外经历的领导人之一，年轻时他曾到过刚刚成立的苏联，在那里目睹了苏联共产党的一些制度弊端，因此滋生了反共情绪；他还在一所日本军校留过学，因而对这个未来的敌人有着深刻的了解。第二次世界大战期间，他先后出访印度和埃及，并坚信战后只有打败帝国主义，中国才能屹立于世界民族之林。他与盟友兼对头李宗仁的关系曲折复杂，但后者也承认，蒋介石身上具备作为领袖的关键素质：他喜欢做决定。[12]

## “小兄弟”崛起

19 世纪下半叶，当中国深陷困境之际，昔日的“小兄弟”日本却走上了一条截然不同的道路。第一次鸦片战争后，日本开始与以美国为首的西方对抗。1853 年，美国海军准将马修·佩里驶入东京湾，要求日本结束数百年来闭关锁国的状态，向更多商业伙伴开放港口。虽然佩里措辞委婉，但背后却是美国的坚船利炮。在随后 15 年里，日本人爆发了严重的危机感。代理天皇摄政的德川家族的将军们发现，他们已经避无可避，其中一个名叫德川齐昭的幕府子弟呼吁发动全面战争：如果背水一战，就能提升全国的斗志。即使遭受挫败，最终也会打败洋人。[13]

然而，几乎没有人赞同他的意见，外敌引起的政治动荡不仅没有触发美日战争，反而引发了一场倒幕运动。1868 年，一场短暂的内战过后，一个截然不同的贵族集团取代了德川家族成为实际统治者，并宣称日本只有实现全面现代化，才能赶走西方帝国主义。新政权在《五条誓文》中宣布 ："求知识于世界，大振皇基。"[14] 改革派以明治天皇的名义实施行动，因此这一时期史称"明治维新"。事实上，明治维新不啻一场革命。日本一直以来都是一个以农耕为主的封建贵族社会，与外国的接触极为有限。昔日的统治者因为担心基督教和火器可能扰乱社会秩序，造成危险，因此宣布其为非法。可从 1868 年至 1900 年，日本在短短的 30 年内完成了转变，不仅打造出一支训练有素的军队，还颁布了宪法，建立了议会制度。19 世纪末的日本是全亚洲工业化程度最高的国家，并开始向世界各地出口商品 ；20 世纪初，日本修建了近 6 万公里铁路和 70 万吨船舶。其领导人以史无前例的速度，建立起一个现代化、工业化的国家。[15]

19 世纪末，在成为一个强大的现代化国家之后，日本开始向帝国转变。1894 ~ 1895 年，日本在朝鲜半岛的控制权问题上向中国发难，而该地区历来处于中国的影响范围。2.5 万日本军队对中国山东省沿海要塞威海卫军港发动袭击，将枪口对准了北洋水师，击沉了 5 艘最精良的军舰。清政府不得不派遣恭亲王和李鸿章在马关签署了丧权辱国的条约。正如晚清大臣恭亲王奕䜣无奈的自白，他的职责就是弥合起众人摔碎一地的杯子。[16] 日本人不仅控制了朝鲜半岛，还占领了台湾岛，该岛直到 1945 年才脱离日本的殖民统治。1904 ~ 1905 年，日本发动了一场规模更大的战争，与沙俄争夺中国东北三省的控制权。在此之前，沙俄已在当地确立统治地位。这场战争使日本付出了惨重的代价，超过 8 万名士兵因伤病而亡，但由于其在战术上的优势，战争仍以俄国的失败告终。这也是亚洲国家第一次打败欧洲强国，因而赢得了全世界受到殖民欺压的弱小民族的钦佩。[17]

1905 年 9 月，日俄两国在美国缅因州的朴次茅斯海军基地举行会谈，并在西奥多·罗斯福总统的调停下签署了和约。俄国交出了满洲东部沿海辽东半岛的特权，其中包括战略地位非常重要的大连港。随后，日本得寸进尺，成立了南满铁路公司以控制住南满铁路这条运输干线，这是一个以英国东印度公司为部分蓝本建立的半官方营利机构，它成了日本在中国内地的一个重要据点。日俄战争也对日本民众造成了强大的冲击。一首名为《同志》的歌曲在日本广为流传，其中有一段歌词唱道 ："在离我家乡千里之遥的地方，满洲的斜阳洒满了疆场。余晖照耀着一座荒冢，那里长眠着我的亲朋好友。"[18] 这类歌谣进一步助长了日本人的领土扩张情绪。很多日本人认为，为了在中国开疆辟土，他们付出了高昂的代价，因此日本有资格在中国土地上扮演某种特殊角色。

日本在中国东北驻扎关东军的做法清晰地体现了这种特殊地位。这支由 1 万人组成的军队旨在维护日本公民与商人在该地区的利益，尤其是为南满铁路公司提供保护，因为后者是日本在满洲开展殖民活动的主要工具。1933 年，关东军的兵力骤增至超过 11.4 万人，为日本控制中国华北地区提供了巨大的帮助。[19]

20 世纪初，日本从一个亚洲强国转变为区域性帝国，对亚洲大陆野心勃勃。昔日的大哥中国却饱受屈辱，与日本形成了鲜明的对比。清政府在与这个小兄弟的第一次全面战争中就一败涂地，因此不得不任凭日本及其他帝国主义列强一起瓜分中国。一方面，清政府对日本人的所作所为恨之入骨，却在另一方面又对日本振兴自身的能力十分敬仰。1898 年，在与日本前首相伊藤博文会晤时，就连光绪皇帝也对明治维新表示钦佩 ："贵国维新以来之政治，为各国所称许……希贵爵（伊藤）深体此意，就变法之顺序、方法等事，详细告知朕之总理衙门之王大臣。"[20] 若在几十年前，人们很难想象贵为"天子"的清朝皇帝会向东邻弹丸之国的官员屈尊就教。

日本的崛起让大批中国知识分子开始思考摆脱危机的新途径，他们的目光投向了西方政治哲学，因为在中西碰撞中，西方明显占据优势。在伦敦学习航海技术的严复成了赫伯特·斯宾塞的首位中文翻译。斯宾塞是维多利亚时期的著名社会科学家，也是“适者生存”一词的创造者。他认为，不仅是物种，人类的所有种族与民族也都在为了争夺控制权而展开竞争。他的核心思想后来被称作“社会达尔文主义”。这种观点现在虽然被视为伪科学，但 19 世纪末 20 世纪初却在东亚广为流传。斯宾塞的观点似乎对亚洲大国的式微做出了合理解释，并提出了潜在的解决方案。很多中国知识分子深受其影响，其中包括年轻的毛泽东。他利用上述思想抨击了传统儒家学说中的秩序、和谐与等级等相关观念，主张暴力革命将会是使中国走向现代化的必要力量。他认为中国最需要的是一个“骑突枪鸣，十荡十决，喑嗯颓山岳，叱咤变风云”的人物。[21]

## 年轻的革命者们

尽管新思潮在中国不断涌现，但随着日本的逐渐强大，清王朝的实力还是被不断削弱。满清统治者对变法维新本就三心二意，而且还受到保守势力的阻挠，其中包括垂帘听政、极力反对进行政治变革的慈禧太后。对清王朝来说，1900 年的义和团运动无异于一场灾难。慈禧和清政府曾经宣布支持义和团及其灭洋运动，但八国联军的数万大军却将拳民们打得一败涂地，清政府被迫同意向外国列强赔偿巨额款银。为了挽回颓势，清政府在 20 世纪的最初 10 年进行了最后一搏。从 1902 年起，朝廷效法日本，开始实施“清末新政”，其目的是将中国转变为一个君主立宪制国家，从县到省再到国家逐步开展选举。

如果清末新政发生在一个统一而繁荣的国家，也许还有一线希望，但随着满清政府的统治日渐式微，人们对其生死存亡已经越来越不关心了。此时，一场严重的农业危机正在农村蔓延；军事力量向地方政府日趋分散；在商会等机构里，新兴的中产阶级力量几乎不受中央政府控制。1000多年来，中国历代王朝通过科举制度控制了各级官吏，但科举考试的内容大多为古代典故，与当前最紧迫的问题似乎毫不相干，因此显得僵化过时。1905年，清政府实施了一个最为大胆的举措，废除传统的科举考试，确立新的人才选拔制度，支持学习科学和外语。但这种做法也严重打击了大批经年累月甚至皓首穷经的举子，因为他们通向仕途的阶梯突然被人抽走了。

所幸旧制度的终结也创造了新的求学契机。直至中日战争爆发之前，约有3万名中国留学生前往日本深造。这与昔日的情况截然相反：过去，亚洲人纷纷来到中国求学；而现在，中国反倒要以日本为师。蒋介石就曾前往专为中国学生研习军事战略建立的东京振武学校。中日战争期间，和他一样在日本留过学的何应钦担任过他的军政部长。由于生性孤僻、沉默寡言，蒋介石在学校并不受欢迎，但他孜孜不倦的求学精神赢得了人们的尊重。3年的留学生涯让他对日本的秩序感、纪律性以及对现代化的执着满怀钦佩，但与此同时，对日本的帝国主义图谋，蒋介石也深为警惕。[22]

19世纪末，很多中国人不再寄希望于渐进式改革，而是开始策划推翻满清王朝。一种新的政治思想悄然兴起，其代表人物就是革命领袖孙中山。孙中山毕业于香港西医书院，既是一位医生，也是一名基督教徒。他认为，清政府已不可能扭转乾坤、振兴中华。19世纪八九十年代，孙中山频繁往来于海外的华人社团，帮助传统的秘密会社彼此串联，同时努力煽动人们的反清情绪。他甚至建立了一个名为“同盟会”的秘密组织，以推翻满清王朝的统治。清政府重金悬赏其项上人头，最终迫使他流亡日本。孙中山的起义虽然没有成功，但他爱国活动的经历和领袖魅力激励了很多中国民族主义者，其中包括年轻的汪精卫。[23]

在如今看来，汪精卫留给世人的印象之深远不如与他同时代的另外两个人——蒋介石与毛泽东，然而在 20 世纪的最初 10 年，汪精卫却比这两人更为知名。在私人场合，汪精卫经常表现得十分腼腆，但面对公众时他却判若两人。一名了解他的日本记者说："他在小圈子里说话声音极低……但当面对 3000 名听众时，他就像一头疯狂的雄狮！他是一名伟大的演说家！"[24] 汪精卫，1883 年出生于广东省，他和蒋介石的祖上都是浙江人。与蒋介石和毛泽东一样，汪精卫在年轻时就坚信中国需要有人救世济民，这项重任的承担者非他莫属。1905 年，汪精卫加入了同盟会，其影响力与日俱增。与蒋、毛二人不同的是，由于公众形象良好，汪精卫很早就名动天下，其能言善辩为他带来了巨大的声望。他不仅英俊潇洒，气度不凡，而且工于诗赋。对自己风流倜傥的形象，汪精卫本人显然也十分满意。在他的文学作品中，他把自己描绘成一个无私的爱国主义者。与蒋介石一样，汪精卫也一度赴日深造，他在 1904 年抵达日本，研读法律与政治。在此期间，他担任过《民报》的编辑，该报热忱地呼吁在中国发动革命，而蒋介石就是读者之一。

留学归来后，年仅 22 岁的汪精卫成了孙中山忠心耿耿的革命同志。他们二人都来自南方省份广东，而汪精卫终生喜欢与广东人结交。北京虽然廉远堂高，但是对于北方人的统治，华南地区的人们向来不以为然。汪精卫跟随孙中山广泛游历东南亚，并利用自己口若悬河的辩才，鼓动华侨资助他们推翻满清王朝，然而收效甚微，1910 年，汪精卫决定用行动代替语言。他密谋策划刺杀摄政王载沣，把炸弹安置在后者的马车必经之处并定时引爆。在筹划和实施行刺的过程中，一个名叫陈璧君的女人给予了他莫大的帮助。陈璧君是东南亚一名富商的女儿，性格强势，与汪精卫一样热衷于革命工作，两人认识不久即结为夫妇。此后，陈璧君全面参与了汪精卫的所有行动。数年后，汪精卫回忆道：她既是我的夫人，也是我的革命同志。正因为如此，如果不考虑她的意见，我就很难做出重大决定。[25]

暗杀计划败露后，汪精卫遭到逮捕并被判处死刑，随即改判为终身监禁。时至今日，改判的原因仍然不得而知，但这次行动为汪精卫带来了巨大的声望，令清政府不得不有所忌惮。在很多爱国人士的眼中，汪精卫俨然成了一位真正的民族英雄，因此清政府不敢轻易将他杀害。汪精卫也在诗文中将自己描绘成一个为了推翻满清、拯救中国而不惜舍生取义的爱国者。[26] 在解释自己转向暴力革命的原因时，汪精卫引用了他早年赴日留学期间撰写的报纸社论，声称要把墨水书写的文章化作鲜血。[27] 汪精卫的表现虽然有些矫揉造作，但其革命信念却矢志不移。他奋发向上、野心勃勃、自命不凡，甚至还有些胆大妄为，即使在希望渺茫时也不惜孤注一掷。然而，正是这种性格决定了他在战争年代的政治命运。

俄国虚无主义者和恐怖分子所开展的活动及其无政府主义学说为汪精卫等中国青年带来了很大启迪。在俄国，并非所有的无政府主义者都崇尚暴力，但那些使用暴力的人们却备受赞誉。1881 年，俄国革命家苏菲亚·利沃夫娜·佩罗夫斯卡娅曾密谋行刺沙皇亚历山大二世，最后被处以极刑，但她的行动极大地鼓舞了 20 世纪 20 年代的中国年轻作家丁玲，在其代表作《莎菲女士的日记》中，女主角“莎菲”的名字便源自“苏菲亚”一名。汪精卫可以算是佩罗夫斯卡娅的直接继承者，他曾试图用炸弹暗杀满清亲王，幸运的是，他并未遭遇后者的厄运。

尽管晚清社会动荡，但革命的爆发尚待时机，很少有人预见到 1911 年秋发生在华中地区武昌市的偶然事件所引发的一系列后果。当时，这座城市里流言四起，传闻清政府打算向外国出售川汉、粤汉两条铁路的股权。正值人心惶惶之际，当地驻军在防区内发现，一小群革命军正在为起义制造炸弹，但清军没能成功将他们捕获。革命军早就开始计划袭击当地官员，他们意识到必须抓住时机，不能坐以待毙。于是他们闯入军政府，劫持了军官黎元洪并宣称：要么将其击毙，要么宣告武汉将于 10 月 10 日独立，不再接受清政府统治。黎元洪选择了后者。短短几个月里，这一事件引发了一系列连锁反应，一座又一座城市宣布脱离满清政权而独立。来自各省新兴商人阶层的代表纷纷召开集会，宣布加入新成立的共和国，并推举孙中山为总统（革命爆发时，孙中山并不在国内，而是在美国筹集资金）。这条消息在那些准备推翻清朝的年轻爱国人士间不胫而走，蒋介石也火速从日本赶回国内，在家乡浙江首次指挥仓促集结的革命军。

事实证明，清朝的统治已经岌岌可危，一场突如其来的地方起义就足以动摇整个体制。当年年底，清政府已经到了崩溃的边缘。北洋军是华北地区最大的一支军事力量，由袁世凯控制。他向朝廷献策，一旦 6 岁的皇帝溥仪退位，他将确保皇室成员衣食无忧。1912 年 2 月 12 日，末代皇帝溥仪宣布退位，中国正式成为共和国。

共和国成立之初，很多人都对其寄予厚望。但他们很快发现，掌握大权的显然不是政党与议会，而是各派军阀。袁世凯利用手中的军事力量，迅速迫使孙中山下野，由自己出任临时总统；外国列强也串通一气，他们更希望执掌中国大局的是军人，而不是高深莫测的孙中山。革命爆发后，汪精卫随即获释。袁世凯邀请他出任共和国总理，但遭到了婉拒。汪精卫的决定体现了传统儒家学者的风范，选择了退出仕途，不愿在这个先天不足的体制中自甘堕落，任由其他人担当此任。在 1912 年底举行的大选中，孙中山以新成立的国民党理事长的身份参选，轻而易举赢得多数票，占据了 596 个议席中的 269 个。中国的这次民主选举实验虽然货真价实，但好景不长。1913 年 3 月 20 日，一名刺客在上海火车站对年方而立、才华横溢的国民党员，新任总理宋教仁开枪射击，导致后者伤重不治身亡。人们纷纷猜测，袁世凯是这场谋杀的幕后主谋。很快，袁世凯就下令解散议会，取缔国民党。孙中山在极度失望中流亡日本。

新生的共和国自此陷入了混乱之中。一年以后，“一战”爆发，欧洲各国危机缠身。作为亚洲首屈一指的强国，日本趁欧洲列强自顾不暇之际，伺机强化其在中国的地位。1915 年 1 月，日本首相大隈重信向袁世凯提出了领土与政治要求，包括扩大通商权以及在中国政府内安置日本“顾问”等,以使日本获得更大优势。由于急需获得外国支持，袁世凯于 5 月 25 日签署正式条约，批准了上述要求。1916 年，袁世凯死于尿毒症，黎元洪继任总统。在随后的 10 年中，中国在各派军阀的混战中日益分裂,北京城数易其主。虽然国际社会对此统统予以承认，但很多人认为，此时的中国只是一个地理概念，而不再是一个统一的国家了。

然而共和国早期并非毫无建树。尽管国内局势混乱，中国却出现了近代史上最灿烂的一次文化繁荣。1915 年，进步人士发起了“新文化运动”，以期使中国从落后思想的桎梏中解放出来；而 1919 年《凡尔赛和约》的签署终结了“一战”时的对德联盟，也加速了新文化运动的脚步。和约规定，德国必须交出在中国占领的领土以及在世界各国的殖民地。中方认为，由于近 10 万中国劳工被派往欧洲西线支援英法作战，作为补偿，上述领土理应归还年轻的共和国，但最终却被转交到日本手中。后来人们发现，为了确保中国与日本站在协约国一方，后者曾与中日两国同时达成秘密协定。日本在国际舞台上的所作所为再一次对中国的内政造成了巨大破坏。

这一消息在北京不胫而走,引起了人们的极大愤慨。为了表示抗议，一名学生在公众集会上以刎颈自杀为威胁，很快他的同学们也纷纷挺身而出。1919 年 5 月 4 日，来自北京各个大学的 3000 余名学生在外国公使馆区举行示威，并火烧交通总长曹汝霖的住宅。示威者将其称作“卖国贼”，认为他为日本的利益进行辩护。这次学界游行引发了一场更为波澜壮阔的运动。人们发誓，要利用“德先生与赛先生”（即民主与科学。——译者注）振兴中华，让饱受“国内军阀和国外帝国主义势力”摧残的中华民族重新振兴。这次示威活动虽然仅持续了几个小时，但却成为中国社会与文化在随后的几十年中发生巨大转变的导火索，也为新文化运动找到了一个同盟军。中国的爱国人士纷纷呼吁推动技术进步和政治改革，以拯救中国于危亡之中。[28]

1921年，在这样一片动荡之中，一个全新的组织——中国共产党诞生了，并举行了第一次代表大会。社会主义是清朝末年传入中国的诸多西方思想之一，1917年俄国革命的爆发让这一学说的拥护者备受鼓舞。北京大学图书馆主任李大钊曾宣称："布尔什维克的胜利……就是20世纪世界人类人人心中共同觉悟的新精神的胜利。"[29]遗憾的是，北京大学文科学长、在会上被选为总书记的陈独秀并未参加这次会议，李大钊也因故缺席，但他在图书馆的助手毛泽东参加了此次会议。与会者一致认为，中国的社会问题，尤其是中国境内的帝国主义问题，必须彻底予以解决。但即使这群乐观主义者也无法否认，中国目前已经危机重重。革命事业似乎已经失败，中国将何以救亡图存？

第 2 章

# 未能统一的中国

救国良方何在？是三民主义还是共产主义？是靠拢英美还是跟紧苏联？正当国共两党因救国道路分歧发生冲突之时，饱受西方国家白眼的日本，终于将拯救亚洲的“泛亚主义”恶意扭曲为“大东亚共荣圈”。从此，这两个一衣带水的近邻开始了最不可理解的相互敌视，血雨腥风已然不可避免。

## 统一中国之战

蒋介石与汪精卫对这场共和国危机的反应，代表了很多与他们同龄的年轻志士的态度。他们积极拥护 1911 年的辛亥革命，但眼看祖国的光明前途在专制回潮和军阀混战中烟消云散，他们心如刀绞。作为回应，汪精卫采取了最为激进的措施，他与妻子陈璧君一起远赴法国留学。该国后来也成为胡志明、邓小平和波尔布特等人的政治培训基地。在随后的几年中，汪精卫频繁往来于中法两国，眼见共和国江河日下；蒋介石与毛泽东虽然留在国内，但由于各派军阀大权在握，他们很难一展宏图，实现政治革新与社会变革的梦想。

政治上觉醒的人们认为，中国遭受着帝国主义与军阀割据的苦难，汪精卫的所作所为不过是这种意识的极端反应。国民党现已名存实亡，孙中山被迫离开他所热爱的故土，再次流亡日本，在接下来的几年里，他一直待在那里。具有讽刺意味的是，日本成了中国反帝革命者的避难所。1916 年，袁世凯病重身亡，孙中山得以重返祖国。1921 年，军阀陈炯明向孙中山伸出援手，帮助后者以广州为根据地成立了国民政府。国民党虽然偏安一隅，但终于得以执掌部分江山。汪精卫也从法国回来，继续辅助孙中山，以期光复革命。

然而，孙中山当时已是 58 岁，身体健康每况愈下。在众多追随者中，谁将从他手中接管革命事业？ 20 世纪 20 年代初，如果要挑选一名年轻人继续领导中国革命，汪精卫无疑是最合适的人选。实际上，汪精卫在党内的地位仅次于孙中山，大范围的社会改革计划就是在他的辅佐下完成的；此外，他还颇具政治明星风范，他那殉道者般神圣的形象博得了众人的赞誉。尽管孙中山与汪精卫才识过人，如果没有强大的支持者为其提供武装，中国国民党仍然前途渺茫。孙中山未能成功说服欧洲列强为自己提供援助，因此转而寄希望于日本。1924 年他在神户发表演说时称，日本 1905 年对俄国的胜利，使亚洲人民对"摆脱欧洲压迫的枷锁"充满了希望。[1] 然而，孙中山主张亚洲联合的"泛亚主义"，在东京政界却得到了截然不同的解读：亚洲国家之间的关系不是相互协作，而是由强国主宰。

1923 年，孙中山做出了一项重大决定，改变了整个中国历史的进程。数年来，他一直试图寻求外援，建立革命军队，实现自己统一中国的梦想，但遭到了西方列强的断然拒绝。后来他发现，一支崭新的政治力量登上了世界舞台：俄国的布尔什维克革命在经历血腥残酷的内战后，于 1921 年取得胜利。新政府的外交部长、脾气火暴的列夫·托洛茨基急于利用共产国际，将革命的火种散播到全世界。1923 年，孙中山会见了共产国际代表阿道夫·越飞，表达了希望中国国民党与苏维埃结盟的愿望。苏联认为，当时的中国过于落后，因此不可能自行爆发社会主义革命；因此，应当由民族资产阶级政党国民党来发动第一场革命。孙中山赞成这一看法，并认为苏联是唯一一个表现出"仁慈与正义"的西方国家。[2] 为了表示诚意，他向苏联派出了"孙逸仙博士代表团"，团长就是蒋介石。在得到孙中山提拔后，这名年轻军官在党内的声望获得极大提升，很快将成为一颗冉冉升起的新星。蒋介石会见了托洛茨基等布尔什维克的显要人物，但对苏共印象不佳，认为他们“妄自尊大、独断专行”。[3] 在亲眼看见了苏联正在形成的政治制度后，他对此次莫斯科之行备感失望，而这些对他回国以后的政治观点产生了决定性影响。

新的联盟也改变了中国共产党的命运。在成立之初的两年里，共产党还只是一个微不足道的“非法”政治组织，它虽主张在城市工人中发动革命，实际上希望十分渺茫。孙中山与苏联的合作让共产党获得了增强力量的重要契机。按照苏联的建议，很多共产党员同时加入了国民党，组成联合阵线，开始了一段两党之间难分彼此的特殊时期。从思想体系上看，这种联盟对孙中山来说也顺理成章。他将自己的政治主张称作“三民主义”，即民族、民权和民生，这种模糊的社会福利国家主义有时候会被理解为英语中的“社会主义”。孙中山虽然不是共产党员，但国民党与苏共的相通之处足以使双方结盟。此外，孙中山的威信也安抚了国民党中的保守势力，而后者一直对布尔什维克心存警惕。

革命活动在广州市的一座小岛（即长洲岛）上展开，其神经中枢是黄埔军校，即苏联对中国革命者进行训练的地方。对国共两党来说，1924 ~ 1927 年与苏联合作建立国民革命军的经验都至关重要。汪精卫曾担任军校的政治部主任，后继者包括共产党的新星周恩来，此人后来出任中华人民共和国总理，地位仅次于主席毛泽东。在军事方面，由于具有卓越的组织才能，蒋介石与同样在日本留过学的何应钦迅速崛起。薛岳与胡宗南也先后在黄埔军校任职，并在战争年代为蒋介石立下汗马功劳。[4]

国共的联盟对年轻的共产党员毛泽东尤其有利，因为这意味着他将拥有更为广阔的党派基础，以策划激进的革命活动。作为一名政治激进分子，毛泽东的影响力与日俱增。1925 年 10 月，他接替汪精卫出任国民党中央宣传部代理部长，得以锻炼自己高谈雄辩和动员群众的技巧。事实证明，在随后的几十年中，这些技巧显得尤为重要。[5]

毛泽东于 1893 年出生于华中地区湖南省韶山市的一个村庄。在当时很多人看来，蒋介石为人冷漠、高深莫测；而毛泽东给人的印象却恰恰相反，他灵活多变、开朗外向、热情洋溢。蒋介石很少与人谈笑风生，而毛泽东则喜欢与朋友和访客高谈阔论。毛泽东始终在寻找一个能够展现自我的更大的舞台。对于旧式的思想和行为，他极为轻视，认为它们阻碍了中国的发展。年轻时，他曾经不无愤怒地撰文，抨击包办婚姻的传统。他在文中写道：中国的父母都是间接强奸自己的子女。[6] 最能够反映毛泽东年轻时性格的是他的个人锻炼计划（“全身一起一蹲，蹲时臀跟略接，三次。”），该计划的目的在于磨砺自己的身体与意志，成为振兴中华的栋梁之材。[7]60 年后，即 1966 年，正是出于同样的想法，毛泽东公开游泳横渡长江，发动了“文化大革命”。纵观其一生，早年与父亲的不睦对他的性格产生了极大影响。毛泽东的父亲思想保守，是一位富有农民。两人的冲突最终促使毛泽东离开家乡，开始从事政治新闻工作。毛泽东深受中国古典书籍的影响，熟读《水浒传》和《三国演义》等传奇著作，其性格中充满英雄浪漫主义情怀。他矢志不移地追寻强国之梦，与蒋介石不同的是，他主张彻底“改天换地”。而为了实现这一目标，必须开展一场全面的社会政治革命。

1936 年，刚刚闻名中国的毛泽东会见了美国作家埃德加·斯诺，并给后者留下了极为深刻的印象：“他有着中国农民质朴纯真的性格，富有幽默感，喜欢憨笑……他说话亲切，生活俭朴，有些人可能会认为他有点粗俗。然而他却把天真质朴的性格同锐利的思维、老练的世故结合起来。”此外，斯诺还注意到毛泽东身上的更多特点：“他的态度使人感到他有种在必要时候当机立断的魄力。”[8] 虽然毛泽东与蒋介石都不愿承认，但两人显然存在很多共同之处。正如蒋介石与汪精卫一样，毛泽东也希望新的世界能够更加开放，接纳不同的思想和经验。

1911 年，年仅 18 岁的毛泽东加入了老家湖南省的革命队伍。在随后 60 多年里，最初的作战经历对毛泽东的人生产生了决定性影响。

1925 年春，中国革命似乎蓄势待发。5 月 30 日，示威者聚集在上海公共租界的一家日本工厂前，抗议被开除。示威者从数十名增加到数百名，“杀死洋人”的呼声变得越来越高。英国控制的上海市警察局一名长官惊慌失措，下令手下（印度锡克警官率领的中国警员）向人群开枪。他们击毙了 13 名工人，引发了全国范围内从游行示威到联合抵制的抗议活动。上海、广州和北京等地的工人和学生举行集会，反对帝国主义者肆无忌惮地在中国领土上射杀中国公民。6 月 23 日，随着局势不断升级，英国军队在广州向包括中小学生在内的人群开枪射击，导致 61 人丧生。

北京大学几位教授的一番言论道出了人们的心声，他们对全国发生的一切表示震惊：“刚刚发生的悲剧……让中华民族充满了恐惧与愤慨……一些中国学生，他们只不过是一些少男少女，举行游行以示抗议……正直的人怎么会把这些少男少女视作暴徒，用子弹和机枪对付他们？”[9] 对外国帝国主义的愤怒已经到了一个临界点，随时可能爆发。

然而，孙中山却没有亲眼见证此情此景。1925 年 3 月 12 日，在他的梦想实现之前，59 岁的孙中山因癌症不治逝世。随着孙中山统一祖国的梦想成真在望，党内领导权的问题变得日益突出。7 月 1 日，汪精卫被提名为中央政治委员会主席，该委员会控制着 1924 年在广州成立的新国民政府。[10]

此次会议还选举蒋介石担任国民政府军事委员会成员，这无疑是对他在党内地位的重要认可。随后的几个月里，在狂热的政治氛围和风云变幻的局势中，蒋介石趁机掌握了更大的权力。包括苏联顾问米哈伊尔·鲍罗廷在内的一些关键人物开始怀疑汪精卫，认为此人华而不实，一心谋求个人名利。相比之下，蒋介石看起来更加沉稳可靠，并赢得了苏联的支持，因此成了竞争国民党领袖最有力的人选。

1926 年，第二次国民党全国代表大会正式确立了汪精卫的领导权，但蒋介石的威望显然与日俱增。[11] 与此同时，蒋介石的政治方向也产生了变化。在此之前，他一直与国民党左派过从甚密，甚至同意其长子赴莫斯科留学。1926 年初，蒋介石开始倾向于党内的保守势力，后者相信苏联人企图利用共产党削弱国民党的领导地位。

蒋介石认为，自己的生命受到了左翼阴谋分子的严重威胁。当年 3 月，蒋介石下令在广州戒严，解除了当地苏共与中共的武装。虽然他很快释放了中共的高层人物（包括周恩来）以及被捕的苏联顾问，但国民党军队显然支持他的做法，权力的天平也开始向蒋介石倾斜。恼羞成怒的汪精卫试图利用国民党军队扭转乾坤，结果却发现，与手握重兵的蒋介石相比，他在思想观念上的优势一文不值。

1926 年 6 月 4 日，蒋介石正式成为国民革命军的首领，这一变动颇具讽刺意味。20 年前，面对袁世凯强大的军事力量，孙中山的权力与威望毫无作用，如今，虽然很多人认为汪精卫应当成为孙中山的接班人，但蒋介石最终利用手中的兵权战胜了对手。对蒋介石来说，军队的力量至关重要，因为还有许多任务有待国民革命军完成。在接下来的两年中，国民党军队开展了北伐战争，通过武力夺取或胁迫的方式，控制了华中与华东的大部分省份。事实上，北伐战争的目的是恢复 1911 年辛亥革命后所失去的国家统一。

## 清党大屠杀

国民党及其军队一路势如破竹，沿海各省陆续易帜。尽管蒋介石对共产党的疑心越来越重，但后者仍然在革命活动中发挥了重要作用。在北伐战争的狂潮中，毛泽东等人不仅得到了政治历练，而且开始试行各种方针政策，并最终将这些政策施行于全国。在此过程中，毛泽东始终保持清醒，他从国共合作一开始就明确表示过，联盟只是权宜之计：

> 那动摇不定的中产阶级，其右翼可能是我们的敌人，其左翼可能是我们的朋友——但我们要时常提防他们，不要让他们扰乱了我们的阵线。[12]

此外，毛泽东逐渐产生了一些与党内高层格格不入的思想。他早就认定，中国应当开展农村革命而非城市革命，虽然他并非提出这一想法的第一人。1927 年，在著名的《湖南农民运动考察报告》中，毛泽东描述了中国共产党在他老家湖南农村开展阶级斗争的状况。拥有 500 万成员的湖南农民地方协会为贫苦农民提供武装，鼓励他们向地主“造反”。但与举国上下的军事冲突相比，湖南的暴力活动规模只不过是冰山一角而已。[13]

随着国民革命军的继续推进，很多外国人开始感到惶惶不安，认为这支苏联支持的国共联军将会结束他们安逸的生活，北伐战争的成功也使得国共联盟左右翼之间的分歧愈演愈烈。与党内其他领导人相比，蒋介石占据的军事优势越来越明显，而他对联合阵线中共产党人的存在也越来越反感。由于苏联人为北伐战争提供了资金援助，所以蒋介石很难终止国民党与苏共的联盟，但他已经开始制订计划，准备在合适的时机颠覆权力的天平。

1927 年 4 月，当国民革命军攻克重镇上海后，这一时机终于到来。英国政府已经预见到，民族主义会在中国再次兴起，而且将更有组织性。虽然他们并不希望看到这种情况，但还是准备与这个更加坚定而自信的新政权展开交往。英国在上海的殖民官员显然并不乐观，他们做好了迎战这些“左派强盗”的准备，有人甚至把蒋介石称作“可恶的红色将军”。

事实上，上海易帜后最大的受害者不是洋人，他们在租界地区的安全至少大体无虞，共产党的境况则要糟糕得多。他们此前已经打下上海的大部分地区，只等国民革命军到来后共同庆祝，然而他们并不知道，蒋介石利用与上海最大的帮会组织青帮的秘密关系，逮捕和杀害了许多知名的共产党员。短短数日之内，数千人惨遭屠戮，有些人还遭到了绑架和折磨。多年后，蒋介石的心腹陈立夫表示：这种消灭内部敌人的方式太过血腥，我必须承认有许多无辜者在此次突袭中遇害。[14] 这次残酷的屠杀让国共两党的联盟彻底破碎。蒋介石终于得偿所愿，正式成为国民政府的统治者，但他的胜利却沾满了前盟友的鲜血。

汪精卫拒绝接受蒋介石的显赫地位。他先是试图在武汉另起炉灶，建立国民政府，但很快发现，没有军队支持他取代蒋介石。尽管如此，汪精卫仍然认为自己才是孙中山真正的接班人，所以不愿屈居对手之下。面临杀身之祸的毛泽东等共产党员也反对蒋介石担任国家领导人，因此，毛泽东与周恩来等人转移到中国内陆地区江西省的农村，以躲避新政府军队的“围剿”。他们希望重整旗鼓，继续开展遭到重创的革命事业。

1928 年，蒋介石开始完善国民政府架构，定都于华东地区的城市南京，以便在自己军事与经济力量最强的地方坐镇全国，并将原首都北京更名为“北平”。从形式上看，中国已经在国民党的统治下完成了统一，但实际上他们只不过是偏安一隅。包括浙江、江苏和安徽在内的长江三角洲诸省虽然处于蒋介石的牢牢掌控之下，但距离南京越远的地方，国民政府的控制就越薄弱。北伐战争本应结束军阀割据的状态，但很多情况下，国民党不得不与当地势力妥协，因为他们自知难以通过武力征服对方。盛产煤炭的山西省继续处于阎锡山的统治之下，此人是一名进步军阀，曾经开展了声势浩大的反缠足运动；东北三省历来是“少帅”张学良的势力范围；在华北地区，军阀宋哲元试图巩固自己的统治，而日本也企图扩大影响，以便从东北三省进入山海关以南地区；在中国西部，地处偏远的青海是马麟与马步芳叔侄二人的天下，而青海以北的新疆则自 1933 年起就处于盛世才的统治之下。由于新疆与苏联接壤，从 1937 年起该地区实际上为苏联所掌控。这种状态持续到 1942 年，盛世才一反常态，开始竖起大旗，极力反苏。新疆是中国少数几个地广人稀的地区之一，而华东与华南向来人烟稠密。最为关键的是，国民政府不仅要担心来自东部的入侵，而且还要极力争取尚未完全控制的天府之国——四川。该省的军阀刘湘坐镇成都，对来自南京的任何蚕食之举都极为警惕。[15] 国民党虽然宣布一统天下，但并未实现真正意义上的统一，在大部分地区，它甚至难以征收税赋或招募士兵。

## 从“泛亚主义”到“大东亚共荣圈”

蒋介石建立新政权之际，国际社会正处于动荡不安之中，因此在世界舞台上赢得了一席之地。从 1918 年伍德罗·威尔逊总统“十四点和平原则”中关于民族自决权的宣言开始，西方国家已在思考欧洲以外独立的现代社会可能是什么样子。在帝国主义国家眼中，中华民国的国民政府无疑扮演着某种特殊的角色，在第二次世界大战结束之前，这是一个罕有的、至少部分独立的非西方非白人社会。其中 3 个大国的作用尤为关键，因为它们决定了世界各国在战争年代对中国的态度，它们分别是英国、美国和日本。

英国在中国的殖民活动以实用主义为原则，很少涉及思想意识层面。在以武力迫使中国通商后，英中两国开始了贸易往来。20 世纪 20 年代以前，英国一直是中国最大的投资国。与对印度的控制不同，英国与中国的文化接触十分有限，不仅没有建立完整的殖民体系，而且并未致力于改变当地的风俗习惯。它在中国极尽剥削之能事，常常带有种族偏见并显得残忍野蛮，但其外交官却十分精明狡诈，有时还颇具慧眼。他们承认，国民党有别于此前的军阀。[16]1926 年 12 月，英国外交大臣奥斯汀·张伯伦（英国第 61 任首相内维尔·张伯伦的兄长。——译者注）在声明中表示，外国列强应当看到中华民族新的潜力，并承认其合法地位。虽然各国仍需捍卫条约赋予它们的“合法”权利，但它们也应当意识到，是时候与这支强大的新生政治力量达成和解了。[17] 彼时国民党尚未在权力斗争中获胜，英国表现出的远见卓识的确令人刮目相看。

美国对中国的态度可谓自相矛盾。一方面，美国享有与欧洲列强相同的帝国主义特权，包括治外法权以及担任上海工部局董事，而且还是鸦片贸易的重要参与者之一。向美国移民的中国人会遭受严重甚至粗暴的种族歧视。从 1924 年起，根据《约翰逊·里德移民法》，美国基本上等于禁止了中国人（以及日本人）向该国移民；另外一方面，很多美国人又认为，与旧世界的帝国主义列强不同，他们还扮演着某种特殊的角色，这种观点从传教士为中国带来的影响便可见一斑。20 世纪初，美国传教士资助中国建立了一些重要的现代机构，例如成立于 1906 年的北京协和医科大学；此外，美国传教士遍布中国各地，在大大小小的乡村开展布道活动，这一点其他国家难以企及。当然，前往中国的欧洲传教士也有不少，但英法两国的注意力仍然主要投注于各自的殖民地，对中国的关注要小得多。美国的一些著名人物与中国有着不解之缘，《时代》杂志的创始人亨利·卢斯就出生于中国。事实证明，在中日战争期间，他的杂志曾为蒋介石摇旗呐喊，成了后者重要的宣传武器。赛珍珠的父亲是美国南方浸信会的一名传教士，丈夫是农艺家兼传教士约翰·洛辛·卜凯。她经历了国民党执政的大部分时期，后来成了美国最受欢迎的作家之一。她的小说《大地》和《龙种》描写了中国农民对抗贫困与悍匪的生存故事，1932 年，《大地》一书获得了普利策奖；1938 年，赛珍珠本人荣获诺贝尔文学奖。

美国在中国的传教活动带来了许多富有成果的文化交流。但美国人对中国的看法存在一种根本性误解，至今还存在于美国的政治思想中，即普遍认为中国想变得像美国一样，因此，美国对中国负有培养之责，以助其在政治体制、教育和宗教体系上达到这一目标。包括卢斯和洛克菲勒家族在内的美国富商开始在中国兴办大学、医院和其他机构，鼓励中国以美国为榜样，发展现代科学和民主思想。他们乐观地相信，中国就像当年崭露头角的美国一样，是一个正在成形的基督教国家和潜在的自由民主国家。但现实与理想的落差导致中美两国在中日战争期间产生了根本冲突。[18] 国民党人或许会对此心生愧意：他们俨然以初具雏形的西方自由主义者自居，并向美国人保证，他们正在建设的新中国将自豪地屹立于自由民主国家之林。但实际上，国民党几乎毫无实权，中国也并没有真正实现和平，帝国主义列强仍然安如磐石，国民政府只能对其曲意逢迎。

日本是第三个在战时影响中国命运的大国，对蒋介石的南京国民政府怀有极大的警惕。20 世纪 20 年代，日本对中国的态度显得较为温和。第一次世界大战以及战后召开的巴黎和会让东京得到了教训，1919 年的五四运动则表明中国民族主义已经成长为一支重要的力量，因此日本不能再像 1894 ～ 1895 年和 1904 ～ 1905 年的两次战争中那样全面入侵中国领土。国际环境已经改变，继伍德罗·威尔逊发表“十四点和平原则”之后，东京上层的观点也开始偏离传统帝国思维；而日本派出的代表团，包括 1937 年中日战争爆发时担任日本首相的近卫文麿（mí），却从巴黎和会西方国家的表现中学到了颇具讽刺意味的一课，威尔逊的国际主义言论不过是披在伪善和种族主义之上的外衣：西方政治家们断然拒绝了日本关于在和约中增加种族平等条款的要求，因为他们不愿公开宣称与非白人民族地位平等。西方帝国主义的做派并未消失，只不过是改头换面而已。[19]

上述发现促使日本对中国产生了一系列矛盾的观点。一方面，在两次大战之间，日本成了全球经济与政治秩序的积极参与者，支持进行有利于增强中国实力并获得更大经济自主的国际金融改革。当时，在日本的城市文化中，从时尚服饰到流行音乐再到大众杂志都出现了显著的开明倾向。大型工业、金融企业（财阀）的利益与全球市场息息相关。20 世纪 20 年代，多党轮流执政的议会民主制度已经在日本正式确立。

但另一方面，并不是所有趋势都是自由开明或亲西方的。很多日本思想家认为，亚洲国家不能寄希望于西方国家主动给予公平待遇，只能寻求自己的命运。诗人野口米次郎说过："如果一个国家只能接受其他国家援助，而无法援助别的国家……那它就不是一个真正的国家。因此，我始终认为并希望日本能够援助其他国家，譬如印度或中国。"[20]

与此同时，很多政治和军事思想家也认为，日本周边强敌遍布，妄图将其围困。日本的间谍开始利用遍布中国各地的贸易网络和外交岗位，对政治掮客、资本家与军阀施加影响，促使他们与日本结为同盟。如果这些盟友表现出太多自主性，其后果可能是致命的：1928 年 6 月，日本军方密谋炸毁了东三省军阀"大帅"张作霖的专列，导致后者当场身亡。一般来说，日本军队更倾向于采取强硬措施而非外交手段，但无论是强硬分子还是外交人员都认为，中国大陆是日本抵御入侵者尤其是俄国的缓冲地带，该地区一旦落入敌对势力之手，日本将腹背受敌。1905 年战胜俄国的辉煌过往仍然令日本人记忆犹新，"满蒙生命线"在日本也是一个被反复提及的词语，以此提醒自己中国的重要性。一名日本作家如此写道："日本……有 10 万人埋葬在满洲的平原上……这是日本民族用无价的鲜血与汗水赢来的胜利奖赏。"[21]

蒋介石政府的反帝言论遭到了日本统治集团的仇视。虽然国民党的合法地位已经被国际社会广泛接纳，蒋介石自己也宣称要将帝国主义列强驱逐出中国领土，但这些并没有引起日本的足够重视，他们只是把蒋介石视作又一个可以被收买或恫吓的中国军阀。这个帝国主义国家和美国一样，也以中国的良师益友而非占领者自居。它的确曾是清王朝奄奄一息时中国革命志士的避难所，1913 年袁世凯捣毁了中国的新议会后，孙中山就曾流亡日本。

日本认为亚洲国家需要团结合作，因此从 20 世纪初就开始宣扬“泛亚主义”，并且主张“精神的”东方应当有别于“物质的”西方。日本的民族主义汲取了禅宗和日莲宗的教义以及德国“鲜血与祖国”的思想，其非理性和浪漫主义与“泛亚主义”结合起来，使日本帝国走上了追寻权力与荣誉之途。

然而，中国的民族主义很难与日本的民族主义之中的精神因素产生共鸣。国民党当时的宣传虽然充斥着强烈的爱国主义甚至仇外情绪，但它毕竟源自一个相对世俗化的市民社会，并没有像日本或纳粹德国的民族主义那样强调纯粹的精神性。事实证明，这一区别至关重要。任何人以种族论优劣或者试图建立基于法西斯原初主义的社会制度，都不可能在中国一统山河。

日本对中国的愤怒也愈演愈烈，因为尽管中日两国在文化、文字和宗教上一脉相承，但在追寻现代化的过程中却走上了不同的道路。随着蒋介石在南京执政，中国和日本对东亚前途截然不同的看法，预示着两国必将决一死战。

第 3 章

# 多维度冲突

中国不仅有对日本极其重要的“满蒙生命线”，更是日后日本与苏联博弈、霸占亚洲的超级绊脚石。怀着志在必得的欲望，以九一八事变为开端，日本开始制造一系列恶性挑衅事件。终于，历史的时钟走到了 1937 年 7 月 7 日，一场旷古罕见的厮杀即将展开……

## 暗中备战

1931 年 9 月 18 日，沈阳（即当时满洲下辖的奉天）附近的铁路线上发生了一起炸弹爆炸事件。国民政府的美国顾问罗伯特·李维斯当时就驻于满洲，他给位于南京的国民政府外交部发了一封电报，讲述了整件事的经过：

> 9 月 18 日周五晚，日军从朝鲜派遣了 7 列满载士兵的火车经安东铁路进入满洲。9 月 19 日周六晚，日本军队又派遣了 4 列满载士兵的火车进入满洲的同一地点。日本人禁止学校讲授孙中山的三民主义，拘押了学校负责人，还大肆抓捕士兵和军校士官生，并搬走了中国兵工厂里的武器和军需品，包括步枪、重机枪、野战炮和军用卡车等。[1]

自 1905 年起就驻守此地的日本关东军宣布，这次爆炸是中国的反日分子所为，日本别无选择，只能立即采取军事行动，以保护当地日本人的生命和财产安全。但事实上，是日本人自己引爆了那颗炸弹。在没有征得日本政府同意的情况下，关东军的两名军官——石原莞尔（1889 ~ 1949，日本陆军中将，在战后因为曾与东条英机一度对立等原因被免除了战犯起诉。——译者注）和板垣征四郎（1885 ~ 1948，日本陆军大将，第二次世界大战甲级战犯之一，1948 年 12 月 23 日被远东国际军事法庭判处绞刑。——译者注）便擅自策划、发动了这起以自卫为名的侵略。不过几周时间，日本关东军侵占的中国领土已达到法德两国国土面积的总和，掌控 3000 万人口。

在两次世界大战的间歇期，九一八事变（即“满洲事件”）成了臭名昭著的外交危机事件之一，也是日本少壮派军阀一系列挑衅行为的开端，它打破了“一战”后形成的脆弱和平。同时，九一八事变也永远改变了蒋介石领导下的中华民国和中国国民党的命运。

蒋介石在血腥起家之后，试图建立一个新政府以引领中国实现现代化，彻底洗刷帝国主义在中国留下的耻辱印记，并取得了长足进步。在“黄金十年”（在 1927 年 4 月 ~ 1937 年 8 月的 10 年间，在南京国民政府的主持规划下，中国的政治、经济、军事、文化等各方面都取得了长足进步，因此这段时期被誉为“黄金十年”。——译者注）的前 5 年中，中国的经济实力增长显著，从纺织到烟草等各类本土民族工业欣欣向荣。中国的外交家们也开始在诸如国际联盟（以下简称“国联”）这样的大型国际组织中扮演重要角色。城市基础设施的建设马不停蹄：1930 ~ 1937 年，中国所筑公路从 3 万公里增加至 6 万公里，铁路系统也大有改善。但蒋介石政权也存在着诸多问题。他们大肆侵犯人权，不时拘捕和刺杀反对派，对共产党更是残酷有加。国民党的腐败问题也日渐凸显，在地方上表现得尤为明显，地方官员们巧立名目征收苛捐杂税，从农民处榨取财物。国民党最大的失败之处，即无法解决农村地区固有的贫困问题，为共产党巩固自身提供了绝佳机遇。国民党政权在很大程度上依赖于自身与富有阶层的关系，而这些有钱人则希望无论在城市的工厂，还是在广大的农村，他们都能保住自己的既得利益。[2]

常年居住在山东省的美国长老会传教士凯瑟琳·汉德见证了中国农民所承受的苦难。彼时的山东干旱肆虐、贫穷泛滥，它曾是 1900 年义和团运动的发起地。义和团拳民曾在此地与基督徒发生过暴力冲突。30 多年过去了，居住在这里的西方人已不再担惊受怕，但这里却一如既往地荒芜。汉德在 1935 年寄给美国家人的信中写道：

> 我真希望你们能感受一下这片被遗弃之地的落后气息。此地离海岸线仅仅 75 英里，但其萧瑟却恍如《圣经·旧约》中所述。一眼望去，我看见一个小小的打谷场，牛和驴拖着小石磙一圈圈打转。稻谷以这样的方式脱粒，然后再被人们熟练地一铲铲抛至空中扬起。赤身裸体的孩子在四周蹦蹦跳跳，妇女们则弯腰站在另一头，也许是在捡拾稻穗……我仿佛回到了几个世纪以前，但同时又看到西方国家刚刚闯入——这是好是坏，有时很难说清楚。

汉德同时也目睹了中国的现代化进程。她开着一辆福特 V8 出行：“在一条泥路上，我行驶了 160 英里。路不长，但在这段路上，我看见了电话、汽车、桥梁，一应俱全。”她同时也看见了灾后的惨淡景象：

> 有一次我们看见前方路上有一群人，我顿时不知所措。后来我们才了解到，那是一群遭遇了洪灾的难民，他们被分配至全省各地接受救济。政府正想方设法应对这一前所未遇的状况，但对那些被要求接济难民的家庭来说，这无疑是雪上加霜，因为他们自己也近乎一贫如洗。[3]

尽管多数地区仍在贫困线上挣扎，但大部分西方观察家都将国民政府的出现看作是中国经过多年军阀混战后的一种进步。但在日本人眼中却是另一副光景，他们忧心于中国的进步，尤其是他们发现国民党正缓慢而稳健地削弱外国在华特权，中国也正逐渐转变为一个平等的贸易伙伴。

1933 年，国民政府最终重新取得了关税自主权，以自定税率对进口商品征收关税。自 1925 年“北京关税会议”后，关税一直作为以往“不平等条约”的一部分为外国人所控制，夺回关税自主权是中国经济独立的重要里程碑。国民党当政期间，海关逐渐以中国雇员取代了外国雇员，这表明，再过不久，中国将彻底掌控自身财政大权。[4] 中国自主权的日益壮大引起了东京的密切关注，日本政府近乎狂热地坚信，中国应该成为日本的势力范围。

1922 年，垂死的日本陆军大将宇都宫太郎（1861 ~ 1922，日本情报巨头，明治陆军三太郎之一，曾任朝鲜军司令官。——译者注）躺在病榻上，指着世界地图上北起西伯利亚，南至新西兰的大片疆土，说：“这必将成为日本的领土！”不过，在如此豪言壮语的背后，日本军国主义分子认为自己不过是在向西方敌人学习而已。1946 年的东京审判中，日本陆军中将石原莞尔质问美国检察官：“你听说过佩里这个名字吗？”他所指的是美国海军准将马修·佩里，此人于 1852 年率领舰队逼迫日本打开国门。“日本以贵国为师，学习如何扩张。你不妨称我们为你们的弟子。”[5] 石原莞尔如此说道。

能令日本人如此关注，也证明了国民政府与众不同。从理论上说，国民党是一个“先锋党”。它首先通过一套“监护”系统来控制这个社会，然后通过“训政”使人民足够开明，能够接纳和实现“民主”制度（即孙中山的民权主义。——译者注）。就当时一党专政的体制而言，国民党是极其包容的，其成员观点从自由主义到极端保守主义无所不有，而他们又有一个共同之处，那就是效忠于党首蒋介石。这是蒋介石的能力所在，他能将思想截然不同的人物统合于一党之内，又能使他们保持忠心。

上海富商兼牧师宋嘉澍自辛亥革命起就一直支持孙中山，他的儿女们属于亲西方分子，同时也是蒋介石的亲戚，他们在国民政府中都扮演着重要角色。在西方以“蒋介石夫人”而广为人知的宋美龄是宋嘉澍三个女儿中最小的一个。得益于早年在马萨诸塞州韦尔斯利学院的留学经历，她能说一口流利的英文。[6]

蒋介石第一次向宋美龄求婚是在 1920 年，彼时的他已开始在国民党内部崭露头角，但宋美龄拒绝了他。蒋介石的外表并不出众，也不善言谈，最重要的是他已婚娶。但到了 1927 年，事情却发生了改观。蒋介石在成为国民党当仁不让的领袖之后，花了一年多的时间向宋美龄大献殷勤。宋美龄向他提出了两个条件：第一，与妻子离婚；第二，研读《圣经》并改信基督教。蒋介石答应了这两个条件，最终两人于 1927 年 12 月 1 日完婚。从此，宋美龄就成了蒋介石面对西方世界最重要的一张面孔。外交官们常常注意到，他们会见委员长时，也会见到“委员长夫人”；英国外交官罗伯特·豪早就认识到，“蒋介石这样稳重谨慎的人很难在战争年代给人留下什么印象，反之蒋夫人则落落大方、惊才绝艳，也更受欢迎”。[7]

宋美龄对世界的看法深受其留洋经历的影响，她在处理中西关系时，有着更为宽阔的视野，而蒋介石除了苏联之外与其他国家几乎毫无交往。婚礼上，宋美龄在孙中山的遗像前鞠躬缅怀，她希望能为孙中山的共和国事业贡献自己的力量。

宋美龄的兄弟宋子文也是政府高官。他毕业于哈佛大学，英文流利，对于提高国家财政收入颇具手段。得益于此，1928 年 2 月至 1933 年 10 月，宋子文稳坐财政部长的位置。在当时的西方外交官员和财政官员中，宋子文有着一定声望。相对而言，他可算得上是一位自由主义者，正因如此才促成了国民党对美渠道的持续开放。

蒋介石的大姐夫孔祥熙也在政府财政部门担任要职。孔祥熙坚信自己是孔子的第75代后人，但他的影响力并非源于此处，而是来自他与宋美龄的大姐宋霭龄的婚姻。1933～1945年，孔祥熙一直担任中央银行总裁。在这段时间，他还兼任了宋子文先前的职务——财政部长。与宋子文不同，孔祥熙在政界和民间口碑不佳，常因贪婪腐败而为人诟病。宋美龄的二姐宋庆龄则嫁给了革命血统最为纯正的孙中山先生。

国民党内部也有对西方持谨慎态度的人物，尤以“CC系”为甚，此势力的名称源于陈果夫和陈立夫两兄弟的姓氏首写字母。双陈都属强硬派，同为民族主义者和反帝主义者，同时也是坚决的反共分子，他们不赞同社会经济结构的根本性变革。在蒋介石统治时期，他们不遗余力地镇压反对派，声称中国社会需要的是更为严格的管控，而非自由。

在这些镇压行动的背后还有另一个人的身影，他并非蒋介石的血亲，但其忠诚度却丝毫不亚于血亲。这个人就是后来被记者奥利弗·考德威尔称作“中国希姆莱”（海因里希·希姆莱，1900～1945，法西斯战犯，历任纳粹党卫队队长、党卫队帝国长官，纳粹德国秘密警察首脑、警察总监、内政部长等要职。——译者注）的戴笠。戴笠是国民政府军事委员会调查统计局的头目，在需要对反对派和共产党员进行拘捕或暗杀时，戴笠的手下就会出动。[8]

汪精卫处于国民党权力中心之外，他无法原谅蒋介石在北伐战争期间的夺权行为。在蒋介石的统治下，汪精卫纵横捭阖，利用国内外反蒋势力，耗时3年企图推翻蒋氏。1930年，汪精卫联合北方军阀冯玉祥和阎锡山，寄望于中原大战中打败蒋介石。1931年，汪精卫与另一位反蒋人物胡汉民之间爆发了派系斗争。作为孙中山的继承人，汪精卫拒绝将继承权拱手相让。

1931年，日本侵占东北，中国形势骤变，日本成了蒋介石政府面临的最紧迫问题，远甚于共产党、各路军阀及其他帝国主义势力。在两次世界大战之间的和平时期，美国总统伍德罗·威尔逊的国际主义准则抑制了日本在亚洲的扩张；但 1929 年的经济大萧条将日本置于经济危机的漩涡中，使其走上了强权主义和军事扩张的道路。日本在两次世界大战之间实行的多党制一直不顺利，而大萧条时期日本出口经济的崩溃迫使人们的思想转向贸易保护主义（指在对外贸易中实行限制进口以保护本国商品在国内市场免受外国商品竞争，并向本国商品提供各种优惠以增强其国际竞争力的主张和政策。——译者注），而抛弃了贸易自由主义（指建立在地域分工、比较利益基础上的国际贸易理论，遵循着亚当·斯密“看不见的手”的教训，主张经济上的自由放任，反对干涉贸易自由的政府措施。——译者注）。美国通过了《1930 年斯姆特—霍利关税法》（*The Smoot-Hawley Tariff Act*，于 1930 年 6 月 17 日经签署成为法律，该法案将 2000 多种进口商品关税提升到历史最高水平。——译者注）等法案，开始关闭其市场大门，大英帝国也实行了帝国特惠制（Imperial Preference，是指英国和英联邦其他成员国间在贸易上相互优待的制度。1932 年在渥太华帝国会议上制定。主要内容是：对成员国间的进口商品，相互降低税率或免税；对成员国以外的进口商品，则征高额关税，以阻止美国及其他国家势力渗入英联邦市场。——译者注），而日本此时考虑的则是创造属于自己的经济自足区。一直以来，东京方面都认为“满洲”（即中国东北）是日本的“生命线”，且日本应在中国享有独特权利，如今，这种声音更为高调。1931 年 9 月，以石原莞尔和板垣征四郎为首的关东军宣布，当地百姓已发动起义，并建立了一个由日本扶持的政权——伪满洲国，对抗以张学良为首的“满洲腐败军阀政府”。没人相信这种鬼话，包括国联在 1932 年派出的调查委员会，但没人有意愿或能力去反对日本。当时正冉冉升起的德国反对党头目希特勒很可能从这件事中学到了一课。东北避难者纷纷请求蒋介石抗击日本侵略者，但蒋介石政府坚持只通过官方途径进行抗议。

接下来的几年里，日本的政策表现为军队和行政官员之间一系列微妙的互动。虽然日本军政各界领袖们所强调的重点有所不同，但关于“日本在中国享有独特权利”这一理念却被高层一致认同。其中，日本高级将领在“以军事控制中国东北地区”这一事件中扮演了重要角色。

中国外交官一再向国联提交愤怒的申诉。蒋介石在9月23日宣布：“如果国联……未曾主持公道，政府已有最后之决心，为自卫之准备……如有必要，余当赴前线，与爱国志士并肩而战。”[9]但他没能履行誓言，至少在当时还不能。蒋介石很清楚，他麾下的军事力量羽翼未丰，尚无法与关东军对抗，遑论整个日本帝国的军队了。

从东北流亡到关内的各界人士组成了一个叫作“东北民众抗日救国会”的团体，想尽一切办法投入抗日救国运动。他们利用媒体和舆论进行示威抗议，劝说政府以武力夺回沦陷的东北各省。他们在1931年11月发布的一份公告中指责了政府的不抵抗主义：“我们唯有团结一致，方能救亡图存……建设一个强有力的政府，建立一个统一的国家，下定决心向日本宣战。”[10]但在20世纪30年代中期，他们的抗日宣言并不能得到国人的普遍响应，虽然东北流亡者引起了公众的同情，但中国还须面对其他危机，如持续的经济危机等。地理上的区隔使东北沦陷无法成为中国人的核心关注。

毫无疑问，东北在日军的占领下暴行频发。1932年，日军以村民藏匿抗日战士为由，将抚顺平顶山的3000名村民集体屠杀，而这只是引起国际关注的事件之一。一名记者这样写道：“日本兵将房屋付之一炬，村民倒在日军机枪扫射之下。”[11]

当地人虽对日本人没什么好感，但对之前张作霖和张学良父子的统治也没什么留恋，而张作霖是一个目不识丁、鸦片上瘾的军阀。日本人软硬兼施，一边以恐怖手段相威胁，一边投资修建地方基础设施以取悦民众。

日本人还在当地找来一些官员继续担任之前的角色，给民众带来稳定的感觉，而非改朝换代的动荡。官员们与占领军的合作在大多数情况下并不积极，但在不少地方已成既定事实。占领东北不仅有助于日本人控制中国内地，还能以此了解，如若他们扩张至东北以外的地区，中国人将作何反应。

1931 年末，蒋介石深感各方压力日益紧逼。汪精卫以及身在广东的国民党元老、保守派胡汉民仍然反对他；共产党在江西站稳了脚跟；日寇猖獗，但抗击又无异于自杀。此外，日益军国主义化的东京政府抓住一切机会鼓吹国民政府与日本的关系是“不真诚”的，所以任何的摩擦都将不可避免地为日本制造口实以便讹诈更多领土。“中村大尉事件”便是这样一个例子：陆军参谋中村震太郎等三人秘密潜入蒙古边境，当地中国士兵怀疑其为密探而处决了他们。[12]

丢掉东北令蒋介石声誉受损，因此他迫切希望修补自己的形象。1931 年 12 月 15 日，蒋介石宣布下野。蒋氏放手一搏，目的是想证明在危难关头无人能够取代他的位置。事实证明，他预料得没错。军队高级将领宣布他们不会听命于蒋介石的继任者、孙中山之子孙科；税务部门不愿意将资金转到新政府名下；民众举行示威游行，呼吁蒋介石官复原职。1932 年 1 月初，蒋介石同意重新履职，并安排汪精卫主管政府行政部门，但无权干涉军事。此时蒋介石已成国民党理所当然的领导人，老对手汪精卫无力反击，只得屈从。

然而，蒋介石的不抵抗政策引发了民众的强烈不满，使得反对者有了更充足的理由来反对他。1932 年 1 月 28 日，上海工人与日本僧侣发生冲突，事件很快升级。日本海军司令盐泽幸一少将抓住机会要求道歉和赔偿，同时要求镇压上海的反日游行。日本海军嫉妒关东军在东北取得的“成就”，所以企图抓住此机会以赢得高层赏识。

在公开场合，蒋介石做出妥协姿态，但也暗中鼓动听任蔡廷锴的十九路军反击日军。双方军队发生交火。战斗的时间虽然不长，但却在上海市民眼前真实发生了：街道上处处是战壕，林荫道上子弹呼啸，弹片横飞。3 周时间里，国军伤亡 1.4 万人，日军伤亡 3000 人，1 万多当地市民无辜殒命。最终双方达成停战协定，限制中国军队在上海的活动范围，这一协定再次引发民众的强烈不满。蒋介石表面上反对蔡廷锴，加之其对东北采取的不抵抗政策，使他背上了一个取悦日本人的恶名。

即使中国还未统一，也必须做好军事准备。基于这个观点，蒋介石继续与共产党及各地方军阀缠斗是有逻辑性的。在他看来，不管什么理由，在面对外来威胁时，割据分裂都只会削弱一个国家的力量。

蒋介石很清楚日本极大地威胁到了他的政权的稳定性。20 世纪 30 年代初，国民党就制订了周详的对日备战计划。与此同时，世界各国政府也都做着同样的事：通过大规模增加军事开支，德国和日本已经走出了经济大萧条。

与意大利一样，它们都成了统合主义国家：经济的主要部分由国家控制，但私营企业依然占有一席之地，这与苏联颇有不同。法西斯政权的基本目标是军事征服，但蒋介石政权并非如此，并且当时的中国也不具备相关条件。但蒋介石也意识到，藉战争动员的时机，可以发展中国的基础设施建设和促进科技发展，或许能引领这个国家摆脱贫困。

南京政府开始暗自推进备战工作。于 1932 年 11 月 29 日建立的国防计划委员会是其中的关键一步，它的任务是对国家现有实力进行详尽调查，内容涉及煤炭开采、铁路基建、粮食种植、电力生产和金属储备等多个方面。该委员会还同时调研了教育对社会的影响和货币改革的重要性。它得出的一个主要结论是，中国的地理状况使得东部沿海地区在战争中最容易受到攻击，而绝大部分国家基础设施恰恰集中在这一地区。

为确保战争爆发时钢铁、煤炭和化学物品能够供应充足，委员会制订了相应的计划。同时，中国广袤的内陆地区也需要扩大产能，如湖南的钢和铁、四川的铜和铁，以及南部和西南的煤炭等都应充分开采。[13] 计划经济日后成为共产党新中国的标志，但实际上蒋介石政府在日本的威胁下已经被迫开始了。

蒋介石也知道，中国的安全有赖于其军事实力。尽管麾下军队在国内战争中节节胜利，但他清楚国民革命军是一支鱼龙混杂的军队，部分士兵和军官素质很高，部分则几乎未受过训练，甚至有一些人仅是勉强听命于中央政府。

1934 年，蒋介石聘请德国人汉斯·冯·塞克特担任军事顾问，此人因在“一战”后通过严格训练重振了德国陆军而被誉为“德意志国防军之父”。之后又聘请了亚历山大·冯·法肯豪森。塞克特和法肯豪森同是魏玛共和国的军官，都支持职业军队应由政府机构而不是某一派系的政治力量来控制。虽然两人都属希特勒政权，但他们并非纳粹的支持者。总体说来，国民党军队改革的目标是建立一支规模不大但训练有素的义务制中央军。到 20 世纪 30 年代中期，军中已有约 8 万人接受过塞克特的德国式军事训练。[14]

蒋介石不公开与日本发生冲突而选择暗中备战的政策只取得了部分成功。他避免了全面爆发战争，却被迫屈辱地放弃北方领土。1932 年 2 月，东北完全沦陷。随后伪满洲国宣布独立，第二年日本就侵入并占领了当时的热河省。张学良的军队几乎不战而败，全省迅速沦陷。蒋介石政府在“长城抗战”（1933 年 3 月，中日两国军队在华北长城沿线进行的一场激战，国民革命军以劣势装备对抗日军的精锐师团，最终结局是日本小胜，中国军队的有生力量顺利南撤。——译者注）结束后只得向日方妥协，两国于 5 月 31 日签订了《塘沽协定》。这一协定是为挽回双方的颜面，却也标志着南京国民政府事实上承认了伪满洲国政权。协定条款将北平、天津以北，直至长城以内的区域划定为非军事区，允许日本人对此地区进行监管，中国军队不得“挑衅”。这使中国屈辱不已，但在短期来说，这也为蒋介石提供了一个喘息之机，令蒋介石得以将精力放至其他事务，尤其是反共斗争上。[15]1933 ~ 1935 年，中日间的紧张关系有了明显缓和。事实上，如果日本在 1933 年侵占华北后不再进一步侵入中国内地，这场最终重创亚洲大陆多数地区的战争或许根本不会发生。

自 1933 年起，蒋介石就面临着一个极为困难的任务：既要增强国力对抗日本，又要避免激起日本进一步的军事侵略，同时还要安抚民众日益高涨的反日情绪。这些相互矛盾的目标常常导致这样的情况：那些号召抗日的公众人物发现他们不但招惹了日本人，而且与本国政府也起了冲突。记者杜重远的遭遇就是一个突出例子。

1935 年，杜重远出版的刊物上发表了一篇名为《闲话皇帝》的文章，轻蔑地评价了日本天皇，称其是一个“古董”，“尽管什么事情都是以他的名义做的，但其实没什么实权”。[16] 杜重远并非文章作者，但却因其刊物刊登了这篇文章而被起诉，并被判处 1 年零 2 个月的有期徒刑。

事实证明，汪精卫也在这方面对蒋介石构成了一个特殊的威胁。自从 1932 年他们达成某种程度的和解之后，汪精卫便开始支持蒋介石加强国防能力的政策，但他同时也倡导亲日政策。汪精卫依然是一个热忱的民族主义者，他想看到的是一个独立自主又生机勃勃的中国；但与蒋介石一样，汪精卫也认为中国的武装力量不够强大，不足以抵抗日本，并认为中国强大起来仍需一定时日。

1934 年，在对某次国际事件的评论中，汪精卫写道：“作为一个纯粹的事实，政府须作好准备承认自己是弱国。”他批驳了武力与日本对抗的观点，但同时也清楚地表明，日本的要求是不可接受的：当前的政府拒绝被牵着鼻子走……高调的反日言辞只会带来诅咒。日本想将中国变为其殖民地，但国民党……决不允许这种事发生。[17]

与中国大多数民族主义者一样，汪精卫将所有列强的帝国主义行径都看成是敌对行为。比起日本这个与中国有着文化渊源的国家来说，他并没看到与英、美结盟有什么实质性的好处，这两个国家在中国的领土上仍然保有巨大的殖民势力。在南京政府中，作为一个亲日派倡导者，汪精卫不可能讨人喜欢；在民众的心目中，他被看作亲日政策的支持者，因而遭人唾弃。

1935 年 11 月 1 日，国民政府成员一同拍摄集体照。突然，其中一个摄影师从他的相机下取出一把勃朗宁手枪，连发 3 枪击中汪精卫，后者险些因此丧命。此次袭击的创伤严重影响了汪精卫的余生，导致他对蒋介石的怨恨有增无减。在拍摄照片时，蒋介石本应参与，并站在汪精卫所站的位置上，但蒋介石却在最后一刻缺席这次活动。汪精卫认为这次刺杀是蒋介石下令安排的，但这多半是捕风捉影。因为到了 20 世纪 30 年代中期，亲日分子已成了一种危险的身份，同样亲日的另一位部长唐有壬也于 1935 年 12 月 25 日遭到刺杀。事实上，汪精卫的死对蒋介石并无好处。汪精卫的亲日反而有益于蒋介石在公众眼中的形象，尽管蒋介石所持的对日态度与汪精卫并无太大不同，但汪精卫转移了公众视线，才使蒋介石免于口诛笔伐。汪精卫以其伤势为由，从国民政府中隐退，不久便离开南京前往欧洲旅行。随着东京对华政策的日渐强硬，亲日派在中国政府中的地位也就边缘化了。

## 凶险的长征撤离

1927 年 4 月，蒋介石对共产党进行了大规模“清洗”，幸存者逃到了偏远的江西省农村地区。日本的威胁是南京政府的头等大事，但共产党的幸存者未能立即意识到这点。因此，当蒋介石不断巩固其政权的时候，共产党却开展了一系列痛苦的检讨，分析为何第一次国共合作结果如此失败。在随后的 10 年中，他们努力争取在军事和经济上自给自足，这最终塑造了 10 年后对日战争的崭新局面。

在这支汇集至江西省瑞金市的年轻共产党队伍中就包括了毛泽东，

彼时的他虽然还未成为一党之首，但地位正急速上升。在党的高层会议检讨共产党为何会全面惨败于国民党时，毛泽东很快成了领袖，他认为其中一个主要原因在于共产党没有自己的军队。

大革命时期，共产党部队听从了苏联的建议，被纳入国民革命军麾下，但当两党发生冲突时，国民革命军依然听命于国民党，共产党则势单力薄。因此，中国共产党在江西最初的行动之一就是建立红军。作为在德国接受过军事训练的前军阀部队高级军官，朱德牵头训练了这支新生的军队。

在江西，毛泽东抓住机遇推行社会改革政策，其中最主要的就是提出将地主和富农的土地分给贫农的土改政策。毛泽东直截了当地宣称：占有土地……而靠剥削农民为生的，叫做地主……军阀、官僚、土豪、劣绅是地主阶级的政治代表，是地主中特别凶恶者。[18] 对这种做法，共产党的其他领导人最初是持谨慎态度的，因为他们知道，得到当地有名望者的支持更有利于广泛动员群众。共产党内部竞争日趋激烈，江西之外发生的事令他们更觉苦不堪言。

1933 年的《塘沽协定》为紧绷的中日关系创造了喘息的机会，也为蒋介石留出了更多时间和空间打击共产党。在最初的几次围剿行动失败后，1934 年，国民党军队的改革开始初见成效。位于江西的共产党发现自己身处国民党的包围之中，必须马上撤离。[19]

1934 年 6 月，共产党领导下的红军开始往西北方向行军，这就是后来众所周知的“长征”。共产党在江西的地盘已难以为继，几万名男人和少数妇女开始了穿越中国腹地的蜿蜒跋涉。

1935 年 1 月，中共中央政治局在贵州省的遵义召开会议。会议最后变成了包括共产国际顾问在内的共产党领导层与包括毛泽东在内的反对者之间的一次摊牌。

当时，毛泽东一直被排除在党的高层之外。他抨击领导层采用了错误的军事策略，任由国民党攻入共产党的根据地。他们本该听从毛泽东的战术主张。共产国际军事顾问李德（原名奥托·布劳恩，1900 ~ 1974，德国人，曾为中国共产党军事顾问。——译者注）几乎没有说话，但他“在毛泽东开始抨击他时脸色变得刷白。尽管没有失去对身体的控制，但他却一根接一根地抽着香烟……他看上去越来越压抑和沮丧”。[20] 在会议结束时，形势已经明朗，毛泽东对现有领导人的全面控诉使他成了党内最为杰出的人物之一，他的上升势头不久便将他推上了共产党最高层的领导岗位。

1935 年 10 月，疲惫不堪的红军终于抵达了黄土飞扬的陕西省，中共在该省北部的小城市延安已建有一块根据地。红军从江西出发时有 8 万人，但到达陕西后已减员为 7000 人左右。其中，有些人死了，有些在面对敌军或高山、沼泽、湿地等险峻环境时被迫放弃跋涉。长征的结束是毛泽东通往最高权力之路的重要助力。

迄今为止，毛泽东已是共产党内的重要成员，但还不是最高领袖。共产党被迫长征这一事实表明，党内反对毛泽东的人失败了，毛泽东对于中共主流意识形态的批评是客观而准确的。虽然尚有竞争对手，但迈向延安的长征依然是毛泽东权力蹿升的关键所在。

长征后来成为中国共产党光荣的传奇，但实际上，它是一次孤注一掷的大撤离。即便在长征结束后，国民党所采用的战术越发奏效，仍然有可能一举击溃共产党。但就在几个月的时间里，一系列秘密交易和出卖却彻底改变了当时的政治格局。

## 迷雾中的西安事变

1935 年，欧洲的独裁者们加快了侵略步伐。在意大利，墨索里尼妄想重建罗马帝国，侵占了非洲仅存的独立国家之一埃塞俄比亚。在德国，希特勒公然撕毁防止重整军备的 1919 年《凡尔赛和约》，宣布将军队人数增加至 50 万。在莫斯科，警觉的斯大林选择了静观其变。

受大饥荒影响，此时的苏联元气大伤，根本无力应对来自日本与德国的东西方联合进犯。

1935 年 8 月，苏联及共产国际宣布成立世界反法西斯统一战线。同时，中国共产党也准备放弃反蒋政策，全力支持蒋介石。[21]

蒋介石和毛泽东都明白，莫斯科的新路线将使中国国内的政治格局彻底改变。对中共而言，拥抱一个在 10 年前背叛自己的前盟友是一件颇为难堪的事。而蒋介石也知道，他剿灭共产党的希望落空了。与日本开战已是不可避免，而一旦开战，他将需要苏联的支持。为了这个目的，蒋介石可能不得不放弃消灭共产党的心思，尽管此时的共产党已被大大削弱。

蒋介石、苏联和中国共产党三方间进行的双边谈判贯穿了 1936 年的夏秋两季。共产党正式表示遵从斯大林提出的联合国民党的要求。相应地，蒋介石也公开宣布，中共已经溃不成军，他没有必要再去处置他们。在中共领导人周恩来的参与下，双方关于联合抗日的谈判依旧在秘密进行。到了 12 月初，两党达成一致原则，红军归蒋介石的嫡系部队中央军指挥。协议以口头形式达成，没有形成正式书面文件，此时正是蒋介石决定前往西安进行视察之时。[22]

1936 年 12 月 12 日，中国发生了一起举世瞩目的事件：蒋介石被绑架了。军阀张学良和杨虎城包围了他的别墅，并将他扣为人质。在 1931 年秋日本侵占东北之前，张学良曾是当地的实权统治者。东北沦陷后，他被迫出逃，但依然在长城脚下拥有一支听命于他的精干部队。张学良和杨虎城要求蒋介石停止打击共产党，并在抗日统一战线中起带头作用。

接下来的两个星期，中国人民被一系列目不暇接的谈判搅得晕头转向。蒋介石的老同事何应钦威胁称要攻打西安以营救委员长。同情共产党的美国记者詹姆斯·伯特伦当时正在西安，他记得当时有一种战争一触即发的感觉，他记录道：“一排政府军的飞机在西安城的上方发出轰鸣声。对年轻‘少帅’的囚犯而言，飞机引擎发出的声音想必令他备感不安。”[23] 然而，蒋介石的夫人宋美龄却否定了对西安发动突袭的主意，因为她害怕丈夫会在突袭中丧命，而且她怀疑这是何应钦妄图篡权的阴谋。宋美龄来到西安，以便在丈夫被囚之时陪在其身边。与此同时，孔祥熙回到南京，在电台发表讲话，宣称“与武装叛军断无交易之可能，与共匪决不达成停战之协议，同时保证国家尊严必得维护”。[24] 但孔祥熙提及共产党时隐藏了一个更为复杂的事实，这个事实证明，张学良实际上犯了一个可怕的错误。

在西安事变发生前的数月混乱中，一系列谈话已为国共合作打下了基础，但张学良对此毫不知情。同时，他也远未具备成为一国新领袖的实力与威望，所以他的行动在当时被部分人认为是对国民党政府和中国人民的背叛。谈判持续了 2 个星期，对于蒋介石会被释放还是被杀害，中外观察家都毫无头绪。

在现今中国，张学良被视为爱国分子。蒋介石不愿直面日本威胁，并坚决打击共产党同胞，这些都令张学良震怒。在这个版本的历史叙事中，张学良是为逼迫蒋介石转变态度而绑架了他。但事实上，张学良的动机可能更为直截了当：蒋介石很可能会剥夺他的兵权。而后来蒋介石获救的主因其实也很简单：当时中国的各方政治势力中，没有谁能从蒋介石的被害或下台中获益。

许多中共高层在蒋介石被抓后曾强烈希望处死他，但其他人则谨慎得多，其中就包括蒋介石以前的对手、山西军阀阎锡山。他们意识到，如果蒋介石被杀，没有人可以取代其统治中国的地位。

蒋介石的伟大胜利以及维护其地位的关键是他掌控着一个由各种派系组成的国民党。如果蒋介石死了，像宋子文这样的潜在继任者不太可能获得党内的广泛支持；而如果汪精卫接管，那更有了向日本妥协的可能。

斯大林知道，一旦蒋介石被杀，局势将对自己十分不利。所以在这件事上，他明白无误地表示，中共必须搁置争议，释放人质。斯大林对中国共产党的支持时断时续，带给他们的麻烦与提供的帮助一样多，但其意见依旧举足轻重。他知道，对人数不多、常被围剿的共产党而言，蒋介石的死有害无益。

相反，像汪精卫这样的亲日派可能会得到何应钦的支持而大权在握，一个亲日的中国将置苏联于可怕的危险中。1936 年，蒋介石一度郑重考虑要加入的“反共产国际协定”集团威胁要利用德军和日军从东西两边包围苏联。

如果中国也转向轴心国，那么苏联红军就不得不同时在东西南三条战线上孤军作战。20 世纪 30 年代，苏联红军损失了大部分优秀军官，如果此时开战，那结果将是灾难性的。因此，无论发生什么，蒋介石都必须重新掌权。他虽然是反共分子，但在 1933 年也曾做出诸多妥协，以期与苏联建立外交关系。

蒋介石被绑架令整个中国茫然失措。蒋介石正与毛泽东、周恩来等中共高层秘密商谈相关计划，国共双方都倾向于同时推行几种不同甚至有时自相矛盾的策略，而张学良则成了一个牺牲品。最终，周恩来与国民党方面谈判，促成了释放蒋介石的决定。蒋介石则保证，他将领导各党派联合抗日。在民众看来，蒋介石似乎是被逼着加入了联合抗日。但事实上，国共约定的具体条款与西安事变之前秘密达成的协议并没有太大不同。

被释放摆脱人身威胁之后，蒋介石反而成了无可替代的人物。事变发生 1 个月后，美国大使尼尔森·T. 约翰逊向美国国务卿科德尔·赫尔递交了一份报告，其中谈及蒋介石高涨的声望。约翰逊表示：“虽然 1936 年上半年局势的发展使得中国处于更危险的境地，但下半年发生的几起重大事件，在大局上产生了相反的影响。”他提到，有几个因素“使中国趋向统一和强大，甚至暂时使日本采取了明显更为温和的对华政策”。这些因素包括蒋介石成功削弱了西南各派军阀的势力、以及在华北绥远建立了更为坚固的防线，粉碎了日本想扩张至这一地域的企图，而这一企图曾使中国展现出“令人震撼的民族主义情绪”。

蒋介石对绑架者以其人之道还治其人之身：张学良被软禁于居室内，直至半个多世纪之后于 1990 年才在台湾获释。但蒋介石对统一战线的看法没有改变，他很清楚，大敌当前，中国不能再去打一场内战了。在国共两党之间的新统一战线协定中，双方的武装力量将停止敌对行动，并为抗击外来侵略者做好准备。

## 从东北斩向华北的武士刀

日本海另一侧的气氛也变得愈加紧张。1936 年 2 月 26 日，年轻的日本军官们企图推翻本国政府，他们宣称政府改善国内贫困状况的政策乏善可陈，在增强军队实力方面也几无建树。他们策划刺杀包括财政大臣高桥是清在内的高层人物。首相冈田启介因行刺者误杀其妹夫而得以逃脱。虽然政变失败，罪魁祸首也被处决，但其诉求却在高层赢得了诸多同情，导致政治形势愈加紧张。[25]

日本政要想插足中国的决心也变得更为坚定。在政变后仅仅两周，广田弘毅成为新任首相。日本政府开始日益担心，如果不能征服中国，那它将在未来成为日本击败苏联的绊脚石。1935 年末，共产国际将日本列为其行动的主要目标之一，冲突已在伪满洲国和苏联东部边界出现。时任关东军参谋长的板垣征四郎对日本外交大臣说：“日本迟早会与苏联发生冲突，彼时中国的态度将严重影响形势的发展。”[26]

1936 年 5 月 15 日，一名日军发言人声明：“日本严重关切华北当前局势，尤其是共军的动向，他们发起反日宣传，对日本进行威胁……如果……需要处理紧急状况，我们担心我们不能……担负起充分的责任。”诚然，日军占领区曾被共产党军队闯入过，日本在华居民的安全也令人担忧，但这些担忧却为日军提供了一个口实：他们要在华北地区部署一支新部队，其司令将由东京政府指派。[27]

到 1936 年春，日本在华北地区的军队从 2000 人增加到 5600 人，分别驻扎在天津、北平等主要城市。整个 1936 年，反日暴力事件在中国各地愈演愈烈，日本提升在华军力的要求也日趋强烈。

1937 年，日本军政界高层领导议定了一组向中方索要权利的基本要求，其中包括反共军事条约，降低日本进口关税，以及雇用所谓的日本军事“顾问”。这些要求是一则涉及范围更广的政策声明中的一部分，该政策声明中还包括他们势必会与苏联开战的军事论断，以及来自海军的“日本应该在东南亚扩张”的决定。[28]

然而，在接下来的几个月中，中国外交部长张群与日本大使川越茂之间的讨论最终没有达成一致。1937 年的最初几个月中，林铣十郎当选日本首相，对待中国国民政府的态度更加温和，但军方指挥官们的态度则依旧强硬。

1937 年 3 月 3 日，国民政府外交部长、蒋介石的老同学兼老朋友张群，因在对日态度上过于温和而被王宠惠取代。后者曾任海牙国际法庭法官，他似乎更支持对日本采取强硬态度。这被日本解读为中国的抗日情绪高涨，使得日本公众开始厌烦温和的林铣十郎政府，尤其当日本政客和民众将在中国发生的一系列孤立的反日事件解读为中国阴谋的一部分之后，日本公众的情绪更加激动了。[29]

1937 年 6 月 4 日，林铣内阁倒台，一个新政府被指定成立，由宫廷贵族近卫文麿任首相，而走强硬路线的广田弘毅则担任外交大臣。与此同时，日本在华北的影响力也不断得到巩固。虽然在表面上，这一地区仍由蒋介石政府统治，但它实际上已经落入日本人的掌控之中。后者的掌控权大多是通过与中国当地军政要员们达成协议的方式取得的。这些军政要员提防蒋介石就像提防日本政府一样，他们对谁都不信任。

总部设在南京的国民党中央军被禁止踏入淮河以北地区。这时，中国依然处在和平之中。但 1 个月之后的 1937 年 7 月 7 日，国民革命军第二十九军与日本华北驻屯军发生了全面战争。

比时的双方均不知道，第二次世界大战已在亚洲拉开了大幕。

# 第二部分 兵灾连绵

FORGOTTEN ALLY

China's World War II, 1937 ~ 1945

第 4 章

# 七七事变

1937 年 7 月 7 日，宛平，卢沟桥。一场对现代中国影响深远的战争就此爆发。面对强邻一而再，再而三的挑衅，宋哲元说不，蒋介石说不，全中国奋起反抗！卢沟桥上的枪声震撼了华北，中国数千年历史上规模最大、伤亡最重，也胜得最扬眉吐气的对外战争就此打响……

## 1937——狰狞之年

宛平看上去并不像是可以决定国家命运的地方。即便在今天，它也只是一个位于北京市西南方向 15 公里处的小乡镇。在 1937 年，宛平就是一片乡野之地，但它确实也有令人印象深刻的地方，那就是一道用近五百头精心雕刻、形态各异的石狮装饰起来的石桥。在 13 世纪，这道石桥吸引了意大利旅行家马可·波罗的注意，将其称为“世界上最精美的桥梁之一”。因此，这座桥在西方也被广泛称为“马可·波罗桥”。但在中国，人们把它称作“卢沟桥”。

1937 年夏天，卢沟桥周边地区到处布满中日两国的军队。当时驻扎在该地的中国军队是第二十九军，归国民政府冀察绥靖公署主任宋哲元指挥；而日方驻扎部队则属日本华北驻屯军所管。日本得以在该地区部署兵力，是因为 1900 年义和团运动之后清政府与各国达成的《辛丑条约》，该条约允许国外势力在华驻扎军队，以便在民众暴动时得以自保。当时，中日双方的关系极不稳定，宋哲元本人也面临着两难的处境，他夹在南京政府和日本人之间，两面不讨好。蒋介石政府要求宋哲元不可让日本侵占中国土地，但同时不能激发外交事件；另外，宋哲元还必须跟日本人达成妥协以保住他自己的权力根基。[1]

1937 年，驻扎在华北的各国外交官们已经嗅到了空气中某些异样的气息。美国大使馆参赞这样写道："在过去一周中，中日两国国民的不满情绪可能引发骚乱的传言在北平到处流传。宋哲元长期不露面，当地百姓深感不安，传言似乎主要是因此而起。"[2] 这位参赞认为，宋将军远离其军队是为了回避日本人，后者想逼他交出华北地区的更多控制权。

7 月 7 日晚上，日本军队开始在宛平周边地区开火。这件事并不令人感到惊讶：在平津地区，外国军队开展军事演习的权利是得到过认可的。但这一次日本军队似乎是变本加厉。当地日军指挥官宣称他的一个士兵失踪了，要求进入宛平搜查。这几乎是在明目张胆地指责：一定是中国人绑架或杀害了这名士兵。在过去几年里，日本人已经越来越习惯于对中国军队提出要求，而且这些要求一般都会得到满足。但这一次，宋哲元的军队拒绝了，于是一次低级别、小规模的战斗打响了。这次小小的冲突似乎会很快停息，就像以往那样，许多这样的冲突常常在中方做出退让后就平息了。然而这一次，远在华中地区的蒋介石却下定了决心要做出不同的反应。

在听到北平附近交火的消息时，蒋介石并不在南京，而是在江西庐山的牯岭。蒋介石将庐山当成夏季的避暑之地。20 世纪 30 年代，他先后多次邀请他的顾问到庐山商谈未来可能会跟日本发生的战争。到了 1937 年，商谈进程变得愈加紧迫。他在日记中写道："中国自强之意义与责任，应具必战之心，而后可以免战。"[3]

听到宋哲元的军队跟日本人发生冲突之时，蒋介石正跟他的军事委员会一起开会。他在日记中补充说："倭寇在卢沟桥挑衅……决心应战，此其时乎。"[4] 在日记中，蒋介石还反思了日本发起卢沟桥之战的用意所在："或故与宋哲元为难，使华北独立乎？"[5] 而后他又更为焦虑地补充："系时接受挑战乎？"[6]

起初，宋哲元的三个高级官员致电在南京的蒋介石称，他们不能答应日本人将中国军队撤出卢沟桥的要求，"因为这关系到国家主权"。[7] 中方经过一番抵抗之后，仍不得不和日本在宛平的军事指挥官开始停战谈判。卢沟桥上的这一小小冲突看上去似乎很快就会平息。

蒋介石面临着一个重大的问题：这次为期两天的战斗是不是像之前发生的多起事件一样，真的只是一次小规模冲突？它是否相当于日本对中国的另一次入侵，就像1931年的满洲危机那样？他断定，如果它是前者，这种紧张局势很快就会缓和。毕竟，华北并非真正处于国民党的控制之下，它是由蒋介石的竞争对手和日本军队所组成的混合势力所掌控的。放任战火蔓延，蒋介石自身的情况并不会马上恶化。但如果这次华北危机是日本在背后推动的严重事件，目的在于侵占更多的华北领土，使处于华东地区的国民政府受到威胁，那么，蒋介石就需要做出是否宣战的重大决定。

选择的权利并非全属蒋介石。事实上，自从满洲沦陷后，他的选择余地不断缩小。在1937年的炎热夏季，当蒋介石在庐山收到消息时，他必须谨慎权衡国际国内各种复杂因素，首要的也是最为紧急的一点在于，在这件事情上，任何让步和妥协看上去似乎都等同于政府放弃了对前王朝京都的控制权。这跟放弃满洲不同，伪满洲国的建立对中国的威望是一个重大的打击，但还算不上灾难，蒋介石在1933年几乎已经认可了其日本附属国的地位，但北平就不同了。在"北京"这个已经被废止的称谓下，这座城市好几个世纪以来一直都是中国历代王朝的首都。虽然它的政治地位已经下降，但对许多中国人来说，它依然具有巨大的文化和情感意义。这座城市还具有很大的战略价值：它是华北主要的铁路枢纽，连接华北与内陆商业城市武汉，并且往周边

4个方向都有铁路线贯通。如果北平落入日本人手中，那么来自东京的一声号令就可以将军队从朝鲜和伪满洲国派送到内陆的心脏位置。如果蒋介石让出这个城市，那他将失去整个华北，并将国民政府的中心地带置于巨大的危险之下。蒋介石在7月10日的日记中也意识到了这一问题："此为存亡关头，万不能失守也。"[8]

如果它只是北平，那就是另一回事了。但蒋介石担心的是日本人在中国不断挑衅，北平只不过是他们不断增加的征服名单上的又一个城市而已。从1931年起，爱国记者杜重远就和他的那些从满洲流亡出来的同胞一起，利用新闻媒介的力量吁请蒋介石采取一种更为积极的态度，发动一场战争以夺回东北。杜重远此前甚至因为刊登反日言论而被判入狱。虽然蒋介石说过"三千万同胞处于日本帝国主义的铁蹄下"之类的言论，但他对东北抵抗的立场始终没变过。他明白，满洲太过偏远，它所激起的公众情绪尚不足以支持打响全面战争。1933～1935年，日本似乎已满足于其既得权利，国民党统治下的中国得以和伪满洲国为邻，继续存活一阵子；但从1935年起，日本在华北的势力不断增长，显而易见，日本已将该地区看作是它的领土。蒋介石越来越确信，不把整个中国占为其附庸国，日本人是不会善罢甘休的。就算现在不跟他们发生冲突，将来也会，而且为期不远。当时中国赫赫有名的报纸《申报》以直白的《又一次侵略行动》为标题刊发了社论，并提出警告："这次冲突，在日军方面显然又是有计划的侵略行动。其性质之恶劣，足以震惊全世界。"[9]

但跟日本正面对峙很危险，甚至有可能是自寻死路，蒋介石亦不再指望获得国际社会的支持。1937年对全球来说都不好过，欧洲的政治形势日趋独裁，希特勒的纳粹党将德国重新塑造成一个专制国家，1933年已告崩溃的脆弱的魏玛民主共和国现在彻底消失；墨索里尼掌控下的意大利看上去也同样有序而强大。许多观察家忽视了背后支撑这些政体的是暴力和法西斯主义，他们得出了简单的结论：独裁政府是未来政治的出路。虽然欧洲大部分国家还处于沉闷的和平之中，但整个世界都受到了西班牙内战的影响，民选政府的共和党军队在跟佛朗哥的长枪党国民军作战。共和党只得到苏联极为有限的支持，而纳粹德国和法西斯意大利却在极力为佛朗哥撑腰。站在场外的是民主国家英国和法国，蒋介石知道，它们不会提供什么帮助。西班牙也早就看清形势，美国也根本无意进行国际干预。富兰克林·罗斯福刚刚在几个月前被再次选为总统，但就在经济大萧条持续冲击美国之际，他却在 1937 年头几个月里卷入一场伤痕累累的政治斗争中。罗斯福希望借此赋予自己更多的权力，以期改变美国高等法院的组成结构。对美国来说，再次介入欧洲战争是一件不得人心的事情，介入中国的冲突更是完全不可能。所以，如果蒋介石想要反抗日本，那他就必须依靠自己。他也需要估算好，在这场对日战争中，中国能独自坚持多久。

蒋介石的希望寄托在他最引以为傲的部队上。在发给儿子蒋经国的电报中，蒋介石叫他不要担心日本的侵略，因为他“有办法对付他们”。[10] 蒋介石依靠的是他的两位军事顾问冯·塞克特和冯·法肯豪森所训练的部队。[11] 毫无疑问，国民革命军取得了一定的进步。不过，蒋介石的电报不免有些虚张声势。改革需要更长的时间才能收效，而且目前受过训练的军官仅有 3 万名。

事实上，蒋介石很多战略的施行必须仰仗他“部下”的军队。他不仅必须估摸这些军队实际上能派多大用场，还必须揣摩有多少指挥官真正忠诚于他。宋哲元跟日本人有着紧密的接触，他似乎时常以牺牲蒋介石的利益为代价来巩固自己的地位。[12] 阎锡山是内陆主要省份山西的头领，以雄才大略而为人所知，但他也曾经是 1930 年华北中原大战反蒋联盟中的一分子，直到 1937 年都在利用共产党和日本人来对抗南京政府。蒋介石跟共产党的联盟也极为脆弱，表面上双方都做出合作姿态，但实际上彼此都不信任，西安事变的阴影始终未曾消退。[13]

卢沟桥事变留给蒋介石的选择余地极为有限：要么承认华北沦陷，

要么反击。可一旦开战，战争就必将从地区冲突扩大为两个国家之间的全面冲突。

问题在于，蒋介石没有太多的时间。当时中国的条件并非如蒋介石所愿，具备足够的时间去建造专业化的军事力量，平衡各地军阀首领的分立倾向，并加强全国的经济和财政基础。到 1937 年，日本为战争所做的准备规模之大让中国的备战相形见绌，不值一提。在 1936 年 2 月的日本政变阴谋中，财政大臣高桥是清被刺杀，后果之一就是日本政府的军事开支大幅上扬。[14] 日本政府和民众都不断被类似“教训一下中国”这样的诉求所驱动，对逐渐统一的中国及其不断高涨的民族主义怀着戒备之心。在纳粹德国和法西斯意大利，刚愎自用的个人领袖担任着对外政策的核心角色，但日本却没有异常突出的最高领袖或元首。相反，日本陷入了一种致命的境地：大部分政治家、军事家和民众都感染了“战争狂热症”。

此时军事开支占了日本年度预算将近一半。此外，虽然处于大萧条的环境之中，但为备战而大量制造军需品，日本重工业因而受到很大刺激，整个国家的经济得以复苏。在日本国内，媒体大肆宣扬日本正被敌对势力包围，以阻挡其崛起。1934 年，东京政府废除了 1930 年签订的《伦敦海军条约》，该条约旨在限制日本海军的规模。此时除了本国军事预算，已经没有什么可以阻止日本扩张其海军实力了。

1937 年 6 月，在连续 6 年对华态度摇摆不定之后，一位新人登上了首相之位，他就是近卫文麿公爵，他将决定如何应对卢沟桥事件。

近卫文麿出身于贵族家庭，具有丰富的外交经验。1919 年参加巴黎和会的经历令其深信，亚洲国家绝不可能从西方列强那里获得公正对待。近卫文麿与天皇关系亲近，说话行事完全是一副贵族做派，甚至平时说话都用皇族语言。这种语言极为做作，只有皇族和个别心腹侍臣才会使用。他还是一个很有教养的人，年轻时曾经翻译过奥斯卡·王尔德（19 世纪英国著名的文豪，以剧作、诗歌、童话和小说闻名于世。——译者注）的著作。工作方面，近卫文麿很少在上午 11 点之前召开会议，这点与蒋介石非常不同，后者所受的军事训练和他天生的苦行僧气质令他习惯于每天早上 5 点起床。但近卫文麿也是一个性格软弱的人，他不敢直面反对者。近卫文麿的秘书曾回忆称他是那种“哈姆雷特型”和“孤独型”的人。政治世家出身的贵族元老西园寺公望曾公开说近卫文麿缺乏在处理军队事务时所需要的“强势”。[15]

被指定为首相仅一个月后，近卫文麿首次面对“中国问题”的考验。他发现他的内阁在卢沟桥事件应对态度问题上分成了两派。总参谋部作战课长武藤章和陆军省军务处长官田中健次主张升级战争，称现在是时候给中国以沉重一击并摧毁蒋介石政权了；作为总参谋部作战部长的石原莞尔则要谨慎得多。这一态度颇具讽刺意味，因为石原莞尔是 1931 年侵略东北的背后黑手，但现在他却辩称日本还没有做好与中国开战的准备。他认为，一旦与南京政府开战，苏联有可能伺机对日本下手。当然，我们不应过分夸大日方的分歧，因为即便是日本政府中的温和派也认为，中国最终应该归入日本的势力范围，他们只是在时机的选择上产生了异议。7 月 9 日，陆军大臣杉山元请求在华北增加 5 个师以供调遣，但当时这一要求被驳回了。[16]

## 中华民族到了最危险的时候

让我们回到卢沟桥事件。此时，当地的中国军事指挥官已经开始和日本进行停火协议讨论了。上海的报刊还在试图确定谁应该为此次事件负责。7 月 10 日的《字林西报》（*North China Daily News*，又称《字林报》，曾经是在中国出版的最有影响的一份英文报纸。——译者注）称：“何人最先开火至今尚不清楚，但不少人认为情况很可能是这样的：守卫铁路桥头堡的中国士兵看到一支武装军队沿着路堤在黑暗中行进，就呵斥他们，但对方没有回应。于是中国士兵认为对方是准备攻击的便衣日军，遂开火射击。”[17] 如今，北平附近的这座桥已经显得无关紧要了，中日双方的领导人都通过更为广阔的视野来看待这件事。在 7 月 10 日的日记中，蒋介石记录道 ：“倭寇今又反攻卢沟桥，是其不达目的不止也。唯我已积极进兵北上备战，或可戢其野心。”他接着又写道 ：“如我不有积极准备，示以决心，则不能和平解决也。”[18]

7 月 10 日，一名美国外交官会见蒋介石的军政部长何应钦，问他卢沟桥的冲突是否意味着战争将临。何应钦回答说，这要看日本，如果他们继续“强盗行径”，战争将不可避免。外交官又问何应钦如何回应这样一个观点 ：为了将战争推迟几年，以加强战备工作，即使做出让步也无妨。何应钦态度鲜明地表示，很难确定中国什么时候真正做好开战准备，但如果遭到攻击，中国肯定会反击。[19]

不仅仅是美国人劝解蒋介石要谨慎行事，后者的许多同僚也同样如此告诫。在整个 20 世纪 30 年代里，汪精卫费心费力，把大部分时间都用来想办法避免与日本开战。此时，他建议蒋介石不要将冲突升级。另一个主张忍耐的声音来自周佛海。1937 年，周佛海担任国民党中央宣传部副部长。他经历了一段曲折的道路才爬到这个位置。周佛海曾是中国共产党的创建人之一,但很快就脱离共产党,加入了国民党。即便如此，他还是跟很多杰出的中共人物保持着良好的关系。当中共创建人之一陈独秀于 1937 年 8 月从国民党监狱获释时，周佛海是最早前去探访的人之一。然而，在“黄金十年”期间，他的政治主张更多地和汪精卫联系在一起。在接下来的几个月之内，这两个人的结盟对他们以后的命运产生了重大的影响。

7 月 7 日战斗打响之后的几天里，周佛海正在赶往庐山与蒋介石会面的路上。到达之后，他在日记中写道 ：“以后恐对外问题演成对内问题，中央应付更不易，思之怅然。”[20] 即便感受到了庐山的紧张气氛，他仍然奢望事情可以尽快和平解决，他甚至在欢洽的气氛中参加了由蒋介石和汪精卫联合举办的宴会 ；虽然在 7 月 17 日的一次会议上讨论到抵抗的问题，但会议似乎没有表现出开战的意愿，"发言者七人，均无多精彩"。他记录称，他第二天就听闻日本的驻华大使川越茂已经在跟中国外交部交涉，试图缓和局势，将冲突界定为地区性事件。他写道："以情形测之，或不致扩大欤。"[21]

周佛海也借此机会在庐山问候他的"老朋友"周恩来和林伯渠，他第一次认识他们还是在第一次国共合作期间。在不到20年的时间里，中国政治的翻云覆雨把周佛海变成了与共产党人不共戴天的蒋介石和汪精卫的忠实盟友，虽然现在周佛海和"老朋友"联合起来对付共同敌人，但即便是曾经有过的友谊也无法消除他们思想上的根本差异。周佛海希望战争晚一点爆发，哪怕只晚一小段时间也好。

但蒋介石却在他 7 月 19 日的日记中表示他不会让步：

> 决心发表告国民书，人人为危，阻不欲发……而我以为转危为安，独在此举……但此意既定，无论安危成败在所不计，唯此为对倭最后之方剂耳。惟妻独赞成吾意也。[22]

随着七七事变的升级，卢沟桥的交火开始变得类似于 1914 年 6 月的弗朗兹·斐迪南王储被刺杀事件。这件成为"一战"导火索的特殊事件其实是可以避免的，但即使它不升级，欧洲的军力失衡和更广泛的紧张局势也很可能在不久之后催化出一场战争。同样，即便北平附近的这场战役被当作地方性事件和平解决，中国和日本也将在某一天不可避免地发生冲突。从 1937 年 7 月 7 日起，在河北和察哈尔省的城镇乡村，中国的地方铁腕人物和好战的日本少壮派军阀们的摩擦将不再左右时局，而是由两个国家的首都——南京和东京，来做出将其国家置于战争还是和平的决定。

7 月 10 日下午，远在华盛顿的中国驻美大使王正廷（曾在北洋政府中担任外交总长和财政总长，并短暂代理过国务总理。——译者注）

正在他位于双橡园的家中为斯坦利·K. 霍恩贝克举办午宴，后者是美国国务院东亚问题的顶级专家，也是国务卿科德尔·赫尔的心腹顾问。出席宴会的还有财政部长孔祥熙，他也是蒋介石的连襟。霍恩贝克做了一番恭维示好的致辞，其中暗藏锋芒。他肯定了中国在国民党治理下的现代化建设，也观察到在“财政、修路和铁路建设上”的进步意味着“在总体上，中国的事务似乎都朝着一个极为有利的方向发展”。因此，他大感疑惑，“继续沿着集中精力建设中国的道路前进，而不是与外国政府开始发生争执”不是更好吗？他认为，如果中国把更多的时间用于加强国家建设，那么其他势力就不得不严肃对待中国。就在几天之前，孔祥熙还一直在游说一群来自纽约的投资者，称国民党统治下的新中国是一片投资的乐土：“中国不再是军阀割据时期那个分裂无序的中国了。”[23] 但现在，孔祥熙换了一套说辞。霍恩贝克在报告中说道：“中国正准备跟日本打一场它认为不可避免的战争，其原因在于跟中国相比，日本越来越强大。”王正廷和孔祥熙两个人都做出了具有预见性的宣言：“若无中国之抵抗，美国他日必将直面日本之侵略。”因此，美国现在应该对中国施以援手。[24] 而霍恩贝克虽然同情但也很谨慎，指出美国只会插手危及其自身利益的事务。很显然，对于美国政府来说，日本侵略中国算不上是 1937 年夏季的头等大事。

与此同时，东京也在煽风点火。7 月 11 日，近卫文麿在一个媒体会上宣布，日本正往华北调动军队。但讽刺的是，在同一天，在华北的中日军官宣布他们已经达成了停火协议。一切都显示，这已经不再是一个地方性问题了：得知蒋介石往北调军，日军参谋本部立即从朝鲜和满洲派遣军队前往华北。日本国内的民意此时已经沸腾。3 天之后，近卫文麿在一个地方长官会议上作了讲话。在讲话中他告诫日本民众做好“最坏打算”，并宣布“从种种迹象来看，我们为友好解决华北事件所做出的艰苦努力看来是失败了。因此，我们在北平、天津和附近地区同胞的生命和财产处在危险之中”。陆军大臣杉山元补充说，这一事件的“真正起因”是“南京政府多年来全力开展的反日运动和反日教育”。[25] 关东军发言人则在讲话中掺入了威胁的成分：“如果（中国方面）出现进一步的挑衅行为，我们已经准备好采取最强硬的手段来应对。”考虑到关东军曾在 1931 年闪电占领满洲，这样的一个警告很值得留意。[26]

中国政府很清楚地表明他们正在为一场大战做着组织和动员工作。7 月 13 日，用于测试平汉和陇海两条主干线铁路防御能力的大规模防空演习在中国郑州开展。几天之后，演习变成了现实，报道称“日本的军用飞机……在北平—汉口铁路的沿途多处袭击了中国的火车”。[27]

中国民众怒火中烧，情绪日益高涨。上海的民间团体开始呼吁抗日：“无数中国民间组织给北方的第二十九军发去电报，表达它们的慰问并鞭策士兵们保卫祖国……市民联合会、中国银行业者联合会、本土银行业者联合会和中国商会给卢沟桥的保卫者送去了 1000 美元。”[28] 就连一些小事都可能点燃人们的怒火。7 月上旬一个中国三轮车夫和一个日本客人之间因为车费发生争执，结果引发了集体冲突。[29] 到了 7 月下旬，局势已经远非地方守卫士兵之间的相互射击那么简单了。日本帝国陆军参谋本部在给蒋介石政府发出最后通牒之时，也向自己的军队发出了动员令。日益不安的上海民众观望着华北地区的战事发展：

> 虽然人们最初希望中日危机可以和平解决，但 7 月 18 日后的形势却每况愈下……可以感受到，在接下来的两天里，和平还是战争这一问题将水落石出……日本于昨晚 11 点 30 分将最后通牒递交南京政府，要求中方立即停止“挑衅行为”，同时停止干涉 7 月 7 日卢沟桥事件和解条款的执行。[30]

日本不愿意公开宣战。它想要迅速用火力压制住中国，并企图将冲突限制在华北地区。日本军队在一份决议中声明，其目标是要“一口气”消灭中国在北方的军队，并占领北平以北140公里的地区。[31]听候调遣的是关东军，还有一些跟其合作或者至少不挡道的地方军队，合计约13万人。[32]7月26日，日本发动攻击。北平被袭，同时受到袭击的还有100公里之外的天津：

> 日军轰炸了（天津市）许多主要建筑物，包括南开大学、中央车站和位于东站和国际桥之间的保安警察队总部。城中顿时一片火海，火势绵延了几公里……在（日军轰炸机）执行任务的时候，惊恐的中国百姓纷纷从城市逃亡到租界特设安全区。[33]

这些城市很快就沦陷了。北平在7月28日沦陷，天津7月30日沦陷。蒋介石大为震惊。他在《本月反省录》中写道：“倭寇随手而得平津，殊出意料之外。但其今日得之也易，安知他日失之亦非易乎……对倭外交，始终强硬。”[34]

蒋介石没有在华北地区部署其嫡系中央军。相反，他将此地的命运交到了实际掌控该地区的将领们手中，包括阎锡山和宋哲元。但蒋介石也确实将他本人的一位嫡系将军部署到这支军队中，他就是跟蒋介石一样在日本接受过军事训练的汤恩伯。但同时，蒋介石也给汤恩伯设置了障碍，他拒绝将精锐军队拨到汤恩伯麾下，而是留着它们，为即将到来的上海和长江流域的战争作打算。

因为优秀军队人数有限，这或许是一种可以理解的做法。但这导致汤恩伯陷入了左右为难的境地。日本关东军部署了超过9万人的军队，人数大大超过中国军队，而且日方还有6万后备军队，包括蒙古德穆楚克栋鲁普亲王的军队。带着处于弱势的部队，汤恩伯在河北南口艰难作战，2.6万士兵阵亡。最终，即便在阎锡山的支持下，他也没能守住这座城市。虽然这一地区沦陷的事实很快就明朗化，但华北地区的战斗一直持续到8月。

## 国共再携手

尽管有些冒险，但蒋介石其实还有另外一个选择：他可以收编其“宿敌”共产党。7 月 13 日，他接待了几个特殊的访客，包括周恩来、博古和林伯渠在内的中共高层领导人，这在几个月以前是难以想象的。他们受命在国民党和共产党的军队谈判问题上达成更加具体的协定，会见包括邵力子、张冲和蒋介石在内的国民党资深人士。而现在，卢沟桥事件使得这一任务变得更为紧迫。在卢沟桥事件发生之后不久，毛泽东和他的几个资深同僚就发表了敦促蒋介石坚定抗日立场的声明，并承诺给予支持：

> 日寇进攻卢沟桥，实施其武装攫取华北之既定步骤，闻讯之下，悲愤莫名。敬恳严令廿九军，奋勇抵抗，并本三中全会御侮抗战之旨，实行全国总动员，保卫平津，保卫华北，收复失地。红军将士，咸愿在委员长领导之下，为国效命，与敌周旋。[35]

不过，双方依然十分谨慎。蒋介石唯恐收编更多不完全听命于他的军队，而遭遇了国民党军队五次围剿之后的共产党，现在对蒋介石还心有余悸，不愿意失去对红军的控制权，这支军队是共产党从国民党围剿下逃脱后仅存的。共产党想要的是“合作”，而蒋介石更喜欢用“收编”这个词。蒋介石在 7 月 27 日的日记中写道：“对共部之研究编而后出乎，不编而令其自出乎！”[36] 同样，毛泽东告诉他派往牯岭的谈判者，不得做太多让步：“我已决定采用若蒋（介石）不妥协，则不做进一步谈判之策略。”[37] 最终，紧迫的形势促成双方达成了协定。蒋介石妥协了，他允许共产党建立自己的军事总部。毛泽东随之确认将在 8 月 15 日之前完成重组，并特别指出，共产党将提供 3 个师 4.5 万人的军队，并加上守卫在北方各主要关口的 1 万地方军，其中也包括守卫在西北绥远省的军队。[38]8 月 2 日，蒋介石正式承认红军的合法地位。

在蒋介石向共产党做出的所有让步中，最重要的是允许共产党建立独立武装。随后，共产党在西北根据地的军队被更名为“八路军”。在包括林彪和贺龙在内的共产党军事领导人的指挥下，这支军队是中共保持武装力量独立控制权的核心所在。在南方，共产党还有一支人数较少的军队，这支军队在 1938 年夏天被命名为“新四军”。但是，它一开始还只是一支人数非常少的游击队，通过种种努力才达到官方宣布的 1.2 万人。两年后，其人数已扩充至 3 万。[39]

此时，蒋介石已经回到南京并召开了一次军事委员会会议。这次会议将讨论是否要和日本开战。为了显示国共合作抗日的新形势，中共三位主要领导人及红军统帅朱德、周恩来和叶剑英冒着危险乘坐飞机，前往南京参加会议。[40] 毛泽东指示他们采取合作态度，但同时要谨言慎行。他觉得，中国共产党所在的陕北地区，应该通过诸如河北张家口和山东青岛等城市形成第一防卫线，而让大同和保定等城市成为其第二防卫线。毛泽东还确立了在未来 7 年内中共抗日的主要战术——游击战。他认为，“游击战以红军与其他地方部队及人民武装担任之”。但在他的同僚前往“之前的敌人如今的盟友”的阵营之时，毛泽东还特意加上一句话，提醒他们谨慎行事：“其余由你们相机提出，不可过多，要捉住中心。”[41]

接着，蒋介石打起了通过共产党搭上苏联的主意。多年来，蒋介石一直企图与苏联结成抗日联盟，即便是在他打击共产党的时候也是如此。他正确地估计到，相对于他的反共立场，斯大林会更在意他的反日立场。此时，蒋介石看到，他跟中共达成协议的同时，可以借此与苏联签订互不侵犯条约并扼制日本进一步侵略中国。否则，“以后不仅华北为其统制，即全国亦成伪满第二矣”。但蒋介石对与苏联签订公约也没有过分乐观：“故联俄虽或促成倭怒，最多华北被其侵占而无损于国格，况亦未必能为其全占也。两害相权取其轻，吾于此决之矣。”[42]

毛泽东和中共也必须做出痛苦的抉择。他们推迟了追求其革命梦想，跟一个老对手结成了同盟。毛泽东在这一时期的公开声明反映了他和他的同僚们在这个冲突突然爆发之际所感受到的焦虑。毛泽东在1937年8月1日的一次集会上这样宣布：华北方面从一开始就诉诸扭曲的妥协方针，没有在军事上做好充分准备。他们也没有利用普遍的反日情绪做好宣传，这样做的结果就是他们丢失了北平和天津！[43]很明显，他将矛头指向了像宋哲元这样的人物，但他也批评国民党。

在华的外国人也感觉到了时局的动荡。他们担心一场毁灭性的战争会给他们的生命和财产造成重大冲击，但他们也看到了蒋介石被迫采取行动的原因。《字林西报》的一篇社论以尖锐的讽刺口吻表达了在华外国人的观点：

> 你很难保持对日本人的同情。他们已经如此习惯于无法无天，不受拘束。他们的军队可以制定法律，采取行动。以至于现在蒋介石委员长所确立的任何温和的主张，都成了对他们而言极为严重的挑衅。有一件事是确定的：如果说言语还有什么分量的话，委员长丝毫没有夸大中国的大众舆论。世界舆论同情中国一方。它们知道，武装抵抗的选择并不是中国主动做出的，而是在外力作用下的结果。这样的外力，没有任何一个国家能够允许它以任何名义，不受约束地横行霸道，肆意践踏本国公民的个体自由。[44]

随后，另一篇社论也质疑了日本的所谓“合理化解释”。近卫文麿对国会解释说日军远征中国是为了确保能够“合作推动东亚文化发展”，这一说法遭到了上海西方报刊的一阵嘲笑。中国政府拒绝合作，无视“东亚文化的发扬无疑将被东京方面认为是中国缺乏‘诚意’的另一个例证”。[45] 报刊上类似这样的情绪表露可能让蒋介石相信，外国人会团结在他周围一道反对日本，开战这步棋是明智之举。

8 月 7 日，中国政府在积极推行孙中山三民主义的励志社所在地召开了一次机密的国防联席会议。这一会址深具象征意义，它提醒在场的所有人：共和国来之不易，以及如果国家被日本打败将出现怎样的危难。与会的人物代表了国民党 10 多年来的喧嚣历史，其中包括汪精卫、前财政部长宋子文、山西军事领导人阎锡山等。

军政部长何应钦对卢沟桥事件作了必要的总结。会议的主要内容当然是蒋介石的讲话，他强烈主战，毫不妥协。蒋介石表示，这是一场决定全体中国人命运的斗争。他对与会者宣称：“如果这场战争能胜利，国家民族就可以复兴，可以转危为安，否则必陷国家于万劫不复之中。中日战争，假如中国失败，恐怕就不是几十年，甚至于几百年可以复兴的。”他客观地指出，日本的军事能力要强于中国，但其经济非常困难。“当下英美在道义和精神上给我们提供相当的支持，但在物质上我们不能完全依靠外方，意大利的事件是一个明显的例子。”他指的是西方民主国家没能阻止法西斯意大利在 1935 年入侵埃塞俄比亚。

蒋介石随即提出了这样一个问题：

> 许多人说，冀察问题、华北问题，如果能予解决，中国能安全 50 年……有人说将满洲、冀察明白地划个疆界，使之不致再遭侵略。划定疆界可以，如果能以长城为界，长城以内的资源，日本不得有丝毫侵占之行为，这我敢做。[46]

但蒋介石告诫说，那些想要用这些临时之计来解决问题的人都不得要领。领导人必须明白他们不能信任日本，东京方面想要的是“中国在国际上名誉扫地，以达到他们为所欲为的野心”。

蒋介石还特别批评了主张进一步妥协的学者。虽然没有提到他们的名字，但他脑子里想的必定是胡适和蒋梦麟。他们是著名的自由主义知识分子，曾经劝告蒋介石"忍痛求和"。从 7 月底到 8 月初，胡适一直试图规劝蒋介石承认伪满洲国的附庸地位。他认为，可以通过这一做法赢得更多回旋余地，并等待日本想"做大买卖"的战争狂热因素自行消退，以便避开冲突；这也将为蒋介石赢得加强中央军实力的时间，使之坚不可摧。胡适认为，现在退一步可保中国 50 年太平。[47] 蒋介石就此警告说："我对这般学者说，革命的战争注定侵略者会失败。日本人只看到物质与军队，精神上他们都没有看到。"

在整个战争期间，蒋介石都将抗日战争看成是一种精神上的、神圣的信念，是以孙中山为象征的 1911 年辛亥革命精神的延续。这一信念激励着他，所以他一再宣称战争可以造就一个新中国。也正是出于这个原因，在战争最黑暗的日子里，面对不断的诱惑，他始终拒绝向日本屈服。

蒋介石随后将难以回避的挑战交给了与会人员："各位同志，大家今天要有一个决定，如果看到我们国家不打仗要灭亡的，当然就非打仗不可。是不是不打仗失地在不久的将来就可以恢复？"蒋介石的目光或许落到了下一个发言者汪精卫身上，但后者没有表明他的主和倾向。尽管亲日的名声在外，但汪精卫自始至终都倡导要建立一个强大而独立的中国。

此时，无论是出于压力，还是出于个人判断，他都支持战争。汪精卫赞同说："目前中国的形势已到最后关头，只有开战以求存，绝无苟安的可能。"汪精卫随后提出要加速军事生产，以回应蒋介石对中日实力悬殊的担心。他说："物质的损坏不足惜，只有精神的贯彻才能永久存在。"汪精卫之后是张溥泉发表讲话，他的意见是战争表面是破坏，接着的必是新的局面。[48]

蒋介石获得了他想要的支持，但还不够。此时，他进一步告诉与会人员他们面临的任务有多么艰巨，以及他们的劣势有多么严重：

> 我们现在对于国防上作战的准备与外人比，不但十分之一没有，就是百分之一也没有。一般的国民本也难怪着慌……各个高级将领、地方长官都要特别重视职责，对得起职责才是。

蒋介石给出了具体的例子。官方报告称南京的防空工事已接近完成，但在飞机上往下一看，事实是十个里有九个还暴露在外，极易遭到空袭。他批评道："就防空一端可以推知其他的事情了。"另外一个例子是公务人员在护送眷属撤离时没有注意维持社会秩序，车站人满为患，挤得水泄不通，一片混乱。他认为，这些领导人应该多向他们的敌人取取经，看看日本人的纪律性在其备战过程中提供了何种帮助。另外就是执行的问题。动员百姓去搬运防御沙袋、建设防御墙是件好事，但是否有足够的财力供应这些防御材料呢？为此，蒋介石使用了一个以后与中共两位领导人毛泽东、邓小平紧密联系在一起的成语——实事求是。他的意思很清楚：只有将注意力放在务实的事情上，而不是发布无意义的命令或者埋首于案头文书工作，这样才能打赢这场战争。然后，蒋介石说了一句"完了"，就此结束了他的评论。[49]

在会议临近结束时，主战人士被请求起立，以表示立场。这些人中包括了四川省的军政长官刘湘，几个月之后，他的管辖区域将成为中国抗战的主战场之一。刘湘从他的老家四川省派出军队，宣称将会在2年时间内征兵500万；另一个站起来的是阎锡山，他是蒋介石的另一位死对头，但现在他也接受了"非战不可"的观点；随后还有汪精卫，这个曾经长期致力于避免中国跟日本发生冲突的人，也投下了主战票。[50]事实上，受到强烈的主战气氛影响，与会的每一个人都站了起来。在接下来的几天里，军事准备变得异常忙乱，蒋介石最终放弃了任何将冲突控制在华北并恢复和平的希望。他的精锐军队驻扎在中国的中部地区，由南京政府掌控。是时候向日本开战了，地点将由蒋介石亲自选定——伟大的港口城市上海。

第 5 章

# 淞沪会战

日本势在必得，中国势所必守，王牌对王牌，精锐拼精锐。蒋介石一口气投下重兵 60 万，向天下昭示政府的抗日决心，义之所至，地无分东西南北，人无分男女老幼，皆有守土抗战之责任。淞沪血战三月，日本军阀“三月亡华”的幻梦如轻烟般逝去，中国却也开始了“衣冠西渡”的漫漫征程……

## 浴血淞沪

1937 年 10 月底，包括中国人和外国人在内的所有上海居民都面临着一场巨变。在 3 个月里，中国最开放、最生机勃勃的国际大都市变为一座巨大的停尸房。10 月 28 日的一篇报道描写了这一情景：

> 昨天，震惊中的上海见证了闸北战事的恐怖一幕。从黎明之前直到夜色笼罩，一阵阵令人惊恐万分的交火声持续不断。最后整个上海的北部城区都被火焰包裹起来。麻木的人群抬头看着蔓延了六七公里的烟雾，耸立几千米之高，在南风的吹拂下飘浮在半空，这张阴沉的大幕覆盖到了远至吴淞的乡村之地，甚至延展至长江流域，日本威武的海军舰队正在那里集结待命。[1]

事情已经变得很清楚了，几周以来中国和日本都在为一场在中国中心区域进行的战争而备足马力、整装待发。日本从北方调集了海军部队，以大幅扩大在上海的兵力。到 8 月上旬，它已经集合了 8000 人的部队。几天之后，大约有 32 艘船舶抵达上海。而另一方，蒋介石于 7 月 31 日宣布："和平的一切希望都已不复存在！"[2] 在此之前，蒋介石一直不愿意让自己的精锐部队去防守华北，因为那是一个他无法真正控制的地方；而上海则不同，这里是他抗日战争战略的中心所在。蒋介石将在这里动用他最好的部队——第八十七、八十八师。这两支部队受过良好的训练，其将领都接受过德国军事顾问冯·法肯豪森的严格训练，后者对他们抗击日本军队的能力很有信心。蒋介石希望通过这样的行动向本国人民以及世界传递这样一种信息：中国人可以而且必将抵抗住侵略者。做出开辟上海新战线的决定，蒋介石并不轻松。建立在黄浦江两岸的这个城市是太平洋和长江的交界处，后者向中国西部内地曼延几千公里，是南中国重要的水道。

上海是中国的现代化地区，无论是工商企业、生产方式，还是与外部世界的联系，上海都是开风气之先的地方。虽然各国外交领事馆设在首都南京，但上海却是外国居民探测中国"温度"之所在。在上海法租界和公共租界中的外国人，常常将上海以外的城镇轻率地看成"偏远地区"。1937 年 8 月 13 日，蒋介石命令他的军队保卫上海，将敌人赶到海上，阻断海岸线，抵御登陆。[3] 但早在蒋介石部署部队之前，上海已经人心惶惶。记者兰德尔·古尔德曾拍摄过一张那个时期的标志性照片：难以计数的难民穿过外白渡桥，希望获准进入外国人的安全区域。8 月 6 日，替英国发声的《字林西报》报道了这一涌入事件：

> 闸北和虹口的大批逃难者在 8 月 5 日的人流量达到了警戒线，成千上万的难民带着包裹和行李，如潮水一般涌入公共租界和法租界……黄浦江上的每一座桥都出现了交通拥堵，汽车不得不缓缓行驶一段时间才能通过……据保守估计，7 月 26 日至 8 月 5 日之间的难民数量已达到 5 万。[4]

但租界却不欢迎它的新客人。《字林西报》的另一篇评论认为中国是在小题大做，称后者一定要在打搅了别人后才愿意接受属于他们的不可避免的命运："我们希望当局能够采取措施，阻止这种高度危险，而且显然是没有必要的逃难行为。"它还有气无力地补充说："在此之前，中国和日本当局在维护上海安宁和消除民众恐慌方面的合作都还算成功，值得嘉许。"[5] 但上海市临海地区的形势则变得愈加险恶："昨天下午，武器、弹药和物资从几艘日本巡洋舰和驱逐舰上川流不息地倾倒在码头上……除此之外，一大群全副武装的人也从船上下来……一艘叫作'出云'号的巡洋舰，两艘驱逐舰和九艘炮舰在不久之前也抵达这里。"[6] 一周之后，一篇社论的标题问了一个国际社会最关注的问题——《理性最终会胜利吗？》。[7]

一起可怕的事件打碎了人们回归平静的幻想。蒋介石决定打击日本在上海最大的海军基地，并轰炸停有飞机的巡洋舰"出云"号，该舰此时停靠在上海中心地带——黄浦江上。8 月 14 日，星期六，上海中心区的空气早已十分焦灼。一名卫生局官员记录道："难民从东面潮水一般涌向南京路！商店都关门拒客！"[8] 那天下午，中国空军的轰炸机从位于长江三角洲的机场飞往上海，目标是日本的船舰。但有两名飞行员似乎出了些问题，"在飞经明显远离轰炸目标的外滩时，有人目击 4 架飞机编队中的其中一架飞机，向下方投掷了 4 颗空中鱼雷……另外还有 2 颗丢到了南京路上"。[9] 原因不是飞行员误判了目标位置，就是投弹装置出了机械故障。但不管是什么原因，炸弹已掉落在整个城市最繁华的商业区里。当时，该区充斥着熙熙攘攘的人群。卫生局工作日志中记录了当时的情景："南京路对面华懋饭店的'大世界'被炸！街头死伤无数！"[10] 一个记者捕捉到了这恐怖的一幕：

> 一颗炸弹从空中画着曲线落下，汇中饭店瞬间爆炸，惨状难以描述。随着剧烈爆炸引起的火焰慢慢升腾，恐怖的死亡景

> 象才被发现。燃烧着的汽车上，尸体被火焰烧得扭曲起来。华懋饭店、汇中饭店的大门口和走廊上，原先挤满了正在躲避的工人，如今他们都被烧成了一具具不成形的尸体，其工衣也浸染成了血红色。大街上，头颅、大腿、胳膊被炸得飞散……一个正在疏导交通的警察就那样死在了路边，他的头颅被一颗流弹击穿。附近还有一具被开膛破肚的儿童尸体。[11]

更糟糕的是，另一名飞行员将炸弹投放到了另一条主要商业街道——爱多亚路上，该路位于政治上中立的公共租界里，而这一区域曾被视为安全之地。人们清点人数后发现，共有超过1000人被炸身亡，其中还有外国人。虽然“出云”号确实遭受了损害，但对国民党来说，“黑色星期六”的无能表现出现在这样一个时刻尤为糟糕，因为那正是它争取国内外支持的时刻。除此之外，蒋介石的军队也丧失了对日攻其不备的优势。此时，8月临近结束，双方开始挖壕备战，街道上出现了不少战壕。包括胡宗南和陈诚在内的几个主要将领，将其麾下的部队持续转移到上海。日本军部也马上做出反应，9月上旬，一支10万人的部队已从华北甚至从日本当时的殖民地台湾转移过来。

与此同时，上海各团体对战争的突然爆发做出了反应。7月，市民们还像往常一样工作、吃喝和玩耍。8月，他们却必须重新安排生活。当地的办公机构开始迁移；9月末，当地的4所大学宣布跟内地的大学一起合办联合大学。[12] 在中国的头号商业城市中，商业遭到了破坏。《字林西报》报道说：“就像是可怕的章鱼伸出它残忍的触须，将猎物缠住一样，当地的敌对行为正在慢慢扼杀上海的商业。”一个店员哀叹道：“以前我们从游客中获得很多生意，但这些天哪还有游客？”[13]

双方展开了巷战，火力异常密集，日本更是通过大规模的空中轰炸来粉碎抵抗力量。从一开始，蒋介石就知道，上海的命运是更大的棋局和赌局里的一部分。他在9月14日的日记中自问，是否应该集中全力，打赢这场具有决定性意义的淞沪会战。[14] 在进入战争的几个月里，蒋介石以及国民党早就做好了战争不会在几个星期或几个月内结束，而是要持续几年的心理准备。但日本人却没有这样的想法，至少没有公开表示过。他们还是将华北和上海的这些事件看成是可以用铁腕迅速解决的突发性事件。

但是，蒋介石在上海开战就是为了宣告这样一种信息：这两场战斗都源于中日之间的冲突。蒋介石知道，他很可能丢失上海。冯·法肯豪森曾向他提出建议，比起平原开阔的华北，街道拥挤的上海对日本来说不是一个有利的战场，蒋介石取胜的机会要更大一些。然而，蒋介石的部队虽然强悍，但人数很少；而且国民革命军中有很大一部分都只听命于其将领，而这些将领只是偶尔才会听从中央指挥，广西军阀李宗仁就是个明显例子。作为一个预防措施，国民党从 1932 年起就制订了相关计划，陆续将政府和工业生产转移到内陆，以避免东部沿海地区一旦被侵占所造成的损失。[15]

然而，对国内外而言，将战争引到上海都是个相当重要的决定。尽管轰炸机飞行员的表现骇人听闻，但中央军还是全力以赴，投身于上海保卫战中。对国内来说，在上海与日军血拼的决定表明，避免军事冲突和做出政治让步的时代过去了，现在战争已经升级到了国家层面。在这之前，人们还可以说，“满洲问题”是个需要单独处理的问题，不影响作为一个整体的中国主权。那时候关于满洲的谈论有很多，但鲜有实实在在的行动。来自东北的流亡者越来越失望，他们没有能力以武力夺回东北。[16] 与上海所在地——人口众多的长江三角洲相比，即便是北平周边的华北也显得偏僻。日本人喜欢鼓吹“中国不是一个整体，而是由各种政权组成的混合体”，这样他们就可以从中获益，所以他们不将冲突说成是战争，而是称之为“事件”。他们将在整场战争中坚持这一分化策略，暗中资助中国各种军阀政权，后者中有许多都持有与国民党不同的政见。但现在蒋介石明确表示，攻击华北者将在华南遭到反击，整个中国将投身其中，“抗战到底”。这一用语很快就界定了这场冲突的性质，时至今日还有人在使用这个词语。

通过将战争引到上海，蒋介石迫使世界关注此事。对世界而言，中日两国在华北的磕磕碰碰可以被视作是在“偏远地区”的小打小闹，因为那里距离上海的租界很远，并没有引起外国势力的重视。蒋介石怀着很大的期望，希望通过这场战争引起外国势力重视并赢得支持。在日记中他写道，他希望“使各国怒敌，作经济制裁……并促使英、美允俄参战”。[17] 9月12日，对于西方国家不愿意支持中国的行为，宋美龄严厉谴责道：“如果整个西方世界都对此保持冷漠，并放弃它们的条约。那么在中国，多少年来曾经背负懦夫骂名和耻辱的我们则会竭尽所能，奋起反抗。”[18] 1932年满洲被占，国联视若无睹。这一次，它也没有提供任何具体的帮助，只是在言辞上表示支持，称做出一致决议，谴责日本公然轰炸中国城市。有一种表示支持的言论尤为讽刺，西班牙作为同样一个在战争中求生存的国家，也发现了自由派的国际主义根本不可靠，西班牙的外交部长对此做出了这样的一个声明：“西班牙全体人民向伟大的中国人民致以深切的同情。”[19]

某些国外势力开始有了一个模糊的认识：尽管当时的中国寻求与日本协商似乎更为现实，但此次对日本的抵抗是中国下定决心的一个迹象。英国外交官罗伯特·豪记录道：“在南京，我发现当时的一大困难是，当局似乎没有人能或者愿意拟定一个条款，以作为与日本谈判的基础。”[20] 11月27日罗伯特·豪继续写道：“不愿投降的态度实际上局限于军队和知识分子，而农业和商业上的大部分人并不关心，他们仍然对和平存在奢望。”[21] 而蒋介石的行动粉碎了国内外人士的“和平奢望”。

蒋介石利用淞沪会战作为对他的军事竞争者的一个考验。后者都标榜自己是“爱国者”，但他们会真正派遣自己的部队去保卫祖国吗？很多情况下，这个答案是肯定的。广东将领薛岳和四川将领刘湘就是两位典型的地方指挥官代表，他们积极派遣部队，以支援中央军的国民党将领。一些之前不愿意将部队派遣至可控区域之外冒险的地方军阀，如今也表示同意当局的调遣。在过去几周的战斗中，有超过 20 万的中国士兵来自中国南部和中部地区的各个省份。[22] 具有讽刺性的是，在相对和平时期让蒋介石大感头疼的国家统一进程，反而在战争时期聚沙成塔地得到了加强。

上海的战事也使得蒋介石在争取外国支持方面获得了令人惊讶的进展——中苏结成了同盟。在西安事变中为释放蒋介石积极奔走的苏联，如今对中国卷入对日战争颇感兴趣。此时，淞沪会战向世界表明了一个事实：日本是全球和平的巨大威胁。8 月 20 日，苏联驻华大使鲍格莫洛夫与国民党政府达成了《中苏互不侵犯条约》。事实上，它包含了很多更为积极的帮助，而远非“不侵犯”：1938 年，苏联向中国提供了大约 300 架军用飞机，还有 2.5 亿美元左右的弹药和其他援助。[23] 尽管蒋介石持有反共立场，但如今他却必须依靠莫斯科来求得生存，其中的讽刺与他的老对手汪精卫颇为相似。对于他的新同盟，蒋介石没有秘而不宣。1937 年 9 月，时任中央宣传部副部长的周佛海在日记中称蒋介石很聪明，他能够将与中共、苏联达成的协定公之于众。周佛海原本担心与中共联手可能会引起外国观察家的侧目，但事实并非如此，他对蒋介石的判断表示祝贺。随着战局的不断恶化，汪精卫告诉周佛海，政府不应该这么快终结与日本的外交关系。周佛海表示同意，并批评宋子文的一篇主战的演讲“天真”，对中国的大局是有害的。[24]

## 衣冠西渡

在上海，8 月的战火一直延续到 10 月。一直对中日开战持怀疑态度的外国终于意识到，这场战争并不是一次临时性事件。10 月的早些时候，有报道称“在四川北路和宝山路之间的区域出现了激烈的徒手肉搏战”。城市里那些原先熟悉的建筑物突然间令人惊骇起来。一名记者称：“我与一名站在剧院的窗户内的中国士兵相互敬礼，后者衣衫褴褛，以一种友好的方式向我挥舞一枚炸弹，然后谨慎地往窗外窥视……他将这枚炸弹扔到了某个藏在小巷中的不速之客身上。”[25] 根据 10 月 13 日的报道，“自从战斗打响以来，上海的军事设施和租界以外地区一直处在密集的空中轰炸之下。昨天，日本的飞机在空中转了很大一圈”。[26] 两天后，日本实施的一项行动让人联想到了国民党的“黑色星期六”事件：它轰炸了公共租界内的一辆有轨电车，导致许多中国乘客死亡，其中还包括一名 18 个月大的女婴。10 月 20 日，上海的火车站北站也遭到了空袭，火车站一片狼藉，整个城市都能看到它上空的滚滚黑烟。第二天，一批国内外记者在当局的护送之下来到火车站，详细记录了火车站所遭到的破坏。一时间，全世界的报纸上都能看到轰炸所造成的严重破坏。

淞沪会战最后阶段的战火开始于 10 月 24 日，当时中央军部队撤守至苏州河，面对日本 12 万部队的狂攻猛打，前者最多还能坚持两周。11 月 5 日，日本加重了打击力度，一支水陆两栖部队在上海西南 150 公里处的杭州湾登陆。为了保卫上海，蒋介石已经从这个区域撤走了部队，因而导致此地易受攻击。[27]

到了 11 月早些时候，蒋介石必须面对一个不可忽视的事实：他的军队守不住上海。他决定，与其牺牲最好的部队，不如将它撤出，代之以一个更现实的目标，即通过开展消耗战，拖垮敌人，从而打破敌人速战速决的计划。[28] 11 月 8 日，蒋介石的军事指挥官们都收到了一则准备撤出上海的秘密指令。出于显而易见的原因，这则指令并没有公之于众。相反，第二天，《中央日报》报道说，蒋介石提出中日之间进行直接磋商，以防止中国的危机进一步恶化。[29] 第三天，也就是 11 月 10 日，国民政府误导性地宣称上海的南部地区将拼死守卫。《字林西报》则讲述了一个不同的故事：

> 上海东部、北部和西部的战火燃烧了将近3个月，昨天随着中国军队在夜间迅速从苏州河区域撤出，上海守军昨天开始将重点转移到南部，日本可能会将它们包抄并在下午夺取龙华。[30]

第二天报纸头条披露了更多令人揪心的细节，“上海南部遭到敌军猛烈攻击”。文章赞扬了中国军队保卫祖国的努力，但同时也承认，中国军队已经被入侵者摧毁。11月12日，无法回避的真相终于公之于众：“南部的孤军获令撤退。”拼死守卫上海的情况并没有出现。9天之后，上海的老百姓得知，为准备长期抗战，国民政府将转移至重庆。[31] 上海已经沦陷，南京也守不住了。军事指挥机构将迁移到长江上游的武汉，在那里建立中国中部的防守根据地。政府机构将转移到更上游的山城重庆，那将是最后的陆地防守堡垒。

内部人士要比报纸读者更早得知此消息，位于几百公里之外的南京政府办公室内的周佛海便是其中一位。11月13日，周佛海遇到蒋介石的政治秘书兼撰稿人陈布雷，后者告诉他政府很快会搬迁。周佛海最怕的就是政府在军事失利之下分崩离析。他在11月16日的日记中写道：“今日为新生命开始之日……日来悲观之至，谓中国从今后已无历史，何必记日记？”[32] 周佛海找到了少数几样可以让他暂时忘掉痛苦的东西，其一便是酗酒。饮酒一直以来都是周佛海的嗜好之一，因此，他在等待首都沦陷的时候格外放纵自己。有一天晚上他听到屋外狂风大作，在烂醉的模糊意识中，这个声音让他联想到了明朝在17世纪中叶落入北方入侵者之手时那阴风肆虐的破落景象。在他和妻子打点行李，准备逃往450公里之外的武汉之时，周佛海感到自己就像1900年八国联军攻打义和团践踏首都时外逃的清朝老臣一样。周佛海出生于富裕家庭，受过良好教育，所以他很自然地就会想起这些历史典故。但这一次的入侵所造成的灾难，其规模要远甚于他的前辈所能想象的。

11 月 28 日，《中央日报》还在报道这个城市的战况，“长兴山地区交战激烈”。当天的报道是这份报纸在南京的最后一期。[33] 随后，《中央日报》先后迁往长沙、重庆。

然而，有关战况的新闻突然中断，并没有对当地居民的生活造成什么影响。但他们清楚，政府已经抛弃了他们，置他们于日本帝国军队的魔爪之下。

但国民革命军所做出的牺牲也是真实不虚的。蒋介石在上海押了很大的赌注。11 月上旬，蒋介石在战场上还拥有超过 50 万人的部队，但在最初 3 个月的战斗中，有 18.7 万人战死或受伤，包括 3 万名在德国顾问旗下受过严格训练的军官。[34]

西方势力为了从中国获取利益，曾一度干涉中国内政，但在这一阶段它们却几乎没有提供什么帮助。这场战争的爆发却将英国的冷漠暴露在大众目光之下。一名英国外交官写给英国外交部长安东尼·伊登的信中这样写道：

> 中国政府无奈，只能接受这一令人难受的事实。如今，外国势力插手的希望很渺茫，但我没有听到有人严厉责备英国……一旦日本获得了对中国的控制权，将完全封锁后者。对此，我们感到很遗憾，但我们不应该插手干预此事，因为这对保护我们在远东重要的政治和经济利益有害无利。[35]

另一份备忘录则更进一步地为向东亚派舰队的事情做了辩解：

> 7 月，如果远东水域拥有一支强大的英国舰队的话，那么日本就绝对不敢为了侵占中国而践踏我们在上海的权益……我们允许日本在公共租界中分享相关利益，但陛下的政府有权确保这些权利没有被其滥用。

这名外交官完全站在英国利益的角度来看待日益恶化的局势，他明确表示，长江三角洲的形势应该被当作国际局势的一部分来对待。日本在上海周边建立起来的傀儡政府是英国特别关切的目标。这份备忘录继续表明，在6个主要目标中，英国应该“恢复其在长江流域和中国南部的原有格局……换言之，就是要有一个承诺开放国门并具有中国主权的政权”，但他们也应该“保护英国在华北（天津海关不在此列）的特殊利益，除此之外则保持观望态度”。[36]

即便在停火和重返阴郁的和平之后，上海的命运还是深深震惊了西方国家。英国诗人W.H.奥登和作家克里斯托夫·衣修伍德都刚刚目睹西班牙内战中的大屠杀，他们在停火之后的几个月里来到上海。衣修伍德以形象的语言记述了他眼前的破败景象，外国租界几乎毫发无损，而中国控制的城区则损毁严重，两者的对比令人觉得特别怪异：

> 公共租界和法租界成了一座岛屿，周围原先是繁荣的城市景象，如今却成了一片凄凉骇人的荒地。车子穿过苏州河，你会发现一边是街道和房子，充满生活气息，另一边却是布满坑洞的贫瘠之地，就像月球的表面。这极端的两种情形被清扫得非常干净的道路切分开来。这里到处都有日本哨兵在站岗，时不时看到一队队士兵在废墟中搜寻已报废的钢铁材料。远处，建筑物外表似乎并没有损毁得太严重，但每一幢楼房里的东西都被洗劫一空，没用的东西则被随意丢弃在地上，一片狼藉……到处是撕碎的书籍和图片，粉碎的电灯泡和破损的洗手盆。[37]

此时，周佛海已经安全转移到武汉，他对从长三角撤退的评价变得更为精简，也更加绝望。他写道：“命运已定，无法挽回矣！未知吾辈死在何处也。”[38]

# 第 6 章

# 恐慌西逃

日本的悍然入侵打乱了中国民众平凡的生活，自西晋、北宋两次为躲避战乱而进行的大规模人口迁移之后，中国历史上的第三次大迁徙上演了。这是一幅怎样的血泪交织的惨烈画面！占当时中国人口总数四分之一的人（1 亿）踏上了这一条万难征程，前路漫漫……

## 四海西奔

就像长三角地区很多地方一样，上海往西 150 公里的繁华城市——无锡市也在战争的最初几个月里遭到了猛烈的轰炸。跟丈夫和孩子在一起的中国基督徒杨夫人，也成为成千上万被疏散人群中的一员。1937 年 11 月 16 日，她仅携带了一些重要物品就出发了，这些物品中包括两个萝卜，其中藏有多张面值为 200 元（本书涉及的货币单位“元”，如未特别说明，均指中华民国时期国民政府发行的法币。——译者注）的钞票；另外还有一些掏空的鸡蛋，其中藏有几件珠宝。这一队人马还必须做出一个可怕的选择：他们是通过大运河，还是穿过太湖转道其他不那么知名的运河逃难？如果他们选择大运河，那他们的路线就会与铁路、主干公路平行，而这些交通干线都是日本轰炸机的袭击目标。但如果他们走湖泊，就很有可能会被抢劫——这也是死路一条。但此时，头顶上突然出现轰炸机，他们不得不马上做出选择。但赶到大运河一看，他们“遇到了成千上万的人，有富人，有穷人，都乘着像我们一样的小渔船……大运河里挤满了船只”。到处都是恐怖的景象，“岸边、河里的死尸，到处都是炸沉了的船只”。船上的状况很糟糕，但那些负责保护船只的士兵却让这一状况更加恶化。杨夫人绝望地描述道：“每艘船上都挤满了人，几乎无法动弹。”他们不得不共用唯一的盥洗盆，“一位母亲为了不让孩子的哭喊被士兵们听见，甚至差点把孩子弄得窒息”。国民党的士兵本应在那里保护难民，但他们的心思却更多地放在私自利用船只或趁机从难民身上窃取贵重物品上。[1]

11 月 22 日，他们最终抵达了上海西北方向约 219 公里的镇江。接着，一次空袭打乱了登船的队伍，但他们还是想方设法，最终挤上了一艘英国轮船。这期间，难民队伍被喷射水柱，以阻止他们往前挤压。后来有人描述道：“我们都成了落汤鸡。”但他们还是幸运的，因为他们最终还是登上了船。有人记载道：“被留在浮桥上的几千人万般绝望，还有许多人为了登上船而抛弃了他们的随身物品甚至是孩子。”[2]

接着他们从镇江出发前往武汉，两者之间大约 520 公里的路程花了他们超过 4 天的时间。11 月中旬，国民党正准备撤离南京，将军事总部迁到武汉。所以，当时的武汉纷乱异常。[3]但对杨夫人而言，在武汉的逗留却是颠簸的难民生活中一次小小的休整。随着首都的迁移，许多外国人大量撤到武汉。杨夫人和许多中国难民一样，深感有必要搬迁到更靠近内陆的地方。他们下一步计划乘火车逃往武汉向南 350 公里的长沙市。但他们很快就发现，轮船上的混乱局面又在火车上重演了：

> 在车站等了 7 小时之后，已是晚上 11 点，火车终于到站。可是很不幸，我们等待的地方是一等车厢停靠的地方。当我们奔向三等车厢的时候，许多人在拥挤中几乎被踩踏致死，尤其是那些孩子和老妇，即便有人帮助他们也无济于事。我发现我有 3 名家人失散了，我丈夫和用人在一节节车厢里询问：“这

> 里有无锡人吗？”但始终没有人回应。我担心他们被推到了铁轨上，那样他们就不可能再次登上火车，因此我焦急万分。直到第二天早上，失散的亲人回来找我们，我才放下心来。[4]

在经历了水路和铁路的折磨之后，杨夫人一家踏上了公路，这是他们噩梦般的逃亡旅程的最后一个阶段。大家商议着要雇一辆卡车，前往长沙西南方向 500 公里的广西。但卡车却万般拖延，迟迟不到。1938 年 1 月 3 日，救命卡车终于到达他们的等待地点，难民们被命令马上上车。但这辆救命卡车却让他们感到各种不适。杨夫人回忆道：“我闻不惯汽油的味道，卡车震动得也很厉害，我忍不住呕吐起来。我睁开眼睛，吃的东西全都吐光了，紧跟着另一个乘客也吐了。当时卡车上共有 21 个人，只有 5 个没有吐。”[5] 虽然蒋介石及其政府或许做出决定，要在 1937 年秋天进行有序的撤离，但像杨夫人这样的普通民众根本没有收到任何通知，而且当时的情况也不仅仅是中国城市被攻击这么简单。在城市之外，90% 的中国人生活在农村地区，他们的生活方式几百年来都没什么变化：平时从事农业生产，虔诚地信奉宗教，忍受着政府的苛捐杂税和政令条文。蒋介石的抗日计划是以中国人民齐心协力为核心的，但战争似乎把中国传统意义上的稳定性和居民社会都破坏殆尽。

## 一寸山河一寸血

1937 年 7 月底，日本夺取北平和天津之后，立刻向西驱赶装备不良、散沙一般的中国军队。铁路在华北的战争形势中扮演着极为重要的角色。日本想要快速运送大批部队和精良的武器装备，就必须掌握华北的铁路。因而在 1937 年的夏季，它对华北铁路的控制权也确实是越来越大。[6]

那一年秋天发生了两场战争。在华东地区，国民党与日本军队拼死抗争，战场主要集中在上海，但也往南延伸至广州。华北的形势则更加复杂：地方军阀控制了这些地盘，他们虽然与蒋介石结盟，但其军队并不在后者掌控之下。除此之外，共产党也是一股很有影响的力量。它的军队虽然没有参与上海战役，但其领导人却非常关心华北其他城市的守卫情形，因为这些城市距离他们在陕西的延安根据地都不远。从理论上讲，蒋介石是全国名义上的最高军事指挥官，但实际上他无法控制共产党的行动。毛泽东在长三角的战事上没发表多少意见，但他从延安发布了一系列命令，试图在北方打造有利的战局。位于陕西省东北方向 350 公里的太原，现在成了地方军阀阎锡山的抗日中心，阎锡山试图抵御不断涌入华北的日本军队。太原和再往北 250 公里的大同是山西省的两座主要城市，在 1937 年的秋天，它们的命运将主导整个华北地区的战事。太原有一个兵工厂，而大同则有重要的煤矿资源，这两样都是令日本人垂涎欲滴的诱惑。

国民党、地方军阀、共产党对抗日本人的战争，客观上对越来越多的人造成了灾难性影响。在军队交火的情况下，人们该待在原地不动，还是收拾行囊逃往吉凶未卜、生活艰难的陌生之地？穷人们常常连选择的余地都没有，他们一无所有，根本无法背井离乡。因此，这个问题对中产阶级而言，往往显得更为急迫。

此时，并非所有逃亡者都那么无助。记者杜重远反而觉得自己可以在这种环境下一展所长。他曾在 1935 年因刊登反日文章而被判入狱。1936 年，杜重远被释放之后，国民党因赞赏其立场而接收了他。中日全面战争的爆发给了杜重远施展才华的机会，他得以全程报道抗日战争的进展。随着华北的沦陷，以及在国民党拼死保卫国土的 1937 年秋季到 1938 年春季期间，杜重远在华北和华东地区处处留下了自己的足迹，将战争的故事实时地传达给广大读者。1937 年 8 月 13 日下午，杜重远抵达上海，当天正值淞沪会战正式开战。杜重远定期在《抵抗》报上发表的战况报道让人产生了一种强烈的印象：自从日寇侵略开始后，中国陷入了一片混乱。讽刺的是，杜重远自己却整天陶醉在工作中，对其所见所闻既震惊又振奋。现在一切如其所愿，他与部队的车队同行或搭便车，自由地报道抵抗日军的战况。在此期间，他常常以报道战况为由要求军事护送或搭乘便车。就像他自己说的那样，当敌人不在眼前，天气晴朗、万里无云的时候，“大家就像是要去逛山旅行的样子”。[7] 但在杜重远的战争游历中，最值得注意的部分是他对被日军包围的中国铁路线的报道。

他从中国中部出发，开始了一段前往北方战场的曲折历程。1937 年 8 月中旬，他和伙伴李公朴无法搭乘火车离开上海。他们不得不搭车前往上海西边 100 公里处的城市苏州，一路上都在躲避敌军飞机的轰炸。抵达苏州后，他们找到了火车站站长确认预订的车位，但却被告知“客车无多，仅代预备铁篷车一辆，平时系用于拉牛”。[8]

杜重远一次又一次地发现自己总是遭遇火车延误或线路取消的厄运。他在日记里详细记录的不仅仅是个人的挫败感，更反映了战争给中国带来的全面破坏。当然，对于杜重远来说，找到多种灵活的方式到达目的地也是他旅途乐趣的来源之一。在 20 世纪早期的中国，铁路是最为快速而时尚的现代化交通工具之一。到战争爆发为止，中国的铁路运输从大规模投入建造到使用只有 20 多年的时间，其速度和能力被看成是中国发展的一个象征。日本控制的南满铁路公司定期利用高速火车的形象来做广告，以展现日本帝国时尚而具现代化的面貌，彰显其相对于落后中国的优越性。在国民党掌权的 10 年间，中国的铁路线获得了极大的增长，从 3 万公里增长到 6 万公里，国民党为此甚为骄傲。但此时，这样的现代化交通工具却处在敌人的包围之中，危在旦夕。

杜重远一路上看到了很多东西，对整个国家的备战情况了如指掌。在陆地上最引人注目的就是防空工事。在 20 世纪 30 年代中期，尽管人们听说过轰炸的厉害，但空战仍然只是一件新鲜事。西班牙内战依然在进行之中，到了 1937 年，局势已然变得明朗，德国和意大利的轰炸机为弗朗西斯科·佛朗哥对抗共和党提供了有力的帮助。在西方政治家中，包括英国首相斯坦利·鲍德温，迷信“轰炸机所向披靡”是他们推崇绥靖政策背后的强力动机。20 世纪 30 年代的中国人不像欧洲人那么习惯于新技术战争，因此在跟空中死神打交道时更是吓得魂飞魄散。但仍然有些地方做好了充分的准备。

山西太原是军阀阎锡山控制的地盘，此人是颇令蒋介石忌惮的诸多军阀之一。杜重远往北行进的旅程虽然危险重重，但并没有遭遇杀身之祸。1937 年 10 月上旬，他到达太原。抵达当天，他报告称，“我们看到各处都在进行着防空工事的准备。到目前为止，这项准备已经有一年之久，这证明当局早就下决心要抵抗侵略”。但情况没有那么乐观，更为典型的是往北 250 公里的大同的景象。杜重远从太原搭乘一辆卡车前往大同，结果被堵塞在军用汽车和马车之中。到达时，他看到了这样的情景：

> 大同景象与太原殊异。每日因敌机常来轰炸，满城已呈死气，防空工事除了在城市周边挖掘了一些隧道之外，其他可说均为零。城中的政府人员，每天早上会拿上几个馒头当早餐，此外整天都伏在隧道之中躲避飞机，直到晚间 7 点左右，方敢自由活动……民众方面毫无组织……老百姓视飞机如神物，敌机虽飞去多时，老百姓尚不敢行动……即使伏在隧道中也不敢高声谈话，恐被飞机听了去！[9]

在几周之内，正常的生活状态被完全打乱。人们不得不在晚上工作，他们长时间静止不动，忍受着不断袭来的死亡威胁。在杜重远抵达太原之前不久，日军的一次空袭就导致 180 人丧生。

混乱的阴影笼罩了中国，从普通店员和农民到士兵与政府官员，社会的每一个层面都被影响到了。

一些有偏见的国外观察家对政府的维持能力表达了怀疑，英国外交官道格拉斯·麦基洛普在一份从武汉发往伦敦的备忘录中表现得尤为悲观：

> 我在此感受到的最强烈印象就是国民政府的消极、无能、分裂主义、不负责任，以及毫无根据的乐观。它的乐观几乎完全是建立在一种不确定的希望之上：其他国家包括我国将会自愿或不自愿地卷入这场战争，并为岌岌可危的中国政府挽回点什么。
>
> 客观地为它辩解，国民党政府机制和中央的重心，已被外界力量强行破坏，它首次被要求为这个国家的领土完整负责，中国又是一个在现代化进程中难以掌控的国家，而且如今无法获得来自外界的建议，源自上海的财富也被日寇侵占。但现在对我们来说，最大的问题不在于纷纷谴责或同情它，而在于如何继续维持它的统治。在我看来，一旦撤离武汉，它必将解体。[10]

武汉的陆军军官 W.A. 拉瓦特－弗雷泽发送了一份内容大致相似的备忘录，他在其中警告道："中国军队将被永久性粉碎，空军也被消灭。"国民党政府中"大部分人都有不良记录"，他们企图通过抵抗来迫使英国出手相助。弗雷泽还说：

> 国民党政府并不严肃对待抗战，除了在上海造成严峻的国际局势、损害我们的利益之外，他们简直一事无成，甚至还严重危及我们在中国中部的商业利益。因此，不应该再鼓励国民政府一意孤行……[11]

这些负面看法集中体现了英国和其他西方国家外交官的态度。“中国政府会倒台，但中国却会长存”的观点是西方长期以来的清晰观点。他们认为，对传统绵延不绝的“契丹”国（“契丹”，中世纪欧洲对中国的称谓。——译者注）而言，现代政府是格格不入的。有些人始终难以接受“国民政府是现代新中国土生土长的产物”的观念。麦基洛普的备忘录也勉强承认，国民党的问题并非都是它自己造成的，一个走向现代化的政府只有在被逼无奈的情况下，才会放弃其经济资源及国外先进技术。但这一点令西方列强颇感不安，因为它暗指西方列强应该受到谴责。英国最不想看到中国发生战争。欧洲的处境日趋暗淡，接下来的几个月里，英国首相内维尔·张伯伦即将踏上命途多舛的慕尼黑之旅，最终更是为了取悦希特勒而将捷克斯洛伐克的几个地区拱手相让。麦基洛普的备忘录中的言辞有颇多自相矛盾之处，暴露了这些外交官们心中的不安。麦基洛普是在为英国的不作为寻找借口。对蒋介石政府而言，他们面对的挑战就是去证明麦基洛普的悲观预测是错误的。而事实上，也有像罗伯特·豪这样的英国外交官写信给英国外交大臣安东尼·伊登，表示反对麦基洛普的观点，称中国不应该得到“特殊装备”，但英国中立派也不应该限制国民党对武器的进口。[12]

外界对中国抗日的评价依据的往往是中国民众的士气。作为中国媒体界的杰出代表，杜重远需要做的就是凝聚人心的工作。他鼓励他的读者坚持抗日斗争，但也会毫不留情地批评抗战工作中的不足之处。待在大同的日子里，他遇到三五个受伤的士兵，这些人都是汤恩伯将军手下的士兵。1937 年 8 月中旬，在北平西北 45 公里的南口镇，汤恩伯率军英勇作战，损失士兵 2.6 万人。他几乎没有获得中央军的支持，因为蒋介石觉得北方大势已去，于是再次将其最精锐的部队留守华中作战。士兵们向杜重远诉苦，揭露他们的艰苦努力是如何因为缺少物质支持而付诸东流。杜重远是这样向读者描述这场败仗的：

> 南口阵地本极险要，惜乎（第）二十九军驻防时丝毫未建工事。我军开到南口，一方作战，一方施工，在机枪炮弹之下施工，如何得手？且吾方无飞机无高射炮，敌人飞机来轰炸时，只有站着等死……这样的惨烈牺牲不知若干。每天只进一食，因输送伙夫彼时被敌机炸死。而最觉凄惨者，当吾方退却时，许多重伤的弟兄们无人照管，有的匍匐于道旁，有的饮枪自杀，最后吾等虽侥幸归来，而商庙开门，无人过问，请问吾辈为谁而战，为谁牺牲？

发现所到之处普遍缺乏抗战热情，杜重远感到十分痛心。他为遇到的士兵提供了一些资助，找车将他们送往太原。他叹道："此次在大同所见种种现象，至为痛心，伤兵之惨状如此，民智之闭塞如彼，而一班腐化军官，犹复计算在此次战争中可得若干粮秣，若干贴饷，手拿算盘的军人们，如何可以作战？"回太原的旅程并没有缓解他的悲观："不料道路越走越坏，又走到天昏地暗……（车子）几乎滑到崖下。"于是大家只得下车步行，在泥泞的土路中一路跋涉，直到凌晨1点才到达目的地。他进入山西饭店后叹道："真有出地狱而入天堂之感，一夜的酣睡，非笔墨所能形容了。"[13]

汽车行到险处常令人不寒而栗，乘坐火车又会出现各种问题，还有种种不适，但跟残酷的战争相比，这些似乎微不足道。不过，尽管战争是改变冲突的关键所在，但跟战时的日常生活相比，它并不占主要地位。20世纪全世界发生了多次战争，发生在中国的也只是其中一小部分。对国民党来说，报刊是传播舆论的有力武器，杜重远的专栏就是这一武器的组成部分。

20世纪30年代，中国没有成形的广播网，但报刊文化却显得生机勃勃，内容十分丰富。读者对杜重远的经历也都感同身受，因为他们自己也正在经历这样的困苦。许多像天津《大公报》这样的中国重量级报纸，也都跟着读者一起到处流亡。在流亡过程中，他们形成了一个新的社会，就像这个国家一样，这个社会也在求生存的过程中成长起来。

在山东以西几百公里之外的太原，杜重远见到了阎锡山部队建起来的防御工事。日本人已经夺取了几个主要的铁路终点站，其中包括河北的石家庄，该站让他们拥有了攻打太原的必备根据地。从 1937 年 10 月 13 日起，日本人分成 3 支独立的队伍分别进行攻击。阎锡山的部队奋勇抵抗，因为有几万名士兵或伤或亡，最终防线还是崩溃了，阎锡山部队往西撤逃。惊恐的中国军民在敌军的空袭下纷纷逃命，日本人占据了这座城市。虽然毛泽东在附近部署了部队，但共产党的八路军并没有直接参与到该城的防守中。然而，他告知包括周恩来和朱德在内的几位亲密战友，命他们为太原失守做好准备。[14]

太原的失守令毛泽东相信，共产党必须做好长期抗战的准备。他们应该更充分地运用能够激发中国人民斗志的游击战。毛泽东以一贯的通俗手法写道："矛盾的本质是那些人占着茅坑不拉屎，而整个国家的人民却饱受腹胀之苦。单纯的政府和军队的抗战，是决然不能战胜日本帝国主义的。"[15] 相反，共产党的军队却惯于袭击敌军，"游击战争主要应处于敌之翼侧及后方"。[16]

共产党努力开展游击战的行为跟蒋介石的其他一些指挥官形成了鲜明的对比。最臭名昭著的应属山东军阀韩复榘，他竟然企图与日本人做交易，并于 1937 年 12 月底抛弃部队独自飞往开封。后来，蒋介石逮捕了他，并经过军事法庭审判将其处决，杀一儆百。[17]

## 家园何处

随着中国部队撤离山东，轰炸于 12 月 14 日开始了。在山东落脚的传教士凯瑟琳·汉德写道："……我们南部的兵营被炸了，我的房子在摇晃……那是一段我不愿意再次谈起的经历。在轰炸结束之后，我几乎无法说话。一共掉下来7枚炸弹，但并没有全部爆炸。有2个人被炸死，很多人受伤。”接下来几周不断有轰炸发生。12月25日，汉德悲伤地写道：“这是怎样一个圣诞节啊！我在早上还对能够在教堂服务感恩，但到了下午，就有11枚炸弹扔了下来。”她记录道：“我必须用膝盖抵着一张凳子，才免于瘫软在地，这令所有人变得更加惊恐了。”第二天，随着轰炸机的消失，“人们不再急急忙忙跑向防空洞”，但心里依然怀着恐惧。[18]

在其中一份记录中，杜重远写道，越来越多的难民畏敌人之轰炸机如“鬼神”。[19]政府人员努力使平民对敌人不间断的空袭做出理性的反应，但迷信是他们面临的一大阻力。中国当时的舆论，如同3年后的伦敦。对很多人来说，他们的反抗是真实而激烈的，但同时他们也怀着噬心的恐惧：死神会在任何时刻到来——毫无预兆，而且方式极其恐怖。

凯瑟琳·汉德在中国军队从山东撤退时所见到的这一幕场景，随着战争往西部深处延伸而无数次重复上演。华北和华中地区的战役已经泾渭分明，但难民不受军事纪律的束缚，他们在惊恐中从一个冲突之地转移到另一个。没有人知道日本人的动作有多快，以及在他们到来后，其统治将会是什么样子。撤退到内地的国民党很快建立起一个抗日政府的形象，它收入了大批爱国分子，这些人宁愿流亡也不愿处于日本人的压迫之下。实际上，这是许多人逃难的动机。

对那些逃离华中地区的人而言，他们的命脉在于长江——这条水路可以将他们安全地带到武汉，或者再西向800公里上游处的重庆。政府安排了近2.5万熟练工人随之西迁，以备日后从事军械制造。工厂也被拆解、装船，因为在战争中不可能另建新厂。[20]最为出名的难民中有几个是上海商人，他们不顾一切地想要将工厂带走。一位铅笔制造商回忆道：

> 我与全体职工在敌机轰炸、炮火连天的危险时刻，争分夺秒地（将工厂拆解开来），随拆随运。我们将拆下的机件装上木船，在船外以树枝茅草伪饰，掩蔽船内物资。船沿苏州河前行，途中遇到敌机空袭，就停避在芦苇丛中，空袭过去，再继续前进，终于经镇江运达武汉。[21]

另一位难民后来也回忆起乘船行进中遇到的实际困难。随着他们不断地往上游走，乘客必须转移到小船上，尤其是在一些危险的浅滩，那里需要高超的拉纤与划船技术才能通过。还有其他一些危险：

> 这天是旧历除夕夜，寒气袭人。当船队行至万县石宝寨的时候，我们遇到两艘海军鱼雷艇直冲而来，掀起的巨大波浪导致一条木船触礁沉没……最后仅剩下少许桅杆露于水面。后来，经过多方面打听，得知离此15公里处有一水性高超的老汉，其手下有徒弟数人，俗称“水老鼠”。他们专门打捞沉船物资……从大年初一起就开始打捞，他们用两只小船在沉船位置上固定，小船上放着火盆、烧酒。“水老鼠”们轮流下水，用铁钩、铁夹子把木箱勾住，上面的人便一件件往上拉。随着重量减少，沉船渐渐浮起……经十天的打捞，沉船终于浮出水面。但船底的洞太大，已经难以修复，因此我们只得另雇木船西上。[22]

在一次采访中，曾经的战时难民晏阳初将这次大撤退称为“中国实业史上的敦刻尔克”（敦刻尔克大撤退是“二战”初期英法联军防线在德国机械化部队快速攻势下崩溃之后，英军和部分法军在敦刻尔克这个位于法国北部靠近比利时边境的港口城市，进行的当时历史上最大规模的军事撤退行动。——译者注）。前《大公报》记者徐盈称：“‘中国敦刻尔克大撤退’的紧张程度与英国在敦刻尔克的撤退并没有两样，或者我们比他们还要艰苦些。”[23]至此，另一个历史性对比也凸显了出来。长征和沿长江往上游撤退都面临着一个更为强大的敌人。但长征是由共产党领导的，他们最终成立了新中国，因此其大撤退成了一个举世闻名的传奇。而国民党倒台后，往重庆的大撤退则慢慢被人淡忘。

跟随国民党政府往长江上游撤退的难民们很快就遇到令政府头疼的组织问题。战争期间，仅仅四川一个地方，向救济机构正式登记的难民就有 920 万人之多。[24]许多人都很清楚，在接下来的几年里，他们将不得不一直生活在污秽的环境中。有可能连故乡都回不去，而且也无法确保中国能赢得这场战争。

自古以来，中国人经历着各种各样的逃难。每一个王朝缔造者都会将成千上万处于惊恐中的平民赶到逃难的路上。但 20 世纪华中地区出现的首次人口高速迁移，改变了中国人对祖国的地理概念。对中国而言，这种人口迁移反而有助于形成一种将在未来几十年里塑造中国的民族意识。在过去的美好时光里，杜重远曾是一名为《生活》杂志撰稿的旅行作家，他在文中向读者介绍了自己沿着日益延伸的铁路所到之地的民俗风情。如今，他利用自己的旅行写作经验记述各地的苦难故事，完整地刻画了整个中国的磨难历程。从无锡逃出来的杨夫人也从观察中得出同样的感触：“那些男人（指她的同行者们）每天都聚在一起研究地图，那种专注的样子实在是前所未见。”在逃亡的后期，杨夫人坐在从桂林出发的船上，眺望着沿岸的风光，她不无讽刺地默想：“我不知道应不应该感谢日本人，如果不是他们，我们也不会踏上这么漫长的旅途，更不会看到这么多的风土人情。”[25]

杨夫人旅程结束的方式也与国民党政府宣传的在流亡中坚持抗日完全不同。因为她与家人最终逃到了香港，然后又从那里辗转回到上海。最后，当旅程结束之时，杨夫人基本上回到了她 3 个月前离开的地方。这样做的并非只有她一人。当时华东地区已被日寇占领，因而不再是一个时刻遭到轰炸威胁的高危之地，因为日本人不会轰炸其占领区。在上海不断出现的外国人居住区也意味着日本人的破坏性行为至少得到了收敛。然而，杨夫人的选择在本国政府及许多同胞那里并不受欢迎，后者无法想象自己会回去过那种被日本人统治的生活。杜重远观察到一种现象，而在整个战争期间，这种现象将在中国大地上遍地开花：致力于铲除汉奸。也就是说，这些人甚至都失去了被称为“中国人”的资格。在太原，有人跟他谈论了有关“锄奸团”的一些事情：

> 某日曾提出有名的汉奸8名，每个汉奸戴上高高的纸帽，在纸帽上写明其姓名、履历和汉奸行为，载在车中游街，又用极大的大鼓，且走且打，取“鸣鼓而攻之”的意思。满街的人看见这些汉奸们，无不同声唾骂。[26]

突然之间，战争的形势使得大家对“国家”这一概念的认识，以及个人对于国家的认同感变得更加急切，更具意义。与此同时，它也赋予了人们的选择以黑白分明的道德色彩，特别是当人们面临着是否与日本人合作的时候。20世纪初，中国人就产生了强烈的危机感，而抗战期间，这种危机感变得更加强烈。20世纪初，中国政治已然处于现代化进程中，在各个重要领域都取得了一定的进步。五四运动以来中国国内出现了相对自由的思想氛围，但早期的国民党并没有真正建立起自由政治。这在很大程度上要归因于当时中国所面临的种种危机，政治势力之间已变得两极分化、相互对抗，没有任何一方愿意认同“不同意见是有益的甚至是合法的”这一观念。

除此以外，不断的战乱也导致中国社会到处弥漫着强烈的暴力倾向。中日战争的爆发更加恶化了这一倾向。在过去，公开羞辱罪犯是常见现象。但在战争期间，这一做法却在勇敢地抵抗和懦弱地通敌之间划出了一条泾渭分明的沟壑，它模糊了许多中国人所面对的更为复杂的现实，诸如是否要抛弃家庭、财产和事业这样的两难处境。

另外，战争还提供了一个进行广泛社会运动的成功范例，这些社会运动所波及的范围在以往的历史中是极为罕见的。从这一刻起，群众运动成了一种惯例。

到太原采访期间，杜重远被邀请到部队做演讲：

> （我）即告以国内如何团结如何统一，上海作战时我军士气如何奋发，敌军士气如何不振……然后又谈到长期作战中，我国必须组织所有民众与敌抗争。我们亡省的人，正好乘机回到关外，作为向导，与国军联成一气扰乱敌人后方……说后大家都极兴奋，掌声如雷，这不是欢迎我而是欢迎抗战。[27]

杜重远来自中国的边陲地区，他亲眼看到了中国人的身份认同感是如何被瓦解的。1931年东北的沦陷曾经激起大部分民众的强烈愤怒，但对蒋介石政府来说，奉行不抵抗主义依然是一项可行的政策。杜重远认为自己最重要的任务就是要创造一种祖国完整统一、人民齐心协力共抗战的感召力。

在战争后期，为了建设一个统一而强大的祖国，杜重远在西北边远省份新疆担任了一个学术机构的院长，因为那里空中和陆地的交通网络可以将这个国家连为一体。此外，杜重远对共产党也抱有强烈的好感。杜重远的愿望也反映了蒋介石的宏愿。蒋介石相信，经过战争的洗礼，中国社会将变得更加统一，也更易于管理。但这样的愿望现实吗？确实，国家统一的召唤让国民党巩固了对部分仍然处于它控制之下的国土的统治。在那一时期，至少在名义上，大部分国土仍然是国民党所称的“自由中国”。但国民党也发现，它的声誉已经下滑，难以发挥更大的影响力。事实上，1937年秋季对国民党而言，就像是一盆冷水，狠狠地浇灭了它的希望。

到 1937 年底，许多北方城市都落入了日本人之手：天津、北平、太原、大同和济南都沦陷了。在农村地区，侵略者常常被共产党的游击队伏击和骚扰。这些地区很多都掌控在共产党手中，日本人没有多少控制权。华中地区岌岌可危，但国民党临时军事指挥部所在地武汉当时还算安全。然而，由于人们担心日本人将侵占更多领土而危及自身，难民的数量仍然在不断地攀升。

国民党政府没有严格地统计过战争期间中国难民到底有多少。这么多人口四处逃散，对自身难保的国民党政府来说，进行数据统计已经无足轻重。但不论怎样，就算是最保守的估计数字也很高：在战争的某些阶段，大约有 8000 万甚至接近 1 亿的中国人在路途上逃命，它是总人口的 15% ～ 20%。[28] 但这并非意味着这些人在整个战争期间都处于流亡状态，许多人逃亡之后很快又回到故土。但是，大规模的迁徙在许多方面破坏了社会的稳定，它所造成的影响在战争期间以及战后岁月都有明显的反映。1937 年即将过去，但最恐怖的遭遇却还在后面。在这场战争爆发的第一个冬天里，即将发生一起骇人听闻的事件，以至于在 70 多年后，这起事件仍然深刻地影响着中日之间的关系。

第 7 章

# 南京大屠杀

中国近现代史上有很多城市都曾被血泪浸染，最悲惨莫过于南京。1937 年 12 月，南京保卫战失利，日本军队攻陷南京城。随后的 3 周，南京变成了人类历史上绝无仅有的恐怖地狱……

## 固守，唯一的选择

1937 年 12 月 1 日，蒋介石和宋美龄在南京举办了他们的十周年结婚纪念日庆典。但这并不是一个恰当的时机，蒋介石在日记中写道："结婚已十足年，党国前途艰难重生，以后第二之十年，究不知变化。"此外，蒋介石还写下了自己看见的南京城四处荒凉的景象。[1] 事实上，南京城笼罩在一片怪异的死寂中已有数月。8 月中旬，南京出其不意地被拖入了战争：

> 今天下午 2 点，南京初尝空战滋味。12 架日本飞机轰炸了首都南京，10 架中国飞机也正面迎敌……在日本战机到达之前，汽笛警报声持续了近半个小时…… 因首都之前从未遭过空袭，所以民众并没有意识到危险，许多人还在街道上说说笑笑。[2]

但人们很快意识到不对劲了。8 月下旬，杜重远路经南京，那已是空袭的几天之后。他报道称，这座城市的大部分人口早就离开了。他住在中央饭店，“店中茶房厨役怕飞机，故亦多半辞职，厨房无人做饭，不得已略进点心，即出而访友”。饭店员工的恐惧显而易见，杜重远在赶往大同之时记录道：

> 在京停留三夜，每夜敌人飞机必来光顾三四次。幸京中防空设备尚好，（飞机）来时先鸣笛警告，继用探照灯远照，照准机身时，再放高射炮，或以驱逐机追逐。夜间火光四射……灿烂非常，大有新年赏灯之慨！[3]

当首都南京的夜空火光四溅时，260 公里以东的上海正处在激烈的交火之中，国民党誓死保卫上海这座繁华的港口城市。南京遭遇进攻时，周佛海依然需要去适应这个处在不断轰炸中的可怕世界。他屋子下面有一间地下室，一旦有空袭，他的各路朋友就会纷纷跑来躲避，随着战争陷入艰难境地，地下室的“聚会”也变得越来越频繁，安排竟也越来越有序。[4] 但周佛海并不打算继续在南京长住，无论中国人还是外国人都做出了同样的决定：他们将离开这座城市，前往武汉或内陆其他地区。

1937 年 10 月，蒋介石政府开始西迁，军事指挥部迁址武汉，行政机构迁址重庆。11 月底一份来自英国路透社的报道描述了这凄惨的一幕：“在持续的倾盆大雨中，中国国民政府的撤离在今天差不多全部完成了。办公室和工厂内有价值的设备已被全部运走……即使这座城市被占领，也只是一座徒有其表的空城。”该报道还补充说：“这期间没有丝毫民众骚乱或大难临头的迹象，中国人的一致想法就是坚决抗日，绝不投降。”[5] 蒋介石也感受到了民众的情绪，当务之急是保卫华中地区。如若上海失守，整个沿海地区便会被彻底占领，但蒋介石依然决定，不到最后一刻绝不离开华东地区。他很清楚，放弃首都将会对国民党政权的声誉造成毁灭性的影响，所以他在 1937 年 11 月 25 日的公开声明中称："抗战到底，至最后一寸土地与最后一人，此乃吾人固定政策。"[6]

对中国人来说，南京有着巨大的文化影响力和民众号召力。公元 1421 年之前，南京一直是明王朝的首都。南京城墙耗时 20 年，动用劳力 20 万才筑成，它将整座南京城层层环绕，象征着王朝的权力和不朽。即便在迁都北京之后，南京依然以其精致的建筑与商人们向往的高雅生活方式而闻名于世。南京同时也是 1850 ~ 1864 年高举反清大旗的太平天国的京都。1928 年，这座城市再次走到幕前，成为国民党政府统治下的中华民国首都，他们希望发展出一个可以与殖民城市上海相媲美的现代化城市。在这座古老城市的中心区域，一条以孙中山名字命名的宽阔林荫大道（中山路）横贯其中，宏伟的政府建筑拔地而起；城市规划也已尘埃落定，作为一个新政党的总部，这些建筑将糅合北京天坛公园和美国国会大厦的特征，只可惜这一设想到最后也未能实现。城市美化的第一步就是在主要街道两侧种上绿树，即便到了今天，它也是为数不多的几个受巨木荫庇的城市之一。[7] 国民党梦想南京成为环境和技术现代化的象征，成为那个时代所有中国城市的榜样。但这一梦想并未实现。到 20 世纪 30 年代末，经济危机导致大型建筑项目难以获得资金支持；随着战争爆发，南京的形象也从国民党复兴计划中的核心城市变为人人自危的脆弱之地。

日本统帅部最初并没有打算夺取南京。当战斗打响时，日本人最关心的是巩固其在华北的控制权，而不是攻夺国民党下辖地盘。但蒋介石通过在长江流域开辟新战线以扩大战争的决策，使日本人不得不重新考虑战争计划。日军于 1937 年 11 月 7 日匆忙地成立了一支新部队，名曰"华中方面军"。该军是由之前的日本第十军和上海派遣军合并而成，它的出现反映了战争在该地区快速多变的特点。7 月战争伊始，日本人就希望能一击致命，摧毁中国的抵抗。但战争的升级令他们吃惊不小，转而决定攻防并进。日军第十军于 11 月 5 日在位于上海南部的杭州湾登陆，这被证明是战争的一个重要转折点，对日本占领上海有着突出贡献。但日军也在战斗中遭受了重创，伤亡人数大大超出了他们的预估，达到 42202 人。[8]

实际上，南京从来都不是日本的战略目标。占领上海，日本就等于控制了全中国最大的港口。夺取首都南京只与权力的象征有关，是大和民族对中华民族的一次巨大胜利，可说是纯粹的民族主义目标。然而，日方很清楚，民族主义不利于大东亚未来的发展前景。松井石根将军表示："除非南京政府改变态度，停止抵抗，否则日军的铁蹄就将继续前进，开往南京、汉口，甚至是陪都重庆。"很多日本将领与松井石根持相同观点。在他们看来，缺乏同情心的欧洲国家只是在一定程度上支持中国，而日本人则将中国的真正利益放在心上：

> 第一，要迫使南京政府放弃它对欧美的依赖……第二，要纠正中国国民受南京政府的抗日政策影响而产生的误会。要让中国人认识到，日本牺牲自己是为了拯救四万万中国人，我们是中国真正的朋友。[9]

关于国民政府"依赖"欧美的说法是指蒋介石政府于 1937 年之前曾试图寻求西方政权的支持以应对日本的威胁。尽管这些西方国家始终不愿提供实质性的帮助，但从广义来说，这也等于宣布中国已开始积极参与诸如国联这样的国际组织，并希望以此解决与他国之间的争端。[10] 日本将中国看作自家的后花园，国民党如此举措令它坐立不安。

大部分外国人在初秋便离开了南京，大使馆也遣散了工作人员，公司则将雇员们送回了故乡。留在南京的人中有一位名叫约翰·拉贝的德国商人，他在西门子公司任职。[11] 这名德国人发现，10 月中旬时，南京的大部分旅馆、商店以及所有电影院都已关门歇业了。[12] 对大多数外国人来说，这是一个信号：是时候离开了。但有这么一小撮外国人，他们决定留下来帮助那些被国民党遗弃的中国老百姓们。拉贝就是其中之一。此外，还有南京大学教授路易斯·斯迈思，金陵女子文理学院教务主任明妮·魏特琳女士，基督教青年会南京分会教长费吴生等。他们决定，一旦日本人攻下南京，他们将建立一个中立的国际安全区，以保护流离失所的中国人。[13]

蒋介石十分赞赏这一设想，甚至提出要补助 10 万美元以支持安全区的建设，虽然后来仅仅支付了 4 万美元。[14] 负责驻守南京最后一道防线的唐生智将军对此也颇为赞赏。唯独日本人无法接受这一做法，他们害怕该安全区会成为中国反抗者们的藏身所在。而后，唐生智公开表示，中国军队将驻扎在该安全区，战壕和防御工事也将围绕着该安全区建设。[15] 日本人的担忧成了现实。

到 12 月早些时候，上海已然沦陷。蒋介石知道，放弃首都将是一个难以洗刷的耻辱。但他必须撤退，同时又想表明，首都曾发生过一场浴血奋战，守城军队坚持到了最后一刻才寡不敌众。这不仅事关荣誉，也是一场公关。如若无法赢得胜利，那国家就需要一批英雄。

11 月跨向 12 月之际，蒋介石拼死抵抗，企图阻止似乎无法避免的南京沦陷。他电告斯大林，请求其派遣部队前来帮助中国。斯大林以无意在中国发动地面战为由，拒绝了蒋介石的请求。蒋介石也因此对苏维埃政权及与之密切相关的中国共产党越发不信任了。12 月 6 日，汪精卫与德国驻华大使陶德曼进行了会谈，期望能与之达成和平协议，但最终失望而归。那一天，蒋介石重新估量了自己的胜数：日军武器装备精良，中国军队劣势明显，南京城内的士气也早就被尽数摧毁。[16]

12 月 7 日凌晨 4 点，蒋介石起床做了一次祷告。5 点，他携夫人乘飞机离开了注定会沦陷的首都。他们先飞往南昌，接着乘船前往庐山。这次旅程令蒋介石“几欲心碎”。[17] 虽然他宣称南京将战斗至最后一刻，但他始终是一个战略家，他的第一本能不是去顾及自己已经放弃的南京，而是去推敲接下来会发生什么。在他的日记中，他思考了制订“战时教育战略”以及“国家动员计划”的必要性。他感到，最重要的是国民党“必须不失去其革命精神”。在他避难的关头，这些反省几乎是一厢情愿的盲目乐观。但这也在一定程度上使蒋介石有了面对横扫中国的种种恐怖场景的勇气。通过对教育或其他社会政策的规划，蒋介石建立起乐观信念，坚信抗战是一项积极的事业，目的在于重建一个新中国，而不是在所向披靡的敌人面前逃跑。

他同时还呼吁“革命精神”，因为他不愿这四个字出自他人之口。如果允许共产党占有一席之地，那么“中国将成为第二个西班牙”。许多西方进步人士热衷于将西班牙与中日战争联系在一起，它们都被认为是进步力量受到守旧派和法西斯攻击的例证。[18] 蒋介石的思想在很多方面都接近于佛朗哥，对他来说，西班牙内战展示了共产主义是如何利用国家的分裂趋势夺取领导权的。西班牙内战使蒋介石忧虑不断，在他离开南京时，也从未指望外国势力会进行迅速干预。带着某种先知先觉，他认为中国很可能还要孤独奋战 3 年时光。

虽然蒋介石很想将南京的命运抛诸脑后，但他依然无法忘记这座城市。自 7 月卢沟桥的枪声响起，蒋介石在华东耗时 5 个月试图守护这片土地，这 5 个月的每一天都让蒋介石心力交瘁。对于一个将自身与中国的命运联系在一起的男人而言，首都南京是承载他希望和梦想的净土，它的沦陷令他痛心疾首。

12 月 14 日上午，蒋介石乘坐一艘征用的游轮前往庐山。在庐山，他发表演讲陈述了撤离南京的理由，之后他又飞赴国民政府军事委员会总部所在地武汉。他满脑子想的都是今后的计划：为那些被迫逃离南京的难民提供救济的方案，军事委员会的一整套重组方案……在蒋介石离开南京之后的那段日子里，他唯一没有在日记中记录的便是身处那座沦陷的首都中的可怜人所遭遇的可怕经历。[19]

唐生智是又一员在军阀混战时期与蒋介石关系复杂的将领。蒋介石撤离时，唐生智主动请缨留守南京与日本人决一死战。唐生智来自湖南，这是一个躁动又富有生机的省份，也是毛泽东的故乡。在 20 世纪 20 年代，唐生智不止一次改换门庭。他在统一中国的北伐战争中参加了国民革命军，后又转而反对过蒋介石。当然，包括汪精卫以及冯玉祥等其他杰出将领也都有着相同的经历。如今，蒋介石不得不与日本人摆开阵势，麾下将领的忠诚度问题就摆到台前。他将这部分将领摆在那些将经受公众考验的位置上，这样他们的忠诚和作战意愿便一清二楚。蒋介石的作战策略也驱使他将没有受过良好训练的部队派往承担类似保卫南京这样没有胜算的战斗任务。这样做的结果是，中央军精锐部队以及桂系李宗仁的广西军被保存了下来，它们会拿下那些在战争中有可能获胜的战役；而那些不得不面对一场毫无胜算的战斗的将领和士兵，只得用生命博取一个“英雄”的称号。唐生智现在就处于如此境地，他必须完成一个自杀式任务，否则他就会遭受公众谴责、媒体拷问。到了 1937 年 12 月的第 2 周，在留守南京的少数外国人笔下，南京被描述为处于极端反常的氛围中。约翰·拉贝在他 12 月 8 日的日记中半带讽刺地写道，他现在几乎就是南京的市长，因为真正的市长马超俊在前一天便已离开了这座城市。中国军队仍在不断挖掘战壕，似乎要誓死捍卫这座城市。《纽约时报》记者窦奠安这样记录道：

> 日军包抄南京时，参与抗击的有一批广东军，少量桂军，还有一些湖南军。城里原来的镇守部队是第三十六师和第八十八师，以及几个所谓的南京师。广东军原是从上海周边撤退出来的，其兵力在日军几个星期的炮轰下已所剩无几。
>
> 作为蒋委员长先前的精锐部队，第三十六师和第八十八师的兵力也在上海周边被大大削弱。但撤退至南京后，它们通过招募新兵已渐渐恢复元气。[20]

与此同时，南京居民开始变得恐慌起来。程瑞芳是金陵女子文理学院成立的紧急委员会的一员，这一组织由明妮·魏特琳担任主席。程瑞芳在日记中记录了那些安全区内的公共建筑，尤其是部分学院是如何被那些躲避日军、寻求庇护的人群填满的。12 月 10 日，蒋介石离开后不久，程瑞芳记录了席卷全南京的混乱，而此时的南京还未沦陷："洋车没有了，路上男的、女的、老的、少的，都是自己挑、抬。飞机声、大炮声他们也不管，真是凄惨。"[21] 学院是逃难人群的主要目标，连图书馆里都满是人。窗上挂着"破衣服、破被和尿布，树上也同样挂着"。校园里的观光水塘也派上了用场，一边的水塘成了洗马桶、尿布的地方；另一边的水塘则成了洗衣的地方，有人也在那里洗碗。

作为给养资金来源的商业活动突然间中止了。虽然人们涌入了安全区，但紧急委员会也必须采取措施养活他们。程瑞芳就在学院门外设立了一个厨房，在那里分发米粥。第一天是免费的，而后，那些能够负担的人会稍微付一点钱。按原有计划，校园里只允许容纳 2700 人，但不出几天，这个数字就激增至不可思议的地步。到 12 月中旬，魏特琳实行了一套新规矩，他们在最贫穷的一批难民的衣服上缝上一个红便签，这样可以使食物分发更公平，保证那些真正的贫困者可以免费获得食物。[22] 在中国，当地精英阶层在危急关头向公众提供救济是一项历史悠久的传统，尤其是在封建王朝无力处理此类状况时。[23] 金陵女子文理学院紧急委员会的行为便是对这一传统的继承和发扬。

惊恐和混乱的气息弥漫在空气中，人们几乎可以嗅到。南京城极不寻常的最显著标志便是污水排量的激增。正如程瑞芳无可奈何的感叹："吃进去事小，拉出来事大。"她如实描述了人们挤在没有卫生设施（甚至连马桶也没有）的小房间中的状况："他们随地大小便，整个校园都污秽一片。几天来，情势每况愈下，你甚至不敢走进盥洗室，那气味不是常人能忍受的。有些人逃走时太匆忙，没有带夜壶，于是他们就用其他人的。更糟的是，有人就睡在粪坑里。"[24]

大小便随处可见所造成的危害不仅仅是健康上的，也标志着中国在近几十年来认定的道路上发生了倒退。科技和新一代政府是中国实现现代化的两大明证，正因如此，中国人才会在自己的土地上反对帝国主义。而另一种现代化是“健康、卫生上的现代化”，即运用科学技术推进社会的整体卫生状况。[25] 随着中国城市的现代化，他们用下水道和排水系统向世界证明了自身取得的进步。但如今战争的影响却逆转了这一趋势，就像杨夫人在仅仅 1 个月前逃离无锡时那样，现实清晰地展示了战争的丑恶。

12 月 12 日，日本人实施了一次轰动世界的行动：他们炸沉了美国“帕奈”号炮舰。美国和英国的船舰就停泊在南京城外的长江上，其目的是警醒日本，虽然西方势力在中日冲突中处于中立，但它们并没有放弃自身的在华利益。日本飞机在没有发出任何警告的情况下，便直向美国炮舰俯冲而去并实施轰炸，造成 3 人死亡，48 人受伤。[26] 日本政府承担了事故责任，并迅速向美国政府签发了 220 万美元的补偿费用，同时坚称事件并非蓄意而为。一场本可能引发美日对峙的冲突因此得以避免。但“帕奈号事件”对英美是一种警示：西方国家不可能仅凭中立态度就置身于不断扩大的战争之外。

然而，12 月 12 日的南京城内却异常宁静。虽然大炮还在不断轰鸣，但程瑞芳记录道：“今日飞机不炸了。近两星期天气很暖和，虽为难民好，但也为敌人助战。”[27] 商店都关门了，难民们还在不断涌入安全区。但天黑后，异变突生。城市各处火光冲天，随着南京即将沦陷这一事实变得越来越显而易见，唐生智的手下开始放火焚烧首都的建筑物。一位中国高级官员告诉约翰·拉贝，唐生智已于晚上 8 点离开了南京。

当难民们在安全区挤作一团时，唐生智的部队已经打完了他们的最后一战——那确实是一场激烈的抵抗。蒋介石离开后，他们已经浴血奋战了两天两夜，唐生智甚至拒绝了对方的劝降。[28] 但到了 12 月 12 日夜间，他确信这座城市已弹尽粮绝，再无一战之力。唐生智向麾下各师部发出命令，要求他们从城北大门处突破日军华中方面军的包围，放弃南京！

接到命令的士兵们争先恐后地逃窜，拥挤着穿过城墙，有的还在匆忙逃离时落入长江中淹死。在南京保卫战中，约有7万人阵亡。城市的夜空被火光照亮，这并非日本人所为，而是中国军队自己将主要建筑都付之一炬。《纽约时报》记者窦奠安写道："中国人几乎将整个郊区都点燃了，包括中山陵园里的精巧建筑和家居；下关成了一片烧得炭黑的废墟。日本人避免轰炸修在建筑密集区里的中国部队军营，显然是为了保护那些建筑物。交通部大楼是城里唯一被破坏的政府大楼，而那还是中国人自己放火烧的。"[29] 焚烧建筑物是这场战斗贯穿始终的一个特征：摧毁任何有价值的东西，拒绝将它们交给进犯的敌人。在这种绝望情绪的笼罩下，无论是国民党，还是共产党，都会选择将火把投向这些曾熠熠生辉的建筑。

## 南京，南京！

12月13日一早，日军踏入了南京。松井石根是日军华中方面军的最高司令，但因病只能由其副手，来自皇族的朝香宫鸠彦代替他担任南京一役的指挥官。此时的南京已经一片混乱，中山路这条象征着国民党期望实现现代化的林荫大道也不复旧貌。窦奠安写道："中山路是一条长长的大街，街上污秽遍地，丢弃的制服、步枪、手枪、机关枪、野战炮、刀具和行囊随处可见。在有些地方，日本人不得不驾驶坦克碾压以清理路面。"

程瑞芳在其日记中记录了侵略者入城时的情形："昨晚我军退了，今早没有听见大炮声。下午2点，日兵由水西门进城了。看守学院大门的一名警察看到日本兵进城，一边跑一边脱警服，都骇得跌倒了，脸上全白了，他真胆小。"但在接下来的几天里，越来越多的人逃到了金陵学院，程瑞芳也开始明白那名警察如此惊恐的原因：

> 因日兵白日跑到他们家里抄钱、强奸。街上刺死的人不少，安全区内都是如此，外边更不少，没有人敢去，被刺死的多半是青年男子。[30]

在南京投降后不到 1 周，便有近 1 万人睡进了学院的走廊，“如同沙丁鱼在盒子里”。[31] 不久后，明妮·魏特琳记录道：“现在大火映红了东北部、东部和南部的天空。每晚大火都将天空照得通明，白昼里浓烟滚滚，日本人的抢劫和破坏还在继续着。战争的结果便是死亡和凄凉。”[32] 在中国许多地方，外国人都能以旁观者的身份置身事外，但选择留在南京的这不到 30 名西方人却发现他们已被卷入其中，在日军和手无寸铁的中国人之间筑起了一道缓冲墙。组织建设国际安全区委员会的西方人并非受过专业训练的官员或公务员：拉贝是一个商人，罗伯特·O. 威尔森是一名医生，斯迈思和魏特琳是大学教师。委员会成员推断，日本人会依据战争法行事，同时也迫切希望恢复城市秩序。如此一来，在南京的中国人和外国人都会从中受益。再者，委员会成员还希望能凭借自己的第三者立场赢得某种权威性。这不乏先例，因为他们是中立国家（包括美国和德国）的公民。他们都沉浸于天真的幻想中，虽然这种幻想并非毫无根据。北平和天津被占领时就没有引发混乱局面，即便是刚刚沦陷的上海，在国民政府撤退后，城市也只是陷入了一片死寂中。

但发生在南京的却是一幅完全不同的景象，从占领那一刻起，日军似乎就抛开了所有约束。在接下来整整 6 周，一直到 1938 年 1 月，日军华中方面军的士兵们进行了一场以“屠杀、强奸和抢劫”为主题的狂欢。他们下定决心要将南京闹得天翻地覆，根本无意建立南京的新秩序，即便只是短暂的。在攻陷南京几天后，日方高级官员要求拉贝恢复一个发电厂的运转，使之重新发电以提供电力。拉贝非常希望维持城市秩序，所以他答应提供帮助。但他很快发现，在令人战栗的恐怖气氛下，他根本不可能招到工人："日本士兵已经完全失控了。在这种情况下，我是不可能为发电厂招募到工人的。"[33]

外国旁观者从南京被占领的第一天起，就见证了那些惨不忍睹的场面。起初，日军的屠杀对象只是那些伪装成平民的军人，尽管他们根本没有认真区分过。任何中国人都可能成为下一个牺牲者。在那段日子里，步枪的射击声一遍又一遍响起，但相比起来，被射杀者甚至可称得上是幸运的。基督教青年会南京分会教长费吴生于 12 月 19 日记录道：

> 我……也曾到我们使馆的道格拉斯·金铿斯家，国旗仍在，但他的家仆死在停车房……街上仍有许多尸体，我们所能看到的全是平民。佛教慈善组织红卍字会愿意掩埋他们，但该会的卡车被偷了，用于送尸体火葬的棺材和若干佩戴会徽的工人都被弄走了。[34]

3 天后，费吴生写道："看见……离总部东边约 400 米处的一些泥潭中东倒西歪地躺着 50 具尸体……全都是老百姓的。他们的双手被绑在背后，其中一个人头颅的上半部分被完全削掉了，难道他们在练习刺刀？"[35]

费吴生亲眼目睹了那些被怀疑是士兵的平民所遭遇的痛苦。12 月 23 日中午，一个人被送到总部。他已经没了半条命，"头被烧得焦黑，眼睛和耳朵都没了，鼻子残缺不全，形象可怖"。[36] 这个人说自己是被捆在一起的几百人中的一个，汽油浇在他们身上，然后他们被点着了。程瑞芳看见一些工人为了不被怀疑而剃了光头，但之后他们又追悔莫及，因为光秃秃的脑袋反而令他们更像士兵了。

日本人声称，他们只是在铲除敌军，但这个解释在他们的另一项罪行上却完全行不通——强奸。每天每个小时都有女性被侵犯的事件传来。12月17日，拉贝写道：“昨夜约有1000位女性遭强奸，仅在金陵女子文理学院一处就有100多个姑娘被强奸，此时此刻，所有的消息全与强奸有关。”[37] 两天后，费吴生记录道：“有些房屋一天被闯进5～10次，穷苦人民被洗劫，妇女被奸淫，一些人无缘无故被折磨致死。”[38]

明妮·魏特琳的日记详细描述了来到金陵学院寻求庇护的受害者：“又有许多疲惫不堪、神情惊恐的妇女来了，诉说着她们度过的恐怖之夜。日本兵不断去往她们家中，从12岁的少女到60岁的老妪都被强奸。丈夫们被迫离开卧室，怀孕的妻子被刺刀剖腹。”[39] 与魏特琳一同工作的程瑞芳一次又一次地目睹了南京妇女成为受害者的场景：“我去了南山3次，然后又去往校园后面，接着又被急呼到教工楼，据说那里有两个日本兵上了楼。我来到楼上538房间时，看见一个家伙站在门口，另一个正在里面强奸一个姑娘。”[40] 有一次，日本兵要求金陵学院报告是否有中国士兵被藏在学院大楼中。当魏特琳告诉他们大楼里没有士兵时，“他们打了我一记耳光，也狠狠打了李先生，并坚持让我们开门”。[41]

程瑞芳还心急于魏特琳没能看清侵略者的本质。12月底，魏特琳谈到一些被派至学院的日本宪兵时说：“他们似乎是一些清白和守纪律的人，大多数人面相和善。”[42] 但程瑞芳有理由怀疑这个评价。12月21日，更多日本士兵出现在学院里，程瑞芳写道：“华（此处指魏特琳，其中文名叫华群。——译者注）以为那个长官好，派人来保护，其实他恨，因为他没有面子。虽把外面的姑娘收进来，兵还是来拖，白日晚上都来……昨晚又进来两个兵，拖了两个姑娘在草地上，真是伤心。从前听人讲他们无人道，现在真的实现了。”魏特琳通过向日本领事报告这些事以期后者从中调停，但程瑞芳对这种努力同样感到绝望：“我告诉她，报得越多他们害死的人将越多。”程瑞芳还记录说，若不是城里少数几位美国人和德国人的帮助，更多中国人将是“死路一条”。[43]

12 月 20 日，程瑞芳对日本人，对她的美国保护人以及对她的同胞生出的焦虑和怒气再也无法克制：

> 今日中午，有兵来拖两个姑娘，并拿她们的东西，恰巧有一个长官来参观，华叫他看他的军人做的事，他很难为情的，其实也无所谓，中国人是他的仇人，华不懂这些理。华真忙，不是赶兵就是招待长官，陈斐然前一次骇（害）怕了，这两日不出来，也不知他躲在哪里。我也累得要死，这些难民又不听话，四处都是屎尿，没有下脚的地方，晚上简直不敢走路。[44]

程瑞芳补充道：“今日死去一小孩，又添了三个婴孩。一个多礼拜死去三个，一共添了十多个。”几天后，这一想法让她的情绪更加灰暗：“每天都有人生小孩，我管不了，身和心都不安。”她心中烦闷，因她已经两个星期没有洗澡了，部分原因是担心日本兵可能进入洗澡房，另外则是因日本人破坏了学院的发电机，致使天黑后没有灯火照明。在学院躲藏的人甚至不敢点蜡烛，生怕在夜间引起注意和麻烦。有时会出现讽刺意味浓重的情景——环境的污秽反而成了救人的重要因素。

一次，程瑞芳设法从企图强奸的日本兵手下救走一个女孩，那个女孩所在的地方就像学院其他地方一样，地上到处是排泄物。在挣扎中，她的衣服上也沾满了污秽，导致那名日本兵对她的兴致转瞬没了大半。[45]

那个时代的绝望处境使得中国人和外国人都做出了一些在今天看来很难被接受的决定。12 月 23 日，程瑞芳看见一个女孩在被几个日本兵轮奸后被抬了回来，伤势严重，连路都走不了。程瑞芳在日记中写道："将来南京的杂种还不少呢，可恨！可恨！"第二天，她见一个日本军官带着几名中国人过来找妓女。明妮·魏特琳跟他们达成了一个交易，在圣诞夜，为了保护"良民女子"，她同意日本军官去搜寻妓女。最终，他们找到了 21 个。程瑞芳是这样想的，如果妓女们被带出学院，那这些日本兵就不会进来强奸"良民女子"了。这看上去"也有道理"。除了对妓女们做出的不人道行为之外，她所谓的"也有道理"基于一个假设，那就是日本人还不至于到丧心病狂的地步。到圣诞夜时，拉贝家的花园里也有约 600 人露宿。[46] 拉贝告诉程瑞芳那天是圣诞节，程瑞芳回答说就像"在地狱里过节"。

国际安全区委员会和他们的中国同事站在同一阵线，但他们之间的关系也同样紧张，这或许与那几周歇斯底里的氛围有关。在开始那几天，日本兵一再对房子和大楼进行突击检查，顺走香烟、白酒和食品，甚至学院动物科学实验室里饲养的小鸡也未能幸免于难。程瑞芳苦笑着记录道："不但拿此地的东西，连国际委员会的酒和香烟也拿去了。国际委员会这次失面子。先前他们怕我军抢，想日军是很好的，开会时总是这样说，现在觉得不对，（日本人）连安全区都不承认。"[47] 对许多中国人来说，西方人是盟友，但他们彼此看待时还是带有等级观念，这为他们的关系蒙上了阴影。西方人一直认为日本人比中国人更严谨有序，因此当委员会被日本人巧取豪夺时，程瑞芳却大感欣慰也是可以理解的。

暴行的肆虐似乎没有减弱。就在圣诞节之后，日本人搭建了一座展台，号召中国士兵自己站出来坦白，并说如果他们这样做了，就不会伤害他们，但如果以后被发现，他们会被立刻处死。超过 200 名中国士兵站了出来，可他们马上就被杀害了。接着再没有人敢站出来坦白了，但日本人依然将那些有嫌疑的年轻男子围住。一些女难民被要求出来指认他们：如果这些男人被认出是她们的亲戚，他们将被释放，而那些"没人认领的将被带走"处死。程瑞芳记录道："有一个老太太有胆量，出来认了3个人，其实她不认得他们，她就是要救他们。有一个年轻女子也出来认她的哥哥，回到里面换件衣服又出来认她的亲戚，此人真可佩。”[48] 几天后，程瑞芳记述了他的同事魏师傅被从南京下关区带回的消息，她写道：“他拖去的那一天，下关那一带路上没有路走，走在死人身上，他所有看见的事都是惊人，所以他骇死了！”[49]

安全区委员会的成员们在事件的记录上都非常尽责。他们知道，自己是这次重大战争罪行唯一的第三方见证者。他们必须做详细的记录，因为再无其他人能够完成这件事了。事实上，他们中有些人后来被召唤到“东京审判”中作证。尽管没几个中国人有那份魄力记下当时的情景，但所有民众都见证了南京城这恐怖的一幕。战后，在东京开庭的远东国际军事法庭在判决中是这样描述那几周所发生的一切的：

> 同时，还发生了许多起强奸。中国女性或者试图保护她的家人，只要稍有反抗，就立刻会被杀死。甚至城中大量未成年的女孩和老年妇女，都被强奸。在强奸过程中，还发生了多起变态和虐待行为。许多妇女在强奸后被杀，她们的尸体被烧毁。在日军占领后的第1个月里，大约共发生了20000起强奸事件。[50]

远东国际军事法庭还宣称，约有2万名中国平民被当作士兵杀死，另有3万名战俘被杀，他们的尸体都被扔进河里。从那时起，关于被屠杀人数的确切数字就成了一件备受争议的事情，中国政府坚持是30万，其他数字从几万到几十万都有。[51] 但是，无论怎样的争议都无法掩盖一个事实：日军处于失控状态，对妨碍他们的人实施了疯狂报复，大量平民因此丧命。

南京的无政府状态很清楚地表明，驻南京的日方高层措辞（可能是故意的）与军队的行径有着巨大反差。日本大使馆官员和高级长官一次又一次地宣称他们将平息事态，但街上的强奸和杀戮却仍在继续。

当时的日本社会等级制度森严，但在过去的两个世纪里，日本下级人士对否决所谓的上级很有一套。只要他们行动够快，上级就无法质疑他们的行动，至少在公众面前不会如此。简单来说，就是“先斩后奏”或者“斩了不奏”。1931 年，日军对中国东北的占领就没有征得东京政府的同意，但大局已定，政府（尤其是一个自由主义者所领导的政府）也无力谴责。

来自上级的命令在那年 12 月的南京如同废纸。费吴生去了日本大使馆，面对无止境的强奸和杀戮，他们也无能为力，这让费吴生失望至极。他写道 ：“获胜军队一定要获得奖赏，这奖赏便是对这群他们宣称要保护的人肆意抢劫、谋杀、强奸，犯下种种野蛮、粗暴的罪行。在整个现代史上，没有一页如日军在南京的暴行这般黑暗！”[52] 不久，事实证明，日本大使馆工作人员的确无力阻止暴行，他们连自己都顾不上。一次，3 个日本外交官询问费吴生能否帮他们在城里找一辆车。[53] 还有一次，一名喝醉的日本兵用刺刀威胁两个德国人，正巧被一个路过的日本将领看见，此人赏了那士兵几个“响亮的耳光”，“但我猜所谓惩罚也仅止于此了”。[54]

事情确实在改观，尽管非常缓慢。军队的疯狂逐渐平静，日本人开始想方设法收买民心，而不仅仅是恐吓他们。到 1937 年 12 月 30 日，日本护卫队被派往各国大使馆执勤，而此前，日本士兵时不时地破门而入。到 1938 年 1 月下旬，肆意的杀戮和强奸事件开始有所减少。程瑞芳写道，难民们开始离开金陵学院，留下“一层层的脏污和尿渍”。[55] 那年年初，在日本人的控制下，一个崭新的“市政府”出现了，秩序开始慢慢恢复，食物也更易寻得。[56]

尽管有些迟了，但日本人开始尝试给这座城市的民众留下仁慈的印象。就在新年后，来自日本军方的女性拜访了明妮·魏特琳，魏特琳将她们带到程瑞芳那里。程瑞芳“真不要见她们”这些“女鬼”，但她更蔑视同胞的举止 ：“那 3 个女鬼走时拿出几个霉苹果和一点糖，那些中年难民都围着要、抢着要，她们手上拿着几个铜板，难民在她们手上抢，简直把中国人脸都丢完了。我真气死了，我骂他们，华也骂他们，有的难民也骂，这些人简直不要脸，这一点东西值什么，还要叫、还要抢，不是叫人家笑话吗？这样不值价，也不知日本鬼是他们的什么人，就是饿死也不要吃他的东西，小孩子们要还可以，这样大的人做这种事，这些无知的中国人。中国前途的希望很少，想到那些知识分子做汉奸，而这班都是没有受过教育的，比较有可容的地方。”[57]蒋介石对中国也有类似的感受。民族主义还未发育成形时，在诸如食物和居所这类需求变得越来越紧迫时，怎样鼓动人民奋起反抗？谁应该被判定是汉奸？凭的又是什么依据？

南京慢慢回到了死寂的状态。这是一座被占领的城市，在开春后，暴行仍在延续，但到了 2 月中旬，疯狂的杀戮和强奸已经停止。这座城市正冷眼旁观，想瞧瞧日本人又能给这里带来些什么。

## 难以安息的亡魂

“南京大屠杀”有一点很特殊：整个事件的发展演变多来自外国人的记录。但这没什么可奇怪的，蒋介石早就坚定声称，南京将战斗至最后一刻，所以对于这座城市所经历的崩溃和恐慌，中国报纸是不会全面报道的。

在南京于 12 月 13 日沦陷后，中国报社也随之撤离，而日本记者就更不可能报道真相了，只有极少外国记者能在南京自由行动，而报道也多来自他们笔下。而且国民党撤离后，南京本就处于极不稳定的状态。中国政府官员都撤走了，处理社会保障和救济事务的日常机构也就不存在了，匆忙中成立的自治政府取代了他们配合地方慈善组织一起行事。全面报道犯罪事件的机构也消失了，幸得国际安全区委员会的成员们一丝不苟地做了尽量完整的记录。

南京的沦陷也暴露了国民党卑劣的一面。蒋介石守不住这座城市，政府的不作为表明它根本不关心被困的几十万中国人。唐生智的行为让事情变得更加糟糕，这座城市被置于火海之中，而守城军队在逃跑时也没有考虑过要保护市民。在屈指可数的几名报道了南京沦陷的记者中，窦奠安便是其中一员，他对蒋介石坚持保卫南京的主张进行了抨击："蒋委员长对此负很大的责任，因为他不顾其德国顾问们的一致意见，也不考虑麾下大将白崇禧的意见，执意派遣部队留守南京，做无谓抵抗。"[58]

但我们最终关注的必然是日本人的恐怖，而非中国人的失误。中国人的过失在于输掉了一场前所未见的战争，而日本人的行为则是令人发指的。正如窦奠安所说："日本人想尽量延长这样的恐怖，目的是让中国人明白，抵抗的结果将是如此可怕。"他还补充道："今天，南京城里的人们，生活在死亡、酷刑的恐惧之下，埋葬了数万中国士兵的墓地里同时还有所有中国人抗击日本侵略者的希望。"[59]

威廉·爱德华·陶德是驻柏林的美国大使，他于 12 月 14 日写道，驻柏林的日本大使曾吹嘘他们已经"杀了 50 万中国人"，而东京高层希望西方国家不要做任何干预。[60] 尽管东京声称热爱和平，但陶德感到，日本人所做的事表明，他们企图吞并中国："我甚至确信，日本士兵在南京的行为的部分动机便是想让中国人明白他们不应该依赖白人。"[61] 包括外交官和记者在内的西方观察者们都将南京沦陷看作中国人抗日进程中的巨大打击。蒋介石身边也有人持这种看法，其中就包括汪精卫。

暴行是如何发生的？很少人相信南京大屠杀是有预谋的行为，令人震惊的不是那些冷冰冰的数字，而是那些无法原谅的暴力行为。

事实上，南京大屠杀只是日本在侵略华东地区时，实施的一系列暴行中最为突出的一次。这源于日军的愤怒，它原以为可以很快征服中国，就像 1931 ~ 1937 年的入侵一样不会遭到多少抵抗。日本士兵们早已被官方宣传洗脑，他们相信这场战争是正义的，并且在军事训练中越加残酷，中方的抵抗力量以及夺取上海所耗费的时间都让他们愤怒不已。

早在20世纪初，招募军队就成了日本建造现代化国家的重中之重。到了20世纪30年代，陆军和海军主宰了日本生活的各个领域，几乎将更具自由精神的社会部门全挤掉了。公众生活、商业和媒体越来越受制于军事项目的钳制。来自军队的声音充斥在社会各个角落，各处都在宣传：征服中国是一项神圣的使命。

战争爆发时，与日本全面而精良的军事训练相比，中国部队则显得乏善可陈，蒋介石曾因此批评国人。而华中方面军还远非日本最精良的部队，他们年龄偏大，多为30～40岁，且因被征召而心存不满。夺取南京这一目标是随着1937年夏秋两季冲突升级才逐渐形成的。

缺乏外部见证是这场屠杀会爆发的另一个因素。虽然屠杀规模尚不明确，但关于屠杀的报道也透露出了一些信息。《北华捷报》刊发了一篇名为《恐怖南京》的社论表示哀悼："如果日本夺取每个城市都造成血流成河的惨剧，那么世界将因惊恐和痛心而同仇敌忾。"尽管文字不多，但文章还是给出了一些细节：

> 在两天里，整个南京一片凄凉，随意的杀戮，大规模的洗劫，以及对私人住宅的肆意侵入，对妇女的侵犯……在日暮后，谁要是被巡逻队在大街上或弄堂里看见，很可能被当场格杀……此间恐怖，难以言表。[62]

就算南京大屠杀事先没有经过周密计划，中日在意识形态上的差别是造成这一悲剧的主要原因。从20世纪初到20世纪30年代，日本的大东亚主义开始变质，日本人的思维被一种发自内心的（若不说是被误导的话）信念所占据，这个信念就是他们有责任去领导包括中国在内的亚洲邻邦，把它们从西方帝国主义手中解脱出来，走上自由之路。而中国则发展出了自己的民族主义思想，将日本看作与西方国家一般无二的侵略者，这与日本人的思想南辕北辙。这种分歧在很大程度上激起了日本军队对受害者的蔑视，也是随后发生的暴行背后的原因。[63]

蒋介石没能及时了解到在南京所发生的惨剧，但被迫离开这座城市依然令他心神不宁。他试图马上投入工作，但仅仅几日，他就被一场高烧击倒了。整整 4 天，他不得不卧床休息，虽症状有所消退，他依然表示："今日寒热已退，但精神未复，卧。"[64] 病中，他还一直权衡该如何与日本人、共产党周旋。但关于南京，他在日记中只字未提。

至少在 1938 年 1 月 22 日之前，蒋介石没有提及南京。他在这天写道："倭寇在京之残杀与奸淫未已，彼固陷之深淖进退维谷，而我同胞之痛苦极矣。"[65] 蒋介石为什么在此前没有写到大屠杀，甚至在日记中也未提及呢？一名学者指出，这或许是因为蒋介石的手下没有告知他在南京所发生的一切。这的确有可能。[66]

但有时，要承认事实真相是极为困难的，即便是在极为私密的日记中。蒋介石已见识过日本人对待上海的方式，而那时整个世界也都在观望。他知道南京对敌人来说，是一个巨大的诱惑，那他为何还要坚持死守这座城市呢？日本人会如何对待一座不设防的城市，他应该有一些大致的判断。而他又是那位弃首都而逃的领袖，口头上的抵抗是可以理解的。而没有蒋介石，武汉就少了一位重要指挥官。离开南京只是蒋介石被迫做出的众多抉择之一，在战争结束前，他还将被迫做出更多类似的抉择。还有一种可能，蒋介石在这一个月的时间内没有提及南京，只因他不知该如何讲述这出炼狱惨剧。

第 8 章

# 血战台儿庄

为实现早日灭亡中国的目标，日军从南北两端夹击徐州。台儿庄激战半月，国民革命军付出巨大牺牲，斩获万余敌军。台儿庄的捷报大大鼓舞了中国军民的士气，也为徐州会战增添了一抹亮色。

## “抗战以来首次大捷”

1938 年 3 月 8 日，英国作家克里斯托夫·衣修伍德在他的日记里写了以下文字：“今日，奥登和我均认为，比起世界上任何其他地方，此时此刻，我们宁愿待在汉口。”[1] 他的观点得到了所有西方进步人士的响应。过不了多久，在这座位于长江中游，庇护着中国临时军事指挥部的城市里即将发生的事件，似乎标志着一场正邪双方的大较量。

1937 年 11 月，蒋介石将指挥部转移到武汉这座三城合一的大城市。对于国民党来说，没有比武汉更具代表性的据点了。整座城市由汉口、武昌和汉阳 3 个县城合并而成。几个世纪以来，武汉因为充当中国沿海和内陆的贸易关口而变得繁荣。西方人偏向于称呼整座城市为“汉口”。1911 年 10 月 10 日，武昌城内被发现有反满清政权的炸弹这一事件逐渐演变成全国范围的起义运动，标志着辛亥革命的开始。这场革命旨在推翻清朝末代皇帝和见证新生共和国的成立。热衷于参与政治的商人的崛起巩固了这场革命，这些商人不仅参与了新生共和国的政治建设，同时还促进了城市工业化的发展，包括建立新炼钢厂和纺纱厂。西方建筑师们则设计了宏伟的西式大楼，这些由砖块和石头建成的大楼耸立在宽广的大道边上，20 世纪初的武汉城俨然一副全新的现代化面貌。[2]

1926 ~ 1928 年的国民革命令武汉获得了越来越广泛的关注，它成为国民党左翼的首都，后来在汪精卫的领导下，国民政府开始同一些杰出的共产党员合作。但革命政府存在时间很短，蒋介石比汪精卫技高一筹。1927 年，蒋介石出兵攻打武汉政府，导致后者垮台。蒋介石很介意该城市曾有过的“反叛”历史，因此竭力确保一旦迁都南京，陈氏兄弟（即陈果夫、陈立夫，他们是国民党主要派系中央俱乐部的领导。——译者注）要在政治方面对武汉拥有绝对控制权。[3]

但 1937 年秋天发生的灾难又将武汉推上了新的重要位置，武汉再次成为军事指挥和抗日的中心，此时距离其被剥夺临时首都的位置仅过去十余年。在中日爆发全面战争之前，国民党的主要政治领袖们就被目击待在该市已有数月，关于武汉将在日益逼近的战事中发挥主要作用的猜测也甚嚣尘上。直到年底，国民革命军的军官们和他们率领的部队，加上大部分外国使馆成员，都转移到了长江上游。1937 ~ 1938 年，日军的进犯似乎变得不可抵挡。从淞沪会战到南京大屠杀，再到局势日益严峻的武汉，国民政府面对日军的突袭显得无能为力。

1938 年 1 月，中国迎来了战争的升级。起初，日本的突袭从不宣战，甚至在淞沪会战和南京大屠杀期间也是如此。但到了 1 月 11 日，日本裕仁天皇亲自出席了在东京举行的帝国会议。首相近卫文麿提出了应对“中国事件”的“基本方针”。事实上，这是对国民政府的最后通牒。日本“基本方针”的条款很无情，其中包括向日本支付战争赔款，调整政府人员安排，以及正式将华北地区划归日本。蒋介石政府只有 72 个小时来考虑这些要求。如果它拒绝，那么东京方面将不再承认国民政府的权威，并将设法推翻后者。1 月 16 日中午，在国民政府仍在考虑如何答复时，近卫文麿公开宣称 ：“从今往后，帝国政府将不再与国民政府交涉。”在日本，这就是臭名昭著的“绝不交涉声明”。在接下来的几天，日本政府清楚表明两国关系正式破裂，用外务大臣广田弘毅的话来说，这“甚至比宣战更有力”。在两国交恶之后，中国驻日本大使在东京继续逗留了近 6 个月，现在终于还是被召回。[4]

1938 年 1 月底，蒋介石召开了一次军事会议。会上，他宣布一级战略任务是保卫华东城市徐州，该市距离武汉北部仅 500 公里。这又是另一个受交通干线影响的战略决定，正如在卢沟桥附近动员部队一样。徐州位于天津—浦口（津浦线）中点，一旦被攻占，日本将获得中原人口稠密地区的南北交通控制权。津浦线和陇海线交会，后者是中国最主要的铁路干线，横贯整个中国，西起兰州东至连云港（位于上海北部）。1938 年春天，日军指挥部将津浦线确立为军事目标。

控制徐州及津浦线沿线地区是保卫武汉的关键。而蒋介石的保卫计划是 1920 年以来逐步设定的上层战略中的一部分，当时著名的军事指挥家、思想家蒋百里率先提出了长期抗日的观点。他的远见使他在 1938 年成为蒋介石的军事顾问。蒋百里是保定陆军军官学校的校长，该校在黄埔军校出现之前是中国最著名的军事院校，在 1912 ~ 1922 年培养出了很多优秀的年轻军官。现在，许多曾受教于蒋百里的将领们都聚集于武汉，在武汉保卫战期间扮演了重要角色，其中有陈诚、白崇禧、唐生智和薛岳。这些人对蒋介石忠心耿耿，但也试图避免后者对战略所有方面都事无巨细的管理倾向。[5]

没人知道武汉是否能抵住日军的进攻，外界观察者的预测也都很悲观。然而武汉时局的不确定性却为事实上仍然处于封建时代的中国创造了卓越的，并且可能是独一无二的自由世界。老舍、茅盾和郭沫若等作家，还有徐悲鸿和丰子恺等艺术家都深受这一自由时期的思想所影响，而这源自于 1919 年的五四运动。在接下来的几年里，国民政府日益严格的新闻出版审查制度和中央集权扼杀了艺术家们的创造积极性，但此时此刻战争分散了政府的注意力，因此反而赋予了艺术家们新的舞台。中国许多重要的文化人都撤退到了武汉。老舍带头在中华全国文艺界抗敌协会里发起了一项运动，传播他的“新旧交融”思想，即用民歌和流行故事等传统形式，来具体传达抗日的信息。他的作品拥有一批忠实的观众，例如戏剧《保卫武汉》。[6] 他这种抗争的精神正是吸引了包括衣修伍德在内的西方作家的重要原因。

新闻界也变得比以往任何时候都更为自由，各家观点得以激烈碰撞。邹韬奋主编出版了以反内战和团结抗敌御侮为根本目标的杂志《生活》，该杂志在中日战争全面爆发之前就已闻名全国，而且不仅仅是因为颇具争议的杜重远专栏。而像范长江这样的战地记者们，也因为对前线的深入报道，而成了中国的著名人物。外国记者们则跟蒋介石的宣传部副部长董显光有颇多接触。董显光曾在美国密苏里新闻学院和哥伦比亚大学留学，并曾供职于多家纽约报社。他利用自身对美国媒体的了解，鼓励西方记者们到中国前线报道情况。如此一来，他成功地在西方各大报纸头版上制造出一种强烈同情中国抗战的氛围。[7]

正当武汉人民还在探究着不期而至的新自由时，日军也在不断进犯、侵占中原地区。1938 年 2 月 9 日，它夺取了位于武汉东北约 400 公里的蚌埠，还控制了淮河以北的地区。接下来的几周将发生一场以徐州为目标的激烈战斗。日军从南北方向分两个纵队前进，沿着津浦铁路的轨道行军。中国守军则在靠近连云港的陇海线东端坚守阵地。日军的目标是以钳形攻势夹击中国军队。在徐州南部的怀远县，双方经历了殊死搏斗：中国军队无法击退日军，而日军也无法驱散中国守军。在徐州东北约 150 公里的临沂，曾经因为放弃战斗而蒙羞的张自忠将军，因为决意阻止由板垣征四郎带领的日军（此前曾占领满洲）而成为著名英雄。[8]

日军希望最多投入 40 万兵力就摧毁镇守华东和中原的中国军队。[9]

蒋介石决心阻止日军的计划，因为徐州失守必将导致武汉危在旦夕。1938 年 4 月 1 日，他对国民党代表团发表讲话，在讲话中他将守卫武汉同国民党的生死存亡联系在一起。蒋介石声明，尽管目前日军已经成功占领 7 个省，但它只是夺取了省会城市和主要交通线，“交通线以外的广大乡村和多数城市，它绝无法侵占”。他接着说道：“就是在已被侵占的少数城市当中，它也只能局限于占领地内，踰此一步，连动都不敢动，随时有被我切断交通包围歼灭的危险，它用了五十万以上的兵力，耗三十万万元的金钱，费了八九个月的时间，而所得的结果是如此。”蒋介石继续说：“如不打破广东，切断我海外的交通线，它侵占了武汉，也无如何意义。”守住广州可以让中国与外界保持海上联系，蒋介石称，“广东是我们革命策源地”。当然，广东省也是孙中山的故乡。如果倭寇袭击武汉和广州，他们将会付出巨大代价，而且还会威胁到他们对占领区的控制。蒋介石重申了作战计划：“我今天可以明白告诉各位：我们原定的抗战根据地，还不在平汉和粤汉两路以东的地区，而在其以西地区。”[10] 基于此，他同意中国军队撤退到铁路线后方。

蒋介石在讲话里试图解释中国军队需要重组的原因。显然，他想两者兼得，或者对一场即将到来的军事灾难展示出勇敢的姿态。然而事实上，他的处境相当艰难。发表讲话的时候，蒋介石其实根本不知道武汉是否守得住。他必须声明这座城市的重要性，并且向中国公众以及更广泛的世界显示出中国的抗战决心是真实的，但他却不敢将名声和一座可能陷落的城市系得太紧。

当务之急就是守住徐州。若要做到这一点，蒋介石就必须充分信任他的对手之一李宗仁将军。蒋介石和李宗仁的关系是战时中国最矛盾的情感之一。李宗仁的故乡广西位于中国的西南部，向来被生活在东部文化中心的人们视为半开化地区。广西人民也从来不觉得自己是北京政权（甚至是南京政权）的一分子。在共和国初期，该地区正在大力推进地区自治。

李宗仁就是这样一批支持自治的年轻军官之一。他在地方军事学院接受教育，为国民党打下地盘，并于 1923 年加入国民党。在同一年，孙中山宣布和苏联结盟。李宗仁本人虽然并非保定军校毕业生，但在云南的同等军校接受过训练，因此有着类似的军事水准。李宗仁还积极参与了 1926 ~ 1928 年的北伐战争，在国民革命军攻下华北大部分地区期间发挥了重要作用。南京政府成立后，李宗仁开始对渴望集权的蒋介石心生警惕。1930 年，李宗仁的桂系军队参与了中原大战，该战役由阎锡山、冯玉祥等一群军事首领发起，试图推翻蒋介石政权。这次大战虽然以失败告终，但李宗仁还是撤退回自己在西南的大本营，准备再次挑战蒋介石。1931 年，满洲的陷落则改变了李宗仁的立场；如今，他认为日本侵略者的威胁比蒋介石更大。[11]

李宗仁与蒋介石之间的紧张关系在战争初期就表现得很明显了。1937 年 10 月 10 日，蒋介石任命李宗仁指挥第五战区（抗日战争第五战区是 1937 年卢沟桥事变爆发后，为了因应战争形势，中华民国国民政府于中国境内划分的与日军作战的战区之一。最初第五战区所辖范围为山东南部及江苏北部，并爆发了惨烈的淞沪会战。后来视战争实际情况，第五战区分别于 1938 年、1939 年、1944 年做过数次规模相当大的变动。——译者注）。李宗仁接受任命，但前提是蒋介石不干预他指挥自己的部队；也就是说，蒋介石不能对李宗仁的部队下达任何个人命令。事实上，蒋介石在整场战役里都严格遵守这个前提，暗示其极为珍视这位警惕的同僚。除李宗仁外，白崇禧司令也是蒋介石颇为看重兼谨慎对待的一位桂系军阀。[12] 蒋介石意识到，他需要一位像李宗仁这样能够在无尽的撤退和毁灭之中取得某种胜利的指挥官。

作为战争公共关系的一部分，西方记者们可以对徐州前线的指挥官们进行自由采访。李宗仁和他的部下热衷于打造个人的光辉形象，给到访的新闻记者留下高超的指挥官的印象。当然，杜重远就是其中一位记者。他不遗余力地称赞“李宗仁是令人敬畏的桂系将领”,他“锦心绣口，宽宏大量”。杜重远甚至用一种类似共产党对公众展示其军队时的措辞，暗指李宗仁的军队纪律严明：

> 战争中最重要的一点是，军队不能骚扰国民。如果人民是水，那么士兵们就是鱼。如果鱼没有水，它们就肯定会窒息；更糟糕的情况是不能用我们的水去滋养敌人的鱼，因为那实在太愚蠢了。[13]

杜重远声称徐州当地百姓都对李宗仁表示了极大的热情，并以中国经典古籍中的著名军事家“姜太公”来称呼他。李宗仁与杜重远进行了深入的交谈,并邀请他和同僚们共进晚餐,整个晚餐期间氛围轻松。席间，杜重远高度赞扬了李宗仁的能力。这一切都有助于鼓吹建立李宗仁冷静、高效和代表中国军队真实面貌的指挥官形象。[14]

盛成是另一位前往徐州前线的记者。和同时代的杜重远一样，盛成也经历了共和国早期的动乱时代。1919年，他参加了标志性的五四运动，甚至参与焚烧了“亲日派”部长曹汝霖的房屋，后来游历法国。现在他是中华抗日文化委员会的成员，该组织旨在利用媒体号召人民坚持长期抗战，他还保存了大量对参与徐州会战的士兵们的采访记录。

尽管在媒体的报道中，国军表面显得十分镇定，但到了1938年3月底，可怕的现实还是暴露了：日军在徐州前线已经是胜利在望。由板垣征四郎、西尾寿造和矶谷廉介等人率领的华北方面军打算和由畑俊六率领的中原远征军会合，在中原地区展开联合行动。[15] 李宗仁和包括白崇禧和汤恩伯在内的一群高级军官，决定在古老的“石头城”台儿庄对抗日军。

台儿庄不大，但却是战略要地，不仅位于京杭运河沿岸，而且是津浦线和陇海线的交会处，正好绕过徐州。3月24日蒋介石亲自前往徐州。只要徐州还掌控在中国人手里，那么北面和南面的日军就无法会合，但这座城市一旦失守，日军的双钳将会合并。到3月底，中国军队似乎开始在台儿庄不断地收复失地，但随后日军开始增派兵力，从矶谷廉介的纵队调集了援军。中国方面的守军将领不再确信一定能维持战局，但蒋介石在1938年4月1日的电报里却明确表示："必须剿灭台儿庄一处的敌军。"[16]

即使按照现在战况的标准来看，台儿庄一役也是相当惨烈的，士兵们近身肉搏，奋不顾身。盛成的记录反映了抗日名将池峰城对这场战役的惨烈回忆：

> 台儿庄城内，每天都演着极激烈的巷战，空前的争夺巷战，不止争夺一街一巷，即一院落和一间屋子，谁也不肯让过谁。有时一占领了一间房屋，立即从墙上挖洞，向敌人方面串进。有时彼此同时挖洞，同在一堵墙打洞，彼此见面，就互敬以手榴弹，没有手榴弹，就用嘴咬。后来我们听见敌人打洞，我们就爬上屋顶，从屋顶上挖洞，抛下炸弹，敌人进来多少死多少。[17]

战斗持续了一个星期。4月1日，池峰城将军为攻下一座楼房，组织了一支敢死队。这是一项类似自杀式的任务，被选中的57名敢死队员中只有10人生还。一名士兵声称成功击落一架日本轰炸机；他和战友们赶在另一架日本救援飞机到来之前就点火将其焚毁。

4月2日和3日，池峰城召集城北的中国守军去侦察战况。由于日军使用了催泪瓦斯，他们都被熏得涕泗横流。日军拥有更占优势的火力装备，包括加农炮和重型大炮。但在台儿庄这个狭小的战场上，这些武器毫无用武之地。

在其他情况下，补给问题常常会削弱中国的防御，但这一次中国将领们却成功地解决了军队补给的问题，并切断日军的武器弹药运输线。日军兵力日渐衰弱，4 月 7 日，日军终于崩溃，开始四处逃窜，几千人阵亡；之后中方声称被歼灭日军人数达 2 万，但实际数目将近 8000。这一次，中国赢得了决定性的胜利。

## 一战雪耻

处于自由中国的中国人民一片欢欣鼓舞。杜重远写道，台儿庄战役“光荣地歼灭了敌人”，甚至连坚守在日本占领区的凯瑟琳·汉德也听到了这一消息。[18] 这次胜利极大地鼓舞了中国军队和广大人民群众的士气。盛成记录了他和池峰城师团士兵们在晚间的对话，他们和自己的长官相互打趣。士兵们声称，池峰城已经把“战争的秘诀”告知他们，那就是“有饭就吃，有觉就睡”。在国民党军队表明其在撤退之余还有别的本事时，这类通俗易懂，甚至略显油腔滑调的大实话，更能够引起大家的共鸣。

胜利者形容这场战役为“光荣的胜利”，但他们并没忘记对手也是人。池峰城回忆起他曾遇到的一幕情景：他捡起一位日本军官的头盔，头盔左侧已被烫焦，上面还残留着零星血迹，证明该军官遭到的致命打击来自后方。在台儿庄的其他地方，他们还找到一些个人物件，譬如佛像、木鱼和印有口号的旗帜等。北站的日军临时火葬场工作中途还被打断：“不是所有尸骨都被完全焚烧了。”战役结束后，李宗仁询问盛成是否有在战场上捡到纪念品。盛成回答说他在一个日本士兵尸体身上找到了一封情书，还有一个女孩的照片，后面写着：“19 岁，1938 年 2 月。”[19] 据猜测，女孩很可能就是该名士兵在家乡的恋人。与那些把日本人描绘成“魔鬼、恶魔和倭匪”的新闻相比，这些小细节给人一种截然不同的感受。

外国人也注意到了这种积极的全新局面，以及这场战役给抗日力量带来的巨大生机。台儿庄战役后几日，在武汉的美国驻华大使纳尔逊·詹森致信国务卿科德尔·赫尔，转述了美国军事观察员们的报告：在山西的一位观察员对共产党成功组织的抗日游击队印象十分深刻；另一位观察员则花了 3 天时间仔细观察台儿庄战役，证实“中国军队确实击败了日军，这是日本在中日战争中第一次遭遇的巨大失败”。这也证实了詹森的观点——日本需要投入比预期更多的兵力才有可能击败中国军队。他同样注意到中国未被占领区的情绪也发生了类似的转变：

> 在汉口，人们悲观的情绪转变成了某种顽强的乐观主义。蒋介石领导下的国民政府变得更加团结，并且由于近来日军在徐州的落败，人们开始觉得未来并非完全没有希望。我发现没有证据显示中国人民希望以妥协换取和平，我也很怀疑国民政府是否能说服其军队和人民接受这样屈辱的和平。抗战的精神正慢慢地在人民中传播开来，他们开始意识到这是他们自己的战争。日军对内地的空袭和针对平民的暴行反而促使人民的抗战决心变得更加坚定。[20]

英国始终对蒋介石存有戒心，但 1938 年 4 月 29 日，正值台儿庄战役结束后不久，英国驻华大使阿奇博尔德·克拉克·克尔致信新任外交大臣哈利法克斯勋爵，不甚情愿地称赞了这位中国领导人：

> 蒋介石如今变成了中国统一的象征，这是他本人一直梦寐以求却求之不得的，但现在日本人正在帮助他实现这个梦想。中国人民不关心谁是统治者的日子似乎一去不返了……我从悲观和忧郁的上海逃离出来，可现在的中原之行却令我深受鼓舞。我更深信：如果财力允许的话，中国的抵抗可能会更持久和高

效，而最终日军将会遭受重创……蒋介石为人固执，很难与之相处……但没有疑问的是，国民党正在极端艰难的境况下摸索着通往成功的道路。[21]

胜利来之不易，正当人民沉浸在喜悦中时，蒋介石催促汤恩伯和李宗仁乘机将部署在该区域的兵力增至45万人。但中国军队仍然被一个根本问题所困扰：过去半年里反复削弱中国军力的军阀主义再次横行。虽然各将领答应一同抗战，但事实上他们始终以寻求个人部队的安全为第一要务，非常注重保护自己的军权，以免被蒋介石剥夺。例如，李宗仁并未把广西最精锐的部队用于台儿庄战役，还试图将大部分战斗任务转移给汤恩伯的部队。这些将领也了解到此前两位同僚的下场：山东的韩复榘因为违令撤退而被处决，东北的张学良允许蒋介石削减其东北军的规模，最终却被软禁。因此，他们有理由不信任蒋介石。而归根到底，蒋介石也确实认为这些地方军的指挥权应该归国家所有，全国的军队都应由他直接领导。从国家统一的角度来看，蒋介石的想法并非完全没有道理。但这会令其他将领存有疑虑：加入抗日战争是否意味着将来个人的权力会被削弱。军事指挥官们的分裂倾向也阻碍了物资的有效运输；前线的弹药和粮食补给也不可靠，而且补给线还能被轻易切断。

台儿庄大捷的荣耀随着时间的流逝而渐渐消散。日军的指挥官们也从失败中汲取了教训。他们更新了作战计划并开始增派兵力，从华北和中原调集军队以钳制徐州。汤恩伯的军队在台儿庄以北和以东地区英勇作战，迫使日军在1938年4月所剩无几的日子里来争夺领土。然而日军在4月底至5月初发动的进攻却切断了中国军队和陇海铁路的联系，中国镇守徐州的兵力来源也因此被切断。徐州以南的中国军队也不像北面的汤恩伯师团那样坚持作战。到5月中旬，徐州的中国残余军队眼看就要被包围了。5月15日，蒋介石终于批准撤军。“姜太公”

李宗仁、汤恩伯和白崇禧不得不撤离徐州。在 5 月 18 日偶然出现的沙尘暴和大雾的掩护之下，中国军队 40 个师居然成功地从日本人的眼皮底下撤出了徐州。[22]

若在南京，这支中国军队可能会养精蓄锐以期再战，但是徐州的境况实在是太糟糕了。自 1937 年 8 月开始，这座城市就经历了日军的狂轰滥炸，人民频繁徘徊在渺茫的希望和彻底的绝望之间。1938 年 3 月，杜重远曾经到访徐州。在离开武汉之前，他就被友人告知“那座城市一片荒凉，人们都吓坏了”。然而事实上，“所有的徐州居民都安静地继续做生意……有时候比武汉还要镇静”。[23] 澳大利亚记者罗兹·法默也在战争末期出版的一本书中提到了类似情节，书中记载称：“在空袭期间，普通市民变成了看守、消防队员和急救人员；空袭结束，他们又重返各自的工作岗位。”[24]

但 5 月中旬中国军队的撤离，却让这座城市及市郊成了愤怒的日本帝国军队的出气筒。在战争的最后几天里，轰炸从未停歇，仅是 1938 年 5 月 14 日的一次空袭就炸死了 700 人。徐州附近地区的建筑物和桥梁，有些被撤退的中国军队无意中损坏，有些被进攻的日军恶意摧毁。台儿庄就是被彻底摧毁的城镇之一，而几周前这里还是中国守军的圣地。

失守后仍留在该地的加拿大籍天主教教士记录了徐州当时的情景：超过 1/3 的房屋被毁，当地大部分老百姓都惊恐地逃往外地。新闻媒体上不断有报道称城市周边的农村地区发生了大屠杀，其中有许多还是被传教士们亲眼见证的。除了日军犯下的暴行之外，当地法律执行的缺失也导致百姓们被土匪袭击，他们根本没有余力去进行像播种这样至关重要的农业生产。[25]

徐州失守不仅是战略上的重大损失，同时也极大地影响着中国人的抗战士气。它的陷落标志着蒋介石守卫中原和控制该地兵力运输的计划遭到了沉重的打击。台儿庄大捷带来的高涨士气，在如今看来，尽管没有完全崩溃,但也明显遭到了挫败。此外,对所有抗日志士而言,徐州的失守还是一个征兆，预示着一旦选择抗战，那必将迎来一场持久战，而快速取得抗日战争的胜利将不再可能。毛泽东的延安革命根据地位于徐州西北几百公里以外，但他也知道徐州的失利意味着什么。1938 年 5 月,他发表了最著名的讲话之一——《论持久战》。在讲话中，他批评了那些过于乐观的人，“台儿庄胜利之后，有些人主张徐州战役应是‘准决战’，说过去的持久战方针应该改变”，这些人都被台儿庄取得的短暂胜利“冲昏了……头脑”。毛泽东对中国将获得最终的胜利（他必须这样认为）毫无疑问，但同时他也认为“抗日战争是持久战”，“不能速胜”。[26] 与此同时，共产党寻求在华北开展的游击战也是其长期战略的一个重要组成部分。

然而，徐州的失守并不一定预示着将迎来持久战。相反地，它也可以预示整场战争将短暂得可怕。

第 9 章

# 致命黄河

1938 年初，气焰嚣张的日军在取得了一系列胜利之后，兵锋直逼华中重镇武汉。为了延迟敌军进攻速度，国民政府忍痛实施了“花园口决堤”，希图以水代兵。然而，面对着浩浩浊流，最先被夺走的是数百万中国民众的家园，甚至，还有众多鲜活的生命……

## 逼面而来的日军

1938 年 6 月 7 日，美国驻武汉大使馆的第一秘书报告称，日军已经夺取了武汉北面 450 公里以外的开封市。日军正以缓慢却又势不可挡的态势持续西进，行军路线紧贴各大铁路沿线，它正利用铁路运送数万日军横跨整个中原。“陇海战役的第二阶段现在正接近尾声，”这位秘书声称，“一场直接以汉口（武汉）为目标的战役即将打响。”[1]

然而，就在日军打击蒋介石的指挥中心之前，它需要先攻下郑州，因为有两条主要的铁路线横穿该市，即东西向的陇海线和南北向的平汉线。如果日军夺取了郑州，那么武汉和西安就将先后暴露于危险中。日军从台儿庄大败中恢复过来后，于 1938 年 5 月底深入中原，而其据点距离郑州仅仅 40 公里。

截至 1938 年春季，中国守军已经濒临绝望。这是全中国抗战力量崩盘的危急关头。而国民革命军最成功之处在于，作为日益缩水的自由中国（未被日本占领的中国领土）之守军，它避免了一场彻底的灾难。

国民政府已经对外国媒体进行了相当成功的宣传工作，以求说服国际社会相信其并非节节败退而是另有打算。而一旦日军在同年春季攻占武汉的话，那么中国军队将不得不火速撤离，军队瓦解的印象就会愈发深入人心。世界各地进步人士将会报以广泛同情，但是显然，除非说服西方政府，让它们相信帮助中国有利可图，否则它们只会袖手旁观。

1938 年 7 月，美国驻华大使约翰逊在武汉的临时使馆内写道："我不认为国民党可以守住武汉。"但在向华盛顿报告时，他还是赞扬了蒋介石的策略。他称，掌控以北平、南京和武汉为三角的广阔领土，将令日军备感压力。约翰逊召集了包括美国军事观察员弗兰克·多恩在内的专家组，以"日军想缓解此压力，是否需要夺取武汉"为主题进行探讨。

另外，约翰逊注意到，如果武汉失守，那么国民党就只能集中力量镇守华南，而华北将拱手让给日本人和共产党。对蒋介石来说，武汉失守还是一个巨大的经济打击，因为流入该市的关税收益将不会再进入国民政府的口袋。

而且，武汉还是蒋介石手下最大的工业中心，但约翰逊强调："中国人打算将日本人夺取武汉的代价变得尽可能高。"最后，他还加上一剂强心针："我们的结论是，尽管武汉失守的后果很严重，但这并不意味着中国抗战将全面失败。"[2] 他认为，日本人企图通过夺取武汉来结束侵华战争；但对中国人来说，这仅仅标志着一个战争阶段的尾声。

美国对于 1938 年夏天战事的后续报道显示出，在衡量中国抗战的严肃性方面，武汉守卫战非常重要。美国国务院远东事务部的外交官约翰·卡特·范宣德，写信给国务卿科德尔·赫尔的顾问斯坦利·K. 亨培克，声称他和一名与日本政府有密切往来的美国人交谈过，后者认为，"中国人并不喜欢现有的地位……如果中国持续抵抗的话"，那将意味着会遏制住大约 50 万的日本军队，而日本人最终将被迫"在一年内撤出中国"。

范宣德对战争持续时间的预估显然错得离谱，但他也敏锐地指出："现在主要取决于中国人民抗战的信念，以及继续进行有效抵抗的能力。"范宣德向亨培克强调说："我相信，我认为你也同意，中国赢得抗战不仅对中国，对我国和其他民主国家来说都至关重要。"范宣德承认，美国不应该在此时直接干涉战局，但他也催促亨培克考虑对华进行经济援助，以及对日本进行贸易限制。[3]

国民政府内部的竞争本能也开始起作用。因为政府有求于广大群众，因此它接受了为人民谋取更多福利的必要性。最近一段时间，在国民党政府的支持下，武汉进行了中国史上最大规模的难民救济工作之一。

1937 ~ 1938 年，在当地慈善组织和国际红十字会的帮助下，政府运营的避难所安置了大约 60% 的难民，约有 2 万人。[4] 但国民政府的集体主义思想里也包括了残酷的一面，官员们认为，在维护集体利益的大前提下，个体生命是可以牺牲的。这一思想将导致蒋介石政府为击退日军而做出某些不可原谅的行为。

## 千年一叹花园口

几千年来，黄河是塑造中国中部地形的主要水系，该河流还被视为见证了"中国的苦难"。漂流在河里的黄沙赋予了它这个独特的名字，也因此使得它与南方的长江相比，显得更难以通航。黄河的灌溉令周围的土地变得丰饶，也因此使中原一带成为中华文明的摇篮之地。然而，这样一条带来丰饶的河流也同时存在着危险。每隔几个世纪，黄河就会决堤，而且还会毫无预兆地改变河道，淹没两岸的土地和成千上万的农民。

在日积月累中，中国人终于学会了治理黄河，通过建造大型堤坝来控制河水，防止其离开河床。在郑州附近就筑有许多这样的堤坝，正好穿过日军在陆上逼近武汉的必经之路，因此，摧毁堤坝可以阻止或至少暂时阻止日军的进攻，但此举会给居住在附近的百姓带来灭顶之灾。因为光是 1887 年黄河流域的一次巨大洪水就夺去了近百万生命。

利用黄河作为军事武器的想法并非是第一次。1935 年蒋介石的德国军事顾问亚历山大·冯·法肯豪森就曾建议，作为一份更深入的军事普查的一部分，“黄河是最后一道防线，增加其防御力量……将有益无害”，但以黄河为武器却并非这个德国人的建议。[5] 在 1938 年的危急关头，第一战区司令程潜向蒋介石提出“要以水代兵”，他之前曾飞往郑州并意识到军事打击已无法赶走日军。他们面临的抉择很明显：要么让日军在数日内攻占武汉，要么放出无情的黄河这一残酷武器来暂时阻止它。

比蒋介石仁慈的领导人不会面临如此艰难的抉择：他们会直接弃用堤坝，让日本人攻占武汉。但蒋介石深知，如果不推倒堤坝，武汉将在数日内失守，而国民政府也无法及时移都重庆，它有可能会被迫投降。到时候，几乎整个中国都会沦陷。1940 年 6 月法国军队最高指挥官向德军投降或许就是与此最为相似的情形了。[6] 和法国一样，蒋介石在祖国面临着史上最可怕的入侵时做出了如此决定，而且中国军队比法国军队更加弱小，也远不及后者训练有素。是否摧毁黄河堤坝的两难选择实在是绝境下的产物。[7]

蒋介石做出了他的决定。他命令魏汝霖将军炸毁河南中部的黄河堤坝。这一举动的后果毫无疑问：洪水将淹没中原大部分地区，周遭沦为一片混杂着淤泥的汪洋，日军的进攻将因此而被迫停下。然而，要让这一悲剧实施成功，还必须迅速行动。此外，国民政府还不能事先通知公众，以免惊扰日军，加速其进攻。

时任第八师参谋的熊先煜在日记中记录了这段非常时期。日军已经兵临黄河北岸，此前中国军队炸毁了河上的铁路桥，因而日军的渡河行动受阻。下一步计划就是毁掉堤坝：如果该地沦为一片沼泽，那么日军甚至连重建桥梁都变得毫无可能。

理论上看，炸毁堤坝似乎很容易，但实际操作起来并非如此。要控制住黄河这样庞大的水系需要非常可靠的工程作业，况且堤坝还十分厚实和坚固。1938 年 6 月 4 日和 6 日，军队首先在小镇赵口尝试进行炸毁，但那里的堤坝结构过于稳固。随后在该地附近又进行了一次尝试，仍以失败告终。在这些尝试过程中，日军逐渐逼近。

师长蒋在珍就决口位置询问熊先煜的看法。“以地形而论，”熊先煜写道，“马渡口、花园口均可。”但是马渡口离赵口太近，而在赵口的尝试已经失败。另外还有一个危险，即日军可能很快就会到达该地。而花园口则离赵口要远一些，而且还处于河湾处。熊先煜写道：“为获时间宽裕，我看最好还是选定花园口一段为宜。”[8]

一开始，士兵们认为他们的任务只是一般的军事工程作业。用熊先煜的话来说，这是一次令他“兴奋”的任务。1938 年 6 月 6 日晚间，熊先煜和魏汝霖第一次视察了决堤位置。周围的环境制造了一种宁静的假象。“微风拂拂，”熊先煜回忆道，“河水潺潺。”但是水位很难测量，月色昏暗，手电筒内的灯泡也烧坏了，都帮不上什么忙。他们整晚都待在车中，希望能够在黎明之前尽快确定决堤位置。

但白天的到来似乎让士兵们明白了他们即将要做的事情，因此他们变得越发焦虑。第二团团长王松梅告知士兵们，此计划关乎国家和民族之利益，可以减轻百姓们现在所受的苦难。

他接着补充说道：“今后，你们会找到贤惠的妻子，有很多的孩子。”王松梅说这些话是为了打消士兵们关于此举在政治必要性上的疑虑，也让他们相信自己不会遭报应。因为以中国传统思想来看，他们即将犯下巨大的恶行，会招致断子绝孙的报应。

魏汝霖将军也确定了花园口就是最合适的位置。从 6 月 8 日起，炸毁花园口行动开始，大约有 2000 人参与其中。国民政府也急于确保该项任务迅速完成。“最高当局”不断从武汉打来电话询问进度，这“最高当局”指的当然是蒋介石及其左右手。

此外，国民党还派歌舞表演者前来为士兵们打气。上将商震向士兵们宣布，如果他们能在6月8日午夜就使堤坝决口，每人将获得2000元报酬。如果次日凌晨6点才完工，那他们还能领到1000元。士兵们需要鼓励，因为他们都是在徒手作业。在赵口炸毁堤坝失败后，魏汝霖的军队就不再使用“一丁点儿炸药”，所有这些令人筋疲力尽的开凿工作都将由人工完成，代价是支付每位参与行动者2000元报酬。短短几小时后，堤坝就决口了。

6月9日清晨，熊先煜记录道，他的心情忽然转变，气氛也变得紧张而严峻。一开始，水流还很小，但大约到了下午1点，水流开始变得“凶猛”，犹如“万马奔腾”。遥望远处，熊先煜感到眼前出现了一片汪洋。他记录道：“我很心痛。”河水咆哮着冲开了决堤口。很快，这条数百英尺宽的致命水流，将大约3/4的河水往东南方向，全部倒灌在中部平原之上。[9]

“我们以此来阻止敌军，”熊先煜陷入沉思，“所以我们能忍受如此巨大的牺牲，因为此举是为了更伟大的胜利。”但当他和士兵开始交谈时，他们才发现事情的严重性。

军队奉命摧毁铁路桥和堤坝，但最终却导致“政府和全中国同胞”要去救济那无数被洪水摧毁了房屋和财产的难民。实际上，前一天夜里，蒋在珍就曾致电当局，请求援助那些将会因为洪水而流离失所的当地百姓。魏汝霖、熊先煜及其部队乘坐木船成功地逃离了该地，但是正面遭遇洪峰的成千上万的农民们就没有那么幸运了。《时代》周刊著名记者白修德几天后即报道了这次灾难：

> 上周，“失控的”黄河造成的洪灾不仅改变了河道，也改变了抗日战争的走向。开封附近严重的决堤形成了一堵高逾1.5

> 米的水墙，倾泻在逾 1295 平方公里的土地上，造成死伤无数。而在黄河决堤之后，因为疾病、饥荒而丧命的人比直接被洪水淹死的还要多。河里的污物堆积在农田上，深及脚踝，滋生着各种细菌，完全覆盖了农作物。在上周，2000 多个村落中约 50 万农民被迫转移到任何他们能找到的干地，在那里等待救援或是死亡。[10]

这是蒋介石政府对自己的国民犯下的最严重的暴行之一。蒋介石也清楚公众宣传会对政府的名声造成毁灭性的打击。他打算转移公众的责难，声称堤坝确实被毁，但罪魁祸首却是日军的空袭。而日军矢口否认曾经轰炸过堤坝。白修德的报道反映出大部分外国人对此事的直接反应；在听闻徐州会战和南京大屠杀的暴行之后，他们已经不愿意，哪怕是暂时相信日本人的话了。

更何况，在黄河淹没中原之际，日军对南方的广州进行了猛烈的轰炸，导致成千上万人的伤亡。对白修德来说，日本关于“中国应对黄河决堤负责而非日本”的辩驳似乎不可思议：“外国观察家们认为，这些指控是很荒谬的。因为中国不可能为了阻挡日军前进而牺牲掉 50 万条人命，这样做换来的只会是得不偿失的胜利。另外，毁堤是最黑暗的罪行，很难想象中国军队会为了战术上的一定利益而去冒天下之大不韪。”[11] 然而，这确实是中国军队做的事。

战争期间，国民党从未承认是它摧毁了堤坝，而非日本人。但是真相很快就尽人皆知。仅仅一个月后，在 7 月 19 日，美国大使约翰逊就在私人通信里写道：“中国靠摧毁黄河堤坝阻挡了日军进攻郑州的脚步。”[12] 最终，中原大约有 5.4 万平方公里的土地被洪水淹没。如果日军承认了该行动，那么此举将会被记录为其侵华战争中的第一大暴行，它在受难群众数量方面更甚于南京大屠杀和重庆空袭。在战争造成的混乱和灾难期间，人们很难统计出准确的死亡人数，但是 1948 年国民政府内部留下的数据部分地显示出了这次伤亡的惨重。河南、安徽和江苏这 3 个受灾省份的死亡人数是 844489 人，还有约 480 万人沦为难民。最近的研究把数字降低了，但仍然估计有大约 50 万人死亡，以及约 300 万～500 万的难民。[13] 相反，1939 年 5 月日军空袭重庆造成的死亡人数仅为数千人。

熊先煜在他的日记中认为，黄河决堤是为了更伟大的胜利而做出的牺牲。某些日本人也认为，该战略在短期上来看算是成功的。美国驻武汉使馆的第一秘书报告称，洪水“完全阻止了日军进攻郑州的脚步”，并且避免了它依靠铁路拿下武汉的灾难性后果。相反，这位秘书预测，日军很可能会在长江北岸发动袭击。[14]

黄河决堤的支持者们可以争论说，这一举措拯救了中原地区，以及蒋介石在武汉的军事总部，为那些后续行动多争取了 5 个月的时间。日军沿着陇海铁路沿线逼近武汉的计划也的确被阻止了。短期来看，洪水让国民党如愿以偿。但洪水只是为国民党赢得一次战略上的喘息，并没有解决根本问题，即中国军队需要强有力的领导人以及尽快改编。一些历史学家认为蒋介石的决定毫无意义，因为它只是让不可避免的事情推迟了而已。[15]

《时代》周刊记者白修德的说法是正确的：没有任何战略利益值得让 50 万中国人民白白牺牲。尽管摧毁堤坝之事不可饶恕，但在当时的背景之下，蒋介石的决定也有部分道理。我们现在可以回头审视国民党的行为，争论它不该死守武汉，或者摧毁堤坝。但在 1938 年的酷暑，蒋介石唯一的希望似乎就是尽可能地推迟日本占领中国大部分地区的时间，并在中国境内尽可能创造最佳条件来进行长期抗战，同时让全世界聚焦于日军的暴行。以洪水争取到短暂的拖延本身就是该战略的一部分。在国民党挣扎的灵魂深处，冷酷和精明的本性暂时占了上风。尽管国民党最终将为这些罪行付出代价，但花园口决堤事件的确意味着中国抗战的一个重大转折点。

1938年夏天，在这一片混乱中，蒋介石失去了一位最重要的盟友。6月22日，国民政府中所有德国顾问都被召回国，而违背命令者将以叛国罪论处。自“一战”以来，魏玛德国和中华民国这两个刚诞生的共和国之间一直保持着某种特殊的关系。两者都很弱小，并且都没有完全控制本国主权。

作为1919年《凡尔赛和约》的一部分，德国失去了它在中国领土上的治外法权，此劣势意味着它可以以非殖民国的平等身份和中国相处。因而，与其他西方国家相比，德国在许多经济和政治领域内更受中国人的欢迎。蒋介石的军事重组就是相继依赖冯·塞克特、冯·法肯豪森而进行的，甚至在1933年希特勒上台后，两国间的纽带也没有立刻断裂。蒋介石和纳粹德国的意识形态并不一致，但国民政府视德国为潜在的同盟国，并花费了巨大精力企图说服柏林方面选择中国而非日本成为在东亚的主要反共伙伴。

1937年6月，孔祥熙率代表团赴柏林会见希特勒，希望其与中国结盟。但是抗战的爆发，加上国民党撤退到了武汉，令希特勒政府更加坚信应该和日本共命运，而召回所有德国顾问就是最直接的后果之一。蒋介石发表讲话称赞了冯·法肯豪森，声称“朋友的敌人，就是我们的敌人”，并且宣布德国军队的忠诚和道德是中国军队需要学习的榜样。

“抗战胜利之后，”蒋介石称，“我相信你们会希望回到远东，再给中国做顾问的。”[16] 后来，冯·法肯豪森出任了纳粹占领下的比利时总督。“二战”结束后，他更是因为暗中拯救了许多犹太人而广受人们褒奖。[17] 德国顾问离开时所乘坐的旅客车厢顶部还炫耀地挂着一面醒目的德国国旗，旗上还有纳粹标志。这是一个明智的预防措施，因为武汉正遭受着严重的空袭。日军已经发起了夺取武汉的战役，中国方面也集结了约80万兵力准备与之抗衡。但洪水的泛滥使得日军不可能从北面进攻武汉。

相反，它决定派遣海军沿着长江逼近武汉，同时还配备了大约9个师的兵力支持。中国军队英勇奋战，但与技术先进的日本海军相比，它的防守实在显得过于脆弱。它只有一个得力的外部支援：苏联飞行员驾驶着从苏联购买的战机协助作战，这也是斯大林支持中国抗日计划的一部分。

据记载，1938～1940年，大约有2000名苏联飞行员在中国服役。1938年6月24～27日期间，日军猛烈地轰炸了长江沿岸的马当要塞（马当要塞，是抗战爆发后国民政府为阻敌西进，在江西马当附近江心建成的一条拦河坝式的阻塞线。——译者注），直至其投降。一个月以后的7月26日，中国守军放弃了武汉东南方向250公里处的九江。随后，当地百姓遭到了日本侵略者的烧杀奸掳。

关于九江惨剧的报道坚定了国民政府的军事决心。蒋介石于7月31日对部队所作的重要讲话也有类似效果。他声称，抗战第一年成功地阻挡了日军的进攻，并指出一旦武汉失守，中国基本上会被割裂成南北两个部分，这将导致在中国境内调兵和运送物资都变得更加困难。

此外，武汉的失守更将是“精神损失”，因为该地和“革命历史”颇有渊源。全世界对中国的同情也日益高涨，蒋介石向听众保证，随着人们意识到日军的暴行，侵略者们将名誉扫地。然而，蒋介石也十分担心中国军队的表现。士兵们不服从长官的命令，这完全是“亡国自杀的行为”。抢劫百姓将会摧毁军民之间的信任。“我们不但不好随便携取人民的东西，”蒋介石声称，“而且我们军队有了好的东西，要分给人民吃，分给人民穿。”指挥官们必须各司其职；他还提醒听众们，导致马当要塞失守的指挥官已被枪毙。蒋介石所传达的信息意在针对将领们。他指出，不同于上海，武汉拥有真正意义上的防空洞，但高级官长“不能遇到敌人飞机大炮的轰击，就躲在地洞，以致部队无人指挥”，或者像在徐州会战时某些将领那样弃部队于不顾。如果将领们不能表现出忠诚，那么也就不要期望会有回报。[19]

这次动员讲话，配合军队里弥漫的那种背水一战的感觉，或许起到了一些作用。因此在 8 月，日军需要经历更艰难的战斗才能沿长江上行。而在薛岳的领导下，大约 10 万中国士兵迫使日军撤回到黄梅县。在田家镇要塞，数千人一直苦战到 9 月底，最后日军卑劣地使用了毒气才赢得胜利。然而即使是此时，中国的最高将领们似乎还不能通力合作。在信阳，李宗仁的桂系军队已经精疲力竭。它希望胡宗南的部队可以替其解围，但后者却带着军队离开了，日本人不费吹灰之力就拿下信阳。夺取信阳之后，日军就已控制平汉铁路，这也就意味着武汉即将沦陷。[20]

## 烧在历史上的火

蒋介石再次就守卫武汉对军队发表讲话。他深知局势是何等危急，因此在鼓励的同时也承认武汉可能即将失守。就算因有大量外籍人士的存在，武汉得以与外界保持紧密联系，但军队也不要指望能获得任何海外援助。因此，如果需要撤离武汉，他们就必须制订出合理的计划。接着，蒋介石详述了他们选择的撤退路线。然后他开始提及最感人的话题之一：去年 12 月，国民党悲剧性地从南京撤退，“外国人和中国人已经把那里变成了一座空城”。士兵们疲惫不堪，人数也锐减。“那我为何还要下令守城呢？”蒋介石解释称，这是因为他曾经请求南京守军们“为守卫国都和守卫总理陵墓而牺牲！而他们都能视死如归，受之不辞”。蒋介石称，如果从南京撤军，那将会是中华五千年历史的奇耻大辱。马当要塞的失守也是耻辱。

如今，通过保卫武汉，“为守南京的阵亡将士和死难同胞报仇，为我们革命军洗刷耻辱，”蒋介石说，否则“不仅对不起革命的先烈和已死的一般官兵，而且对不起我们自己的良心，没有面目见人”。[21]

要做此番解释，蒋介石不得不改写历史，同时也是为将来捞政治资本。在这一版本的现代史中，南京的确是被誓死保卫的；南京的“耻辱”是因为失守，而非士兵们的弃城行为。实际上，唐生智的部队整整激战了两天，但当日军占领南京并且开始烧杀奸淫之时它并不在场。通过强调南京保卫战的英雄元素和忽略略显虚假的结尾，蒋介石制造了“殉难”的场景以鼓舞士兵们在武汉作最后一搏。

与此同时，他还必须清楚地声明，武汉保卫战不会是死亡之战。这是一条非常难走的钢丝绳，而蒋介石自欺欺人的天赋则帮忙印证了这一事实，甚至他本人可能也对此深信不疑。

毛泽东在遥远的延安革命根据地观察局势，他强烈支持蒋介石不死守武汉的做法。10月中旬，正当国民党要在武汉作最后一搏的时候，他这样写道：“在假定武汉不守的情况之下，战争形势又将出现许多新的东西。”其中就将包括国民党和共产党关系的继续改善，剧烈的人口流动以及游击战术的推广。

毛泽东接着说道：“保卫武汉斗争的目的，一方面在于消耗敌人，又一方面在于争取时间便于我全国工作之进步，而不是死守据点。”在漫长的抗战岁月里，为了支撑更广泛的战斗，暂时放弃掉某些据点是完全“许可的”。[22]1937年10月在上海发生的一幕幕，近一年后于武汉再度上演。赶在日军抵达武汉之前，国民政府拼命地将最重要的工业设备装船运到上游地区。正如在南京时那样，蒋介石直到最后关头仍坚持指挥。

10月24日，武汉变得异常寒冷，大雪在城市上空飘舞。蒋介石召见高级将领，并且通知他们撤离。蒋介石让他们先走，说自己随后就到。那天夜里10点，蒋介石和夫人宋美龄来到武汉机场。天气变得更冷，大雪纷飞。蒋介石的飞机延误了，最后他们登上了一架民用飞机飞往武汉南面450公里处的衡阳。离开之际，枪声四起，武汉一片火光，可见他们离开得相当及时。1938年10月25日，武汉各面均被包围，完全落入了日本帝国军队手中。[23]

由于蒋介石草率地判断日军不仅会攻下武汉，还会快速地向内陆推进，因而导致了另一个更加悲惨的结果。蒋介石认为地处湖南南部的长沙市会比较危险，暗示为了防止该地落入敌手，整座城市都要化为灰烬。因此，当地官员们火烧长沙，大火整整持续了两天。但是日军却没有到来：它在近 80 公里外的洞庭湖就停住了。蒋介石否认自己需要对此负责，但实际上，正是他的指挥误导了手下官员，其中一些官员后来还被处死了。[24]

所有人的目光都转向了新的抗日中心——临时首都重庆。蒋介石的自由中国现在包括四川、湖南和河南，不含江苏、浙江。华东地区已经完全陷落，一同丧失的还有中国大部分的关税收入，最富饶的省市及其最先进的基础设施。政治重心远移至西部，这里是国民党从未控制过的地区，从地形到方言，再到饮食习惯，所有的一切都是那么陌生而不可预测。从地图上看，蒋介石好像还统治着中国大部分地区。但是，北部和西北部的大片地区都人烟稀少；中国人口主要还是分布在东部和南部，而这些地方要么已经失守，要么就是岌岌可危。

与此同时，在华北地区，日本人和共产党正陷入僵局。毛泽东的军队令日军无法攻占偏远的农村，这些地方远离铁路沿线，因此不能够向内陆调集成百上千的士兵。然而，此时的共产党仍然不是日军的对手。

在 1938 年 10 月这段黑暗的日子里，虽然距离抗日战争爆发已经过去了 15 个月，但是有一个事实从未改变——中国商人、英国外交官和日本将领这些观察家一直不断地预言，再来一场新的灾难就会使中国停止抵抗，马上投降，或者开始谈判，被迫接受东京方面更苛刻的条件。但是，即使在中国守军被迫从上海、南京和武汉撤离之后，尽管面对着日军的可怕攻势，以及侵略者在人力、技术和经济上的巨大优势，中国始终坚持战斗不止。然而，这却是一场孤独无援的战斗。

# 第三部分 孤军奋战

**FORGOTTEN ALLY**

China's World War II, 1937 ~ 1945

第 10 章

# 重庆大轰炸

相比于南京大屠杀，重庆大轰炸的知名度要小得多。这固然有政治的因素在起作用，但历史的真相不该因任何原因被掩埋，重庆作为中国的战时首都，承担了太多的苦难和辛酸。现在，让我们走进历史，了解这座中国西部城市的不屈与顽强。

## 陪都的艰辛

乍看上去，自 1938 年 10 月武汉沦陷到 1941 年 12 月“珍珠港事件”爆发的 3 年里，中日战争进入了僵局。日本、国民党、共产党三方都准备要打一场旷日持久的战争，而蒋介石和毛泽东皆主张持久战的策略。但在这 3 年里，中国的局势远不像看上去那样平静和稳定。首先，在这世界诸国无暇他顾的当口，中国不得不孤军奋战。三方之间不计其数的军事承诺促成了国军偏安中南部，共军占据北方，日寇占领东土的鼎立局面，而战争的性质也由进攻性转变成了防御性。战争开始第一年里的那种大型战役数量锐减；相反，中国的命运已经与某些将永远改变其发展进程的因素悄然相连，如联盟的缔结、外交的手腕、社会的变迁等，而社会变迁的核心则是社会福利的新理念。就以往情形来看，中国政府对境内人们日常生活的保障通常是“事不关己”的态度；而现在的情况则大为不同，战争状态为三方政权引入了竞争机制。对国共双方来说，其政权都渴求人民的协助；反过来，人民也希望从政府那里获得更多的保障。因此，两党不得不力争突出。与此同时，日军占领区的“新东家”们也要为相同的难题绞尽脑汁。

人民首先将眼光转向国民政府的陪都——重庆。数以百万计的难民不断西迁，重庆这座城市简直成了战时中国内地的缩影。[1] 杜重远回忆道：“我曾在重庆住了7年，那座城市里封建意识依旧风靡，鸦片横行，人们嗜赌成性。”也正因如此，他对后来城市面貌的转变记忆犹新。他提到，“道路都是重新铺就的，城市面貌焕然一新。政府机关林立，把城里塞得满满当当的”。[2] 然而很多来自“长江下游”，即东部富庶之地的流民却对重庆这座落后、污秽的城市大加贬低。著名作家老舍在回忆起吸当地用劣质烟草加工而成的烟卷时说道：

> 我吸了第一口，呼出来的烟却是黄色的——我还以为自己吸的是个炮仗呢！但我没听见什么爆炸的声响，所以就继续吸了下去。在喷出四五口烟之后，我看见周围的蚊子都被熏跑了，为此我还有些得意。这烟不光能吸，还能驱蚊——真是不可多得的好宝贝！

战争期间，各省的政府要员不得不挤在相同的地点办公和生活。重庆这座城市的位置为中国对于自身疆域的定义发挥了非凡的作用。多年以来，中国西部，尤其是行省四川，一度被认为游离于中国国土之外，而且在此之前从未处于国民党的正式统治之下。然而，在东部大陆的中心地带沦陷后，它却摇身一变，成为政府的行政中心。1931年，边陲区域满洲的失守曾刺激国内民族主义者加强中央集权意识。无独有偶，战火导致的难民西进也促使政府巩固了对边缘地区的统一。如西藏和新疆就一度因近代中国共和政体的积贫积弱而逐渐脱离中国的影响。[3] 国民党辖区高校内的人类学者着手对西部边陲的人民展开研究，以期至少在思想上将他们纳入国民党的怀抱。[4] 虽然国民政府沿长江回溯，将政府移到了1500公里之外的上游地区，但这一举措却帮助它在跨度如此之大的一个国家内，将“统一中国”的思想观念深深烙入人们心中。

迁都点燃了抵御外寇的烽烟，不仅中国人民对此深信不疑，外国观察家也作如是观。日后成为对蒋介石战末岁月的评论最一针见血的观察家的白修德，在记录中将“重庆”称之为“暂时避战之所在”，中国人民终会在“中国之伟大”的信念下奋战到底，“死守国土”。[5] 由国民党宣传部的精干头目霍灵顿·K. 唐经营的英文杂志《战时中国》(*China at War*)，曾经向态度中立的美国民众讲述了英勇的中国飞行员是如何驾驶战斗机在重庆最危险的珊瑚坝机场着陆的故事。后来，英国的宣传家们也大肆使用这种舆论手段，讲述伦敦闪击战，以试图将置身事外的美国拉入“二战”战场的故事。在以重庆为首都的中国中西部，即国民政府口中的“自由中国”，这类对于抵抗精神的大肆“营销”始终大行其道。“自由中国”也正是为博取国外援助而特设的称号。

尽管在中国境内和世界其他地区人民的眼中，重庆这座屹立于长江和嘉陵江交汇处峭壁山脊之上的城市是抵抗日寇侵略的中流砥柱，它敢于向日本侵略者公然吼出最桀骜不驯的反抗之声，但在事实上也只是徒有其表罢了。由于难民的大量涌入，重庆很快被各式各样的临时棚屋所充斥。有些棚屋只是用竹竿匆匆搭建而成，用铁丝草草固定，并用木板相互隔开。还有些棚屋四周涂以泥巴和黏土，屋顶也往往仅用薄薄的草苫铺搭而成。著名的文学评论家胡风曾在后一种简易棚屋中居住过一段时间。据他描述，突然来袭的寒风曾经掀翻过他的屋顶，留下偌大的空洞，他本人险些因此冻死。[6]

在这座受到全国乃至国际瞩目的城市中，这种匆匆搭建起来的陋室不足为奇。随着难民持续涌入“自由中国”，重庆的人口也在一路飙升：1937年，重庆的人口约为47.4万，但在1941年已然暴增到70万，在抗日战争结束时更是达到105万之多。[7] 作为国民政府抵抗和重建的指挥中心，四川省的人口在 1944 年增至顶峰，一度达到 4750 万。[8]

然而，新迁入的难民对崭新的生活环境并不适应。他们中的很多人出身于新兴中产阶级，出生成长于中华民国成立之后，曾经过着安逸富足的城市生活，而眼下千疮百孔的重庆在他们眼中显得更加不堪入目。饮用水成了稀缺资源：市民们往往要步行数公里才能找到可供饮用的泉水；在旱季，尤其是在四川酷热的夏季来临之时，寻水的队伍更是排成了长龙。就算是有幸找到的水源，也遭受了高度的污染，必须经过化学处理后才可饮用。在远离高压输电线路的地区，停电更是家常便饭，入夜后往往没有电力以供照明。作为替代，市民们往往用油灯照明，而且只在孩子们深夜做功课的时候，才会不舍地添上一两根宝贵的灯芯。[9]

不过尽管如此，这座城市还是获得了引人注目的改变。世界上许多伟大的城市，如华盛顿、莫斯科、伦敦、巴黎、柏林和东京，都有幸成为一国的战时之都，为政治领袖和官僚机构提供庇护长达数十年之久。相较之下，重庆的地位则要逊色许多：它虽然坐落于四川省，却并非该省省会。

由于依托山形地貌，在秋冬季节，重庆经常笼罩在云雾之中，这层云雾也成了重庆躲避敌方空袭的天然屏障。虽然城市的供电系统并不牢靠，但入夜后几近于无的灯光却能有效地帮助这座城市避开外来观察者的注意。相比之下，春季虽能带来更加温润的气温，却也撤去了重庆上空那层保护性浓雾。城市会被一览无遗，再度成为军事打击的明确目标。

## 惨无人道的大轰炸

这座城市的生活秩序有很多方面都是国民政府难以控制的，尤其是接二连三的空袭。在 1938 年冬季日军对重庆实行了数次“试行轰炸”。

大规模的空袭开始于1939年春，同年5月3日和4日，炮弹就像密集的雨点一样从天而降。重庆城内一片焦墟，深刻地显示着这座城市所遭遇的可怕梦魇。然而，中国五四运动二十周年之际的“大轰炸”仅仅是一连串毁灭性空袭的序曲，在未来的数年内，同样的惨剧每天都在上演。

作为一种新型的公共空间，防空洞开始进入中国人民的日常生活中。对多数人来说，在危急情况下四散开来寻找掩体已经成为每日的家常便饭。一位重庆的市民回忆道，每天的出行计划都要取决于天气。如果你有很长的路要走，那最好选个阴天出门。如果恰好天晴，最好赶在天亮之前起床。人们已习惯于在出门办事的时候携带空袭应急包：里边装满了食物、饮用水，可能还有一些必不可少的药物。较为富有的家庭会将家中的细软收拾妥当，以便随时转移。很多人在防空洞和掩体内准备了靠椅和方凳，这样就不会在躲避空袭的时候无所事事地一站就是几个小时。[10]

正如同战争时期的中国其他方面所表现出来的情况一样，“共患难”的虚夸言辞掩盖了阶级之间的显著差异。重庆城里较为富有或有些门路的市民可以大摇大摆地躲进条件更好的防空掩体中。政府官员们一般在防空掩体内拥有预留席位，他们的直系家属也能享受到相同的待遇。真正财大气粗的家庭只要每年支付2000元，就能享受“顶级掩体”提供的庇护。然而，大多数人只能委身于山壁上开凿出的最简陋的防空洞。[11]

轰炸集中出现于春天和盛夏，这也是重庆气温最高的时段；每年此时，重庆的气温会达到40℃以上。防空掩体中，当人们屏息静待之时，气氛格外沉闷；人们手持摇扇祛暑。轰炸机还在数公里之外，人们还像平日那样闲聊，孩子们大声呼喊着自己的父母。有些人还会满不在乎地把座椅搬到防空洞的入口之外就座，等待着凉爽的微风驱走暑气，直到防空警报声大作才撤回掩体内部。

然后，敌机来袭了。人们此时会感受到“一阵怪异的风声”，而这往往预示着危险的逼近。日军从机体上投下炸弹，弹体搅起的气流会挤开落程中的一切障碍，帮助炸弹命中目标。这时，下面的人们必须格外留神，因为他们一不留神就会被爆炸激起的气浪重重地抛到防空洞的墙壁上。一位当地居民回忆道：“然后，你就会听到一个声音……那简直就像是天和地撞到了一起，就像脑海中响起炸雷一样，震耳欲聋。”

当然，有些时候敌机也会被击落。每逢这时，欢呼声和鼓掌声就会响彻整个防空洞。这种徘徊在生死边缘的恐怖体验让市民们感到身心俱疲。日复一日，在耳边盘桓的都是防空警报的哀嚎和解除警报的声响，日常的工作和生活都是一片混乱。

正如 1939 年 5 月的空袭所展现出来的情况，即便解除了空袭警报，下一波的敌机可能正在飞往重庆的路上。人们也渐渐习惯了在这种漆黑闷热的防空洞中一住就是几天的生活。市民们随身携带的应急包和如厕卫生用具只能维持数天之用；弹尽粮绝之后，他们就只能期待那些敢于顶着炮火摸出防空洞的卖家兜售的高价商品，而受困于这昏暗无光的环境之下的人们只能默默承受着卖家的漫天要价，任人宰割。

在防空洞内藏匿过五六天之后，对某些人来说适应洞外的生活又成了一个苦不堪言的过程：在经过了几日漫无天日的生活之后，他们的眼睛已经不能适应明亮的阳光了。[12] 国民政府当局试图重新调整现有的法规，以适应新的现实状况。如果解除警报在午夜后鸣响，那么在次日工人们的工作时间就会相应减少。政府也会提供补贴，以支持贩售必需品的商铺正常营业。[13] 白修德曾在《时代》周刊上写道：“重庆的店铺都选在下午 4 点后开业，以尽可能躲避空袭的危险。这种情况持续了数个月的时间。”他同时写道，这种为躲避突如其来的空袭而做出的妥协和调整，已经成了“战时的家常便饭”。[14]

在 1939 年 5 月空袭开始之后，国民政府雇佣了大量的背尸人来处理在空袭中罹难的受害者尸体。背尸人根据尸体的重量论斤收费。所有的尸体都会被装载到灵船上运出重庆，汇聚在一个名为“新棺山”的地点集中掩埋。船夫们通常只会让完整的尸体上船，残缺不全的尸体往往会被抛入水中，或者在河岸上就地掩埋。这倒不是因为船夫们冷酷无情，也不是出于坚定的迷信，而是出于实用操作性的考虑。在每艘船的底部，尸体内流出的体液甚至会深达 30 厘米。对于那些没钱购置胶靴，只能穿着凉鞋劳作的船工来说，这份整天把脚浸泡在死人体液内的工作既不舒适，更不卫生。堆攒而起的尸体散发出的尸臭也会引来成群的苍蝇。为此，船工们只能带着薄薄的口罩保护口鼻。当尸臭更加难忍之时，船夫们也会将完整的尸体葬在河边。[15]

由于中国的空战能力很难在短期内实现飞跃，再加上中国对空武器和其他设备的短缺，重庆的空袭防御依旧疲软。蒋介石的夫人宋美龄在 1937 年就意识到了这个重要的问题，并将一位在空战方面造诣很深的人物——美国退役空军少将克莱尔·李·陈纳德聘请到中国。作为“制空决胜论”的坚定信徒和拥护者，陈纳德毫不犹豫地接手中国少得可怜的空军部队，因为当时官方对外宣称的 600 架战机极可能是虚报的。

在对中国飞行员加强战斗训练的同时，陈纳德还从美国招募了一批具有更丰富的对日作战经验的飞行员。这支官方名称为“中华民国空军美籍志愿大队”（AVG）的航空队，在中国因其绰号“飞虎队”而变得广为人知。虽然在战斗时老虎并不会一飞冲天，但对在当时被频繁轰炸搞得焦头烂额的陪都重庆来说，这支队伍的出现无异于一针强心剂。可惜，陈纳德的存在意义在几年之后才逐渐得到认可。[16]

然而，虽然无力防止频繁的空袭，但政府已经开始应付善后事宜。在善后事宜稳步进行的同时，政府和人民之间的关系正在稳步重塑，一套部分出于潜心规划、部分出于应急考虑的崭新的社会福利系统悄然而生。

## 战时当国何其难

国民政府也意识到，虽然它的群众动员技术看上去振奋人心，但实际上的执行效果却不尽如人意。虽然国民政府坚决抗日的豪言壮语只是一种顺应民心潮流的说辞，但它也确实在更广泛的人口基础上提高了人民对于生活的期望。人民不远万里跟随政府深入中国内地的腹地，当他们遭遇战乱陷入困顿时，自然也会理所当然地期望政府提供必要的协助和支持。战争的环境促使国民政府重启了其在南京就着手进行的“现代化计划”，尤其是在信息收集方面，更是投入大量心力。在整个战局分崩离析的环境下，仍然能获得翔实的数据信息对于当局者来说意义重大，至少还能为他们提供一种大局在握的心理安慰。因此，虽然空袭依旧频繁，但对于国民政府来说，能够有效地开展善后工作就显得十分重要了。

其实在逗留武汉的几个月之间，国民政府的努力就已经开始了。其中以一些颇具影响力的人物，如爱国活动积极分子史良等为中心形成的系统还在仓促间起草制定了战时救灾条款。[17] 在到达重庆之后，系统的组织得到了进一步的明晰化。其中一个最主要的创新就是为难民们创立了身份证明文件方案（简称“ID 方案”）。不同类型的身份证件规定了可获得的不同援助级别，如职位分配等。同时该规定也对新系统中可能出现的潜在问题，如滋生腐败等隐患表示了深切的关注：难民们不允许通过身份证明文件进行“可疑的交易”。[18]

正如同处理难民工作一样，重庆当局也试图寻找一套系统的方法来处理空袭后的善后工作。1939 年 1 月 16 日，来自重庆市公共工程局和城市救济委员会等机构的代表进行会晤，商讨应对空袭的最重要的准备工作。其他组织，包括新生活运动和传统的佛教救援组织红卍字会也分别介入。[19] 警察局也在 1939 年 5 月一连串的空袭之后记录了城市在袭击中曾遭受的损失。[20] 其他公务人员也被赋予了更多的激励措施：建议之一是政府当局应为工务局的员工预支一个月的工资，借此将一些颇受敬重的职员留在重庆；另一个更加全面的建议认为，政府应该向在轰炸中受害的工务局员工家庭提供设施和服务方面的优待。首先，在空难中受伤的工务局员工在总花费不超过100元的情形下，应该享受免费医疗待遇。在空难中殒命的员工且家中难以负担丧葬费用的，或者员工中配偶、子女在空难中罹难的，应由政府向其支付最高200元的丧葬费用。[21]

国民政府向难民们施以援助的规模之大，在中国历史上无出其右。在1937年之前，由官方确认的政府福利相对较少，而在当时，战时的需求迫使政府建立起这样的一套福利系统。1937～1941年，政府的国家级发展救济委员会（简称"DRC"或"赈济委员会"，建立于1938年）总共向救灾工作投入了214万元，并为总计9万名难民创造了就业机会。与此同时，赈济委员会的身份证明文件方案为难民们编织了一张在绝境下安全疏散的中转站网络：到1941年底，重庆市内共设有总站38座、二级站1059座，总计920万难民在上述中转站进行登记。虽然在当时的情形下，类似的救济是远远不够的，但却无异于雪中送炭。[22]

国民政府也知道，它对待难民的态度总会被拿来与共产党或者日方进行比较。对于很多的中产阶级，尤其是思想正在慢慢解冻的中产阶级人士来说，共产党无疑是一个明智的选择。从更加贫困的农村地区逃出来的难民们则更加倾向于日本占领区的生活。在日占区，他们至少还能享受到归乡的熟悉感。和过去在中国境内横冲直撞了数十年的其他帝国主义者相比，日本人可能不会太差，甚至还会更好。因此，国民政府不愿意放难民回归家园，一方面是为了维护民族自豪感，另一方面也是为了防止归乡的难民将"自由中国"内部的情形外泄。一旦信息外流，日方会开出更加优越的条件引诱人民返乡。一份在1940年发表的报告宣称，难民们被日方占领区内的粮食丰收的谣言所引诱，在由日本代理商走私而来的路线图的指引下，遵从建议找到了可以免费搭乘的汽车或走私船沿江向下，绞尽脑汁地从宜昌辗转到达武汉。在一份政府工作报告中，发言人担忧地记录道："如果我们不能将这些谣言连根拔除的话，它们势必会对抗战产生重大的影响。"作为回应，国民政府对宣传和救灾工作给予了更多的关注，试图阻止新来的难民"被敌方所欺骗"。[23]

国民政府的宣传攻势并非仅集中于难民身上。即便是在重庆之外，各种巨大的人口需求，如军队的扩充以及供养政府和军队的巨量食物处理都需要大量的劳动力，这对重庆当地的人口施加了巨大的压力。政府也一直在积极尝试着将现代的宣传技巧与中国农村的传统现状结合起来。1939 年 1 月四川省一个县在报告中记录了政府将火把游行、政治戏剧和包括了传统花鼓、丝竹演奏的音乐汇演作为媒介，吸引了 3000 余名群众参与公共演出，借以团结当地人民的情形和场景。无独有偶，某地区中秋时节按照传统成对撰写的楹联也被作了调整，以突出抗日的主题。该对联写道："一灯之辉，耀他扶桑寸土千里；盈月之华，奠我民国基业万年。"[24] 然而，很多迹象表明，大规模抵抗的消息带来的最多只是零零散散的成功，相关人士更是在机密文件中抱怨说，用粮食作为家庭男子入伍的褒奖在实行中不公道。

招募新兵参军正是政府能够继续抗战的关键。但由于最初征兵服役工作的杂乱无章，政府又没有向更广泛的人群解释新兵入伍参战的重要性，因而导致大量士兵潜逃外流。与此同时，军队内部腐化严重，地方官员虚领兵饷，却不愿意按照承诺下发。1938 年 1 月，为了将征兵程序加以规范，政府发布了新的征兵条例。在条例中，政府规定了每月的征兵目标，并且（至少是在书面上）严禁强迫入伍的情况发生。虽然征兵向来被人民所恶，而且会在地方上给人民带来无尽困扰，但战争伊始的几年内，中国的兵力还是保持着稳定。1938 ~ 1941 年，受国民党征召入伍的男性总数大致稳定在 170 万 ~ 200 万。在战争的最初几年里，国民党的征兵计划并没有造成广泛的、地方性的社会动荡。[25]

国民政府未能激起中国人口中另一庞大组成部分——农村妇女的热情，另一份报告就对政府的这一失败进行了口诛笔伐。报告中写道：“妇女们比较传统守旧，她们完全不明白抗战的意义何在。”作者在报告中对日本人“诱拐儿童、烧毁财产、强奸妇女”的事实大加笔墨，并坚信战争能为动员妇女和提高妇女的爱国意识提供机会。虽然在政府的设想中，投身战争的妇女们也并非完全获得解放的个体，因为她们的主要职能就是护理伤员、为士兵做衣服等。但与此同时，这份报告也承认将妇女的解放纳入社会现代化进程的重要性。毕竟，赢得这场战争的目的就是为所有中国人建立一个“中华民族之国家”。[26]

国民党的战时经济确实表现出了一些光明的前景。在战争爆发之前，中国在粮食供应方面并不能自给自足，仍需定期从海外，主要是东南亚国家进口数以百万吨计的稻米等谷物。在战争开始后的第一年内，中国稻米的进口量有所增长。在“自由中国”境内的主要城市，稻米的售价大致稳定，农业也呈现出欣欣向荣的景象。在这农业繁荣景象的背后，运气也起了一部分作用——因为在战争最初的两年中，风调雨顺的天气往往预示着丰收。然而，政府也为了促进生产力的发展出台了一系列的改革政策，其中包括征用难民进行生产劳动，对现代农药的广泛应用，以及对农业集体进行贷款。这一系列改革的结果就是相对稳定的食品供应：到 1940 年，水稻、小麦，以及其他种类各种作物的产量基本上保持稳定。[27]

不过，国民党在打一场战争的同时试图兼顾社会福利责任的代价是相当高昂的。为此，蒋介石政府也变得囊中羞涩。1937 ~ 1939 年，政府的年收入下降了 60%，但支出却增长了 33%。国家财政收入的大部分主要来源，以及中国海关最可观的进口关税收入，都在国民政府从东部撤离之后遗失了。相反，一种针对中国境内流转货物的新型赋税应运而生。虽然这是加在自由市场之上的一个障碍，不过结果却显示，这项举措确实部分地弥补了战争最初两年所损失的关税收入，具有一定成效。[28]

在国民党治下的中国，工业经济也处于一个令人担忧的状态。从 1932 年开始，国民政府就始终执着于建立一个“防御状态”。中央政府麾下的军工企业，如钢铁生产业和机械制造业就在政府的规划范围之内。但过了不久，战争突然爆发，而新产业的构建却没有完全结束。[29] 其中，虽然有些工厂成功上溯长江到达四川，但其中大部分却是私人企业。四川地区的发电能力仅占中国发电总能力的 4%；它所把控的工业资本在中国范围内大概也是这样一个微薄的水平。四川的铁路运输极其落后，现代钢铁生产业匮乏，也不像中国其他的城市地区那样，在开战前的 10 年中修建了大批的公路。因此，在如此羸弱的基础上，却力图带动整个中国战时工业的发展，对于国民党来说是个天大的难题。而雪上加霜的是，中国东部区域的沦陷截断了国民政府进口工业原材料的主要路径。正因如此，所有工业原料必须经过南部海路，或者通过空运即自印度飞经缅甸的险恶的“驼峰”航线（“驼峰”航线是“二战”时期中国和盟军一条主要的空中通道，始于 1942 年，终于“二战”结束，为打击日本法西斯做出了重要贡献。——译者注），辗转进入四川。进口替代品，如用精炼的工业酒精代替汽油，不失为一手好棋，但如今也变得越来越举步维艰。[30]

而国民政府对此的回应，同时也是所有现代化社会在战争年代会做出的典型反应，就是提高对国民经济的控制水平。政府很快建立了一个新的经济事务部。这个部门不仅将战前的国家资源委员会纳入其中，还将原委员会精力充沛的主席翁文灏奉为首脑。1938 年，翁文灏麾下的经济部门掌控着将全国关键工业产业国有化的生杀大权。在该年年底，经济事务部或亲力亲为，或与其他国家机关、私人资本家合作，但在其控制之下的企业已经有 63 家之多。虽然国家为此付出了巨大的努力，但由于中国西南部的欠发达现状，以及资源方面的匮乏，经济生产的增长依旧受到极大的限制。即便是在战争结束的前几年里，国民政府统治区域的发电能力依旧只能占到日军占领区的 8%。[31] 对于重庆来说，战争年代的夜晚就是在这样暗淡的油灯灯光下度过的。

虽然日寇向中国东部不断推进，但美国传教士凯瑟琳·汉德还是选择了留守山东临沂。中国军队的匆忙撤退，导致这座城市很快就落入了日本之手。根据汉德记述，“数以千计的日军浩浩荡荡地穿过我们的城市”。虽然临沂夺取战谈不上十分暴力，但恐惧依旧在城中蔓延，正如汉德在 1938 年 5 月 2 日记述的那样：

> 没有什么比在空荡荡的街道上站岗更让人毛骨悚然的了。目所能及之处，都是坍塌的废楼；在一座房屋的废墟之前，微风中只能听到窸窸窣窣的怪响。我们就知道，正有人在这片废墟中搜寻粮食和钱币；不知道什么时候就会有一队士兵冒出来……我想，可能我站在（美国）国旗旁边就不会有危险，但我也看见平民无缘无故地遭到射杀。对没有身份证明的人来说，这座城市处处都是险地。我们也分批地将难民们护送出城市，以便他们逃往这个国家的其他地方。[32]

与遭遇局部的战役不同，现在整个中国都处于风雨飘摇之中。在描述内心的不安时，汉德不止一次地用了“毛骨悚然”这个词。但心怀如此恐惧的并非只有她一人。随着中国东部沦陷区数量的增加，沦陷区的人民都在等待着。显然面前的日本军队看上去是不可战胜的，人们只能在恐怖和顺从交织的情绪中静静地等待审判，等待着去发现接管自己生命的新政权究竟如何。

而日军根本就没想到国民党会撤兵。国军撤兵后，占领区居民的衣食温饱就成了日方的责任，这更是它始料未及的。其实侵略者根本没想到 1937 年 7 月发生的事件会演变成一场全面战争，对于那些突如其来的频传捷报，他们甚至根本就没有做出过任何具体的军事计划。不过类似的先例也是存在的。早在 1931 ~ 1932 年占领满洲期间，日方就曾绞尽脑汁地处理过占领区的政治、经济问题。通常说来，它所采用的手段就是通过寻找合作者，最好是一些在当地有名望的人，来代替它管理当地事务。日军本来希望它在征服中国的过程中以战养战，如果情况更佳，战争甚至可以为日本本国带来大宗收益；但后来日方却意识到，在短期内它还需要花费金钱来重建秩序，获得当地人民的信任。在鲜有军事抵抗的满洲，日军的做法还行得通；但在 1937 ~ 1938 年的中国中部，战争已将当地的基础设施销毁殆尽，情况自然大不相同。而帮助占领区恢复秩序则是日军确立并强化其新政权合法性的最佳机会。[33]

强大的政府是稳定政权的必要条件，但当时却没有这样的政府。“剿匪”成了日方和其同谋者军事生活的共同主题。但有的时候这并非只是一句空话。1938 年 1 月，一名中产阶级基督教女信徒从苏州附近的一个小村庄出逃，但被当地的悍匪所劫持。在数月的谈判中，赎金从最开始的 3000 美元降到 1000 美元，最后这名女子和她的两个女儿被平安释放。所有的赎金要求都是由当地的社团处理的，受害人也没有任何上诉的权利。[34] 虽说在战争爆发之前，绑架一类的犯罪活动并不少见，但国民政府从东部出逃却为土匪们的犯罪行径大大地提供了便利。随着战争的继续，日伪政府也渐渐语焉不详地将以绑架、勒索为主业的犯罪团伙与抗日游击队混为一谈，统称为“匪徒”。当然，蒋介石也曾有过相同的行为，将中国共产党党员统称为“共匪”。不过，有许多被冠以“抵抗势力”之名头的组织实际上就是土匪。即便不是，也或多或少地依靠劫掠当地百姓过活，虽然在很多情况下，落草为寇也是不得已而为之的选择。

虽然匪患只是中国农村地区的一种现象，但其他犯罪和动乱活动依旧在城市占据主导。1937 年 12 月 5 日，在曾经的上海国民党统治区域，日方建立了第一个日伪政府。虽然这个名为“大道政府”的日伪政府在 1938 年 4 月 28 日就宣告破产，但它却开了日方企图在城市中取代西撤的国民政府，建立新政权的先河。[35]“维新政府”(即“中华民国维新政府”。其主要支持力量为日军的华中方面军。管辖苏、浙、皖三省的日占区和宁、沪两个特别市。——译者注）是日方一次更加野心勃勃的尝试。1938 年 3 月 28 日，“维新政府”在南京人民大会堂正式宣告成立，该日伪政府由梁鸿志摄政。梁鸿志是 20 世纪初军国主义政治的主要拥趸，但国民政府的崛起使他的政治宏图黯然失色。[36] 在公开宣称南京“维新政府”的合法地位之后，整个政府机构立刻搭乘火车，返回了位于上海的新亚大酒店。自此开始，它在后世贬低者口中的“酒店政府”中开始了长达两年的傀儡统治。而几年之后，法国的维希政府更进一步，它没有征用酒店，而是租用了整个温泉度假胜地作为政府的所在。在上海人民中，几乎没人知道他们所依附的政府背后，那位神出鬼没的最高领导人究竟是谁。

随着政府在城市敌占区内的影响趋微，中国当地数世纪以来形成的其他种类丰富的社会性组织扛起了善后工作的重任。这些组织之中，同乡会这个在全国各城市都设有分部的组织开始崭露头角。比如，因公出差或移民上海的无锡同乡会会员就可以与当地的无锡会员联络，以寻求财政支持或其他帮助。而救助的另一大来源就是强大的宗教慈善组织网络。其中最著名的就是和红十字会地位相当的红卍字会，正如前文所指出的，这个组织和纳粹主义没有任何联系，所谓的“卍”字不过是佛教修行的传统象征。该组织曾于 1938 年在上海留下的记录中宣称，它对政治毫无兴趣。相反，它只是想在上海的战争爆发后帮助人民缓解苦难。[37]

与此同时，虽然租界在纷争中继续扮演着“中立孤岛”的角色，但战争的气氛还是挤进了租界大楼中，并再度流溢回大街上。对于英辖的上海工部局和法租界当局来说，为涌入租界安全地带的数千名难民提供庇护已经成了一种本能。上海一处典型的临时居所——“一百号营房”总部设于上海的一座偏远的老医院中，这座医院已经在1937年秋季的淞沪会战中荒废了，目前能够安置1300人。居所的生活条件惨不忍睹：由于成百上千的难民高度集中，疾病肆虐，一名志愿者的任务就是防止传染病进一步蔓延。她每天的工作包括为难民中的儿童的奶瓶消毒，分发新衣物，并帮助难民们沐浴清洁。她曾这样说道：“这些可怜的人。他们已经好几个月没有好好地洗过澡了。不过话说回来，考虑到他们现在卫生用具的缺乏，皮肤能够保持如此程度的整洁已经是不可思议了。”[38]

然而，对于专门处理公共租界事务的上海工部局来说，为难民们提供居住空间和设施就是一个让人生厌的任务了。在1937年9月6日的一份报告中，上海工部局官员R.C.罗伯特带着屈尊俯就的语气记述道：“工部局正持续将难民疏散到农村地区，但接受疏散指令的主要还是那些素质较高的难民，而剩下的大部分难民就不那么好对付了……一个非常明显的例子就是住在‘棚户区’的低阶层人口。新闸路两旁成排的破旧的西式建筑几乎全被这些家伙霸占了。”他继续写道：“这些难民都是通过打短工，甚至偷窃等上不了台面的工作谋生。他们不想被疏散，但生活在城市藏污纳垢之处的他们，给公众健康造成了极大的威胁。处理这个群体的唯一的措施就是动用警力。”[39]但罗伯特也意识到事情远不像看上去这样简单：“蜂拥而来的难民不仅委身于废墟之中，朝不保夕地苟且偷生，更体会到战火和政府横征暴敛带来的切肤之痛。”他继续写道：“从医学角度来看，我们的辖区迎来的难民不仅肉体受创，精神上也到了崩溃的边缘。”[40]持续涌入的难民，以及他们携带的致命疾病，给这个曾经自认为有序、理性、现代化的上海带来了重大的威胁。

虽然为难民提供生活所需，包括下发大量鱼肝油的提案已经发出，但“诸营(难民)数量如此之巨”将救援活动变成了一个疯狂烧钱的计划。上海工部局还寄希望于公共捐助，因为它从未将为难民提供福利和援助看作自身职责的一部分。[41]

到1938年4月，法租界当局不得不致信上海工部局秘书长斯特林·费森登，通知后者“自1938年4月1日始，到国际租界寻求庇护的难民已达15万之众”。[42]法租界当局的建议是拒绝任何抵达上海的船只靠岸，但上海工部局警察署指出，此举无异于关闭中国最大的对外港口，在实际操作上存在巨大困难。然而，公共卫生专员继续强调：“在国际租界注册登记的难民整体行为原始，素质低下，是由乡村地区的文盲和上海郊区的穷人组成的乌合之众。因此，他们根本不明白维持社会健康有序的意义何在，还谈何配合服从？”[43]

诸如“原始”之类的措辞将上海租界当局的恐慌暴露无遗，事件似乎也到了失控的边缘。无论是在落后的封建中国还是在力量不断壮大的国民中国，上海借由其与租界的联系发展并繁荣着。作为寄居着外国特权阶级的“领土”，上海地位尊崇。但战火的无情打击让这座城市变得像“月球表面”那般荒凉，难民的不断涌入摧毁了上海的市场和交通网络；国民政府的崩溃，为西方世界在本地的投资造成金融上，乃至情感上的毁灭性打击。

由于日军侵略造成混乱的城市并非只有上海。1939年2月12日，凯瑟琳·汉德描述了临沂沦陷一年后的场景：

> 日军驻守城市，游击队占领农村的格局始终未变，两者之间频繁的军事摩擦更是不可避免。我们永远也不会知道什么时候在什么地方又会爆发出什么规模的战斗。土匪流寇借机发财。全国人民都活在战争的恐怖阴影之下，背井离乡四处奔逃。我们这里仍然聚集着很多难民，学生宿舍都被抢占一空。难民中有不少城市人口，他们无处可躲，无路可走。从某种程度上来说，

这座城市已经沦为一座军事要塞，废墟遍地、商业停滞，除了驻守的士兵之外鲜有其他居民。医院已经人满为患，伤员几乎已经达到了饱和，但很少有人能偿清诊金。如果我们还领不到救济金的话，很多流民会死于饥饿。很多在战前生活体面的人现在也丢掉了工作，更谈不上什么未来和前景……

这种情况何时才会结束？话说回来，就算真的知道战争何时结束，我们还能高兴得起来吗？[44]

在以上这些人撰写着回忆录的同时，那些流离在城市之外，造访过地处陕西的共产党执政中心——延安的难民也开始一而再，再而三地撤回。他们的目标只有一个，就是填饱肚子。在延安，每天的用餐时间是早上 8 点、上午 11 点和下午 3 点，饭食也十分粗糙，一般以干小米或者小米粥作为主食。在冬季，人们甚至吃不到鸡蛋，因为天气太冷，母鸡都难以产蛋。[45] 食物要经过仔细的配给才能下放，种类单一，鲜有变化，只有母亲和儿童才能获得一些额外的肉类供应。

在两年之前的 1935 年，一支由约 9000 名饥寒交迫的士兵组成的队伍到达了这座西北山城。他们的到达标志着一段共产主义传奇——长征的结束。事实上，长征是一次大规模的战略性撤退。不断壮大的国民党对共产党百般排挤，再加上双方领袖在江西交恶，才导致了长征的出现。对那些越来越不满于国民党独裁统治的人来说，延安已经成了另一种政治前途的符号。

不断迫近的战争威胁改变了中国共产党的命运。共产党的军队不再是一支且战且逃的抵抗军，它得到了政府承认，成了抗日民族统一战线的一部分。在战争年代，共产党的政治政策是在战争本身需求的冷酷环境中磨砺出来的。

这场战争也改变了毛泽东的事业和命运。也许在战争爆发的时候，毛泽东本没有成为共产党唯一领袖的机会，但他的地位在长征的过程中得到了大大加强。于 1935 年 1 月在贵州省召开的遵义会议是毛泽东政治生涯中的另一个重要转折点。这次会议对他提出的游击战术大加赞赏，他所提出的带领政党不循常规、出其不意的战争策略也受到了共产国际的大力支持。在 1937 年抗日战争爆发之前，共产党还是由与毛泽东政见迥异的几位领导人领衔，最引人瞩目的要数在莫斯科接受过正统教育的王明（本名陈绍禹）和反对长征的革命老将张国焘。[46] 但是，毛泽东所做出的决定并不仅仅是在党内其他人员和观念的左右下形成的。虽然中国共产党正在向自给自足的状态转变，但它并不能一直存在于空想之中。战争是真实的，瞬息万变，不可预测，因此，共产主义的意识形态就不得不做出改变，以更好地适应现实。

毛泽东知道，对中国共产党来说，与国民党建立统一战线是壮大自身力量不可多得的机会，但也同样危机四伏。特别是红军指挥权落在蒋介石手中，更是引起了中国共产党方面的警觉。早在 1927 年，中国共产党就曾交出武装兵权，结果遭到蒋介石的大规模清剿；有了这个前车之鉴，中国共产党更无意让惨剧再度重演。在战争开始的时候，中国共产党在编的战力约为 3 万人，但在 8 月和 9 月，共产党军队改组为八路军之后，3 个师的总兵力已然达到了 8 万人左右。就在不久之后，共产党获得了授权，建立第二支武装部队新四军，人数达 1.2 万人，并牢牢把控着中国中部地区。[47] 其中，大约有 1/3 的共产党兵力驻扎在根据地，它并不与日军发生正面冲突，同时也在暗中提防国民党的围剿。

毛泽东意识到蒋介石抗日的决心确实发自肺腑。1937 年 8 月 13 日，中日之间的鏖战在上海打响。同天，在和谐的气氛下，毛泽东与美国记者海伦·福斯特·斯诺进行会晤，并称国民政府已同意立即对日宣战，共产党的军队也将作为国军的一部分参与战争。[48]9 月 6 日，陕甘宁边区政府正式宣布成立，其名称是由政府所辖的三个行省陕西省、甘肃省、宁夏的第一个字所组成的，总部位于延安。在陕甘宁边区这片核心根据地中，毛泽东度过了抗日战争中漫长的岁月，并创建了一种崭新的社会愿景，它被后世分析家称之为“延安道路”。[49]

在战争开始的第一年，毛泽东在著作中展现了一个在变化中成长的政治家和思想家的形象。借由延安相对偏远的地理环境优势，毛泽东阅读了大量的马克思主义论著。他一向是一个手不释卷的书痴，在青年时代也接受过马克思主义的感召；但在五四运动之后，他第一次在不断辗转的奔波之中获得了喘息之机，得以沉浸于书籍世界之中。他不像王明及其拥护者在莫斯科接受过斯大林的“正统”教育，也不像党内如周恩来那样的，出身于城市的风雅之士；他生于农村，完全依靠自学成才。毫无疑问，他拥有卓越的智慧，但理论和实践训练却是他的软肋。在对党内意识形态的组织结构了如指掌之后，他开始逐步巩固自己的领导能力。

在战争开始的第一年内，毛泽东的眼光已然摆脱了陕西窑洞的束缚，他针对抗日战争的论著展现了一个思想家高屋建瓴的远见卓识。[50]1937 年 11 月，太原、上海相继沦陷。毛泽东将国内各大城市的失守看作是国民党大型阵地战结束的标志，并认定在战争国际化之前，游击战争势必成为国内战争的主导方式。但在 1937 年秋季，战争确实有向国际化发展的趋势；与蒋介石订立的作战计划相比，毛泽东的论断更像是一种信仰的飞跃。

但事实上，毛泽东关于传统阵地战已然失效的论断并非完全正确。例如，薛岳在 1939 年所指挥的长沙会战就证明，至少在几年内，在国民党战区内保留一个核心战略城市还是十分必要的。而且，如果国民党真的采取了毛泽东所垂青的运动战战略，势必将承受巨大的政治压力：因为它的一举一动都在国际各方势力的关注之下，国民党政府不可能在持续申请国际援助的同时放弃传统的战争策略。作为国军的辅助戎力，毛泽东享有更多的自由，他完全可以沉溺于战略思考；但国民党一方就不同了，它不得不游说华盛顿和伦敦以获取更多的援助——它的执政中心是受到万众瞩目的重庆，而不是偏远的延安。

延安依靠坚决抵抗的策略获得了强大的力量，就像一座灯塔一样吸引了大量的移民。1937 ~ 1940 年，约有 10 万人涌入延安。[51] 虽然与逃往重庆的百万人流相形见绌，但在迁移到延安的流民之中，受过良好教育的民众占了更高的比例：10 万人中约有 5 万人来自中产阶级，其中包括大量学生、记者和教师。他们之中的大部分人领教了国民政府在 1937 年之前倒行逆施的恶行，认为国民政府已然无可救药，便来到延安探寻中国的未来。但对于很多人来说，延安的现实却和梦想相去甚远。和重庆那样的繁华城市相比，这座小城经济落后，陕西省的周边环境也贫困不堪，基本上还完全属于农业社会。共产党治区的人口只有 140 万。不仅如此，该地区自然灾害多发，地震和旱灾频频发生，匪患猖獗、饥荒肆虐等人祸也很常见。供人居住的窑屋都是在岩壁上掏挖而成的。

对于这些革命者来说，生活就是饱富张力的抗争。因为这里不仅食物稀缺，连基本住宿条件都得不到保障。宣传马克思列宁主义的延安大学是最典型的党教机构，学生们都住在山坡上的洞穴中。教室里有书桌和灯具以供学生夜间学习，但没有椅子。段苏权将军在几年后回忆时说道：“学生的生活是井然有序的。我们学习、上课、讨论，然后吃饭、睡觉。一切都有严格的顺序，哨声就是命令。”[53] 虽然这些秩序给人们带来很大的安全感，但是政治运动的组织依旧艰难。延安中央医院的创办者何穆在《解放日报》的一篇报道中写道：

> 在我们开会的时候，即便人很多，也要等上和会长相当的时间。比方说，参加一个两个小时的会议，我们就要等上两个小时……所以，在我听时长两个小时的报告之前，我可能已经等了一个半小时，那时已经筋疲力尽，根本无法集中精神。[54]

从中国东部迁往重庆的难民可能会发现自己和四川本地的生活格格不入。在延安，人们也会有这种感觉。新来的共产主义革命者也要适应当地农村居民传承千年的生活习惯。据一名年轻的工人积极分子杨长春回忆，在1938年的春天他参与了延安的植树活动，并对树木的排列方式提出了建议，以求整齐。他向自己的上司——一名参加过长征的老兵反映了情况，却遭到了拒绝。对方称只需要把树苗塞到挖好的洞中即可，其他的不要多管。一来二去，两人陷入斗嘴。杨长春大骂对方是“土老帽”；对方也不甘示弱，大骂：“你们这些来自国统区的人就是恶心，你长得就像个洋鬼子！”[55] 技艺高超的工人在延安被视为稀缺资源，他们一般能获得更高的薪酬，有人计算过，大约是战前的两倍。他们能够享受更高的生活标准，因此遭到更多的嫉恨。[56]

在延安，男人总是比女人多。1938年，男女比例大约为3:1；1944年，比例涨为8:1。[57] 对大多数女人来说，这正是她们甩掉社会对于妇女传统偏见的好机会。比如，“革命服装”与“列宁式”开襟装成了当时女子大学的社交正装。共产主义积极分子赵超构在半个世纪后撰写的回忆录中称，当时在延安人民心中已没什么浪漫形象：

> 没有女人烫头发，恋人之间从不拉手。女同志们很少娇柔地做作。女性的时装和男性的大同小异。如果夸张一点说，延安大概是最缺乏性感的地方了。[58]

延安的妇女们也肩负着沉重的社会压力。避孕措施的缺失带来了很多“意外之喜”，但原始落后的医疗设施意味着生产可能会是十分危险、痛苦的经历。妇女们根本没有充分的条件去照顾孩子的成长。如果她们想继续自己的革命事业的话，就必须忍痛将孩子交给当地的农民家庭代为抚养。[59] 这里的卫生条件极差，当地的一个笑话称虱子为“革命虫”，因为有足够决心留在延安的人最后都会惹上一身的虱子。[60]

这座城市虽然地处偏僻，但还是逃不过日军的狂轰滥炸。1938 年 11 月 20 日，约 7 架日本战机在老城区上空投下了炸弹。据当时在场的王光荣回忆，大约有七八十人非死即伤。整个场面血肉横飞，惨不忍睹。第二天轰炸机再次实施袭击，炸弹命中了毛泽东的房子，共 30 名士兵牺牲。但延安人民很快吸取了教训。在新年和除夕，延安再度被两次轰炸，但由于较早地部署了准备工作，伤者很少。士兵们在镇上那座修建于明朝的古塔上加装了防空炮，塔里的大钟也被征用过来，用于发布空袭警报。[61]

日方并没有像对待重庆那样向延安发动频繁轰炸。1938 ~ 1941 年，日军对延安发出的空袭共计约17次，炸死214人。虽然损失也十分惨痛，但和重庆 1939 年 5 月 3、4 日伤亡的 5000 人相比，延安已经是不幸中的万幸了。[62] 日军虽然积极反共，但它的最终目标却是蒋介石；蒋介石的顽抗政策昭示着并非中国全境都甘于屈从日本嚣张的侵略，国民政府是国内媒体乃至国际眼光汇聚的焦点。正因如此，它才会经历轰炸的频繁洗礼。正是由于这一事实的存在，再加上延安得天独厚的位置优势，以及相较于重庆更小的难民涌入量，共产党才能在外界的观察和干预之下埋头发展和建设。对外界来说，延安仍然保持着神秘：这里没有任何大使馆，也没有其他城市中所设立的报社。但外国人对这里也算不上是一无所知，不过大多数人还是只能通过延安内部的邀请才能进入这座西北小城。比较著名的来访者就是激进记者埃德加·斯诺和艾格尼丝·史沫特莱，这两人对共产党的境遇十分同情，大部分关于延安的正面报道都是出自这两人之手。

走出了聚光灯的照明范围，毛泽东拥有更好的机会来创造一种新的社会秩序。这里土地贫瘠，人口分布也很不均衡。据一项报告表明，约 12% 的人口却占有 46% 的土地。在陕甘宁边区，共产党的政策目的是将根据地人民的生活负担加以平摊和均衡，但也不得不向当地的实际情况做出妥协。在相对少数的地主拥有相对高比例土地的地区，减租成为一项重要的政策工具；在其他土地分配更平均但普遍贫穷的地区，减税就变得更加重要。鉴于根据地内大量的私人土地所有权的存在，共产党并没有试图从延安控制整个地区的经济。政治也采取了多党合作的方式，政策的制定要与当选的地方议会协商，但在实践履行时还是以共产党作为主导力量。[63]1940 年，共产党采用一项更能体现统一战线方针的代表政权制度——“三三制”。根据这项制度，地方议会（并非党派和军队）须由 3 个组织分别指派人员形成，即共产党，党外的左派进步分子，以及不左不右的中间分子都要占到民主政权的 1/3。[64]

其他领导人对毛泽东形成了或大或小的威胁。在 1938 年春季，张国焘意识到自己在党内的主导地位已经降到了历史最低点，所以决意投奔国民党。相比之下，接受过莫斯科方面正统教育培训的王明则是一个更加坚定的挑战者。他所主张的政策是将毛泽东革除党籍，并建议共产党与国民党进行更加深度的合作，甚至提出了“联合政府”的构想。他认为，由于苏联方面向国民政府提供了大力协助，联合可能会帮助共产党获得部分流向蒋介石的资金或物资。除此之外，王明还怀抱着其他强烈的想法，他认为中国共产主义革命应在城市内发动武装暴动，而不是在偏安的农村。[65]然而，事实却背叛了他。武汉的陷落意味着他在城市建设共产党根据地的希望和构思已不再现实。相反，共产党在农村地区却如鱼得水，得以大展拳脚；毛泽东的远见卓识令王明难以望其项背。到了 1938 年底，从莫斯科留洋归来的王明已经无法对毛泽东构成任何威胁了。事实上，毛泽东并非当时唯一值得注意的共产党领导人，除了他治下的陕甘宁边区，默默发展理念、壮大力量的共产党根据地也为数不少。但毛泽东的魅力，以及延安在地理上享有的绝对优势，令中国其他共产党抵抗力量的传奇也黯然失色。

中国中部的共产党分部也取得了进展，在山西河北两省接壤处、山西省西北部与山西省东南部的太行山一脉分别设立了晋察冀、晋绥和晋冀鲁豫三大根据地。驻扎于山西的军阀阎锡山已经和共产党结成了抗日联盟，但正如与蒋介石结盟一样，出于本能，阎锡山还是对共产党表示出了些许的戒备和敌意。在根据地设立后的几个月内，在刘少奇的领导下，山西省的省会太原市已经成了共产党在中国北部的核心。不断增长的影响力促成了共产党历史上最重要的军事胜利——平型关大捷。1937 年 9 月 25 日，得到当地武装协助的八路军顺利设伏，并将日军第五师一举击溃。[66]

在抗日战争的最初几年内，共产党麾下的部队及其联军迅速发展，不断壮大。1937 ~ 1941 年，共产党员由 4 万暴涨到 763444 人之众，八路军和新四军的总兵力也在同期从 9.2 万扩大到 44 万。[67] 在共产党领导的根据地内部也存在着当地民兵组织，这些民兵在正常的农忙时节投入农业生产活动，在战时就成了民间武装。与国统区内的情形相比，共产党统治区内应召入伍的青壮劳力就没有缺衣少食的后顾之忧。国民政府采取军人家属分发粮食的尝试性政策，但并不总是能够取得成效。

与之相比，共产党则另辟蹊径，进一步将兵役和日常的农业生产、生活之间的差距缩小。另外，到 1940 年为止，国民政府每月为陕甘宁边区提供总值约为 60 万法币（按当时的汇率计算约为 18 万美元）的经济援助，这些援助对于接受救济的贫困地区来说无异于雪中送炭。而在国民政府的财务支持结束之后，斯大林继续每月为共产党支付价值约 30 万美元的经济协助。[68]

共产党的目标是广泛地发动群众。与国民党相比，共产党对于民众从政的鼓励显得更为热忱。但和竞争对手一样，共产党也无意放弃手中的最终权力。虽然扩大政治参与体现了共产党对于民主的愿景，但这并不意味着自由主义或者多党合作。在国统区，国民政府曾经试图通过建立国民参政会扩大群众政治参与。[69] 这样一来，既可以满足其他党派参与执政的愿望，又能保持国民政府的最终领导权。无独有偶，共产党虽然鼓励不同阶级参与到地方议政当中，但真正的决定权依旧掌握在共产党手中。

和重庆相同，延安作为一个物理实体的形象渐渐淡化，而精神层面的意义逐渐凸显：两者都代表了战时中国的反抗精神。重庆成了一个象征性的符号，它代表了国家政体和社会相互结合的一种新尝试：在面临国家飘摇、朝不保夕的危难关头时，政府有权向它的人民进行更多的索取。反过来，人民也可以向头上的政府提出更大的期望回报。延安的模式与之类似，但已经上升到了一个更高的层面：共产党的计划核心所向往的不再是温吞水般的改革，而是轰轰烈烈的革命。俄国 1917 年的革命也是爆发于国际战争横行之时，但毛泽东和他的政党所选用的革命方式与布尔什维克自上而下夺取政权的方式并不同。毛泽东曾明确宣称，共产党的首要任务是团结一切可团结的力量形成统一战线共同抗日，而阶级斗争只能暂时退化为次要矛盾。共产党抓紧时间通过动员群众获得了真正的力量。

并不是所有人都对共产党的崛起感到高兴，比如蒋介石。他对共产党的意图深表怀疑。同样持有保留态度的还有蒋介石的同侪及对手——汪精卫。

第 11 章

# 汪伪叛国

蒋介石宁为玉碎，不为瓦全。汪精卫却要另辟蹊径走“曲线救国”之路，是真心还是假意？到底是留在重庆继续伴随蒋介石，还是和日本做笔买卖？但现在困扰汪精卫的还不是这些问题，最让他头痛的是如何在军警密布的重庆从蒋介石的眼皮底下逃出来……

## “曲线救国”

1938 年 11 月 26 日，周佛海及其助手梅思平和其他少数国民党官员一起被召集到重庆的汪精卫公馆，参加一场秘密会议。当时，梅思平刚从上海回来。如果蒋介石得知此事，定会下令立即将他逮捕。因为在过去几天里，梅思平刚与日本军方高层进行了详细而热络的会谈。日方的要求很简单：汪精卫必须脱离重庆国民政府，在日本占领的华东地区成立一个与蒋介石分庭抗礼的新政府。双方已经签署了一份协议草案，还为日本首相近卫文麿准备了一份声明，宣告中国新政府的诞生。但不管汪精卫如何憎恶蒋介石，以及他如何担忧中国的命运，以他长期的革命经历，做出如此无可挽回之举，对汪精卫而言都可以说是惊天剧变。

汪精卫下不了决心，会议结束后的他看上去愁容满面。对于汪精卫的优柔寡断，周佛海十分恼怒，他写道：“返寓后，与思平谈及汪（精卫）之性情，咸甚（认）为无一定主张，容易变更，故十余年屡遭失败也。惟对于此事，则断定其虽有反复，结果必仍如原定计划也。”[1]周佛海的评价或许有些苛刻。毕竟，汪精卫在青年时代曾为了革命事业险些被处死；如今身为重庆国民政府的“二把手”，他们又要他再一次以身犯险，因为蒋介石和共产党无疑都将视其脱离国民政府的行为为叛国。

次日，汪精卫仍然犹豫不决，周佛海倒是开始体谅他了。他反思，尽管汪精卫处事犹豫、容易冲动，但还能听从劝告。他写道：“惟兹事体大，亦难怪其左思右想，前顾后盼也。余为此事，亦再三考虑，心力交瘁矣。”几天后，汪精卫似乎被说服了。然而，要将脱离国民政府的计划付诸行动绝非易事。他们这些重要人物必须离开重庆，因为戴笠手下的调查统计局的特务时刻监视着他们的可疑行为。所以汪精卫只得前往四川省省会成都，而周佛海则前往西南城市昆明。昆明位于云南省，处于地方军阀龙云的控制之下。龙云是彝族人，也是与蒋介石常有龃龉的地方军政指挥官之一。他虽然表面上承认重庆国民政府的权威，却也经常乐见那些认为重庆气氛过于压抑的不同政见者。此外，云南还与法属印度支那地区十分接近。

与蒋介石和晚年的毛泽东一样，汪精卫也有一位强势的妻子。当他难以决断时，他的夫人陈璧君就会推他一把，这有时候会起到决定性的作用。“汪夫人是个很厉害的女人。”后来成为汪精卫亲信的国民政府外交部亚洲司司长高宗武这样回忆道：

> 她对汪的影响力极其强大。她那咄咄逼人和刚强的态度，对于在汪身上显得有点女性化的美好容貌和轻柔动作来说，是一种过分的陪衬……汪夫人会让得罪她的人永远见不到汪先生。这是她最大的权力来源。[2]

高宗武认为，陈璧君得以与俊美的汪精卫共结连理是因为她那坚强的意志，而非外貌。“她一直讨厌汪精卫的年轻相貌，”高宗武说，“因为她一辈子都被当作汪的母亲看待。”这种刺耳的评论不禁让人想起中国历史上那些垂帘听政的女性，她们通常都强势得令人生畏。事实上，陈璧君打动汪精卫的还有很多特质，除了投身革命的举动以外，她还有巨大的勇气和对丈夫的高度忠诚。

在权衡是否离开重庆时，汪精卫考虑的因素之一就是其夫人越来越坚信蒋介石正在试图暗杀她丈夫。[3]

在为离开重庆做准备时，叛逃者之间的气氛变得焦躁不安起来，虽然此时蒋介石并不在陪都，但感觉仿佛随时都会被他发现他们正在干的事情似的。

12 月 1 日，周佛海写道：“闻蒋先生十日以前将来渝，心理上有莫名其妙之感想，如小学生闻先生将至然。”此时，汪精卫又开始动摇，在接听一连串电话时其焦虑显露无遗。有一天，他对日本的傀儡政权“维新政府”发表的一份公开声明暴怒不已，这份声明似乎在宣称它对整个中国拥有统治权；又有一天，在并非处于国民党管制之下的香港、上海的报纸上，他发现了对他的攻击内容，于是开始考虑要如何回应。[4] 周佛海越来越担心，怕叛逃者们寄予希望的汪精卫最终不能倚赖。

1938 年 12 月 5 日，周佛海登机飞往昆明。看着他飞离机场的官员以为这不过是一次常规的公务出行。然而对周佛海本人而言，这次飞机之行却让他踏上了一段前途未卜的政治前程。

> 十时三刻上机起飞。别矣，重庆！国家存亡，个人成败，在此一行……岂飞机离地之刹那，即余政治生命断绝之时欤？[5]

但到达昆明后的种种见闻却令周佛海更感焦灼不安。他写道：“本日闻人仿重庆腔调，颇忆重庆。不满现状，留恋过去，殆心理上之缺憾欤？”远离家乡令他回想起过往人生，特别是一位早已故去的恋人。

他忧伤地写道："忆亡友曼秋，书'亡友'，余心痛极矣。"

重庆传来的消息使他陷入绝望。汪精卫临时取消了行程。蒋介石已经回到重庆，汪精卫担心前者可能听到风声，因此拒绝行动。正在香港的梅思平不得不慌忙推迟《上海协议》的发表，这份协议将标志着"汪日密谈"的开始。周佛海夜不能寐，他写道："苦心焦思，为平生所未有。"他不知道自己是否应该返回重庆，另待时机。毕竟只有极少数人知道他此次飞往昆明并非为了公事。[6] 既然无人知晓，或许他现在改变主意还来得及？但最终周佛海还是决定不返回重庆。他认为，如果现在返回陪都，不过是将行动决定推迟几天而已；而且更糟糕的是，返回重庆后也许他就再也无法脱身了。周佛海写道："如天不亡中国，汪先生或能于十天内离渝。"

但周佛海夜不能寐的情况未见好转。他现在远离重庆，无法说服反复无常的汪精卫坚持定见。汪精卫在行动上似乎总是畏首畏尾。1938 年 12 月 17 日，陈璧君的堂侄陈春圃告诉周佛海，汪精卫取消了奔赴河内的车票。周佛海写道："余究应如何，实难决定……见客五人，强作应酬，内心实痛苦万分也。"现在，周佛海的立场也动摇了：也许返回重庆，暂观形势以待时机，这样更有意义。他想，"本日心绪十分之八返渝，十分之二赴港"。[7] 他始终害怕蒋介石会发现这起阴谋，如果真是这样的话，那么到时候周佛海就只能束手就擒了。

12 月 18 日，周佛海外出时见到街上有军乐队演奏，四处还有宪兵布岗。很明显，有位大人物到达昆明了，可这人到底是谁？如果是蒋介石，那么周佛海的叛国行动还未开始就胎死腹中了。但如果是汪精卫到了昆明，那就意味着计划终于得以付诸实施。

## 蒋介石的决心

武汉陷落之后，蒋介石明确表示国民政府绝无投降之意，并宣称抗战“实为民族战争，亦即为革命战争”。[8] 蒋介石始终相信，抗日战争是实现孙中山“建立和平繁荣的民主共和国”的重大使命之组成部分。蒋介石的生涯成败交织，如果说抗日战争只是他诸多挫折中最微不足道者，似乎也有道理。他还认为，武汉这个曾挥洒热血拼死保卫的城市，现在对他来说已经没有重要的战略意义了。华北和东北支援大后方的新路线正在建立，国民党军队正在防守几条关键的战线。“五月之苦战恶斗，已予敌人以重大打击，而树立我民族复兴之自信心”，自台儿庄大捷以来，蒋介石一直便如此宣称。[9]

但蒋介石仍面临着巨大的挑战。到 1938 年末，仍然没有对中日两国间进行有意义的国际调停的可能性。共产党继续控制着华北、华中部分地区，但国民党也明白，共产党要十分努力才得以维持局面。蒋介石已经无法前往位于江西庐山的牯岭别墅了，于是他把一些高级军官召集到湖南省的南岳衡山，对他们迄今为止遭遇的失败作战术训示。1938 年 11 月 25 日，第一次南岳军事会议召开。蒋介石从漫长的历史中旁征博引进行讲话，以激励他的听众。首先是中国军事战略的经典著作《孙子兵法》，他引述道：“能使敌人自至者，利之也；能使敌人不得至者，害之也。”蒋介石称，日军战线被拉至长江沿线，正是国军所希望的结果。就在几周之前的 10 月 12 日，日军在华南地区广东省沿海的大鹏湾(亦称马士湾)登陆，不到 10 天就占领了广州城。[10] 然而，即使是这样可怕的失败，现在也成了整体战略胜利的一部分。“以逸待劳，步步制敌”，这是孙子的忠告。第一期抗战已经结束，现在是开始第二期抗战——防御阶段的时候了。[11]

蒋介石很清楚，他这种论断与其说合情合理，不如说是背水一战。于是，他援引了近代一段相似的历史来证明他的观点。大约 70 年前，太平天国的军队占领了中国中部的大片地区。清朝将领曾国藩身负镇压起义的使命，却被起义军打得大败，他甚至要严肃地考虑要结束自己的生命。但他最终被说服，并且总结了失败的经验教训。后来，他成功对湘军进行改革，后来在武汉、长沙等地取得大捷，最终彻底粉碎了起义军。蒋介石举这个例子的含义不言自明。

但要实现对军队乃至国家的改革并不容易，蒋介石对与会军官表达了他的不满。他随后立即谴责了日军，称它丧失了“东方民族”应有的特殊美德，并指出“骄兵必败”。尽管如此，国民革命军也必须大大改善自己的行为。蒋介石一次又一次地宣称，军官和士兵的行为举止损害了整支军队。士兵们应当收殓捐躯疆场的战友的遗体，并妥善安葬在专门的墓地；负伤军人应得到更好的治疗。他还指出：全国范围内都广泛存在着士兵被长官抛弃，以至于要以乞讨偷盗来求生的可怕情况。原则上说，军队与人民群众应当“军民一体”，但事实上在许多地区，军队每到一处，当地民众就因担心可能会被骚扰或盘剥而四处逃散。

过错不仅在于普通士兵，军官也同样如此。他们过于看重自身地位，对肩负的作战任务却缺乏必要的重视。大量士兵被遗弃，“懒惰”的军官也不愿意找回他们。军官们夸大战功，常常在情报上弄虚作假，而且不同部队之间也经常出现沟通不畅的状况。太多的军事机密不断被泄露，但收集到的可用的敌军相关情报却不多。高级军官使用的战术更是十分有限，他们在战场上只懂得死守“一线”，却不懂得更灵活地部署部队。[12] 蒋介石承认自己也有责任。在会议的最后一天，即 11 月 28 日，他声称南京沦陷是他“一生无上的耻辱”。他还承认自己应对上海、武汉和马当的失守负责，并承认在撤离前应该毁掉武汉的机场和掩体。他声称，因为自己的手下留情而给日军留下了得以轰炸重庆的基地。但即便如此，蒋介石的措辞依然十分谨慎，将广州和马当的失守归咎于自己“用人不当”。[13]

为了将中国军队改造成为强大的战斗力量，会议拟定了主要的军事改革措施。其中包括：集中征兵制；裁减军费及减员；军队集中整训，即将 1/3 的兵力调离所属战区到安全的大后方腹地进行轮流整训。

当然，整个计划其实也是在削弱指挥官的个人权力，将他们置于国家控制之下。[14] 蒋介石在结束讲话中严正地重申了军纪的重要性。他说：抗战之关键，在于是否能掌握民众。[15] 这种发言令人特别容易联想到共产党领导人毛泽东。

## 汪精卫、周佛海与“低调俱乐部”

在重庆，蒋介石身边的人就有其老对手汪精卫。由于汪精卫身任国防最高会议副主席、国民党中央政治委员会主席之职，他或许会反思他的革命生涯为何会发生如此巨变。汪精卫一度被公认为孙中山的接班人。可如今他发现自己正流亡西南地区，面对着一个看似能够让中国的任何抵抗都化为徒劳的敌人。汪精卫的地位虽然在蒋介石之下，但他却认为自己理应成为国民革命的领导人，是蒋介石这个觊觎者窃取了他的地位，现在又把大片中国最古老的核心腹地丢给了日本人。作为蒋介石最亲密的敌人，汪精卫觉得前者那些慷慨激昂的抗战言辞听上去十分空洞。“汪对于国民党副主席一职非常不快，”外交官高宗武回忆道，“他认为自己比任何人更有资格担任党主席。”[16]

与蒋介石的日记、毛泽东的大量文稿和演讲不同，汪精卫没有留下详细的个人手稿，我们只能在日后通过像周佛海这样的人来了解汪精卫这个人。[17]1937 年中日战争爆发时，周佛海是国民政府的宣传部长。[18] 早在抗战开始的一段时间里，周佛海就心怀疑虑。他和其他几位政界、文化界的人物组成了一个集团，称作“低调俱乐部”，这个名字暗示他们渴望谨慎地保持与日本和谈的可能性。在这个集团中还有陶希圣，此人担任过教授，是汪精卫的亲信，如今在国民政府内几个关键的委员会中任职。周佛海最初正是通过这些“低调”行动，才开始接近汪精卫的。[19]

高宗武是推动“汪日和谈”的一位关键人物，他是外交部亚洲司司长。战争爆发之时，高宗武才 32 岁，但尽管年轻，他却已在南京政府政治派系林立的复杂环境中，展现出了老练的政治手腕。他也曾留学于日本的九州帝国大学，就中日关系发表过的一些论著先后吸引了汪精卫和外交部的注意。1935 年汪精卫因遇刺而暂时离开政府，但高宗武仍然凭借着自己的足智多谋保住了在政府的职位。

1937 年 8 月，周佛海与朋友在地下室里躲避日本的空袭之时，他们开始讨论如何结束这场战争。8 月中旬，周佛海怀着些许希望写道："预计三个月后可开始外交。""低调俱乐部"坚信长期的抗战将会对中国造成灾难性的后果。他们认为，"国力不足，战争只可适可而止"。[20] 他们之中很多人都在青年时代去过日本，自认为了解这个国家。他们觉得，为了一个极不确定的结果而经历长年累月的冲突，这比迅速对日媾和更加糟糕，和谈至少可以让日本听到中国的某些要求。高宗武和他的朋友确信，汪、蒋二人都知道与日本接触的所有尝试。[21] 汪精卫在国民政府中的部分工作就是考虑如何通过斡旋结束战争，而蒋介石一直非常清楚这些事情。[22]

蒋介石不愿过分公开他对日本的态度。1937 年 8 月，他拒绝了高宗武与日本大使川越茂进行会谈的提议。他认为，高宗武身为外交官，与川越茂会谈会显得过于正式。尽管如此，"低调俱乐部"还是捕捉到了信号：蒋介石对此并没有持坚决反对的态度。陶希圣在与汪精卫谈话后报告说，蒋介石表示愿意进行对话，但他们必须行事机密，因为蒋介石担心日本方面不会保守秘密。汪精卫的朋友们试图让他振作精神，周佛海写道，"劝汪（精卫）勿灰心，盖蒋先生于公开场所表示，自不能不强硬也"，或许私下里，蒋介石会允许有更多的灵活性。9 月中旬，汪精卫告诉陶希圣，他认为应当停战并通过英美进行调停；还称蒋介石已经同意，只是担心这样做的代价太高。[23]

1938 年初，在华东形势大厦将倾之时，"低调俱乐部"的行动开始浮出水面。高宗武辞去了政府职务，这样他就可以担任一个新角色——作为特使穿梭于上海和香港之间；在这两地，中日之间的非官方对话依然可以继续进行。高宗武还在1938年春天多次返回武汉，告知周佛海会谈的进展情况。高宗武及其同事会见了形形色色的日本中级官员和商务人士，其中不少人曾在中国生活过，对两国爆发战争感到极为痛惜。1938年7月初，高宗武受邀前往东京，并在那里待了几周，与犬养健、松本重治，以及其他一些政府官员、记者讨论和平的可能性；日方人员都来自“早餐俱乐部”，这是一个向首相近卫文麿提供建议的非正式组织。[24] 对高宗武来说，这些行为极为冒险，一旦他的行踪被官方证实，就会被认为是在蒋介石拼命死守武汉之际，破坏中国抵抗努力的卖国行为。最终，高宗武虽然受到了日方的“尊贵”礼遇，却没能得到任何明确的让步。在会谈的某个时刻，讨论的主题发生了转移，从劝说蒋介石与日本达成协议，变成了接蒋介石的副手汪精卫前往日本的可能性。[25] 回到武汉后，人们对高宗武未经批准出访的反应各不相同，从普通发难到极端愤怒的都有，而蒋介石和汪精卫二人则都进行了谴责。[26] 然而，仍然有学者认为高宗武是在蒋介石的授意之下才与日本进行接触的。[27]

1938年10月25日，武汉沦陷，周佛海却幸运地逃脱了。他在10月24日最后一次前往重庆，而他原本是定于第二天启程的。现在周佛海不得不仔细思考中国该选择哪一条路。蒋介石和共产党达成“抗日持久战”的共识，现在已经展开了公开的合作，他们在消耗敌人的同时等待着这场冲突在国际上造成更大影响。当时，重庆时值酷暑。在最初几天里，周佛海夜里与朋友聊起了南京旧事，还与汪精卫讨论了战争形势。周佛海的悲观情绪随着抗战的深入而日渐增长。他对自己的家乡长沙遭到破坏感到愤怒。他关于“闻长沙自行放火”的记载，指的就是蒋介石为阻止长沙落入敌手而下令放火焚城。“敌未至而土先焦，实以民为敌，如此倒行逆施，真为渊驱鱼，为丛驱雀也！”周佛海应该知道有数千人死于焚城。他没看到政府为救援灾民而有所行动，

“从未见扼要详尽之冷静讨论”。他在谈到国防最高会议时这样说：“沉默无言，草草通过。难怪各种政策不能周密决定及推行。”他还特别提及蒋介石的连襟、行政院长孔祥熙“废话尤多”。[28]

1938 年 10 月底，就在武汉陷落之后几天，周佛海的良心危机在他的日记中表露无遗。是英雄造时势，他自问道：

> （还是）时势造英雄欤？时势如此，能否旋转乾坤，使国家不至于灭亡，端赖今后努力。惟国运如何，实未能预料也。[29]

11 月 3 日，日本首相近卫文麿通过广播发表讲话，宣布建立东亚“新秩序”的目标，在“新秩序”下，日本和中国将在名义上拥有平等地位，共同对抗共产主义这个真正的威胁。尽管此番讲话没有直接推翻同年 1 月时日本“不以国民政府为对手”的宣言（即第一次近卫文麿声明。——译者注），但新的近卫文麿声明确实提出，不同“人事”构成的国民党可能更受东京的欢迎。这一信息足以引起汪精卫的兴趣，于是他派出了“低调俱乐部”的另一位成员前去打探情况。

随后，在汪精卫的授意下，梅思平于 1938 年秋天前往上海。从 11 月 12 日到 20 日，梅思平与此前同高宗武会谈的日军代表——陆军大佐今井武夫讨论了和平协议的条款。高宗武也参加了谈判，而日本方面还有影佐祯昭大佐和犬养健。谈判在上海虹口区一座仓促修缮的寓所“重光堂”举行。谈判双方在几个关键问题上发生了争论，日方要求中国承认“满洲国”，但中方知道这等于明确放弃了中国的主权，因此不愿接受。双方达成协议：中日两国允许在中国境内联合开发经济。但日本要中国“赔偿”它在战争中所遭受的损失，这一要求令中方难以接受。日本还准备结束治外法权，但仍然要保留日租界。中方的首要要求，也是中方的全部风险所在，就是日本同意结束其在中国的军事占领。立即结束占领的要求最初被日方拒绝，但最终协议的确包括了具体的时限：在“重建和平与秩序”后两年之内结束占领。谈判还基于两个假设：一是汪精卫脱离国民政府并建立新政府；二是新政权不仅要在中国的日占区开始统治，还要统治中国西南部尚未被占领的地区——云南和四川，并扩大它在这些地区的权威。谈判双方均认为，蒋介石的敌人和对手太多，因而在可靠的领导人之下建立一个致力于“和平”的对立政权将会很有吸引力。地方军阀如云南的龙云和四川的刘文辉控制着大量的军队，他们也都有可能背离蒋介石的国民政府。[30]

这就是梅思平在 11 月 26 日带回汪公馆的和谈协议。在离那时还不到一个月的现在，周佛海却在昆明坐卧难安，惊魂不定地等待着消息。12 月 18 日抵达昆明的大人物到底是谁？

答案终于揭晓了：“系汪来。”周佛海如释重负地写道：“喜甚。”在犹豫和迟疑之后，汪精卫至少迈出了第一步，但叛逃者们犹如在刀刃上行走，很多事情仍然有可能出错。一旦他们迈出下一步，越过边境叛逃进入越南，就再也无法回头了。

12 月 19 日，周佛海听闻他们可以包机飞往河内。同往常一样，叛逃者们很紧张，他们难以决定应该是坐飞机还是坐车。“二十分钟内变化了七八次……最后决定冒险乘机。”于是他们动身前往机场。“三时一刻起飞，”当周佛海将中国抛在身后时，他的思绪并不在政治事务上，他写道：“机中念母不置，恐今后不易见面，为之泣下。”[31]

## 惊险的出逃

直到他们生命的尽头，周佛海和他的主子汪精卫都将自己视为真正的爱国者。他们所面临的前景，或许是中国在日本侵略下遭受毁灭，或是在苏联控制下建立共产主义中国，所以汪精卫集团认为，通过谈判求得适当的和平是这次民族危机唯一现实的出路。他们受到一种纯粹意识形态的狂热鼓舞，更热衷于一种泛亚主义的未来，而不是与英美结盟。当然，这两个大国在中国的帝国主义行径并不比日本好多少。

然而，从某种意义上说，汪精卫这个“亲日分子”并非那种崇拜日本生活方式、诋毁本国文化的狂热卖国者。应该说，那是一个把早期人生奉献给国民革命事业的人所持有的特殊立场。汪精卫懂一些日语，但他不会说也不会读；“在他做外交部长时，我不得不为他翻译。”高宗武回忆说。高宗武还指出，另一个帝国主义国家可能对汪精卫产生了更大的影响，那就是法国。在武汉陷落之前，汪精卫曾与法国大使亨利·戈斯默进行过谈话。戈斯默建议国民党与日本进行和谈。他指出，1870 年法国输掉了普法战争，而现今的中国国力比当时的法国还要弱小。后来法国人想要报仇雪恨，但法国的外交和军事影响力都无法实现这一目标。[32] 戈斯默的意思很清楚。法国用了 40 年时间，终于在 1918 年战胜了老对手。与法国一样，中国为了战胜日本可能也需要等待；与此同时，中国人应该对这种可能性保持现实的态度。实际上，戈斯默的话倒是在日后对他自己更有意义。1940 年法国投降之后，他被任命为维希政府的驻日大使。

在前往河内的飞机上，汪精卫极度焦虑。高宗武回忆道：“汪（精卫）在机上非常紧张，怀疑委员长可能已知道他的计划，将派飞机拦截，逼他降落重庆。”汪精卫甚至向他的同伴发出了紧急指示。“现在飞机是向南飞，”他说，“阳光从右边进来。如果发现阴影有所移动（即如果你们发觉飞机在调头），你们要马上跳进驾驶舱，强迫机师导正航向。”[33] 但这种谨小慎微没有必要。12 月 19 日下午 5 点 30 分，汪精卫一行在河内安全着陆。

第二天，他们去了 100 公里之外的一家海滨小旅馆，这稍稍给了叛逃者们一点自由呼吸的时间和空间。既然已经付诸行动，周佛海的心情有所改观。他说：“面对汪洋大海，心境为之一爽。”又继续写道：“目前之海阔天空，非十五日前踞处万山中之重庆时所可想象。”一行人在午饭时享用了鲜美的海产，便开始讨论新政府所需的一切事宜：军事、外交，当然还有经费。周佛海和陈春圃、陶希圣以一种不符合政治家风范的方式纪念了他们的“出逃”。当晚他们三人喝了浓烈的白酒，还去了一家越南妓院。但就连这些声色犬马也没能抚慰酒后伤感的周佛海：“老妓为吟月落乌啼、闺中少妇等诗，不禁眷念祖国。”[34]

这一年的最后几天，他们是在策划和游览之中度过的。印度支那只是途中一站，下一个目的地是香港。在旅途中，周佛海声称，在所有的叛国者中，蒋介石必定最为痛恨他。毕竟，汪精卫从来都不是蒋介石的朋友，但周佛海却是蒋介石的心腹，他的叛逃更可能被视为一种个人背叛。周佛海草拟了两封信，一封给蒋介石的秘书陈布雷，另一封信则给了蒋介石。在信中，他说明了此行的原因。他在日记中写道：“固知绝不致得其谅解，但尽心而已。”同时，汪精卫也拟好了公开声明，用以解释他叛逃的决定。在讨论这份声明时，周佛海竭力强调了两点：第一，日本必须放弃其侵华、辱华的“传统”思想；第二，日本应承认抗战（毕竟汪精卫在委员会中投了赞成票）是为了保全“全民族之独立与生存”，如果可以通过和平的方式（即与日媾和）实现这个目标，则中国“抗战之目的已达”。与此同时，汪精卫最关心的却是任何协议都要确保能够体现出他在这场战争中的爱国者形象。[35]

从重庆传来一些小道消息，国民政府的官员在得知汪精卫的惊人行动后，正在努力让政治气氛归于平静。受蒋介石之命，中国驻英大使郭泰祺向汪精卫发了一份电报，邀请他去欧洲；郭泰祺甚至愿意辞去职务，专心随侍汪精卫。周佛海则写信给陈布雷，辩称此行“绝无反蒋意义，全在主张和平”。他请求陈布雷劝蒋介石不要在报纸上攻击汪精卫，更不要暗杀他。在他们叛逃后的最初几天里，蒋介石确实命令报纸要低调报道汪精卫的出走，称后者到河内是去“疗养”，还说如果汪精卫有观点想要说明，就应该回到重庆来协商。[36] 12 月 21 日，龙云向蒋介石证实：汪精卫到河内是与日本人会谈。蒋介石不知所措：

> 闻汪先生潜飞到滇，殊所不料！当此国难空前未有之危局，藉口不愿与共党合作一语，拂袖私行，置党国于不顾……痛苦之至。惟吾犹望其能自觉回头耳！[37]

但一切都无济于事。12 月 22 日，近卫文麿在东京仓促召开新闻发布会，宣布了一个含糊的承诺，表示中日将联合实现善邻友好、经济合作和共同防共的目标。[38] 蒋介石对此公开驳斥，称日本所谓的“新秩序”就是要“吞灭中国，独霸东亚，征服世界”。[39] 12 月 31 日，一份香港报纸发表了汪精卫的“艳电”，证实了几天来甚嚣尘上的流言：汪精卫称，近卫文麿声明确立了和谈的新原则。但任何解决方案都要求共产党必须放弃其独立组织，而日本必须对从中国领土撤军做出具体承诺。[40]

“各报无不攻击者，”周佛海记道，“以目前情势论，殊非意外也。”[41]

叛国者们冒着卖国的指控出逃国外与敌人谈判，他们认为自己已经做出了巨大“牺牲”，现在理应获得“回报”：一个“独立中国的合法政府”。他们坚信一切都会好起来的。

1938 年的最后一天，周佛海是这样记录的：“今日为除夕，与希圣枯坐无聊，度此残岁。”事实证明，汪精卫、周佛海和“低调俱乐部”的成员们的确将在很长一段时间里枯坐无聊，一事无成。

# 第 12 章
# 珍珠港，中国的曙光

1938 年底，中国抗日战争进入了相持阶段。随着中日两军间大规模会战的减少，国共两党间的摩擦却愈演愈烈，最终酿成了震惊世界的“皖南事变”。另一方面，随着日本对东南亚的加速入侵，退无可退的美英等国对日本的制裁也相继付诸行动。不甘与恼怒促使日本策划并实施了珍珠港偷袭……

## 持久战

华东地区安徽省的严冬时节总是既寒冷又潮湿。1940 年 12 月，对于驻扎此地的共产党新四军指挥官项英而言，天气只是困扰他的问题之一。就在几周之前，蒋介石发出命令，要求安徽省境内的共产党军队必须撤退到长江以北，撤出国民党将领顾祝同的防区。他明确指示顾祝同，如果共产党的军队不走，就应采取强硬手段迫使其撤出。

项英以为撤退将在国民革命军的协助下进行。但是，中共中央从延安发来一封电报，带来了令人失望的消息：

> 你们不要对国民党存任何幻想。不要靠国民党帮助你们任何东西……在(日军和国军两方)敌顽夹击下,你们是很危险的。[1]

仅仅一周后，项英就发现自己的处境有多么凶险。从 1939 年到 1940 年这两年间，中国境内的冲突已不只是反对日本和汉奸的抗日战争，更是国共两党之间的斗争。变幻莫测的国际局势令昔日盟友反目相向，结盟对象也随之变换，两者之间产生了谁也无法预料的怪异合作关系。

在战争的最初两年里，国民政府克服了重重困难才得以存续。为应对军备不足、难民逃亡和敌机空袭等问题，国民政府付出了种种努力，这都对它的存续有着深远的意义。不过，国民党也得益于一些幸运的外部条件。共产党坚持抗日民族统一战线，在总体上与国民党合作。苏联继续支持重庆政府。其他几个欧洲大国尽管保持中立，也表达了对蒋介石的同情，并在暗中提供支持，使后者在迁移西南时仍能获得支援。

日本在诱降汉奸卖国贼一事上并不成功，扶植的伪政权既无法对中国构成威胁，也没能得到国际社会的承认。甚至连天公也在作美：战争第一年，大后方的粮食大获丰收，或多或少地缓解了政府的粮食危机，因为现在不能像往常一样进口粮食。但到了1940年末，种种条件都发生了变化，情况也都变得对国民党不利了。

1939年9月，为了对抗国民革命军，日本皇军统一了作战行动，派遣10万军队计划夺取华中地区的长沙市，该市在1938年10月武汉撤退之后已经遭受了严重破坏，当时蒋介石下令火烧长沙市。而现在，一旦日本夺取长沙，日军就能控制湖南，该省可是华中地区的产粮大省之一。如此一来，西进四川的大门洞开，日军便有望一劳永逸地终结蒋介石的政权。但是日军进犯长沙的行动失败了。

广东籍的薛岳将军英勇奋战，结合了正规阵地战和游击战，引诱日军陷入埋伏，切断了它的补给，从而保住了长沙市。[2]现在，国民革命军在全国范围内的一系列反攻中掌握了主动权，集结了80个师的兵力。在一系列协同进攻中，国军主动出击，重新收复了大片领土，从华北中部过去受阎锡山控制的山西地区，到西南的广西地区囊括其中。

突然间，一切似乎都不按照计划进行了。蒋介石的“盟友”阎锡山为了控制山西部分地区，竟擅自与日本人达成交易，从抗日战争中撤军。在南方，日军的举动则让蒋介石吃了一惊：它向西南地区的广西发起进攻，并于1939年11月23日占领了省城南宁，切断了中国通往大海的道路。国民政府尚未部署好进攻部队以收复失地，就发现自己再次陷入四面受敌的困境之中。两个月的血战最终击退了日军的进逼，可国军冬季反攻的契机已经丧失殆尽。

1940年春，形势更加恶化。6月，湖北城市宜昌在日军新一轮的进攻中陷落，该城是从四川通往全国各地的中转站，它的失守意味着蒋介石将更加孤立无援。重庆在日军的新型武器的攻击之下显得脆弱不堪，这种新武器就是当时世界最先进的战斗机之一——三菱零式舰载战斗机。1940年夏，零式战斗机在空战中摧毁了保卫重庆的所有战机，使这座城市变得更加脆弱。[3] 就像以前经常发生的一样，国军的进攻最初成功，却又变成了一场灾难。

与此同时，8000公里之外的欧洲所发生的事情让蒋介石的处境更加是雪上加霜。1939年夏末，两起事件的发生改变了这场冲突的面貌：德国与英法两国开战，这是意料之中的事；而意料之外的是德国竟与其意识形态方面的仇敌苏联缔结了和平条约。后一事件以1939年8月23日莫斯科和柏林签订的《苏德互不侵犯条约》为标志，这恐怕是20世纪最令人瞠目结舌的意识形态的倒戈了。一周之后的9月1日，纳粹德国入侵波兰，两天后英法对德宣战。转眼之间，欧洲各国的注意力都集中到本国的救亡图存之上，东亚的战事已不再是它们头等关切的国际事件。[4]

蒋介石打算请“轴心国”以外的国家帮助中国共同抵御日本的侵略，但他的计划遭遇阻碍，不仅因为中立国不愿意参与对华援助，更因为“二战”早期盟友的变换速度实在让人措手不及。蒋介石一直不愿意看到欧洲全面爆发战争，他知道这会分散国际社会对中国的关注。不过既然现在帝国主义阵营中的民主国家和法西斯国家之间已经划出了明确界线，他还是看到了新的结盟机会。从这个方面来说，柏林和莫斯科之间新的热络关系对他而言简直就是一场灾难。蒋介石也曾使尽浑身解数想拉拢苏联参加对日作战，可如今苏联却与纳粹德国结盟了，而德国是日本的盟友。

“一战”后形成的凡尔赛体系曾让中国极度愤慨，其代表性事件就是 1919 年五四运动，这场运动是对巴黎和会结果的直接回应。但当时形成的世界秩序至少还有相似的基本标准，特别是欧洲的英法两大帝国，还有美国。如今老牌帝国摇摇欲坠，没人知道未来的地缘政治关系将会发展成什么样。蒋介石和其他人所知道的一切，就是德国即将成为新的欧洲强国。欧洲战场的第一年简直就是一段令人眼花缭乱的“外交变装秀”。

在早些时候，国民政府曾与纳粹德国有过一段短暂的蜜月期。在抗战的最初几个月里，希特勒的纳粹政权确实继续为蒋介石政府提供了军火物资。[5]1936 年签订的《反共产国际协定》在理论上结成了德意日“三国轴心”，但是这 3 个国家彼此间互不信任，使它们难以形成真正的同盟。处于困境中的蒋介石认为，也许有一个方法可能会起到一定作用，那就是提醒西方国家他有可能会被迫同德国合作。对于东西两面受敌的苏联来说，这种前景尤其令它恐慌。但日德两国在东亚政策上的分歧太大，1938 年 4 月，德国最终还是屈从了日本的要求，停止了对中国的支援。

英国也没能提供多少援助。1937 年 5 月，内维尔·张伯伦成为保守党主导的政府首相，但他很快就被欧洲的和平问题弄得心力交瘁。对他而言，如果连捷克斯洛伐克都是一个“一无所知的遥远国家”，那么对于众多的英国决策者而言，中国的命运就更加晦暗不明了。国民党争取美国支持的努力显得更为有效些。1937 年 11 月，《九国公约》缔约国会议在布鲁塞尔召开，中国代表团没能说服美国制裁并对抗日本。但到了1938年年中，美国的态度开始发生转变。由于日军日益向中国南部进逼，美国越来越清楚，一旦日本完全占领中国，将封锁后者的所有对外贸易。1938年12月，美国财政部长亨利·摩根索促成美国向中国提供一笔2500万美元的私人贷款，中国则以向美国提供桐油（一种油漆产品）作为偿还方式。[6]

即使是不太可能的结盟，蒋介石也不愿放过机会。20世纪20年代的他仍然是个狂热的反共分子，但在抗日战争的第一年里，他仍然极为渴望苏联能够参与对日作战。

1937～1939年，苏联曾派遣顾问和飞行员援助中国抗战，但并没有正式对日宣战。然而，随着日本在亚洲北部的步步进逼，苏联有可能被迫卷入这场冲突。

接着，就像以往经常发生的那样，每当蒋介石试图掌控战争走向的时候，发生在中国外部的事件就会从根本上改变中日战争的进程。当西方国家的目光集中在欧洲的黑暗局势上时，外蒙古、伪满洲国和苏联东部三地边境的交界地带发生了一场对东亚冲突产生重大影响的战役。在1938年的大部分时间以及1939年初，日本皇军的一支部队试图将苏联红军压制在其东部边境之内。在日本看来，苏联也许是一个容易对付的目标。

1939年5月，在一个叫诺门罕的村庄附近，驻扎在蒙古的苏军与来自伪满洲国的日军之间突然爆发了争端。几天之内双方不断增兵，以致有将近6万苏军与约4万关东军对峙交火。胶着的战事一直持续到9月中旬，两国才在一场激烈的大战中分出胜负。战役以日本的惨败而告终，也确立了苏联格奥尔基·朱可夫将军的声望，后来他成为“二战”中斯大林手下功勋最卓著的将领之一。受到藐视的苏军猛烈还击，结果不但迫使日本停火，双方甚至还签订了互不侵犯条约，同时也终结了蒋介石建立中苏同盟的希望。[7]

但对蒋介石而言，最大的打击却来自远离中国的冰天雪地的北欧，那里发生的事件产生了极为恶劣的后果。在 1939 ~ 1940 年的冬季战事中，苏联入侵了芬兰，这促使英法两国提交了一份动议，要求将苏联逐出国联。中国作为国联的成员之一，拒绝对此动议实施否决权。[8] 苏联对蒋介石未能阻止其被驱逐愤怒不已。在这之后的抗日战争里，蒋介石与斯大林一直互不信任。中国不得不在失去苏联的大力援助下，继续单独与日本作战。

## 汪伪政府的成立

正当蒋介石在这变幻莫测的局势中艰难地确定外交行程之时，汪精卫的计划却停滞不前。那些在上海与梅思平、高宗武会谈的日本中级官员和商人的态度，实际上并不能代表东京政权的真正想法。事实上，他们只代表了一个很小的集团。这些人确实同情中国，他们渴望达成不会令其庞大邻邦蒙羞的和平协议。但首相近卫文磨无法确信与汪精卫合作能够带来东京所希望的结果，他虽然在 1938 年 12 月 22 日的公开声明中表示，他已准备好与中方重开谈判，但他也说得很明确，日军两年之内从中国撤出并不在谈判内容之列，而这却是在上海谈判中日方与汪精卫交易的关键条款。

与此同时，重庆政府决定采用克制而非激烈的态度来处理汪精卫的叛逃。1939 年元旦，汪精卫被解除公职、开除国民党党籍，但蒋介石并没有对他发出逮捕令。1 月 5 日，近卫内阁总辞职，汪精卫集团再遭重创。近卫文磨的继任者平沼骐一郎对待“低调俱乐部”同样心存戒备，与日本军方高层人物的态度如出一辙。然而，1939 年 5 月，汪精卫却开始迫切要求访问东京。

6 月初的东京之行就是一场灾难。6 月 6 日，在汪精卫缺席的情况下，日本 5 位主要的内阁大臣举行了一次会议。会中，他们明确表示，汪精卫领导的政权只能是更广泛的日本在华各“代理政权”中的一部分，这表明汪精卫企图在他的政权下重新统一中国的梦想在他来日本之前就已经破灭了。除此之外，日本还对中国提出了苛刻的要求，其中就包括在中国全境实施经济和军事管控。唯一愿意透露谈判条款的内阁大臣是陆相板垣征四郎，但他明确表示不支持取消各代理政府，特别是设在北平、控制着华北大部的“临时政府”，日本已经控制了的华北地区，他不打算轻易拱手相让。[9]

汪精卫只在一件事上赢得了日本的让步。日本人想让他的新政权以“五色旗”为标志，那是早年中华民国使用的国旗；同样使用该旗的还有汉奸王克敏的华北“临时政府”，汪精卫对其非常蔑视。汪精卫坚持认为，他的政权应该使用国民政府的“青天白日满地红”，那是孙中山认可的国旗。既然蒋介石已经背叛了革命，汪精卫便将自己的政权视为正统国民政府的延续。采用这面旗帜相当于实现了他怀揣 13 年的梦想，蒋介石在北伐战争中夺取了他的位置，导致他无法继承孙中山的革命使命。

对此，日本人表示反对，借口称如果汪蒋二人的军队使用相同旗帜，两军在发生冲突时会难以辨别。但汪精卫还是不肯让步，最终日本人同意了，但还是在“青天白日满地红”上加了一块写着“和平建国反共”的黄色小三角旗。汪精卫赢得了一次微小的胜利，这倒也不是毫无意义。绝大多数日本领导层蔑视中国的民族主义，将其看成是一种会破坏泛亚洲国家“兄弟情谊”的异类思想。当然，在所谓的“兄弟情谊”里自然是由日本扮演领导角色。但对汪精卫而言，在已经惨不忍睹的合作中，坚持让象征着中国革命“民族主义”的旗帜飘扬在他的政府大楼上空，也算是一种小小的成就。[10]

回到上海后，汪精卫试图将王克敏的华北“临时政府”和梁鸿志的南京“维新政府”置于自己的统治之下，但他的尝试因为三方首脑均不愿合作而告终。1939 年夏天日本在诺门罕战役中的惨败的确让汪精卫更受东京权力掮客的青睐，因为形势越来越清楚：日军可能无法像它期望的那样轻而易举地击败蒋介石。但他们依然固执己见。1939 年 11、12 月，日本军部的影佐祯昭、犬养健，以及其他日本谈判者一直在与汪精卫的顾问梅思平、周佛海和陶希圣等人谈判。其中，汪精卫本人没有直接参与谈判。

影佐祯昭尽管对中方抱有同情，但日本军部强硬派苛刻且毫不让步的要求都是由他来传达的。这些要求包括：日军及其“顾问”在中国全境驻扎，这损害了汪精卫政府恢复“国民政府”主权的要求；在煤、铁等关键产业地区设立新租界；将海南岛交由日本海军控制。汪精卫重建统一政府的梦想也没能实现，华北依然保持分治，上海则被授予了特殊地位，日本人在此享有特权。几乎所有的条款都偏向日方，但汪精卫还是在 1939 年 12 月 30 日签署了协议，东京之行可谓惨淡收场。[11] 不过，谈判还是确定成立一个“改组”的国民政府。该政府由汪精卫领导，定都南京。

到目前为止，高宗武对整个谈判计划产生了严重的怀疑。在秘密条约的起草过程中，他被要求协助将条约翻译成中文。汪精卫极度担心安全问题是可以理解的，所以他坚持翻译工作要在他上海的家中进行。尽管如此，高宗武还是决心要弄一份副本。终于，他找到了一个机会：在一次护送一位来访的日本政界人士离开汪公馆时，他将一份译文副本偷偷塞进了自己的衣袋。随后他打电话给汪精卫说自己拿错了。但在归还副本之前，他将文件带了回家并拍下了照片。[12]

1940 年元旦，周佛海与高宗武详谈了他们目前任务的进展情况。“两人发誓各自努力，互相谅解。”周佛海这样回忆，但他并不知道高宗武当时为何请求谅解。但 3 天之后的 1 月 4 日，周佛海记录了高宗武和陶希圣二人失踪、可能前往香港的传闻。“忆一日与宗武所谈，恍然大悟”，周佛海这才意识到高宗武的真实想法，此时已是追悔莫及。

日本在 1939 年最后一周的谈判中所表现出的两面派行径，让高宗武和陶希圣明白：他们与日本人之间不可能存在真正的伙伴关系，有的只是彻头彻尾的利用。两个叛逃者被绰号为“大耳朵”的青帮头子、权力掮客杜月笙神秘地带离上海，重新出现在重庆国民政府声势浩大的宣传攻势中。高宗武和陶希圣二人在香港发表了声明，揭露了日本提出的毁灭性要求，并呼吁汪精卫终止和谈、悬崖勒马。[13] 高宗武后来获准迁居美国，而陶希圣则重回蒋介石的政府班子，成为后者的宣传干将之一。尽管曾经做出过叛逃之事，但这二人都得以享受平静的晚年。

日本企图通过稳住汪精卫来为自己保留更多的选择余地，同时又希望仍能诱降蒋介石。例如，对于汪精卫即将成立的南京新政府，日本宣称它不打算派遣全权大使进驻，因为这意味着完全承认二者的外交关系，而是选择派出一位“特派大使”。“余以为中央政府即国民政府，无所谓承认问题”，周佛海愤愤不平地写道。在与一位日本官员会谈时，他说：“如此则新中央政府为无意义，可以不组织，盖其意欲留一与重庆谈判之余地。余辈决不反对日本与重庆谈判，但新中央如日本不承认，则宁可不组织。”[14]

对于自己为即将成立的南京新“中央政府”所做的贡献，周佛海颇有些得意忘形。他在 1 月 26 日的日记里说，是他而不是汪精卫确定了关键部门的部长人选。他戏言道：“中央政府即于十分钟之内在余笔下产生矣。”[15]

周佛海不仅仅组建了政府，还掌握了武装力量。汪精卫作为权力掮客的最大缺陷，就是缺少军队的支持。北伐期间他就因此从权力巅峰跌落；10 年之后，又是同样的原因阻碍了他获得日本的认真对待。这一缺陷更是令他和他的追随者身处险境，因为蒋介石的特务头子戴笠已经派出了暗杀小组。

周佛海别无选择，只得求助于戴笠的两名前部下，丁默邨和李士群。这两名暴徒所领导的特务小组设在上海极司非尔路 76 号的一座寓所内，人称“魔窟”。[16] 因为与这种备受质疑的人物为伍，汪伪政权在正式成立之前就已有限的声望，现在更是一落千丈。

冬去春来，周佛海在政治宏图与唯利是图之间左右为难，摇摆不定。他仍然抱着与重庆国民政府和解的希望，并乐观地托一位美国中间人（即 1946 年任美国驻华大使的司徒雷登。——译者注）给蒋介石带去口信，表示南京“中央政府”的成立不会成为日本和国民党之间和解的障碍。

1940 年 3 月底，他险些与汪精卫及其夫人陈璧君在广东省的财政补助问题上发生争吵，而广东省是汪、陈二人的出生地或老家。潜藏在这些口角背后的是对日本的恐惧，他们害怕明显两边都在下注的日本人会让新政府的筹建半途而废。

不过，尽管存在着种种障碍，汪精卫的新“中央政府”还是在南京成立了。1940 年 3 月 30 日，汪精卫的“还都”典礼正式举行。新政权的报纸《中华日报》上充斥着赞美“汪主席”政府的谄媚之辞，声称典礼并非代表新政权的诞生，而是在中国的合法首都南京重建了正统的国民党。报纸上的漫画也是纯粹的宣传：汪精卫巨人般的光辉形象照耀着一群代表中国人民的孩子们。

周佛海在日记中以他一贯狂妄自大的笔触回忆了典礼的“盛况”。他宣称：“余之理想果实现，为人生一大快事。”他又继续写道：“国民政府还都，青天白日满地红重飘扬于石头城畔，完全系余一人所发起，以后运动亦以余为中心，人生有此一段，亦不虚生一世也！”[18] 不过因为典礼之后饮酒过多而引发的胃痛，让周佛海的这一时刻有些美中不足。汪精卫却不太有庆祝的心情，一位典礼目击者称他“茫然而立……泪如雨下”。[19] 他叛国投敌的动机，他与日本平等合作的设想，现在看来都是如此的虚伪。

1940 年 2 月，美国大使馆参事弗兰克·洛克哈特代表驻华大使尼尔森·约翰逊向华盛顿提交了一份报告，总结了过去一年的战争形势：

> 尽管面临着国际局势的不确定性、抗日民族统一战线的摩擦以及战争对国家经济的严重拖累，但没有迹象表明中国继续抵抗的决心有任何的减弱。蒋介石维持着国家的信心，他的影响力可以有效地解决政府内部各派系之间出现的难题……保持和增强中国抗战决心的另一个重要因素，就是日军对平民的无情轰炸，5月发生在重庆的空袭就是这种最惨无人道暴行的例证之一。[20]

如果蒋介石得知这一积极评价的话，他一定会如获至宝。到了1940年春，中国的局势已处在危急关头。3月，正当汪精卫努力组建他的南京新“中央政府”时，日本高层的谈判者却试图与蒋介石的重庆政府达成协议。

这一代号为“桐工作”的策略促成了重庆方面与日本于1940年3月7～10日在香港举行的会谈。国民党当时正处于一个极其危险的军事境地：美国仍然保持中立，欧洲局势一片混乱。其实在这年春天法国沦陷迫在眉睫之时，英国政府也同样悄悄派了人前去试探与德国媾和的可能性。中国绝无获得西方援助的可能性，但日本却将之看作一个劝说蒋介石让步的大好时机。[21]如今，在国民政府处于重大危急关头之际，蒋介石将双方和谈的大门打开了一条小缝。

因此，日本继续拖延承认汪精卫的新政府。1940年夏秋两季，日本始终都对汪精卫叛国集团保持着模棱两可的态度。日本高层人物如大政翼赞会（大政翼赞会，是第二次世界大战期间日本的一个极右政治团体，1940年10月12日宣告成立，1945年6月13日解散。该组织以推动“新体制运动”为主要目标，推行以一党专政的模式统治日本。——译者注）的有马赖宁称汪精卫的行为证明他不诚实，而外相松冈洋右则表示继续有意与重庆达成一致。[22]

周佛海的日记集中反映了卖国者的沮丧心情，他们觉得自己已经做出了最大的爱国主义牺牲：“重庆目余等为汉奸，余等自命为民族英雄。余等确信惟和平足以救国，故以民族英雄自命。如余等以民族英雄而终，则中日之永久和平可定；如以汉奸而终，则中日纠纷永不能解决。”[23]

日本军方高层人物与中方情报人员宋子良进行了会谈，后者自称是蒋介石内兄宋子文的胞弟。会谈讨论了几个原则性问题：日本要求在华北驻军并正式承认伪满洲国。这被蒋介石坚决拒绝。于是日本以升级战事作为回应。1940 年 6 月，日本皇军攻占湖北重镇宜昌。重庆政府在持续的压力之下，于 6 月 4 ～ 6 日在澳门继续与日方会谈。[24]在这几次会谈中，日本迫切要求中方承认伪满洲国和在华北驻军，而中方继续用拖延之术争取时间，言称东京的谈判底线尚不清楚。

日本还利用了中国潜在欧洲盟友的弱点。蒋介石政府急需的补给物资，需要从法属印度支那港口海防，沿铁路向西北运送到近 1000 公里之外的云南昆明。

1940 年 1 月，在巴黎即将遭到德国入侵之时，日本外交官向他们的法国同行发出信息，要求封锁法属印度支那的铁路。日军对这条铁路进行了多次轰炸，当身在东京的法国大使提出抗议时，松冈洋右仍然计划继续轰炸印度支那的法国铁路，直到法国停止向蒋介石运送补给为止。[25]1940 年 6 月法国沦陷，和多数殖民地一样，印度支那被受德国支配的法国傀儡政权维希政府所控制。新政府在表面保持中立的同时，继续允许通过铁路向中国自由区运送补给物资。

1940 年整个夏天，日本一直在向维希政府殖民当局施加压力，要求封锁铁路，但法国拒绝这样做，尽管法国在 8 月已经允许不超过 6000 人的少量日军驻扎印度支那。然而，日本还是毫无妥协之意。9 月 22 日，日军在陆军中将中村明人的指挥下入侵印度支那。战斗在几天之内就以印度支那投降而宣告结束，这之后日军一直在此驻军，严重威胁了重庆国民政府的生命线。

1940 年 7 月，当英格兰南部上空的不列颠之战进行得火热之时，日本政府向伦敦提出要求：封锁英国殖民地缅甸境内通往中国边境的滇缅公路。此举将切断对国民政府的战争物资补给，这些物资原本会先送到仰光，然后经滇缅公路运往中国。丘吉尔政府目睹了6月法国的陷落，担心英国也即将遭到入侵。

由于实在无法想象为了亚洲的冲突还要再开辟一条新战线，英国选择了封锁滇缅公路，该公路直到1940年10月才重新开放。不到一年，从南部沿海、印度支那和缅甸通往中国自由区的所有补给线都被切断了。假如国民党有更好的策略的话，海上航路也许能保持得更久一些。但是陆路运输的丧失要归咎于英国政府和法国维希政府的政策，蒋介石对此无能为力，国民党显然已处于孤立无援的危险境地。

蒋介石继续展示着他的决心和狡猾手腕。1940年8月，在同意与日本举行会谈之后，他突然取消了会议，借口是日本没有撤销“不以国民政府为对手”的声明。通过给日本对南京汪伪政权的承诺制造疑云，国民党已经达到了最重要的总体目标。[26]

在中国看来，日本明显是想以“反共”为借口在中国长期驻军。蒋介石以不举行任何正式会谈的方式暗示他可能与日本对话，这种策略带来了两大好处：其一，这拖住了日本，使后者直到1940年才最终允许汪精卫组建南京伪国民政府；其二，这也向西方各国发出了信号，如果它们再不向重庆提供援助，蒋介石就会被迫与敌人达成某种协议。1940年11月30日，汪伪政府正式获得了东京的承认。就在同一天，美国政府宣布了一项贷款协议，决定向中国提供1亿美元和50架军用飞机。[27]

蒋介石的行动并不能表明他真正的意愿，他不会为了一个苛刻的和平解决方案而与日本进行谈判。即使是在1940年最黑暗的日子里，中国与英国一样处在崩溃的边缘，他也明确表示他要继续抵抗日本的侵略。他给人的印象就像是在悬崖边跳舞，离与日本合作的悬崖边缘越来越近，却决不迈出掉下深渊的那一步。日本接管中国的威胁让同盟国惊恐，而蒋介石知道，他比任何时候都需要把它们拉到自己一边来。不仅因为他的军队和政权已处在灾难的边缘，更因为他几乎没有任何外部援助的希望。现在，他的国内联盟中出现了一个新的变化。

## 不得不说的摩擦

从 1939 年初起，国民党开始采取措施限制中国共产党的发展壮大。这一年的标志性事件是日军开始对重庆实施恐怖的空袭，它严重地危害了国民政府的地位。但在炸弹掉落的同时，蒋介石和他的同僚们也对延安对手的不断壮大而大加警惕。蒋介石采取了新的政治、经济措施来对抗毛泽东控制的核心地区。尤其值得注意的是，他试图重新控制湖北、山西、河南和山东的部分地区，而中国共产党则把这些地区看作自己的控制范围。国民党调集了 40 万军队从南面和西面对陕甘宁根据地实施封锁。这一军事行动的目标是围困共产党，而不是入侵它的地盘，但这也是个清晰的信号，说明国共双方之间的关系已经开始破裂了。

尽管如此，国共之间的冲突却保持着奇怪而隐秘的状态。双方都不愿公开承认冲突的存在，更不愿让国际社会认为抗日民族统一战线已经失败。当国共两军在陕甘宁边区边境爆发冲突时，中国共产党称这种战斗完全是地方性的，并不能表明国共双方抛弃了“统一战线”。蒋介石也不可能公开表示反对。

但毛泽东还是打算对国民党企图打压共产党的做法提出警告。1939 年 7 月，在一次关于国共两党长期合作的讲话中，毛泽东针对过去一段时间国民党试图抑制中共发展的政策作了评论。他说，国民党内部企图粉碎共产党的顽固分子越是镇压，共产党的队伍就越壮大。整个红军是在与国民党的战斗中造就的，红军的所有武器是国民党给的。毛泽东让国民党考虑，打还是不打。他的建议是大家和平共处。[28]

即使国共双方之间的关系已经变味，但它们对彼此的态度仍然充满矛盾。蒋介石对毛泽东一直心存芥蒂，但他对周恩来却持有更为积极的看法，而且这种尊重是相互的。1939 年 8 月，周恩来给中共中央政治局写了一份报告，劝说国共两党需要约束各自的反动倒退分子。此后不久，周恩来手臂骨折，蒋介石派出私人专机到延安把周恩来夫妇接到新疆，再转往莫斯科治疗。[29]

尽管如此，国民党的围剿依然继续，这对中共根据地的经济造成了灾难性的影响。接着，1940 年初，蒋介石终止了国民党提供的财政补助。

雪上加霜的是，在战争头两年的大丰收之后，1939 年和 1940 年的粮食严重歉收。糟糕的收成同样给国民党制造了难题：1940 ~ 1941 年，重庆粮价飞涨了近 14 倍之多。[30] 孤立而贫困的陕甘宁边区也物价大涨：1940 年花 500 元就能买到的东西，1941 年需要 2200 元才能买到。[31] 中共控制地区的人口如今已大幅增长，消耗资源也更多更快了。他们的解决办法就是实行自给自足的经济模式。“大生产运动”的开展，使根据地在此后几年内开垦了大量的耕地，同时促进棉花生产、牲畜饲养、纺纱织布，并对盐、煤乃至某些油气征收赋税。[32] 这一理念被证明有着强大的心理影响，随着内部经济状况的转变，国共之间产生了新的不信任，这种不信任贯穿了余下的整个抗战岁月，并一直延续到战后数年。

到 1940 年夏，共产党的两大军队已经控制了华北、华中的大部分地区。这年 8 月，八路军在彭德怀的指挥下，打响了中共军队在抗战正面战场的大规模军事反攻：百团大战。22 个团约 4 万人的军队向日军控制华北所需的铁路、公路、桥梁和其他基础设施发起了全面进攻，其人员还不断增加，后来达到 104 个团。百团大战一直持续到 10 月才结束。[33]

与此同时，新四军穿过了黄河南岸地区，到达长江北岸，进入了以前国民党军队控制的地区。苏北地区和安徽以西至上海北部，在新四军副军长项英的领导下，已经成为中共的坚强堡垒。

7月，国民政府军事委员会提议中共军队集结到黄河旧河道以北的地区。此前，黄河曾在1938年6月因河堤决口而改道。项英和国民党将领顾祝同、上官云相的关系原来还算友好，但现在双方的立场都变得强硬了。中共方面，周恩来或许支持这个方案，但毛泽东对此表现出了强烈的抵触。

10月19日，蒋介石的军事委员会参谋长何应钦致电八路军总司令朱德，要求所有共产党军队必须向北移防，其中包括此前获准占据长江南岸的所有部队。12月9日蒋介石发出命令：所有新四军部队立即撤到长江以北，次年1月31日以前新四军和八路军的所有部队必须撤到黄河北岸。他在给顾祝同的密电中表明了态度：如果超过最后期限，“应立即将其解决，勿再宽容”。[34]

1941年1月4日，新四军部队开始移防，但方向是向南而不是向北。在共产党看来，称这样做是为了避免从日军控制的地区通过。但国民党却怀疑这是中共扩展地盘的举动。此后不久，两军便发生了交火。

叶挺的部下董南才是参与移防的新四军军官之一。据他回忆，撤离在隆冬时节开始，当时天气阴沉而寒冷。部队在很多地方搭建了临时便桥渡河，尽管有时候因为人太多，行进速度很慢，辎重也很沉，有些同志掉到了水里，不得不冒着冷水游过河去。[35]接下来的两天里，新四军遭遇了国民党部队的攻击，战斗尤为激烈：就连炊事员也拿起了厨刀；战斗残酷到如此地步，但共产党军队还是成功突围了。它继续前进，但部队不得不在两面夹击之下求生：一面要经受敌人突如其来的致命袭击；一面还要克服周遭险恶的自然环境，有些人已从陡峭的山崖上跌落而死。[36]

在这些遭遇战中，总指挥项英不知去向。然后他又突然出现了，并在1月10日向党中央报告，“前天突围被阻，部队被围……有被消灭极大可能……企图带小队穿插绕小道而出”,他承认“此次行动甚坏,以候中央处罚”。党中央很快回电,斥责其为“懦夫”和“动摇者”。[37] 然而,即使项英重回部队也无法抵抗国民党军队压倒性的兵力。顾祝同的进攻导致项英部约 9000 人阵亡或被俘,项英本人则于 3 月 14 日遭到叛徒杀害。[38]

但是,国民党的军事胜利转变成了一场舆论风暴。外界观察家的第一反应,不是共产党军队拒绝遵守命令,而是蒋介石为了消灭自己的国内对手,背信弃义地将枪口转向盟友,而弃日本侵略者于不顾。1941 年 1 月 15 日毛泽东致电周恩来和叶剑英,称“蒋介石的一切仁义道德都是鬼话,千万不要置信”。[39] 无论国内还是国际舆论都在严厉批评蒋介石的行为。《时代》杂志评论道：

> 这是中国黄埔系军官的胜利……这群军官仇视、恐惧共产党,对新四军和八路军获得的名声心存嫉妒。但这并不是中国的胜利。共产党为蒋介石而战的原因在于：它害怕日本甚于害怕蒋介石。如果日本(或苏俄)可以让共产党相信它们并不比蒋介石更可怕,那么蒋介石的麻烦就大了。[40]

蒋介石知道,迫使共产党向他而不是向日本开火的后果他是无法承担的。他放弃了逼迫长江北岸共军的计划,在战争的余下几年内也没有再尝试这种做法。同时,红军也明白,它在发展的同时可以不用再担忧蒋介石的打压了。

总而言之,“皖南事变”对共产党而言是一场惨剧,但历史也证明,这一事件成了中国共产党命运乃至毛泽东崛起过程中的重大转折点。

事实上,“皖南事变”的解决标志着中国政治史上最重要的一年的结束。中国内部的思想斗争贯穿了 1940 年,这对当时消息灵通的观察家来说是显而易见的。1941 年初,美国驻华大使尼尔森·约翰逊向华盛顿发去了一份详细的政治形势评估报告，这份报告是对此前埃文斯·卡尔逊少校发给美国的另一份报告的回应。卡尔逊是一位美国军官，曾经深入中国内陆作了大量的旅行考察。

两份报告传达的不同信息恰好表明：美国对中国政局看法的分歧正在不断扩大。卡尔逊和他的旅行伙伴新西兰人路易·艾黎对共产党的同情日益增长，1938 年他们曾前往中共控制的根据地旅行，对共产党军队的严明纪律印象深刻。卡尔逊认为国民党正在滑向“法西斯主义”，并主张蒋介石政府必须建立更“民主”的体制，作为对美国资助的回报。[41]

约翰逊完全不同意这种观点。国民党希望保住政权，这再“正常”再“自然”不过了，可它却在战争年代里设立了“国民参政会”，允许包括共产党在内的各党派参与其中。他还指出，中国共产党可以在重庆发行自己的报纸，这在战前是不可能实现的。有人或许希望国民党以战争为借口“消灭……一切政治反对派”，可它反而更喜欢“和稀泥”。约翰逊还觉得国民党内部各派系的影响力被夸大了。

相比之下，蒋介石反而“提高了声望”，因为他已经被视为团结抵抗日本侵略的象征；毕竟事情“还要由他来做最后决定”。卡尔逊在评估报告中说：尽管蒋介石的确注意到国民党已经采取了合作举措和县制改革，但对于任何在超越普遍反日的情绪推动下的大规模群众运动，蒋介石政府是不愿支持的。约翰逊对此也表示同意，但他不认为美国对中国的援助要以国民党的大规模政治改革为前提。蒋介石下定决心要和日本打仗，美国就该不遗余力地支持他。在一段极有先见之明的评论中，约翰逊说：

> 我认为，自从满清王朝倒台、中国传统政府观念崩塌以来，中国人民一直在摸索着走向一个演变中的新型政府。这个政府还未建立起明确的形式，而且很可能几十年内都无法建立；它

> 可能是，也可能不是以民主政体的形式出现，但它将会是一种适应中国和中国人民需要的政府。[42]

约翰逊的评论是敏锐的，甚至在当代中国，这个评论也能引起共鸣。我们再次发现，这种不一致源自对孙中山遗产继承的不同说法。1939 年是蒋介石强化个人集权的一年，他接受了国民党"总裁"的头衔，这使他获得了与孙中山等同的地位。孙中山的革命宗旨"三民主义"中的民族、民权、民生，在国民党统治南京的 10 年里顶多只是点缀式地施行，但在战争期间至少有了某些遵循"三民主义"行事的明显意向。

然而，毛泽东以他最重要的一篇讲话为契机，为共产党争得了孙中山的遗产。随着 1939 年国共关系的恶化，毛泽东之前更为和解式的语言也开始转变。1940 年 1 月 9 日，他作了一次讲话，不久后就以长篇文章的形式发表。文章的标题《新民主主义论》显示出政治术语的变化。"民权"一词是孙中山对"民主"的定义，它可以解释为"人民的权利"，即意味着政府授予全体公民的权利；与孙中山的"民权"不同，毛泽东使用了"民主"一词，它表达了"人民做主"的意思，带有人民直接统治的意味。

蒋介石主张的"三民主义"，不过是试图保持经济现状并削弱共产主义的影响。毛泽东提出"新三民主义"的概念，推出了一个更开放的共产党纲领。其要求包括："联俄"，优先与苏联而不是帝国主义国家结盟；"联共"，与共产党合作；"扶助农工"，援助农民和工人。虽然这些原则明显与国民党对立，但毛泽东还是认定它们"是旧三民主义的发展，是孙中山先生的大功劳"。[43]

汪精卫的南京伪政权是第三个同时利用孙中山先生思想的政府，而且从中找到了实行不同政策的线索。对汪精卫来说，孙中山对"泛亚主义"的依赖是至关重要的一点，因为它为汪精卫提供了理论基础，令后者相信与日本合作也是孙中山奉行的国民党纲领的一个版本。汪伪政权还发起了一项社会动员，名为“新国民运动”，自称吸收了孙中山纲领中有关“公民”的内容。它是对蒋介石政权“新生活运动”的模仿，后者是蒋介石在 1934 年为复兴国家而发起的道德劝诫，现在则被用来指代战时救济和重建计划。[44]

然而，没有一个“三民主义”的继承者是为了追求建立西方，特别是美国所认可的民主政体：一个具有相当公民自由的多党制自由政权。蒋介石和毛泽东二人都提到了“民主”，但是他们对这个词的理解更接近于“群众在一个优势政党的指挥下参与政治”这样一种概念。其实并非只有他们才这样想。反西方斗争中有很多类似的人物，例如印度民族主义者苏巴斯·钱德拉·鲍斯和缅甸的巴莫，他们的目标是渐进的、世俗的，但和中国领导人一样，他们并不一定是多元主义者。在整个亚洲地区，印度的民族主义者的尼赫鲁和甘地倒是因为坚持一种广泛的民主模式而显得独树一帜。

汪精卫的南京伪政权赞美孙中山是为了宣传它的意识形态，其中最积极的计划当属“新国民运动”，这是一个对蒋介石的“新生活运动”稍加修饰而成的改编版本。汪伪政府在宣传上大做文章，比如庆祝汪精卫“还都”南京的海报和文章，这些刊物上有时会配上蒋介石脸上打叉的照片，还有对青年团体成立的训导，旁边配有制服的插图。[45] 到了农村地区，这个运动摇身一变成了日本认可的计划，取了一个委婉的名称——“清乡运动”。在汪伪政权特务头子李士群的策划下，“清乡运动”的目的是铲除一切可能藏匿于乡间的抵抗力量，包括国民党或共产党的支持者。这一政策取得了成功：所有与日本合作的政府都采取了同样标准的恐怖和威胁手段，辅之以一定数量的救济和恢复措施，暗示凡是愿意合作的人都能确保获得日常生活必需品。[46] 一份 1941 年共产党新四军的文件记载了江苏某些县的情况：“适值青黄不接，敌伪便运出一批米来出粜……人民获取生活常用品困难，敌伪便办合作社，以较廉的价格出卖。”[47]

但是，合作社只是对付抗日力量的更残暴策略表现出的伪善一面，日本人采取这种方法是希望汉奸们能为他们卖命。江渭清是 1941 年春被“清乡运动”围困的共产党新四军旅长。他带着约 4000 人的部队，却要与苏州、常熟和太仓地区汪伪政权的 1 万伪军以及 3000 多日军周旋。江渭清回忆了“清乡”区防止共产党渗透的方法：沿公路两边筑起竹篱笆，每一里设一岗哨，每三里设一碉堡。摩托步兵从路上轰鸣而过，汽艇在河道里来回巡逻。伪军在拂晓时被派去搜索躲藏在田地里的人，他们以军犬开道，用长竹竿拨开农作物搜查，“就像篦子梳头一样”。一旦发现任何人，他们就会骑马或骑车追赶；入夜后就拿着探照灯继续追踪。[48]

江渭清和他的小股部队必须适应这种情况。在大约 40 天的时间里，他们隐藏在监视最严密地区的旁边或后方，始终两三人为一组，身着便衣行动。江渭清回忆说：“敌人驻扎时，忽地冷枪四起，敌哨兵倒下了，军马被打倒了，弹药库起火了，手榴弹落进住房爆炸了。”另一个更妙的战术是趁着夜色潜入碉堡，突放冷枪，接着就可坐等伪军在混乱中互相射击了。[49] 这种战术并不能击败日本军队，但他们展示了游击战术是如何阻止汪精卫建立稳定的“新秩序”的，同时也提醒汪伪政权，不是所有人都愿意屈服。当然，对于当地农民来说，共产党游击队或国民党的存在并不是一件受欢迎的事：因为有可能会招来日军和伪军的可怕报复。

中国也想从日本帝国之外寻求希望，可在苦难深重的 1940 年，人们似乎对这个想法产生了怀疑。随着 1941 年的到来，另一个恐怖事件震惊了疲惫不堪的战时陪都。

重庆在 6 月 5 日遭受了近 5 个小时的轰炸，居民纷纷涌入防空洞中。在十八梯地区的一个隧道内，生存条件甚至比往常更恶劣。巨大的防空洞本来是有照明和通风设备的，但当时发电机竟然没有开动。防空洞内一片黑暗，令人窒息。

当晚 10 点左右，有传言说日军回来投了毒气弹，于是慌乱的人群开始往外涌。空袭执勤人员强迫人们回到洞中，但仍有人不断从里面出来。在慌乱中，人群互相践踏堆叠，后又因窒息而引起更大的恐慌。在随后几小时里，有数百人因被困在漆黑的地下而死亡。没有人知道准确的死亡人数：官方说法是 461 人，而当时某宪兵团统计的数字达到 1527 之多。救援人员清楚地记得死难者的痛苦形象：失去知觉的人们肢体互相扭结，衣裤因为绝望地互相抓扯而被撕成条条片片，一具具尸体全身湿透、汗如水洗。幸存者汤政诚回忆说，尸堆里伸出一只手抓住了他，呻吟着“先生救我……”，那只手死死抓住他的短裤，他用力挣脱时裤子滑了下来；最后，他还是跳出了尸堆，几乎光着下身逃出了隧道。[50] 官方低调报道了这场惨案，但整个事件却更加重了重庆阴郁惨伤的氛围。

## 攻击目标：珍珠港

不过，大洋彼岸发生的事件倒是给国民政府带来了一线希望。1940 年末，富兰克林·罗斯福再次当选美国总统。“我不会把你们的儿子送上外国战场”，罗斯福在与共和党提名的候选人温德尔·威尔基的辩论中这样声称。但罗斯福及其国务卿科德尔·赫尔都意识到，欧洲的纳粹统治已经对美国在该地区的影响力形成了严重的挑战。由于日本的占领，中国的“门户开放”贸易也被切断，美国越来越清楚：简单的中立可能再也无法成为一种选择了。

1941 年，在一份关于中国内外政策的报告中，美国驻华大使尼尔森·约翰逊表示，当强大的德国在 1940 年年中横扫欧洲之时，中国人已经在担忧盟友对其抗日事业的承诺了。不过，英国拒绝投降，苏联继续对华友好，这些都鼓舞了中国民众，现在他们期待美国和英国的支持，觉得“胜利必将属于他们”。[51]

然而，1941 年 6 月 22 日，在得知大约 300 万德军正在进攻苏联的消息后，世界终于从迷梦中清醒过来。希特勒入侵苏联的“巴巴罗萨计划”（巴巴罗萨计划，是纳粹德国在第二次世界大战中发起侵苏行动的代号，整场作战于 1941 年 6 月 22 日展开。计划为快速攻克苏联北至阿尔汉格尔斯克、南至阿斯特拉罕的西方领土。“巴巴罗萨”来自神圣罗马帝国皇帝腓特烈一世的绰号“红胡子”，即 Barbarossa。在作战的最初数个月里，德军沿用之前在西欧大获全胜的闪击战术，横扫了大半的东欧平原，歼灭了数以百万计的战术不佳的苏军，展现出辉煌无比的战争艺术，但最后仍在莫斯科战役中受阻，导致巴巴罗萨计划的失败。该计划开启了长达数年的东方战线，成为人类历史上最血腥的战争之一，数千万人因此罹难。——译者注），苏德这两个欧洲独裁大国两年前签订了互不侵犯条约，如今这一举动实在是一次巨大的颠覆性事件。欧洲战场被彻底改变了。

亚洲战场也是如此，只是不那么明显而已。得益于秘密情报，蒋介石对苏德可能爆发冲突已经有所知晓。1941 年 4 月 13 日苏联与日本签订《日苏中立条约》之后，蒋介石就预料到美国会被拖入亚洲的战事，甚至预料到日本今后可能改变主意，转而进攻苏联。在这种情况下，中国作为华盛顿和莫斯科在亚洲的关键盟友，将扮演至关重要的角色。[52] 德国的入侵打得斯大林措手不及。当然，究其原因很大程度上是因为他忽视了高级官员日益急迫的警告，这些警告来自巧妙安插在德国的间谍送来的情报；共产国际为了支持它的盟友，现在要求中国共产党与国民党进行更深入的合作。[53] 中共中央于 1941 年 6 月 23 日发表声明作出回应：中国共产党将“坚持抗日民族统一战线，坚持国共合作”，并与英美和其他反对轴心国“法西斯统治”的国家一起共同战斗。[54]

在重庆和延安，德国进攻苏联被视作一个积极的信号，预示着战局可能朝着对日本不利的方向发展。但南京的看法就不同了。6月22日，周佛海在他的日记里写道，虽然战争结果“不可预测”，但南京政府“咸信德必胜利，两个月内可占莫斯科”。周佛海推测，日本可能无法同时遵守《日苏中立条约》和《反共产国际协定》，而后者的目的就是联合轴心国共同对抗苏联的扩张主义。但周佛海认为，因为是德国攻打苏联在先，日本不负有协助德国的义务。[55]

周佛海还从另一个视角考虑了局势的发展，那就是他头脑里从未放弃的“中国民族主义者”的视角。他写道：“重庆已加入前者(英美俄)，如前者胜，则中国之福。”如果重庆失败，那将成为蒋介石的灾难；而汪精卫建立的“南京政府”是与日本合作的，中国可以“脚踏两只船”。[56]

1941 年的夏天标志着这场战争在地缘政治上的决定性转变。在这之前，发生在中国和欧洲的冲突是欧亚大陆上各自为战的，或许称得上是绝望的斗争。

但现在，德国入侵苏联使日本面临一个选择：日本是否也要加入对苏作战。东京的讨论没有持续很久。虽然政府中某些人，比如外相松冈洋右主张在日军南下之前先打击苏联，但关东军和海军都建议不要协助德国，至少也要等到德国成功吸引大批苏军离开西伯利亚前往欧洲前线之后，日本才可出兵苏联。

第二次担任首相的近卫文麿同意了这个建议。[57] 放弃了攻打苏联的念头之后，日本领导人转而将目光投向另一个大国——美国。日军无法在中国取得进一步的胜利，致使日本需要在这一地区更广泛地扩大影响力，特别是东南亚，那里有丰富的石油、橡胶和其他各种原料，是支持战争必不可少的资源。

从 1940 年起，日本的某些要求，比如封锁滇缅公路等就显示出，东京正在采取一种日趋武断的亚洲政策。尽管它无法使中国屈服，但日本领导人仍然决定进一步提高战争的赌注。

日本的政策已经日渐被无法结束对华战争的局面所主导。早在 1938 年，军费支出就占据了日本财政预算的 70%。同一年，《国家总动员法》赋予了政府对财阀这类日本的大型工业联合体的“全面战争控制”权力。到1940年，“大东亚新秩序”体现在日本人生活的方方面面，反对奢侈浪费的运动风行一时。1940年2月，一位日本国会议员因为批评日本对中国发动“圣战”而被剥夺了饮食配给。[58] 在这种氛围下，让日本放弃其帝国野心的可能性更加遥不可及了。

罗斯福政府对这种趋势的担忧与日俱增。尽管美国依旧保持中立，但根据《租借法案》条款，美国正在大力援助英国和苏联对抗德国。现在美国政府也增加了对华援助的数额。2月10日，罗斯福的代表劳克林·柯里访问重庆时告知蒋介石，美国将很快向中国提供一批价值4500万美元的军火。[59]

1941年9月，以约翰·马格鲁德将军为首的美国驻华军事代表团被派往重庆，为中国可能成为对日作战的盟友做谨慎的准备。此时，距离“珍珠港事件”爆发仅几个月。[60] 现在美国中央情报局的前身战略情报局（以下简称“战情局”）的中国分部由绰号“野蛮的比尔”的威廉·多诺万将军所领导，他已在1941年初被罗斯福派遣来中国。[61]

美国曾经反复尝试劝阻日本不要向东南亚推进，但双方的对峙不降反升。日本占领了法属印度支那的南部地区。而作为回应，美国在1941年7月对日本实施了石油贸易禁运。由于日本陆海军要求开战的压力日甚一日，近卫文麿已无法抵挡，他于10月16日再度辞职，由陆相东条英机兼任首相。[62] 东京加快了对西方大国开战的准备，打击目标包括新加坡、香港、马来亚、荷属东印度群岛和菲律宾。

1941年秋，美国和日本的谈判更加令人绝望。美国坚持日本必须从中国撤军，日本以同样强硬的态度表示拒绝。当民间团体和军事团体还在争论两国离开战还有多久时，东京领导人对于冲突即将到来已经确信不疑。

11月5日的御前会议正式同意：若12月1日之前无法达成满意的外交解决，就将立刻开战。日本驻美大使野村吉三郎、外交官来栖三郎与国务卿科德尔·赫尔在华盛顿的谈判毫无结果。11 月 26 日，日本谈判代表收到了赫尔的一份备忘录，备忘录重申了美国坚持日本必须撤出中国和印度支那的主张。12 月 1 日，御前会议决定开战；第二天，确定发起攻击的日期为 12 月 8 日，即美国时间 12 月 7 日。

1941 年 12 月 7 日清晨，美国太平洋舰队正在夏威夷的珍珠港停泊。两批日军轰炸机从 6 艘航空母舰上起飞，突袭了美国军舰和舰上熟睡的船员，“亚利桑那”号战列舰被彻底击沉，其余 17 艘战舰和停在附近的战机遭到严重毁坏。袭击造成大约 2400 名美国人死亡，另有 1100 人受伤。一天之内，日本的侵略势力就攻击了当时尚为独立国家的暹罗，以及马来亚和菲律宾。

蒋介石在凌晨 1 点得知这个消息后，立即口授了一封信向罗斯福总统表示支持，誓言与美国一起进行新的“共同战斗”。[63] 上海的周佛海也得到了这个消息。当地时间 12 月 8 日，周佛海听到日军占领租界的炮声，随后接到了日本已对英、美宣战的报告。他写下“闻日机大炸檀香山、马尼剌（拉）、新加坡、香港等”，并悲痛地评论道：“太平洋自此成为屠杀场矣。”[64]

# 第四部分 饮鸩为盟

FORGOTTEN ALLY

China's World War II, 1937 ~ 1945

第13章

# 目标，缅甸！

“珍珠港事件”促成了中国与美英的结盟，却也因为必须承担盟国的责任而出兵缅甸，这是一个令近代中国扬眉吐气的时刻。大军出国门，国威扬四方。但盟友间的关系并非想象中那么融洽，蒋介石和史迪威相互间越来越看不上眼了……

## 中美蜜月

广东的春天已经来临，但传教医生韦尔瓦·布朗和她的美国同事们仍被困在汕头这个中国南部海岸的城市里，仿若留在严冬般的地狱。从1941年12月那可怕的一天开始，他们就成了俘虏。

布朗自1923年起就一直住在中国。1937年爆发的日本侵华战争也影响到了汕头，尤以日军轰炸汕头期间为甚。但在最初的震惊过后，大多数美国人依然选择继续留在这里。“‘照常营业’是我们的格言。”布朗曾这样告诉自己的亲人。尽管面临战争和动乱，她仍在竭力保证医院继续运营。[1] 但4年后，当1941年秋天来临时，所有在华美国人都明白他们无法继续享有受保护的待遇了。11月15日，美国浸礼会国外传教会发出电报，宣称“鉴于日渐严峻的形势，建议并敦促所有传教女性，接近退休年龄或健康状况不佳的男性，尽快乘坐第一批渡轮回到美国”。[2]

中国时间12月7日（美国时间12月6日），布朗与其他传教士围坐在传教室的收音机前等待着来自华盛顿的消息。在那里，美国国务卿科德尔·赫尔与日本代表野村吉三郎大使、来栖三郎特使进行着最后的谈判。赫尔对和平谈判已几乎不抱希望，但仍想抓住“1% 的机会”让两国免于战争。据赫尔的叙述，在这次几近沉默的到访后，两位日本使节“低着头一言不发地离去”。[3] 第二天下午 4 点，传教会传来了“日本空袭夏威夷的惊人消息”，传教士们被困在了突然出现的敌军阵线之后。[4] 美国总统罗斯福将这次袭击称为“永远的国耻日”。“第二天早晨，我们得知美国已经宣战了。”布朗写道。[5] 这天晚些时候，日本宪兵队开始了围捕外国人的行动。

在 1941 年 12 月 8 日以前，对英美两国而言，日本侵华根本无关痛痒，大萧条与随之而来的欧洲战争已让它们自顾不暇。然而，对于 1937 年之后仍留在中国的西方人来说，战争却降临在真真切切的日常生活中。得益于中立国国民的受保护地位，他们还是得到了某些隔离和保护措施，那些留在日占区的人更是深有体会。然而现在，他们却突然成了敌国侨民。整个华东地区的美国人和英国人都被集中囿禁起来。长久以来，上海公共租界一直被公认为是这座满目疮痍的城市中最后一片绿洲，如今也归于日本人的控制之下。那里的数千名同盟国侨胞被送到了集中营，其中一些人将在恶劣的环境中一直待到战争结束——如果他们能幸存下来的话。龙华集中营约有 2000 人，时年 11 岁的英国男孩詹姆斯·巴拉德在此处度过了他的少年时期。40 年后，他写下一部讲述他个人经历的半自传体小说《太阳帝国》（*Empire of the Sun*），书中详细描述了龙华集中营里每日与饥饿、寒冷、疾病相伴的生活。虽然远在汕头的韦尔瓦·布朗无从得知上海的外籍人士遭受了何种待遇，可她和朋友们仍有足够的理由对前景感到紧张。日本人对待传教士不算太粗暴，但等待的时日还是从几周延长到了几个月。在此期间，亚洲战场的力量平衡以令人吃惊的速度变化着。

集中营的俘虏们有足够的时间回想过去。几十年来，已有数千美国人离开故土来到中国。与韦尔瓦·布朗一样，许多人都是以医生、传教士或教师的身份前来的。名作家赛珍珠就在中国见证了这个国家的革命与现代化进程，成了向美国介绍中国的最佳代言人之一。美国最具影响力的新闻杂志《时代》周刊的创始人亨利·卢斯生于中国，他的父母都是传教士，其对蒋介石强烈的党派偏向也意味着美国对中国抗战的强势宣传。

以上种种虽然为深陷战争的中国带来了些许优势，但美国之于中国终究是一种帝国主义，与英国、法国并无二致。美国人同样积极地参与鸦片贸易，一样在中国享受法律豁免权。然而，从 1941 年 12 月 7 日上午 7 点 48 分开始，随着美国海军战舰在夏威夷被轰炸，这样的世界也在那一刻被粉碎了。

次年 4 月 4 日，布朗和她的朋友们终于等到了消息。他们是幸运的，因为他们将作为“美日互换人质计划”的一部分撤离中国。人质中包括了一些显要人物，如身在华盛顿的野村大使和驻东京的美国大使约瑟夫·格鲁。宣教会的员工被告知打包的随身物品不得超过 3 只箱子。布朗写道：“撤离时最令人心碎的事之一，就是解雇我的员工，尤其是那些老雇员，很多人已经跟随我们 15 甚至 20 年了。”“旧秩序”还没准备好离开，“新秩序”就夺门而入了：正当美国人收拾行李时，日本和台湾的殖民者便涌了进来，四处参观以挑选自己喜欢的屋子。[6] 一个世纪以来，美国人始终作为帝国主义的一部分存在于中国，虽然这种存在时而仁慈、时而暴力，但中国终究处于西方的控制之下。现在，一个新帝国取代了它的位置。

回家的旅程十分窘迫，同行的人有原来驻汕头的英美领事，有商人和传教士，但这趟旅途中人们却没了尊卑之分。“所有人都领到了一张床铺大小的席子，我们把它们一张挨着一张地铺在船舱的铁皮地板上。”韦尔瓦·布朗写道。[7] 大多数乘客不得不设法找些东西垫在席子下面，好让自己能在坚硬的铁板上躺得舒服些。虽然这与 1937 年中国难民为躲避日本侵略而不得不经历的可怕逃亡不能相比，但一定都让人深感耻辱却又无可奈何。

数千英里外的华盛顿，一位新晋美军中将正准备接受命令，这项命令将使美国与中国之间开启一段独特的关系。这项任务虽然只持续了 4 年，但他在任期内的影响却塑造了此后半个多世纪的中美关系。这位中将便是约瑟夫·史迪威。蒋介石因此实现了他长久以来的渴望：在世界的决策桌上争得一席之地，使中国至少在名义上成为平等的合作伙伴。“珍珠港事件”后不到 1 周，蒋介石就向新盟友们展示了自己的价值，他决定以自己的反帝国主义资历，来给亚洲国家领导人树立一个榜样。他将访问印度，并以同盟国、朋友及非欧洲国家的身份，向印度独立斗争的领导人发表讲话。然后，他将参与同盟国的第一次联合军事行动，地点不在中国，而在邻国缅甸的热带丛林。然而，为了使中国最终成为同盟国的一员，他所付出的代价是相当沉重的。他不顾一切地依赖着新盟友，但接受这个同盟后的一系列连锁反应又将威胁到他的统治根基。这种取舍的复杂性集中体现在史迪威与蒋介石此后长达 4 年的争斗中。

结盟之初，虽然新盟友之间都相互提防，但言辞上的高调和积极是必不可少的。1942 年元旦，蒋介石就新形势向全国发表了讲话。他宣称，同盟国正在竭力保护面临轴心国侵略的世界文明。经过数年的拼死抵抗，中国能否胜利须看是否有另一个大国与它并肩作战。现在美、英两个大国都已加入战斗。蒋介石也知道，他必须利用这次机会纠正过去一个世纪以来各国对中国的错误对待，不仅是日本，也包括现在帮助中国的各个国家。中国的目标不仅是在抗日战争中取得全面胜利，更要运用孙中山的三民主义来“确保国家的永久独立与生存”。[8]

蒋介石在公开场合设定目标时很有外交手腕，但在日记里，他对新同盟的态度更坦诚，也更矛盾。蒋介石在回顾 1941 年 12 月时，记录了他的驻美大使、学者胡适（早年曾是国民党的主要批评者）与罗斯福会谈的细节：美国总统要求中国对结盟表示支持，但不要大张旗鼓地庆祝。这位美国领导人对于国内会如何对待新同盟仍感到紧张，也不愿让他的选民看到中国重庆市那些兴高采烈的人群。“中国人当然不会庆祝。”蒋介石写道。他认为这个要求显示了美、英对中国的轻蔑态度，即使罗斯福也不能摆脱这种旧观念。[9]“珍珠港事件”爆发3周后，当中国在军需物资供应问题上不得不服从美英优先的原则时，蒋介石在第一次中美英三国联合军事会议后写道，美英两国对待中国的方式令中国受尽“侮辱”。[10]

尽管罗斯福让蒋介石感到失望，但真正遭到蒋介石批评的却是另一位盟友——英国。在日记中，蒋介石写道：“英国人没有认真对待中国，中国的下一代应当理解这种忍辱建国的不易。”他认为不只有日本才是中国麻烦的根源，也绝不打算忘记英国在中国的罪恶历史。12月15日，“珍珠港事件”后1周，蒋介石在日记中提到：

> 英使及其武官等之卑屈之态莫能形容，而其贪小利仍不注重全局与大体则与前无异。此乃英人之真实性情，是非余平时所想象伟大气魄之撒克逊民族也。[11]

两天后，蒋介石又模棱两可地写道：我蔑视英国人，却也尊重他们。[12]蒋介石还向英国列出种种要求，作为中国参战的交换条件：归还香港九龙，归还西藏的控制权，归还苏联控制的外蒙古和新疆（新疆当时处于军阀盛世才的控制下，其为苏联的附属政权），以及承认满洲为中国的主权领土。[13]英国人也注意到中国的态度变化，重庆的英国军事参赞称中国人的“傲慢自负达到了难以置信的程度”。[14]

消息灵通的美国观察家对于他们在中国支持的政治势力也变得更加谨慎了。3年前，驻华大使尼尔森·约翰逊曾信誓旦旦地声称，国民党为战争所做的努力是真诚的，它认可了一个比原本的预期更为多元化的政治文化。现在，约翰逊的继任者——1941 年接任驻华大使的克拉伦斯·高思却表达了更为审慎的意见。当国务卿科德尔·赫尔询问中国是否会放弃战争时，高思打消了他的这种忧虑，但高思同时也指出："国民党多年来一直在口口声声说要实现改革和进步，可实际上根本没有履行诺言。"[15]

问题的根源在于，中国人和西方人是从完全不同的角度来看待中国所扮演的角色的。对于西方盟国来说，中国是恳求者，是一个被打垮了的国家，等待着美国和英国把它从日本人手中拯救出来。但在蒋介石和很多中国人眼里，中国是第一个奋起反抗，也是最坚决地反抗轴心国侵略的国家。尽管有无数次将被迫投降，但中国在外部援助希望渺茫的前景下仍然坚持抗战，那么现在它理应被当作一个平等盟友来对待。

多数英国人对华的态度在敬而远之和不屑一顾之间摇摆不定，只有少数人对中国抱有同情；而与英国相比，美国对中国则保持着更为开放、友好的态度。中国希望参加盟国联合军事委员会，也就是位于重庆的"ABCD 联合参谋部"（"ABCD"分别取自美英中荷四国的英文首字母）的要求没有被接受，部分原因是英美确实担忧中国指挥部可能泄露情报。[16] 但从整体上看，无论英国还是美国，都没有把蒋介石当作真正的平等伙伴，也没有把中国大陆视为具有重要意义的战场。同盟国对于最佳作战方针意见不一。在美国军方领导人中，海军方面呼吁将太平洋视为第一战场，而不是欧洲。美国陆军参谋长乔治·马歇尔将军权衡利弊，最终确定了欧洲优先的战略。[17] 英美和中国各自的看法都包含着一些自欺欺人的因素：英国人和美国人希望造成一种印象，让人觉得中国没有付出多少努力就成了重要盟友；而蒋介石则高估了自己在西方盟友心目中的价值。与之相反的是，苏联对于英美来说并非一个可以完全信任的盟友，但苏联的谈判筹码和重要性意味着英美不得不在大多数关键事务上将苏联作为全面的战略和情报伙伴来对待。

然而，蒋介石的观点并非完全不合理。美国知道，如果中国失败，那么原本受到国共两军牵制的60多万日军将会投入太平洋战场。因此，“让中国继续处在战争中”是美国的迫切需要。[18]1942年1月，蒋介石请求美国提供一笔5亿美元的贷款。高思和美国财政部对这一请求颇为谨慎，他们有理由担心这笔巨款会被国民党政府中的腐败分子中饱私囊。[19]但是，美国对蒋介石所提要求的吹毛求疵使它忽视了一个事实：与其他盟国的战争投入相比，中国的这点需求已经称得上是寒酸了。美国于1941年和1942年根据《租借法案》援助中国的资金约为总援助金额的1.5%，1943年和1944年降低至0.5%，只在1945年上升至4%。[20]所以，尽管美国官员疑虑重重，这笔贷款申请还是于1942年2月3日在众议院获得了通过。

不过，如果美国人注意的话，他们会发现，蒋介石在1942年春天就已经向他的批评者们显示了自己的重要性。他至少在一个领域内拥有权威，那就是他不可动摇的反帝国主义立场，西方首脑们也必须赞同这一点。当亚洲新爆发的战争威胁到大英帝国的宝贵领地——印度次大陆时，蒋介石对其立场的坚持将变得尤为重要。轴心国的阴谋家已经展示出他们贪婪而野心勃勃的计划：从中东和东亚出发，以两面夹击之势，夺取印度的大量人力和丰富资源。阻止这个计划的实施至关重要，可令人担忧的是，印度国内的动荡政局使该计划的实现可能性大大增加。

印度的首都新德里正处于战火中，但其状况与瓦砾遍地、草草营建的陪都重庆大不相同。30年前，埃德温·鲁琴斯爵士以白色大理石修建了这座光彩照人的都城，那本是为了大英帝国王权统治的百年基业而建造的。然而，即使这座城市仍然屹立不倒，英国人却不得不开始面对日益高涨的印度独立运动，这一运动要求立即改变印度政治现状。对于向印度移交政权，温斯顿·丘吉尔是最坚决的反对者之一，但他的观点在20世纪30年代看来有些过时，更使他在自己所属的保守党内处于孤立的境地。10 年间，虽然英国任命的印度总督仍然保有最高地位，但大量的行政权力已经移交给由选举产生的印度立法议会。1939 年，印度总督林里斯哥勋爵在没有询问印度国民大会党（印度支持独立运动的主要民间团体，简称印度国大党。——译者注）领导人的情况下，就批准印度加入了对德战争。尼赫鲁和甘地，以及独立运动的其他主要领袖对此都极为愤怒。和丘吉尔一样，林里斯哥也反对在短期内向印度人移交权力，而他的态度就像是早有预谋般的怠慢。大多数印度国大党领导人都宣称他们支持反法西斯斗争，但也有部分例外，其中最典型的当数前国大党主席苏巴斯·钱德拉·鲍斯，他于 1941 年 1 月离开印度前往德国，后又领导了日本支持下的印度国民军。尽管如此，到了 1942 年初，尼赫鲁和甘地越来越担忧，印度为英国付出的政治和军事支持可能无法换来切实可行的独立进程。英国人与国大党之间的关系变得如履薄冰，尤其是 1941 年 12 月亚洲爆发战争之后，就更是如此了。[21]

对蒋介石政府而言，中印关系至关重要。英日之间爆发战争的后果之一，就是滇缅公路很可能被关闭。蒋介石在 1940 年夏天就已尝过一次苦头。当时，丘吉尔政府迫于日本压力将滇缅公路关闭了 3 个月，但在那年最后几个月，滇缅公路每月仍向中国运送了大约 2 万吨物资。[22] 失去了这条补给线，由印度出发的“驼峰”航线所空运的物资就变得更加重要，而蒋介石也逐渐意识到，在击败日本之前，英国不应弱化对印度的控制。蒋介石提出访问印度并与国大党领导人会晤，这个想法惹怒了丘吉尔，所幸在驻重庆的英国大使阿奇博尔德·克拉克·卡尔的干预下，印度之行终于安排妥当。

大约 20 年前，还是青年军官的蒋介石曾访问过苏联，此后他就再未到过国外。当他抵达印度首都时，大英帝国正努力将其最大的殖民地印度作为抵挡日本侵略的屏障。印度军队的规模已经扩大了 10 倍之多，但这座城市的气氛仍然紧张，英国当局代替印度宣战的拙劣举动让这个国家的政治气氛充满了火药味。[23]

1942 年 2 月 11 日，蒋介石在德里会见了尼赫鲁和阿柴德，后者是国大党主席，也是反对将国家分裂为印度和巴基斯坦的穆斯林领袖之一。印巴分治是穆斯林联盟中的穆罕默德·阿里·真纳所拥护的主张。蒋介石与尼赫鲁相谈甚欢，这毫不奇怪，尼赫鲁曾于 1939 年访问过中国，并与蒋介石进行过几次热烈的会晤。虽然与蒋介石不同，尼赫鲁的个人背景和脾气秉性使他成了一位民主主义者，但两位领导者在坚持他们的反帝国主义目标时，都抱着世俗的态度，倾向于寻求务实的妥协。不过，蒋介石利用自己的“高资格”“教导”了印度人民。他告诉两位独立运动领导人，根据他的革命经验，他们不应该在过程和策略上犯错误。蒋介石称，他虽然同情印度的民族主义事业，对丘吉尔和英国人并无好感，但他也担心甘地和尼赫鲁对英国统治的反对立场可能会削弱同盟国为战争付出的努力。其实，尼赫鲁和甘地的立场并不相同：尼赫鲁主张抗击日本，但前提是印度必须先脱离英国实现自治；甘地则是坚定的非暴力抗争支持者。[24] 蒋介石写道：“极端之态度殊出意料之外也。”与之相反，和真纳的会面令蒋介石大失所望，他称真纳为“下等无赖之流”，并写道：“英人利用之人乃如此者，更可证明印度教与回教不能一致之非事实。”还表示，“真正爱国之回教”应该支持甘地和国大党。[25] 中国在 20 世纪的大部分时间里一直处于四分五裂的状态，蒋介石作为这样一个国家的领导人，无怪乎他会对一位主张分离主义的印度政治家有如此不屑的看法。

这次访问很快便引发了一场外交风暴。丘吉尔坚持认为，蒋介石作为国家领袖，不应该到位于瓦尔达的甘地家中访问，说得好像拜访这位“圣雄”是丘吉尔个人才有的特权似的。相反，甘地应该亲自前往新德里。蒋介石对此十分恼怒，他不断收到英国当局发来的深夜电报，警告他不要去拜访甘地。他拒绝对此作出回应。

2 月 15 日午夜，蒋介石收到了甘地发来的电报，深受感动。“更觉失国者失去自由之苦痛也，”他感慨道，“今晨召见卡尔大使告以余于离印之前必须与甘先生面晤或可。”[26] 最终，英国同意蒋介石与甘地在圣地尼克坦大学会晤。这所大学位于加尔各答附近，是由获得了诺贝尔文学奖的智者泰戈尔所建。

2 月 18 日，蒋介石与甘地进行了长达 5 个小时的会谈，宋美龄在一旁担任翻译。甘地对蒋介石说，他对中国抗战表示同情，不会妨碍英国援助中国。蒋介石试着提出共同合作的想法。换言之，就是支持印度在战争中发挥更积极的作用。甘地对此并未给出答复，反向蒋介石表示“不应强迫他改变自己的原则”，然后便按他惯用的方式转向纺织机纺起印度土布来，就此结束了尴尬的谈话。第二天，蒋介石写下了他沮丧的心情：

> 昨与甘地晤后，殊为失望。此或余热望过度之故，亦未可知。彼受英人统治之苦痛而演成今日之铁石心肠……彼唯知爱印度有印度，而不知有世界及其他之人类也……此乃印度哲学与传统精神所造成，只知忍痛而毫无热忱，实非革命首领之特性。余乃断言印度革命之不易成功也。[27]

甘地也意识到两人的谈话已陷入僵局。“我不认为自己有所收获，”他在给同事瓦拉巴伊·帕特尔的信中写道，“我们也没有什么可以教给他的。”[28] 宋美龄后来告诉尼赫鲁，她对甘地的斗争方式能否给印度带来自由感到悲观，此话让这位国大党领袖颇为不安。然而，蒋介石对甘地的评价是不公平的：甘地是一位国际主义者，他毕生的斗争事业始于南非，而非印度；他独树一帜的非暴力不合作哲学深受托尔斯泰等思想家乃至印度传统思想的影响。但蒋介石的正确之处在于，他看到了二人目标的根本分歧。对于一个在 20 世纪二三十年代军阀混战时代中诞生的领袖而言，甘地的非暴力原则是毫无意义的；此外，尽管蒋介石的个人生活并不算铺张浪费，但甘地推崇的极端简朴对于品味奢华的宋美龄而言也实在太不现实了。

1942 年 2 月 21 日，在出访印度的最后一天，蒋介石发表了告别演说，由宋美龄在电台中用英文代读。蒋介石的言论很大胆，他用南京大屠杀提醒听众，暗示他们不要把反帝国主义的希望寄托在日本人身上。他同时警告说，如果同盟国战败，那么“世界文明必倒退百年而不止”。不过，他还是将中国的自由与印度的自由明确地联系起来，并提醒英国应该在印度人民自己提出要求之前就将政治实权移交印度人民。[29] 毫无疑问，丘吉尔又一次火冒三丈。

在日记中，蒋介石思考了促成他访问印度的两股力量。他写道：“余发此告别书，完全协助印度之解放，英国政府或不甚谅解，但余深信于英实有益也。”他也注意到，他对印度自相矛盾的态度令尼赫鲁颇有怨言，后者认为他一面支持印度独立，一面却要求印度为英国的战争出力。蒋介石的回答是，政治从来都是让人迷惑的，要是能弄清楚，那就“乃为哲学而非政治矣”了。毕竟时值 1942 年 2 月，亚洲的战事才刚开始几个月，缅甸战役即将来临，蒋介石不知道（也不可能比丘吉尔或罗斯福更知道）印度是否会落入日本人的手中。蒋介石的全部利害攸关所在，就是印度最具声望的独立运动领导人能够支持对日作战，而不是仅仅默许。不过蒋介石的印度之行也坚定了他自己的看法：这场战争是创建一个新的反帝国主义亚洲的好机会。

在 2 月 21 日的告别午宴上，他语带责备地对尼赫鲁说：“以革命良机难得而易失。此时为印度革命唯一之良机，失此再不能遭逢矣。”尼赫鲁保持沉默，“似有领会”。[30] 蒋介石紧接着在 3 月又发表讲话，再次敦促印度领导人支持同盟国作战。他还向英国强调：印度已是除中国之外投入兵力最多的国家，承诺尽快赋予其独立地位将使这个国家深受鼓舞。[31]

然而，反帝国主义者的力量是有限的。1942 年 4 月，英国左派政治家斯塔福德·克里普斯爵士出使印度，却没能使殖民当局和国大党之间达成任何和解。仅仅几个月后，1942 年 8 月，尼赫鲁和甘地发起了“退出印度”运动，要求印度立即脱离英国而独立，结果导致国大党高层领导人和大约 10 万名参与者被捕。战争期间，约有 250 万印度军队在为同盟国作战，尽管这没有得到国大党的明确支持。

即使在如此局面下，蒋介石在出访印度时的态度依然重要。在一个所有非西方国家的人民都在寻求自由的时代里，一个非欧洲主权国家的领袖前去拜访独立运动的领导人，仍是一桩罕见的事。在其他同盟国的领袖中，没有人能得到同样的信任，进而与尼赫鲁或甘地会晤。私下里，蒋介石对于无法说服印度国大党领袖全力支持同盟国作战感到失望。在这事上，他的计划与丘吉尔或罗斯福并无不同，尽管丘吉尔不愿承认这点。如果英国当局能更全力地支持蒋介石，事情的结果可能会有所不同。但最重要的是，蒋介石出访印度，标志着在战争期间，中国第一次以世界大国和主权国家的姿态参与到了国际关系之中。

1942 年 1 月 14 日，美国战争部长亨利·史汀生在华盛顿摆下大宴，邀请的客人却只有一位：约瑟夫·史迪威将军。二人谈话的主题自然是中国。史汀生“认为中国人会接受一位美国指挥官”，史迪威在日记中记录道，并提及了史汀生的原话，“有越来越明显的迹象表明，命运之手在指向你”。[32]

在决定将集中兵力投入欧洲战场的同时，马歇尔也认识到，显示美国在亚洲奋战同样很重要：毕竟挑衅美国的是日本而不是德国。但他并不打算派遣美军地面部队到中国作战，于是就有了一种似乎可行的解决方案：劝说蒋介石接受一位美国人担任中国军队的参谋长。这既可显示出美国在与中国并肩作战，又无需调动数量庞大的军队，而史迪威就是马歇尔的最佳人选。

## "醋乔"史迪威

史迪威曾在西点军校任教，尖酸刻薄的言论为他赢得了"醋性子乔"这个绰号，而他对此也颇感骄傲。在两次世界大战期间，他曾多次被派往中国执行任务，说得一口流利的中文。1935 ~ 1939 年担任驻华大使馆军事参赞时，史迪威见证了中日战争的爆发，而他当时的报告也总会谈到一个不变的主题：对中国军队喜欢撤退而不是保卫领土的不解和愤怒。有一次，在被问到中国何时会发动反攻时，他答道："这得等到他们不再对反攻有天生的厌恶之后再说。"[33] 他认为，中国军官实在不具备现代战争所需的技能；但另一方面，普通士兵却有着克敌制胜的坚忍意志——他们需要的只是一位优秀的指挥官。史迪威没有统帅经验，但他有乔治·马歇尔这位极具影响力的朋友。史迪威相信，只要他能获得中国军队的"指挥实权"（他在日记中是这样写的），他就能率领他们有效抵挡日本的侵略。[34] 结果，1942 年 2 月 6 日，马歇尔向重庆的美国驻华军事代表团团长约翰·马格鲁德将军发去了一封电报，明确了史迪威的职务："中国和缅甸境内的美国军队将由史迪威指挥，但史迪威将军个人将接受总司令（即中国战区总司令蒋介石。——译者注）的指挥。"[35] 官方对史迪威角色的定义与史迪威自己的看法并不相同，二者之间的差距将很快显现出至关重要的影响。

美国正式加入第二次世界大战，使得重庆在 1941 年 12 月之后成了一个极为特别的城市。虽然美军并未被派往中国战场，但大量涌入的美国官员和军方人员已经成了重庆日常生活的一部分。有时，这种影响会导致可笑的结果。一份报道称一名当地学生因为用美国口音说中国母语而受到训斥。她的老师在她尝试过新腔调后说道："小姐，请记住我是你的老师，不是你的男朋友。"[36] 美国的存在感还表现在其他各个方面，不仅看得见，也能听得到。格雷厄姆·佩克在中国度过了战争年月，其间他一直为战争情报办公室（OWI）工作。他的职责是为抗战的努力和中国的新盟友美国做正面宣传。佩克将自己被派往重庆任职的经历写成了引人入胜的回忆录，其中就描述了出现在这个饱受战争之苦的城市中振奋人心的新景象。伴随着“低沉而巨大、裂帛般的轰鸣，天空中出现了美国P-40战斗机，机头上漆着‘飞虎’标志和鲨鱼的利齿”。P-40为观众表演了半个小时，它们在空中上下翻飞，“像一群欢快的飞鱼”；作为回报，“50万人的齐声欢呼”使飞行员们洋洋自得。重庆人民在看到他们装备先进的新盟友时欣喜若狂。[37]

陈纳德将军早在1937年就来到了重庆，他为中美正式结盟感到高兴。他率领的“飞虎队”在“珍珠港事件”之前就已获准扩增100架P-40战斗机，其中大部分飞机在1941年末该事件爆发前便运抵中国。[38]1942年，志愿援华航空队被正式重新编入美国第14航空队，成为唯一在中国执行实际战斗任务的美国部队。然而，史迪威的到来却给这批美国飞行员带来了麻烦。陈纳德坚信空中力量是中国快速战胜日本的关键，史迪威却更相信经过良好训练的地面部队。一场对台戏即将上演，它将使中美之间错综复杂的关系变得更加紧张。

蒋介石的最大愿望，就是美国能派出地面部队支援中国抗战，但盟军指挥官们从未认真考虑过这一点。美国军方历史学家说得很清楚：

> 美国不会派遣地面战斗部队，因为根据战争部的打算，美国在中国的作用就是帮助中国人自我防御。战争部和参谋长联席会议愿意为之提供建议、技术以及空中支援，但仅此而已。此外，每向中国派遣一个美国人，就意味着每月要向中国运送0.62吨补给物资，因此史迪威必须将在华美国地面部队和服务人员保持在最小规模，以尽量减少战略物资的消耗。[39]

史迪威指挥中国军队的机会很快就到来了。盟军指挥部做出的首要决策之一，便是在缅甸，而不是在中国，来击退日军的进犯。缅甸位于中国和印度之间，“珍珠港事件”之前，中英两国就担心缅甸难以抵挡日军的进攻。如果缅甸沦陷，日本便可长驱直入印度东北和加尔各答，整个印度东部都将处于危险之中。滇缅公路持续每月运送 2 万吨战略物资，除此之外，唯一的补给线就是从印度飞往中国的“驼峰”航线，但空运物资的数量显然远不及地面运输。即便有如此利害，日本对缅甸的威胁却并未引起盟军重视，那里仅有约 1.2 万人的部队驻守。[40]

1942 年 2 月，日本发动了对缅甸的袭击。起初，日本同样没有将这块英国殖民地当作优先目标，但几个月前发生的事件使它大受鼓舞。“珍珠港事件”之后，日军在短期内接连攻下了香港和菲律宾。一时间，强大的英国军队似乎不再是令人生畏的对手，缅甸自然也就变成了一个更为诱人的目标，而且这种诱惑还是双重的：切断中国国民党的滇缅公路补给线，同时让英属印度的东侧防线更加脆弱。2 月 9 日，日本陆军第十五军开始攻打缅甸首都仰光，随后向北进逼同古和曼德勒。

面对如此形势，蒋介石提议派出第五军和第六军前去保卫缅甸中部城市同古，以缓解英军防守仰光的压力，可这一表态却遭到了印度英军总司令、英国远东战区最高司令阿奇博尔德·韦维尔的拒绝。韦维尔的部分理由是合理的，但很大程度上还是帝国自尊心在作祟。他写信给丘吉尔，认为缅甸由英军防守比由中国军队防守“更好”，但在这种情况下丘吉尔并不同意韦维尔的判断。[41] 史迪威当时仍在华盛顿，他轻蔑地写道，韦维尔“不愿意肮脏的中国人到缅甸去”。[42] 类似的情况在第一次世界大战期间也发生过，当时法国已同意中国派出作战部队到欧洲帮助协约国，可这一提议却被英国回绝。[43] 然而，如今英国人在东南亚的处境越发朝不保夕了：新加坡最重要的军港于 2 月 15 日落入日军之手，这是大英帝国在整个“二战”期间最惨痛的溃败之一。

哈罗德·亚历山大将军指挥下的英军没能守住仰光，他们选择了撤退。3 月 8 日，日军占领了这座城市，并立即计划向北进攻同古。

虽然亚历山大和蒋介石之间互不信任，但他们同样确信，目前最好的策略就是撤退。亚历山大关心的是让英军回撤防守印度，同时利用中国军队做挡箭牌；蒋介石主张防守缅甸中部的曼德勒，但要求英军为防守此地的中国军队提供更多、更积极的协助。双方都放弃了缅甸南部。[44]

史迪威可不这么想。他于 1942 年 3 月初经印度抵达重庆，此时他已被任命为蒋介石的参谋长。在结束与蒋总司令的第一次正式会谈后，史迪威很是赞许地写道："蒋介石看起来渴望战斗，对于英军不断后撤、半死不活的状态已极其厌倦。"[45] 蒋介石最初也颇为欢迎史迪威的到来，但他明确表示自己才是中国战区的总指挥，并希望史迪威服从他的命令。蒋介石愿意接受美国对史迪威的任命，这样能显示出中美之间的密切关系，但他绝无意将实际指挥权交到一个西方人手中。

## 远征缅甸

3 月 9 日和 10 日，史迪威与蒋介石开会讨论了缅甸的作战策略。蒋介石主张一个谨慎的方案：中国军队进入缅甸北部，防守缅甸与云南的边界。而当时，云南由地方实力派、彝族人龙云控制。蒋介石相信有机会守住曼德勒，并希望史迪威能迫使英国人支持中国军队守住这座城市。但史迪威却支持进攻策略，声称从同古向日军发起反击能确保更大的胜利。他在 1942 年 3 月 9 日的日记里写道："仰光至关重要，一旦失守，补给将被切断。"接着又写道："我有一种预感，日本在此地投入的兵力并不雄厚。"[46] 由于没有美军参与，史迪威将指挥中国军队作战，主要是第五军和第六军，它们是中国仅存的精锐之师。

与蒋介石一样，史迪威也相信，积极参与世界大战将导致中国更容易遭到攻击，他也确实认为应该在中国本土反击日本。他的某些领导也同意这个观点，在一份发给英美联合参谋部的备忘录中，马歇尔直言不讳地指出了史迪威的职责。他写道："太平洋战区是重要战场，我们必须依靠中国来牵制日本不断增加的兵力。"[47] 由此可见，史迪威主张的进攻策略与马歇尔的意见是背道而驰的。

但这种冒险策略的确有其用武之地：10 年之后，道格拉斯·麦克阿瑟将军在韩国仁川大胆实施了两栖登陆作战，彻底扭转了朝鲜人民军的进攻之势。但与 1942 年的史迪威相比，麦克阿瑟的经验更加丰富，谋略也高明得多。蒋介石反对史迪威的意见，指出驻守在缅甸的盟军没有足够的空中掩护或坦克支援，如果第五军和第六军战败，那么中国西南的防御形势将更加严峻。他反复强调史迪威确实拥有军队的指挥权，但也要求在中国军队于曼德勒附近部署兵力之后，应由他来决定适当的反攻时机。

起初，对于中国军队的美国指挥官这一身份，史迪威还保持着一定程度的自知之明。"我对中国人认可我的方式感到惊奇。"他如实写道。[48] 史迪威并不打算从英国人那里寻求认可，他在日记中唤他们为"英国佬"，还挖苦英国驻华军事参赞兰斯洛特·丹尼斯少将想让中国人"冲上去拯救大英帝国"。[49] 他将自己比作中国人的知己，并对英国人表现出十足的不屑，这种固执的想法唤醒了他个性中轻率、鲁莽的一面，用不了多久就会显现出来。

最初短暂的热情退却后，史迪威和蒋介石爆发了接二连三的冲突。史迪威开始在日记里称蒋介石为"花生米"，这显然不是个友好的绰号。蒋介石希望在缅甸边境采取防御策略的想法遭到了史迪威的嘲讽。"如果不发生意外，也许在 1 个月内我们就能发动攻势。他要我们打一场必胜的仗，"史迪威在日记里嘲笑道，"他再次对我说，绝不要让第五军和第六军吃败仗。于是我对他说，让他另外派一个能保证打胜仗的人来，因为我无法做到这一点。"[50] 史迪威将蒋介石的反对理解为过度谨慎，甚至是怯懦。但作为一个背水一战的国家的领导人，对一项大胆的策略有所疑虑并不令人意外，更何况它是由一个毫无指挥经验的外国将军提议的，尤其是这还关系到他两支精锐部队的生死存亡。无论如何，蒋介石不希望与他的新参谋长之间产生罅隙，所以尽管疑虑重重，他还是准许了史迪威实施其策略。

3 月 21 日，史迪威回到缅甸。同古正遭受日军攻击，史迪威还没来得及和中英两方详细讨论自己的作战计划，就仓促命令麾下的国民党第五十五师和第二十二师南下，向彬马那和瓢背的日军发起反击。[51] 在写给妻子的信中，史迪威似乎承认了这是一次冒险行为。“日本人对马圭的空袭几乎断绝了我们本已匮乏的给养，我们不得不完全接受现实，目前这段时间不会有反击发生，”他继续写道，“不过，中国人经常遇到这种情况，我相信他们能忍受比这更艰难的条件而不会崩溃。”[52]

对史迪威判断力的考验很快来临了。第二天，3 月 25 日，日军包围了同古，史迪威拒绝下达允许被困的第二〇〇师从同古撤退的命令。他相信在其他人都惊慌失措时，自己应该坚定不移。史迪威写道：“蒋介石和他的反复无常让我感到担忧。”他还总结道：“在实施一个不被接受的计划时，一定要慢慢来。”这里面，“不被接受”指的是蒋介石希望撤退。第五军总指挥杜聿明“又一次在窘境中发火了，他发作时可怕极了，一切都糟透了。仁安羌的英国士兵之间发生了骚乱，英国人正在摧毁油田。天哪，我们究竟为何而战”。[53] 如果史迪威的策略奏效的话，他对自己正确性的肯定也许会更加容易理解。但他的策略失败了。蒋介石在其日记中失望地写道：“余明知我虽牺牲而无益，然为全局与美国关系计，又不能不撑持到底。”[54] 随着日军越来越逼近同古，蒋介石在 3 月 30 日最终批准了全师撤退，这正好给了史迪威谴责蒋介石企图干涉和质疑其指挥权的口实。第二天中午，史迪威登上飞机，4 月 1 日凌晨 2 点他回到了重庆。他写道：“我是愚人节的傻瓜吗？从 3 月 19 日到 4 月 1 日一直在缅甸苦斗，同中国人、英国人、自己人苦斗，还有给养、医疗服务等问题。偶尔，还和日本人斗斗。”史迪威并未意识到，他自怜的口吻倒是与蒋介石越来越相近了，后者在战争之初也曾写过，除了妻子没有人能理解他。蒋介石的日记确实在某些地方显示了自我怀疑，但这种怀疑在史迪威对同古大溃败的评价中几乎不存在：“由于愚蠢、恐惧和态度消极，我们失去了一个在同古打退日本人的绝好机会。根本原因在于蒋介石的插手。”他还形容中国的政治和军事战略“拐弯抹角、间接而隐晦”。

史迪威绝不是什么傻瓜，但他的个性特点显示出他作为一名军事指挥官在领导技巧上的局限性。他用一种独特的方式看待世界，任何与他的观点背道而驰的想法都入不了他的法眼，甚至会被认为是蓄意与他作对。

中午，史迪威便面见了蒋介石，并“向他摊牌”，要求解除自己的指挥权。“我不得不板着面孔告诉蒋介石，他的部下没有执行他的命令，而实际上他们很可能是在按照他的吩咐行事。”他也确实发现，让中国人把他们的军队指挥权交给一个“该死的外国人，却又不能过于信任他”，一定是件很为难的事。但他的日记里随后记下的话显示了史迪威不够谨慎的心理状态：“最糟糕的事发生在新闻界，我还没得到站稳脚跟的机会，报纸就已经开始对我口诛笔伐。要想正名，我就必须在一周内攻入仰光。要是日本人把我赶出了缅甸，那在他们眼中，我得是个多蠢的傻瓜啊！”[55] 在新闻界，史迪威被他的盟友描绘成一个进取而无私的人。用白修德的话说，他决心要“全心全意，以民主的方式”战斗，“绝不容忍任何腐败、欺骗或外交寒暄式的琐碎细节”。[56] 实际上，由于本就缺乏指挥经验，现在又加上缅甸战败，史迪威也许比其他任何同级别的指挥官都更能对自己的处境进行想象。

蒋介石陷入了进退两难的境地。他确实向同古的师级指挥官下达了撤退的命令，只有这样做才能保住他的部下和军队，因为史迪威面对势不可挡的日军反攻毫无撤退的打算。蒋介石将史迪威视为一个鲁莽的决策者：急于证明自己，甚至不惜将中国最精锐的部队投入火坑。就在那一周，蒋介石对史迪威保证能在 13 天里建成一个新机场深表怀疑，他写道："彼受英方之欺，而又欺我者也。"[57]不管怎样，蒋介石等了 4 年多才等到美国成为他的盟友，如果不到 4 个月就与中国战区的美国高层指挥官爆发一场全面冲突，这种后果是他无法承受的。蒋介石咨询了他的夫人宋美龄，后者一直在强调安抚史迪威的重要性。史迪威在日记里专门提到了宋美龄，称她"直爽、坚强、精力充沛、热衷权力，对蒋介石有很大的影响，主要是好的方面"。[58]蒋介石邀请史迪威来到位于重庆市郊的黄山官邸，那里是远离破败嘈杂城市的避难所，即使是空袭时也相对安全。蒋介石宣布将派罗卓英将军随史迪威回缅甸，此后便由其负责将自己的命令传达给下级中国指挥官。不仅如此，蒋介石自己也会和他们同往，并明确宣布他个人支持史迪威对军队的控制权。"这对我来说是一个重大的胜利，"史迪威写道，"当你想到他们的历史以及他们与外国人打交道的经历时，蒋介石的这一姿态着实宽宏大量。"[59]一行人乘机飞抵缅甸中部的眉谬，其中不仅包括蒋介石和宋美龄，还有作家克莱尔·布斯·卢斯，她是《时代》周刊发行人亨利·卢斯的夫人。在那里，中国军官于公开场合下接受了指示：他们必须无条件服从史迪威的命令。

缅甸的战况到了危急关头。史迪威想让中国第五军集结到缅甸中部的彬马那，吸引日本人进入包围圈。但这个计划很快就土崩瓦解，英国人害怕自己会被包围，不愿掩护右翼的中国军队。4 月 18 日，在彬马那以西的产油区仁安羌，英军威廉·斯利姆中将麾下的部队有被日军包围的危险，史迪威被迫调动中国军队前去救援。[60]"有传言说日本人的坦克师在垒固，"史迪威在 4 月 20 日写道，"目标是腊戍吗？天哪，这一举措会把我们彻底压垮。"[61]

盟军向南推进的希望迅速化为泡影，它只能在部署于该地区的精锐部队被日军消灭之前拼命撤退。然而，由于英国、中国和史迪威都不愿相信彼此的动机和判断，撤退也是拖拖拉拉。同时，正如史迪威担心的那样，日军对缅甸东部的腊戍展开猛攻。4 月 29 日，腊戍失守。

现在真正的危险，是数量巨大的盟军被围困在缅甸境内，无法突破日军的防线。“崩溃瓦解的危机迫在眉睫。”史迪威写道。[62]

一场新的意志较量在史迪威和蒋介石之间展开。史迪威命令杜聿明带领他的第五军撤退至印度，而不是中国。得知参谋长要把大批部队带到印度，蒋介石大惊失色，甚至怀疑史迪威因进攻计划受挫而丧失了决心。[63] 蒋介石撤销了这道命令，反而下令杜聿明率军前往北缅重镇密支那。蒋介石随后接到消息，史迪威和他的指挥部正离开缅甸前往印度。蒋介石无法相信史迪威竟抛弃了名义上受他指挥的部队。[64] 他震惊地写道：“此种军人，殊非预想所及，岂彼或为战事失败，神经不安之故乎！”[65]

史迪威决定逃出去。5 月，他带领一支约 80 人的团队出发了，队伍中有美国人、中国人，还有英国士兵、印度机械师和缅甸护士。史迪威带领这支不可思议的队伍开始了丛林之旅，一路上，疾病和毒蛇带来的危险丝毫不亚于敌军的威胁。“英国佬的脚全出毛病了，”他于 5 月 8 日写道，“我们的人疲惫不堪……猴子在丛林里吱吱地叫，轰炸机在头顶盘旋……营地暑热难耐，到处都是虫子。”他们终于在 5 月 20 日与外界取得了联系，当到达印度东北部的因帕尔时，省总督府的一个“老傻瓜”接待了他们。[66]

吸引眼球的机会谁也不会错过，5 月 25 日，史迪威在新德里召开了新闻发布会。“我要说的是，我们挨了一顿狠揍，”他宣称，“我们从缅甸逃出来，这是个奇耻大辱。我认为我们应该找出原因，然后打回去，收复缅甸。”在给自己夫人的信中，史迪威十分坦然地推卸了责任，并说出了自己的打算。“我将回去向总司令（蒋介石）报告，我当然有许多东西要告诉他。他将听到一些他闻所未闻的事情，观察他作何反应会是一件有趣的事。”[67]

实际上，蒋介石已经决定，他必须即刻解除史迪威的职务，尽管他还没告诉史迪威。[68] 蒋介石写道：“今而及知此所谓‘同盟与互助’

皆为虚妄之语，美国亦不能外此例乎。”[69]

值得一提的是，史迪威的“丛林探险队”无一伤亡，但是原受他指挥、现在被落在缅甸的部队就没那么幸运了。罗古是杜聿明将军麾下第五军中的一名士兵，他们与日军进行了激烈的战斗，甚至还捕获了几头大象。但从 5 月初开始，通信中断了，他们试图向西北行军前往曼德勒。罗古回忆道：“草莽丛林，掩盖千里，使人干渴得要命。”不久，他们就迷路了。当他们在稻田间跋涉时，飞虫从四面八方袭来，接着一阵雷雨滂沱，将他们浇了个通透。几周后，情况更糟了。士兵销毁了武器，因为他们再也没有体力携带沉重的器械，也不想让日本人得到它们。他们行军已经超过了一个月，罗古写道：“官兵们都衣衫褴褛、鸠形鹄面。我们每个人背着一个米袋，提着一个罐子或一只煤油桶，另一只手里便是一根拐杖。”士兵们不但行军艰难，而且饮食匮乏。“一个月来没有吃一滴油，大便紧而干结，肛门已经裂开了。什么时候可以给我们一滴油啊！”无论他们走到哪里，倒毙的死尸都随处可见。连队的伙夫不见了，找到时，尸体已残缺不全，大概是被丛林中游荡的猛兽吞吃了。6 月中旬，季风雨每日都倾盆而下，士兵们已经断粮，只好挖草根果腹。甚至在空投粮食时也发生了悲剧，几名士兵被掉落的面粉袋击中身亡。因长期饥饿，此后又有多人在分得食物后暴食而死。8 月初，罗古和他的同伴们终于到达了印度。[70]

新三十八师虽因日军袭击和疾病有所伤亡，但大部分队伍都在孙立人将军的指挥下顺利抵达印度；第五军的部分军队不得不冒着日军持续的空袭，向缅北的密支那行军；第九十六师和第二〇〇师的主力基本完整地回到了中国；第六军在日军袭击下几乎全军覆没。日本人继续向云南进军，打到了中国的家门口。这次蒋介石派出了包括陈纳德的“飞虎队”在内的部队前去迎战，但此时的日军已没有必要再深入中国境内了，它已经实现了主要目标：切断重庆的补给线——滇缅公路。[71] 由于无法获得可靠的陆上或海上补给，国民政府现已接近彻底被孤立的险境。是不是史迪威失败的缅甸战略毁掉了国民政府的关键防御？对比另一个选择，即撤退至缅北的方案，尽管得到国民政府和英国人的共同拥护，但同样可能造成该地区被日军侵占、滇缅公路失守的结果。只不过，史迪威高风险的赌博战略有更大的失败可能性。它造成了大约2.5万中国军队和1万驻印度英军死伤，而日军伤亡仅4500人。[72] 选择撤退也许意味着第五军和第六军可以保全更多兵力以防守中国。但无论这种选择是什么，事实是，到1942年春天，国民党统治下的中国已再无可能通过缅甸获得补给了。史迪威的选择造成的政治后果和经济损失，将在未来数年里对蒋介石政府产生影响。缅甸补给线的切断也让史迪威获得了另一个好处，大约4.5万吨租借物资原本是发往中国的，现在只得转而分配给抵达印度的国民党军队。[73] 整个战争期间，史迪威掌握了向中国发放租借物资的权力，但多数物资都分配给了他所偏爱的计划，这种做法将逐渐侵蚀同盟国与国民党之间原本就不多的信任。

缅甸大溃退的另一个影响，就是在全球战争爆发仅几个月后，它就为西方国家对中国抗战努力的看法定下了基调。它使外界认为，由于蒋介石这个腐败而不合作的领导人的阻挠，西方军官（主要是美国军官，尤其是史迪威）试图激励中国的努力更加无济于事。蒋介石非常清楚这一点，史迪威关于中国的军事报告“皆极轻视且力加污蔑”，他写道，“对我接济亦甚冷淡，思之愤痛”。[74]

蒋介石派往缅甸的军队丝毫无助于提升中国的军事威信。不过，与英国人在这一地区的全面溃退相比，中国的表现并不算特别糟糕。同盟国责备蒋介石把中国的利益放在首位，但这无可厚非。它们还指责蒋介石无法指挥一支如英美般强大而训练有素的军队，随着他的统治根基越发削弱，西方开始将其视为无足轻重的人物。造成中国军队如此不堪一击的外部原因（尤其是4年的持久战）并未被理解为向蒋介石提供额外援助的正当理由，反而被当作一种失败来看待。

在缅甸战役进行的同时，另一起事件同样反映了中国在西方盟国眼中的低下地位。1942 年 4 月 18 日，16 架 B-25 轰炸机从美国海军航空母舰“大黄蜂”号上起飞，对东京、大阪和名古屋等日本城市的军事和工业建筑实施了打击。它们造成的破坏并不大，但空袭显示了日本在面对空中打击时的脆弱。这一行动被称为“杜立特空袭”，是以行动指挥官、空军中校詹姆斯·杜立特的名字命名的。袭击的新闻对美国的战争努力而言是一场巨大的宣传攻势，可它却吓坏了蒋介石。美军飞机返回时计划降落在中国东部浙江省内国统区的机场，但实际上没有一架飞机正常着陆，它们分别迫降于中国东部的不同地点。此外，一架飞机还降落在了苏联沿海的符拉迪沃斯托克，并被扣留 1 年之久。这次袭击使日本恼羞成怒，它袭击并摧毁了陈纳德在浙江建造的所有机场，并对周边地区的居民犯下了残忍的暴行。这次受到美国公众欢迎的行动却给中国的抗战努力造成了巨大的负面影响。[75]

在接下来的 1 年里，美国飞机的出现继续为中美关系制造了紧张的气氛。一位美国军事参赞心怀不满地写道，他的中国同事说“中国人开始讨厌美国人”是因为每当美国飞机飞过头顶时，他们都不得不拉响空袭警报。村民们只有等到飞机出现时才知道它们是敌是友，村长必须经常疏散当地居民以防轰炸，这干扰了人们的日常生活。陈纳德的回答是，只有“当中国人可以向他证实非敌占区里没有一个日本间谍时”，他才会预先通知他们，而这显然是不可能的。[76] 美国人有理由担心，向中方透露空袭时间会让美国飞行员陷入可怕的危险中，因为敌人也有可能掌握这一信息。然而，美国人对中方高级军官的不信任，也不可避免地凸显了双方间的不平等。

此外，蒋介石的统治正从内部遭到侵蚀。罪魁祸首既不是叛乱将领，也不是靠不住的盟友，而是迫使他与人民对抗的自然灾害和社会力量。

第 14 章

# 河南大饥荒

如果只能用一个词来描述 1942 年的河南，绝对非“饥饿”莫属。为了活下去，人们吃草、吃树，甚至吃土，最后发展到吃人。实在没吃的了就逃荒，可兵荒马乱的环境连荒也难逃……天灾、兵灾还有趁机敛财的腐败官员，中国老百姓的日子过得实在是太苦了！

## 前所未有的困境

1943 年 2 月，记者李蕤来到河南省采访。河南在中国历史上享有极其重要的地位，穿省而过的黄河滋养了中国最古老的文明，洛阳、郑州等城市的历史可以追溯到数千年之前。在这片肥沃的土地上，每年产出的粮食养活着数以百万计的中国人，此地大量人口在过去 5 年的抗日战争里为中国军队充实了兵源。1938 年，蒋介石为阻止日军进犯，下令炸开黄河河堤，导致该省部分地区深受苦难。现在又有传闻说，一场可怕的饥荒正在吞噬这里的人民。政府的新闻审查制度令报纸报喜不报忧，所以李蕤希望亲临实地探求真相。

李蕤写道：“在从义井铺到偃师这一路上，我见到 3 具尸体横在马路旁。其中一个是老人，他脸朝下趴在路边的麦田里，不知谁把他的衣服都剥掉了。”[1] 李蕤继续向河南腹地行进。走到一处，他询问一位老人为什么有那么多人聚集在洛河岸边。老人回答称，那些人是在拾鸟粪。洛河一带有许多大雁，人们会将鸟粪用水淘洗，挑出其中可食用的部分：未完全消化、尚可食用的草籽。[2] 不管这事听起来有多可怕，在那个饥饿的春天，它都算不上是河南人民遭受的最悲惨经历。

随着中国在全球的政治影响力突然扩大，国内形势也开始发生变化。“珍珠港事件”后，蒋介石将更多的时间花在了与史迪威、罗斯福、韦维尔和丘吉尔等人的交涉上。缅甸大溃退显示出中、美、英这几个名义上的盟友还远未成为真正的合作伙伴。与此同时，蒋介石的目光也不只盯在中国周边迅速变化的局势上。在远离中央控制的地方各省，仓促实施的官僚体制、救济粮政策和军事管理措施在重重压力下变得脆弱不堪。这些压力不仅来自日军威胁，还来自中国内部不断激化的社会矛盾：国民党政府和同盟国不顾中国国内资源日渐短缺，仍要求人民再三忍耐。

尽管中国与西方大国结成了它曾朝思暮想的联盟，但多种迹象表明，在战时体制下，双方的关系进展很不顺利。格雷厄姆·佩克为美国政府机构战争情报办公室工作，他的职责是大力宣传美国与蒋介石联盟所产生的积极作用。但他很快就认识到，人们对此的第一反应是“讥讽与嘲笑，以及国民党日渐脱离现实的趋势”。[3] 重庆政府的新决心无法掩饰这个事实：国民党对西南以外地区的控制力已越来越薄弱。

关于国民党统治的腐化堕落，蒋经国可以为蒋介石提供第一手信息。蒋氏父子的关系一直有些疏远，蒋经国于 1927 年前往苏联，并在那里生活了 10 年。1935 年，蒋经国与白俄罗斯籍妻子蒋方良结婚。1937 年，蒋经国回到中国，被安排至贫困的江西省赣州县主持事务。在赣州期间，蒋经国在日记中记录了国民党极力深入边远省份实施现代化、集权化统治的大量事例，其中也包括失败的例子。

1940 年 6 月刚到赣州时，蒋经国视察了当地一所破败的学校，其中一名“学生”其实是个 30 岁的逃避兵役者。蒋经国向学生连续抛出数个问题，比如“国民政府在哪里”，没人回答。当问到“汪精卫在哪里”时，有人说“在日本”；但问到“日本在哪里”时，课堂内便是长久的沉默，只有一个学生答道："在日本帝国主义那里。"其他公共机构的水准同样让人沮丧，一家医院一无所有，只能给病人提供稀粥。脏乱的县政府办公室里，到处弥漫着凄凉冷清的气息，居然还有一大壶尿置于其中，这让人难受得无以复加。更令蒋经国感到悲哀的是，他发现当地县长竟将一摞户籍登记表作枕头用。当被问到为何没有毯子时，县长回答说，他将毯子锁起来了，以免被偷走。[4] 在整个抗战期间，蒋经国一直留在赣州，该地区也因他实行的社会改革而广为人知。但即使在管理赣州几年之后，蒋经国仍然对当地人的贫困程度感到震惊。比如一位 66 岁的老妇抱怨说，当地粥厂在这 3 年里发放给她的米从来都不够吃。还有蒋经国在日记里提到一间"臭气扑鼻"的破败房屋，那是因为屋主不得不以捡狗粪为生，而这些捡回来的狗粪需要先储藏起来，再称重卖掉。[5] 国家统一的概念在这些偏远地区根本没有意义。

为了建设理想的新中国，蒋介石必须打败日本；为了打败日本，他就需要建立军事同盟。终于，蒋介石在"珍珠港事件"之后成功组建了一个同盟。然而，结盟的直接后果却是有更多的外部补给线被切断。由于军需供应对于维持中国抗战必不可少，也就导致保持社会和经济稳定越发困难。

阿瑟·杨格既是中国战时财政的记录者，也是当时实施财政控制的参与者，他同样看到了新同盟带来的影响。杨格曾任美国国务院的经济顾问，1929 年受邀成为蒋介石政府的财政顾问。战争爆发后，他毅然选择留在中国，在这个国家日渐沉沦的过程中，他成长为一位值得信赖的人物。早在 1937 年 9 月 11 日，杨格就建议"实行新的实物税，考虑以粮食的形式征收，以满足军队需求"。战争早期粮食丰裕时，这项政策的实施似乎并不紧迫。但 1940 年的粮食歉收促使国民政府行政院（一个相当于政府内阁的重要机构）采取了"田赋征实"政策，即以粮食而非货币的形式征收土地税。这一政策得到了罗斯福总统的特使劳克林·居里的支持。1941 年 7 月 1 日，"田赋征实"开始实行，紧接着又出台了征购稻米和小麦的新规定。[6] 在河南、山西、陕西等北方省份，小麦是主要粮食；对于包括云南、广西在内的南方省份，稻米则是主要粮食。[7]

这项政策是有其合理性的。军队正遭受疾病、饥饿、士气低落的侵袭，又失去了来自英属印度的重要粮食供给，所以征粮是必要措施。否则，庞大的国民政府常备军根本无法生存。史迪威将军抱怨中国在抗日方面无所事事，这种误解是由多种原因造成的。盟军的战略只关注欧洲和太平洋战场，而在中国展开一场全面战争所需的资源消耗将大大超过美英两国的承受力。唯一能阻挡日本进军中国腹地的就是现存的国民革命军。如果国民政府决定弃土不守，很可能导致日本在 1942 到 1943 年间彻底征服中国。

不过，征粮政策的确给本就脆弱的中国经济造成了切实的损害。1940 年 3 月，汪精卫的伪国民政府在南京成立，汪伪政府在日本的支持下发行了一种新货币，并使用恐怖手段强迫人民接受伪币。中央银行首当其冲，成了汪伪政府的目标。1940 年 3 月 24 日，一枚炸弹在上海法租界的中央银行分行爆炸，造成 70 人死亡。在随后几个月里，又发生了多起银行职员遭到绑架和恐吓的事件。[8] 持有国民政府法币的人不得不设法在国统区里用掉这些货币，导致纸币流通量激增。[9] 更糟糕的是，这恰好发生在粮食日趋紧缺之时，因为物资补给线已被逐一切断。通货膨胀由此盛行。

“田赋征实”政策确实缓解了通货膨胀，因为军队不再需要从公开市场上购买大量粮食了。从 1942 年起，重庆政府每年征得的粮食可达 6000 万石（1 石为 60 千克）。然而，沉重的负担却落到了国民政府控制下最富庶的几个省份上，尤其是四川。同时，这项政策也为腐败投机行为提供了机会。[10] 归根到底，新税制将更多的战争负担转嫁给了农村。从战争之初开始，农村就是征兵的重点地区，但农民并未遭受重大的粮食短缺，收成良好以及未实行“田赋征实”时，农民是可以自给自足的。突然间，供养军队的负担直接落在了农民身上。河南作为传统的富庶省份，又是中国军队和日军对峙的前线地区，这一重担在 1942 年夏天就变得尤其明显了。

战争头一年的粮食收成特别好。但是 1939 ~ 1940 年中国南方的稻米产量从 7.533 亿石下降至 6.189 亿石。实际上，此后数年的粮食收成再也没能达到战争前 3 年所保持的高产量。1940 ~ 1941 年，北方地区的小麦产量则从 2.011 亿石下降至 1.651 亿石。[11] 粮食产量不稳定是常有的事，但粮食歉收再加上种种战时苛政，后果就是致命的了。

## 恐怖的大饥荒

张仲鲁就是这种后果的见证人之一。1942 年，张仲鲁担任河南省建设部部长。他曾就读于密苏里大学和哥伦比亚大学，是新一代中国留过洋的技术人才。“黄金十年”期间，国家发展的希望就寄托在这批人身上。张仲鲁在仕途上发展迅速，还曾担任过河南大学的校长，但其国际化教育背景和人生经历尚不足以帮助他应对河南在战争时期面临的考验。张仲鲁后来回忆，当年年初的诸多因素汇集才导致了可怕的后果。河南大部分地区在 1941 年初的豫南会战中遭到了日军的入侵和占领。[12]1942 年春天滴雨未下，麦收产量只有平日的一两成。张仲鲁回忆道：“麦收之后，人心惶惶，有不可终日之势，但尤寄托希望于秋收，孰知又一夏未雨，早秋几全枯死。”一些有水井的地方虽然免遭干旱，却也未能幸免于难，因为“蝗虫复又为害，禾苗立被噬光”。[13]

问题的关键并不在于缺少粮食，而是缺少把粮食运往缺粮地区的组织。邻近的陕西和湖北两省是有粮的，可当地政府却不愿向河南运粮。这不只是自私的问题，“田赋征实”使大量粮食被征购或充公以供养军队，省政府自然就没有兴趣出售宝贵的粮食去换取日益贬值的法币了。蒋介石的确宣布了削减河南征粮配额，可实际上，河南征粮局局长征收的粮食比配额要求的还多。[14] 饥荒开始在河南全境蔓延，而贪官污吏却将这场天灾变成了人祸。

1942 年夏天，重庆政府派出官员前往农村地区实地考察灾情，同时也检查“田赋征实”的执行情况，张仲鲁就是视察员之一。荥阳县县长左宗濂含着泪告诉张仲鲁，他无法完成征粮任务。在郑县，县长鲁彦告诉他，一户姓李的人家把家里最后一点粮食交给征粮官后，就全家投河自杀了。张仲鲁说：“他（鲁彦）痛哭失声，跪地叩头，求免军粮。”张仲鲁所见越来越多，情况也越加糟糕：

> 沿途灾民，有挖草根的，有摘树叶的，还有剥树皮的。从郑州循大路南行，乞食逃荒的人络绎不绝，景象凄惨，令人目不忍睹。[15]

这些还只是秋粮绝收后，饥荒刚开始时的情景，更凄惨的事还在后头。张仲鲁沿途走来，处处可见绝望的景象，方城城外就有一处卖人的“人市”。张仲鲁眼见一对夫妇因无法生活，丈夫只好将妻子出卖。他们分手时，妻子对丈夫喊道：“我的裤子质量还比较好，咱俩脱下换一下吧。”丈夫一听此言，抱头痛哭说：“不卖你了，死也死在一起！”

对更多的人来说，唯一的出路就是逃荒：

> 我所到之处，都看到有成群灾民向南逃荒乞食。走不动的，即倒毙在途。只拿几个蒸馍，即可换得一个儿童。随后来到洛阳，见车站附近，满是灾民，呻吟号哭之声，惨不忍闻。一有火车，争相攀登，车顶轮下，不管多么危险，亦都在所不计。有等数日等不上车者……男哭女号，出儿卖女，不讲价钱，只要有人接受，即可拱手相送。火车西进途中，开进涵洞之时，因车顶人如山积，坠地摔死者不计其数。[16]

历史学家刘震云的父亲就是 1942 年逃荒的人之一。刘震云的叔叔将孩子放在箩筐里挑着走，刘震云的父亲则推着满载家当的独轮车。但到洛阳后，在从天主教办的粥厂回来时，刘震云的父亲被抓去当兵了。刘震云的祖父祖母完全不知道儿子发生了什么事 ：“他们认为我被拐跑了。再见面就是 10 年之后了。”刘震云的祖父祖母后来也加入了爬火车的人群，一位表亲也随他们爬上了火车，但刘震云的小姑却没跟上来，而且此后就再也没人见过她。[17]

张仲鲁还听说，有一些他未视察的村庄，因为灾情过重，甚至发生了吃人的惨事。记者李蕤也遇到一个因吃人和贩人肉而坐牢的人。[18]这种行为极少被报道，因为它从根本上触犯了社会禁忌，某些描述也可能有夸大事实之嫌。但随着时间推移，一些证据浮出水面，它们暴露了人们在饥荒时的真实行为。

情况一次又一次显示出，无能和腐败才是这场大饥荒的罪魁祸首。李蕤揭露了汝南县一名粮仓主任的腐败行为。该县以往就有私仓积谷的制度，本意便是可以在荒年时开仓施赈，即便 1937 年抗战爆发，谷仓也安然无恙，并未遭到掠夺。现在正值饥荒，如果开仓放粮，预计足以救活 1.5 万人。但实际上，当地官员根本没存过一粒粮，而是将收来的粮食全部私卖牟利了。[19] 灾区内，包括洛阳、郑州等城市的饭馆倒是依旧营业，但也只有有钱人才吃得起。

主流报纸《大公报》曾派遣通信员前往河南调查大饥荒的情况。该报于 1943 年 2 月刊登了一则详细描述河南大饥荒的报道，结果被政府勒令停刊三日。[20] 白修德受到的约束相对少一些，但他从中国发回的报道在亨利 · 卢斯的授意下已经做了一定的润色。亨利 · 卢斯是《时代》周刊的出版人，他希望维护蒋介石在美国的良好形象，这也是蒋介石乐于见到的。即便如此，1943 年 3 月 22 日的这篇报道在经过《时代》周刊的粉饰之后，字里行间仍旧透露出白修德的愤怒。中国记者所见的惨状，白修德也同样目睹了 ：“狗在路旁啃着人的尸体，农民在夜幕的掩护下寻找死人的肉吃，无尽的废弃村庄，乞丐会集在每一个城门口，弃婴在每一条道路上号哭和死去。”白修德还看到一个灾民被火车截断了腿，向外国传教士乞求施舍食物的人群。还有一位妇女因为吃掉自己的孩子而受审，她辩解的理由是孩子饿死在先，她才食其肉。据白修德报道，多个事件同时发生才最终导致大饥荒：军队和官员索要粮食，向灾区供粮又遭到拖延，糟糕的路况更增加了运粮的难度，最终导致灾情恶化。《时代》周刊不允许白修德直接批评蒋介石，但白修德的观点很明确，他写道："最可怕的事情是，政府可能在回避灾情。”通信稿的最后部分，白修德描述了在结束为期两周的旅行时，当地官员款待他的盛宴，种种美食包括了鸡、牛肉、荸荠、豆腐，还有“三个糖霜饼”。[21]

白修德与卢斯的争论最终导致他从《时代》周刊辞职。在他战后出版的《中国的惊雷》（*Thunder out of China*）一书中，白修德明确无误地控诉了蒋介石。白修德描述了饥荒造成的恐怖给他留下的最难以忘怀的画面："一名还不到 17 岁的女孩，瘦削而美丽，却躺在潮湿的泥地上，她的嘴唇带着象征着死亡的青色。”在书中，白修德重述了他在河南的见闻，更详细地描述了冷酷的官员和饥饿的农民。最后，他总结道："我们知道，在河南农民的心底里，有一种和死亡本身一样酷烈的暴怒。”[22] 此书出版时，他得知了在 1943 年绝对无法想象的事实：不到 1 年时间，农民们便奋起反抗，目标就是对他们盘剥深重的政府，以及那些造成约 400 万人死亡的玩忽职守的官员。

至少有一位官员几乎从未考虑过正在发生的灾难。张仲鲁回忆道，当时的人都说河南有四灾："水、旱、蝗、汤。”“汤”指的便是汤恩伯将军，这位于 1938 年 4 月在台儿庄战役中发挥重大作用的将领，如今仍是蒋介石的亲密盟友。由于担心日军进犯，汤恩伯竟在灾情最严重时强征数十万民工翻修公路。汤恩伯向民工们保证，他们的劳动可抵销部分徭役，而徭役是中国自封建王朝早期以来就已形成的制度。但张仲鲁说，没有人相信这种承诺，他们谴责汤恩伯修路是为了个人方便，而不是出于军事需要。汤恩伯的部下也因强征壮丁时非法野蛮的手段而臭名远扬。[23] 蒋介石在 1943 年 4 月的日记里写道："郑路（即郑州陇海铁路。——译者注）沿线浅葬暴骨，为狗所食之惨状……郑州专员与司令谄事外人，日与谎报灾情。"一周后他更加感到了事情的严重性："河南灾区，饿殍载道，犬兽食尸，其惨状更不忍闻。"他接着写道，如果战事再拖延一年以上，中国恐怕就难以支持下去了。[24] 虽然意识到了问题，但蒋介石采取的对策既有限又不恰当。日记显示了在 1943 年的春天，他有多么疲惫不堪。他说自己深感困惑，经济疲弱，战争局势和经济形势都让人沮丧，现在正是最艰难的时刻。蒋介石承认，自己在 6 年抗战中已筋疲力尽，头脑几乎麻木。几天之后他认识到，整个社会满目疮痍。[25] 中国在 6 年抗战之后已经国力耗尽，可疑的国内盟友、不堪重负的经济，还有与史迪威的冲突，这一切焦头烂额的事情分散了蒋介石对不断蔓延的河南饥荒的关注。

## 蒋介石的应对之策

平心而论，蒋介石对饥荒灾民是怀有同情的。然而，国民政府的统治本就摇摇欲坠，现在又遭受了难以承受的重压。重庆和四川虽处在最严峻的环境之中，但现代化战时国家的结构已经建立，而且在持续运转。财政收入来源的增多（多数来自国外捐赠），对国际舆论批评的恐惧，还有那些切实感到应将战争当作一次国民革命机会的精英们（如接受美式教育的技术人才翁文灏和蒋廷黻），这些都说明重庆及其周边地区的发展保持着相对稳定的状况。但以重庆为起点，越是向东，就越难相信国民政府的威信能比一纸空文和贬值货币更有用。微妙的权力平衡支撑着这个国家，却阻碍了地方各省的合作。四川的战时救济方案实施不力，但至少有所进展。河南地区由于国军和日军几番争斗，又担心在其后方的共产党，所以战时救济方案并未落到实处。在浙江，敌我双方的控制区域混杂难分，救济也就更加有名无实了。[26]

蒋介石政府必须为河南的饥荒负责。实行“田赋征实”，运粮（而非拨款）失败致使赈灾不力，官员腐败等，政府的失职明确地将责任摆在了这位身处重庆的决策者眼前。尽管如此，蒋介石政府并非唯一犯下这种错误的政府。几个月后，1943 年 7 ～ 11 月，在印度的孟加拉邦西边 640 公里处发生了另一场几乎同样严重的饥荒，造成了约 300 万人死亡。该地区的稻米供应在缅甸陷落后本就十分有限，沿海地区又在 1942 年 10 月 16 日遭到了热带气旋袭击，致使稻米减产。而粮食短缺的流言又在一定程度上助长了市场上囤积居奇的风气，最终导致大片地区无法获取和购买粮食。1943 年年中，白修德对河南的描述中挥之不去的画面再次在孟加拉的乡村出现了。但与国民党统治下的中国不同，英属印度没有受到猛烈进攻，加尔各答遭受了严重的空袭，但情况不如重庆那般严重。印度虽是殖民地，但其政治制度借鉴了议会民主制的优势。和《大公报》一样，包括《加尔各答政治家报》在内的孟加拉邦报纸也因对饥荒的报道而遭到审查。与蒋介石政府一样，同样有大量资料表明，无能的官员毫无主动性和积极性，他们更关心的是保住官职，而不是治理地方。和中国一样，人民在挨饿，粮食却被运出孟加拉邦，原因同样是为了供养身处海外的军队。英国战时内阁拒绝调整战时运输策略来为饥饿的灾民供应粮食。一些政界要人，包括丘吉尔和印度殖民大臣利奥·艾默里在内，他们对印度人民表现出的态度从冷漠无情变为公然敌视，这种敌视部分源自“退出印度”运动（蒋介石曾劝阻过甘地和尼赫鲁），但对印度人的长期厌恶也是其中一个原因。[27] 不过，与英属印度政府不同的是，蒋介石身后没有一个全球帝国为他提供资源，也没有远离战火的次大陆可任其支配。

河南大饥荒制造了惨绝人寰的景象，但也反映了一个事实：自从 1941 年末中国参与到全球战争中后，国民党的统治就开始瓦解了。

回顾过去，尽管战乱给农村地区带来了大规模的贫困，可在战争年月竟没有发生更多的饥荒，这就足以令人惊奇了。[28] 战争结束 20 年后，阿瑟·杨格轻描淡写地回忆道："不幸的是，国民政府没能更有效地处理好农业问题。"他发现，共产党在 1949 年上台执政后立即设立了土地税；国民党于 1949 年败退台湾之后，也很快设法推行了土地改革政策，而且成功地从农业部门获得了收入。杨格承认，战时税收政策的失败，部分原因在于阶级矛盾的激化，因为地主阶级对于向他们的土地征税这一做法表示了强烈反对。

另一个原因是政府"迫切的生存问题"。[29] 河南大饥荒反映出，国民政府的财政困境仿佛一出希腊悲剧：个人的行为方式可以各有不同，但最终的结局却不可逃避。贪污腐败、玩忽职守和冷酷无情都在其中发挥了作用，但归根到底，蒋介石显然已经没有更好的选择。杨格也承认这一点，他写道，投机倒把和囤积居奇的现象屡见不鲜，致使"当地人民对国民政府产生了厌恶感"，同时也促使国人开始亲近共产党。但他坚持认为，"作为一种财政措施，它（田赋征实）是弥补战时开支的一项必不可少的手段，也是政府财政收入的一部分"。[30] 国民政府能坚持抵抗很大程度上就依赖于"田赋征实"，但为此买单的，正是白修德目睹的河南土地上悲惨死去的农民。

随着战势告急，中国的经济形势也每况愈下。1942 年"田赋征实"的推行使农民生存状况恶化，但它至少成功减轻了通货膨胀对军队征粮的影响。然而，通货膨胀很快又卷土重来，主要原因就是日本支持的汪伪政权发行伪币造成的冲击。虽然阿瑟·杨格对国民政府抱有同情，但也坦陈还有其他原因的存在，其中就包括物资稀缺、难民危机以及征兵造成的劳动力减少。但总的来说，他认为"中国战时通货膨胀主要是由货币发行过量引起的"。[31] 每每遇到财政困境，蒋介石政府就求助于印钞机。从 1941 年年中到 1944 年年末，每月物价上涨幅度都超过了 10%。[32]1940 年 2 月，重庆的米价是每市斤（合 0.5 千克）

2 元；同年 12 月(这年夏天滇缅公路被关闭)的米价是每市斤 18.35 元；到了 1942 年初，“珍珠港事件”发生后不久，米价已接近每市斤 40 元。短短两年，米价竟上涨了 20 倍之多。在战争最后一年，物价飞涨更是前所未有。

与德国魏玛共和国或是两次世界大战之间的匈牙利不同，战争年代的中国从未经历过如此大规模的恶性通货膨胀，这在杨格看来是“中国值得赞赏之处”。(物价最终失控是在 1946 ~ 1949 年国共内战期间）对于那些维持政府运转的基础部门工作人员来说，生活本就十分艰难，物价上涨更对他们造成了切实的影响，也使得贫富差距更加悬殊。富裕阶层可以将财产兑换成外币存到国外银行，而他们也的确是这么做的。

据杨格估算，战争期间约有 3 亿资金以这种方式流出中国。高级军官可以利用自身地位捞取好处，因为军饷是按总额划拨再由他们发放的。这种做法不可避免的后果是下级军官和普通士兵发现他们的饷银减少了，而钞票的购买力却月月缩水。“田赋征实”意味着他们有饭吃（尽管量不大），可他们仍然需要买肉、蔬菜、卫生用品和衣服。到 1944 年 6 月，在四川成都，一个普通士兵每月的生活开支是其军饷的 11 倍之多，这意味着他们不得不想尽办法应付生活。[33]

重庆的报纸受到了十分严格的审查。不过，当时有句俗话说，茶馆和茶馆里的小道消息弥补了重庆报摊数量的不足。其中流传的一个故事反映了物价飞涨对当时人民日常生活的影响：

> 一位上校在重庆某个机关工作，妻子和 3 个孩子与他一同住在城里。他的生活非常艰难！一日他被派往城外执行调查任务，需要出门一个月。家中只有一条被子，他没钱再买一条。天寒地冻，如果他带着被子出门，家人就要受冻。唯一的办法就是拒绝执行任务。军人的职责就是服从命令，长官知道他是

> 故意违抗军令，也不相信一个人能穷到只剩一条被子的地步，于是便将这位上校撤职了。[34]

这个故事的细节也许是编造的，但通货膨胀严重损害了军队的职业威信。杨格记录过军官擅离职守的事件，原因就是收入太低让他们丢了脸面。另一个故事说的是一位军官运水挣钱补贴家用，正好被长官撞见。长官让他继续干活，但得“先把中校肩章摘下来”。[35]中国军队正在遭受侵蚀，这种侵蚀是在军队长期处于防守态势，对战争目的产生怀疑，又被迫处于无尽等待时产生的。他们还不知道，几个月之内，中国就将面临敌军自 1938 年的血腥夏天以来最大规模的进攻。

当军队成为通货膨胀的受害者，物资短缺和饥荒在乡村肆虐时，城市生活也变得日益窘迫，令人疲惫不堪。格雷厄姆·佩克注意到，那些有钱又与黑市有关系的人可以弄到包括“高价进口服装、罐头食品和酒”在内的奢侈品，而“许多农村来的流浪乞丐则在城市边缘，政府设的防空洞里安营扎寨”。[36]中国观察者同样记录了那些没有生意收入、只靠固定工资为生的人每日沮丧的生活。某大学食堂的一则告示写道：“请不要吃得太饱。”这不禁令人哑然失笑。另一则记录就更是十足的讽刺了：

> 四川老鼠极多，麻雀亦多。若有人能造得捕鼠捕雀的机关，必定行销各地。只是四川人不会捕麻雀，也无从得知麻雀的滋味是否好吃了。[37]

维持重庆政府运转的公务员们也发现，那些利用各种关系和黑市交易获得优质商品的少数特权阶层和大多数没有门路的普通人之间的贫富差距正在拉大，而自己便属于境遇变差的那一方。从战争爆发到 1943 年底，教师收入的增长幅度只相当于生活成本涨幅的 1/5，政府职员仅为 1/10。[38]中产阶级曾寄望于国民政府建设一个现代化、稳定的中国，让他们实现自己的抱负，但通货膨胀毁掉了这些人的毕生积蓄。阿瑟·杨格说过一个故事：一对夫妇每年都存下一大笔钱留作孩子的大学学费，但当他们的儿子 18 岁时，“他们用自己的全部积蓄给他买了一个蛋糕”。[39]

杨格特别关注了通货膨胀和贪污腐败对中国知识分子产生的灾难性影响。这些受教育者产生了“理想幻灭感和反政府倾向”，想要控诉却遭到压制。[40] 一位心怀不满的普通官员写了一首诗描述自己家中的生活，其中两句写道：“身上衣唯添破绽，蜀中天幸不奇寒。半间破屋全家挤，直当哀鸿一律看。”[41] 财政危机更是毁灭了国民政府利用战争之机建设一个更完整的新国家的希望。小到难民救济，大到杜重远建设中国公路和空中交通网的远大设想，所有计划都受制于资金短缺和物价高企的现实。甚至到 1943 年，为遏制通货膨胀而调整政策之后，政府在军用和民用两项开支上的费用也只有 1937 年的 25%。[42]

人们也怨恨那些未受财政危机影响的人。尽管很少有人谴责蒋介石个人生活铺张浪费，但关于他的夫人奢侈无度的传闻却屡见不鲜。重庆当地的美国记者对国民党这位腐败而消极的盟友日渐失去了信心，因而将关于宋美龄言行举止的流言视为政府腐化堕落的象征。其中一个故事说，“驼峰”航线为蒋夫人送去的箱子里装的竟是满满的衣物和首饰。流言在传播中被添油加醋，很快人们就听说箱子里塞满了“貂皮内衣”。[43] 于是，很多人都怀疑宋美龄胞姐宋霭龄的丈夫孔祥熙是中国第一大贪官。

## 国共殊途

当然，包括美国人佩克和白修德在内的很多观察家，将国民党的失败与共产党的成功做了鲜明对比。事实上，延安的情况远没有那么好。1939 年，国民政府停止向边区发放经费，转而实行经济封锁，致使当地经济状况极其困难。1940 年和 1941 年粮食歉收，不仅导致了河南的严重饥荒，也对陕甘宁边区造成了影响。由于国民政府发行的货币（法币）已经不能在边区自由流通，共产党不得不发行自己的货币，同时储备稀缺的法币用以进口当地无法生产的物资。其结果就是大规模的通货膨胀，边区的物价甚至比国统区还高。1937 ～ 1944 年，重庆的物价上涨了 755 倍，延安的物价竟上涨了 5647 倍。[44]

毛泽东的对策就是强调自力更生的重要性。如果物资无法顺利进出边区，同时又缺少可兑换的货币，那么边区就只能自给自足。1942 年 12 月，毛泽东发表文章，论述了被封锁地区的经济政策，并提出十分实用的建议。毛泽东说："如果不发展人民经济和公营经济，我们就只有束手待毙。"当时，陕甘宁边区的大多数人口是不需要缴税的。毛泽东承认，人民现在必须负担更重的赋税了。但作为补充，共产党必须积极支持手工业、农业和商业的发展，这样农民才能"所得大于所失"。[45] 赋税的确很重，它包括了对农民征收的几大实物税——粮食、干草和羊毛，以及一些货币税。但共产党采取了很谨慎的做法，以避免造成和国统区一样的结局。那些贫穷的农民仍然可以免缴赋税，但这进一步加重了中农的负担。粮食税的征收数额急剧上升，从 1938 年时不到总收成的 1% 增长到 1941 年的 13.6%，仅在 1939 年略有下降。[46] 毛泽东称这项政策"诛求无已"，批评了军队和政府只顾自己需要，不惜伤害广大人民的做法：这是国民党的思想，我们决不能承袭。[47]

这一点确实非常重要，尤其当时正值河南饥荒因大规模"田赋征实"而达到顶峰的时候。这里的农民必须上缴比以往更多的赋税，尽管这让人感到痛苦，但他们不会像河南农民那样遭受悲惨的盘剥，河南的村民在向征税官交出最后一颗粮食后就只能饿死了。共产党的政策是严格的，却也是循序渐进的。它十分有效：战争时期，延安的粮食产量增长了近 40%；1943 年所织棉布匹数较 1938 年增加了 14 倍；盐、煤，甚至基本的油、气都得到了积极发展。[48]

共产党在延安的政策将这一地区从崩溃的边缘拯救了出来。同时，这也表明，在日益严重的恶性循环损害国民政府和人民之间的关系时，政府其实可以有另一种选择。不过，毛泽东对于稳定地区形势确实有一大优势。尽管陕甘宁边区有大约 4 万共产党军队驻屯，但他对游击战的坚持意味着他不需要建立一支庞大的常备军，而这却是国民政府为了全面参与战时联盟所必须做的。蒋介石的西方盟友最常用的谴责理由之一，就是国民政府不愿招募足够的军队为战争做出适当的贡献，只寄希望于西方国家为他赢得胜利。这是格雷厄姆·佩克控诉蒋介石统治的核心内容。对于这一点，这批观察家（其中不少人赞赏共产党）没有认识到，数十万应征入伍的脱产军人正是本已不堪重负的经济体系中的负担。国统区和延安一样遭到了围困，只是方式不同罢了。较低的军费开支意味着毛泽东可以比国民政府更好地分配赋税收入。

只要国统区的生活继续艰难、不平等，共产党的行动就更给了人民希望和参照样本。1943 年 12 月 28 日，西南国统区昆明某报纸上刊登了一则广告，深刻地揭示了日益穷困的中产阶级苦不堪言的生活状态：

> 欲领子女者鉴：某君夫妇服务于教育文化机关，因无力俯畜，愿将行分娩之婴孩儿（约明春分娩）无条件赠送予人。凡家身清白，有抚养及教育能力而尚无儿女，意欲领为螟蛉者，请投函面洽。[49]

这在任何时代任何国家都属绝望之至的行为。在中国这个将传宗接代放置于文化核心地位的国家，这标志着他们的生活已被战争扭曲得面目全非了。唯一的希望，就是战争可以在中国自行崩溃之前结束。在这样一种恐惧、无常、绝望的气氛之中，中国所有的政权，无论是蒋介石还是汪精卫，都只得求助于更为严酷的手段来控制各自的人民。

第 15 章

# 门户清理

面对战争的严酷环境，蒋介石、汪精卫不约而同地选择了加强极权统治。这项在当时看起来不得不采取却又十分危险的举措，将会产生深远的影响。而戴笠、李士群的恐怖手段每每令人闻之战栗。

蒋介石的重庆国民政府和汪精卫的南京伪政府想利用战争这种极端环境重塑国家。随着经济形势的恶化，蒋介石政府开始放弃其在战争早期所标榜的危险的多元主义。国民政府的政策从战争一开始就包含着光明和黑暗两面：光明的一面是开放和现代化，最具代表性的就是实施福利救济，建设技术先进的设施（如兵工厂），以及无党派人士参政等；另一面则是黑暗而不可告人的，回顾一下蒋介石与黑社会的联系，以及他获取中国最高领导权的阴谋就清楚了。汪精卫的政权从一开始就遭遇了合法性危机，它在战争中极力为其亲日立场所作的辩护已经给这个政府下了定义。

“珍珠港事件”后，随着中国日益孤立于外部世界，加上军事和经济形势的恶化，国民政府尽力支持着其官僚体系和社会结构。相反，面对重庆政府统治的削弱，共产党和南京伪政权都在试图建立各自的政权。

有两个人是使用这种手段的专家。对蒋介石而言，这个人是戴笠，此人外号“中国的希姆莱”。对汪精卫而言，这个人是李士群，一个身材魁梧、面善心狠的街头恶棍。这两个人将深刻地影响中国战时的政权，并促发一场“零和式”权力博弈。戴笠与美国情报部门合作引发的战争迷雾将给盟军在中国的行动造成惨重的后果。李士群的阴谋将迫使周佛海这位汪精卫最忠实的追随者做出一个决定命运的选择，这个选择对于为日本卖命的中国人而言意味深长。他们都是罪无可恕之人，讽刺的是，他们所从事的工作恰恰属于同一个计划的不同侧面：利用战争建立一个强大的中国政权。

## “军统”与戴笠

自早年蒋介石投身革命起，戴笠就一直伴随其左右。20 世纪 20 年代，作为一个年轻、追逐名利的浙江人，戴笠参与了上海青帮头子“大耳朵”杜月笙的黑社会阴谋。正是由于杜月笙这层关系，才使戴笠成了浙江老乡蒋介石的密友。在黄埔军校计划北伐之时，戴笠就开始监视他的共产党同事。蒋介石于 1928 年成功掌权之后，便任命戴笠掌管政府的军事情报机构。戴笠神秘莫测，从早年起，他就非常注意防止在公开场合流出自己的照片。战争爆发后，戴笠更是成了蒋介石政府的核心人物。他臭名昭著，在外国人和中国人中都名声极差，因为他生性残忍，是个十足的虐待狂。有传闻说，1927 年在上海针对共产党的清洗活动中，戴笠把火车头停在岔道上，将捆绑的犯人扔进烧红的内燃炉中，然后拉响汽笛掩盖犯人被烧死时的惨叫。英国特别行动处驻华负责人约翰·凯斯维克干脆称戴笠“杀人不眨眼，是个真正的魔鬼”。[1]

随着战争的进行，戴笠逐渐集大权于一身。他所控制的组织有一个平淡无奇的名称：军事委员会调查统计局（简称“军统”）。实际上，军统是一个利用合法乃至非法手段强化统治的个人工具。在战时的重庆，只要提到军统和它位于重庆城南望龙门的总部（望龙门的湖广会馆只是军统在重庆公开的办公地点。此处疑为作者笔误。——译者注)，就足以让大多数普通人不寒而栗。只需说一句“我是望龙门的”便可在任何地方畅行无阻，从坐火车到逛妓院都不必付账。任何不识时务者若是惹怒了军统特务，或发表了被认定具有颠覆性的言论，便会被投入监狱，和里面所谓的持不同政见者一样遭受暴徒的折磨。酷刑和绑架是始终存在的威胁，而遍布城中的军统密探更是加剧了恐怖的氛围。这些密探多是些卑鄙小人，靠着告密、揭发他人为生，做事不择手段，从不问是非对错。不少成员本身就是从武汉的流氓和帮会分子中招募，然后带至上游的重庆。[2]

戴笠的心头大患就是共产党，这完全是受了他的主子蒋介石的影响。抗日民族统一战线形成后，中国共产党获准在国民政府的陪都设立一个办公处，它位于重庆西郊的红岩村。共产党的报纸《新华日报》也得以在重庆出版。但从始至终，军统一直在严密监视共产党的活动，而负责此项工作的国民党办公处就设在红岩村的同一座建筑里。尽管如此，共产党还是在戴笠的眼皮底下成功完成了几次重要行动。一位名叫张露萍的年轻女子设法打入了戴笠的电讯系统总部，使她的组织获取了数百个军统电台的情报往来。其中不乏身居政府要职的特工，如蒋介石的高级军事顾问阎宝航中将就成功地把即将开始的“巴巴罗萨计划”透露给了莫斯科。但情报却在德国进攻苏联之前几天被斯大林视为“东方人的胡言乱语”而弃之不用。[3]

但总的来说，共产党在重庆的活动是受限制的。这座城市完全是国民党的天下，敌对党是极不安全的，四川的共产党员反而多集中在成都或广西桂林。战时最自由的共产党活动中心当属西南地区的云南省会昆明。控制该省的是军阀龙云，他与蒋介石政府的关系并不融洽，也允许大批持不同政见者聚集在这座城市中。西南联大，由北大、南开和清华这三所中国最好的大学在流亡期间组成的学校，就是激进思想的温床。[4]

作为中国主要情报机构的首脑，戴笠对于“珍珠港事件”之后的美国盟友来说有了新的意义。此时，中国情报机构与美国的合作密切程度已经超过英国，部分须归功于 1940 年 6 月发生的一桩事。当时，戴笠正于香港启德机场转搭航班，却被英国殖民当局逮捕，被当地监狱关了一夜后，才在第二天引发的外交风波中被释放。这一事件加剧了蒋介石政府本就强烈的反英色彩。[5] 现在，中美同盟促成了戴笠与绰号“玛莉”的美国海军少将米尔顿·梅乐斯的合作，其成果便是赫赫有名的“中美合作所”。后来，此名称逐渐演变成常与反共活动、囚禁、折磨联系在一起的词语。但在当时，它是中国最强大的情报机构之一，监视着包括美国战情局在内的各种情报活动。

美国在中国的势力因为史迪威与陈纳德的分歧而复杂化了。史迪威彻底与蒋介石交恶，而陈纳德则敬佩蒋介石，且与这位总司令及其夫人宋美龄私交甚好。两位美国将军在作战策略上也有所不同：陈纳德坚持认为空中力量是中国速胜的关键，而史迪威也坚信，只有地面部队经过长期的艰苦作战才能赢得战争。[6]

米尔顿·梅乐斯的到来让本就充满误解的中美关系更加错综复杂。美国情报机构之间迅速爆发了一场权力斗争。“野蛮的比尔”多诺万领导下的美国战情局中国分局与中美合作所达成了一个约定，同意双方在情报活动中互相配合。但当多诺万打算在中国建立自己的独立行动机构时，这个约定便开始失效了。[7]1942 年末，戴笠越来越怀疑，战情局可能在为美英高级军官做掩护，使这些军官得以躲过他的耳目在中国收集情报。戴笠还发现自己无法接受与史迪威合作，遑论向他汇报了，这一观点与蒋介石不谋而合。相反，一个以梅乐斯为主的情报机构显然要比一个以史迪威为首的情报机构更具吸引力。

这种紧张关系终于在 1942 年 12 月 2 日戴笠为多诺万举行的一场宴会上公开化了。多诺万在宴会上说，如果戴笠不与战情局合作，那么战情局就将抛开他独自开展工作。戴笠威胁要杀掉任何没有他命令就行动的战情局特工，多诺万也叫嚣着要杀死中国将军作为回敬。直到第二天蒋介石与多诺万谈话后，气氛才缓和下来。蒋介石对多诺万说，必须“记住中国是一个主权国家，美国人的一举一动都须注意到这一点”。[8] 虽然双方压住了火气，但基本的争议并没有得到解决。在抗日战争中，中美合作所和战情局之间一直在进行一场隐秘的内战，而戴笠与国民党不但从中制造混乱，甚至还利用了这一点。造成这种失败的很大一部分原因，在于美国各情报机构不能互相协调配合，也无法决定它们要在中国实行的政策。美国情报机构在中国的混乱状态如迷雾般浓重。[9] 英国情报机构特别行动处和秘密情报局虽然也在中国收获了一些成功，包括与位于华北的共产党取得联系，但总的来说，它们同样无法建立一个协调有效的工作体系。实际上，美国驻华大使高思一度声称，至少有 15 个同盟国情报组织在中国工作，而它们“毫不合作的特点正合中国人的心意”。[10] 不到 1 年，情报工作的协调不力就将严重影响战争的走向。[11]

与此同时，戴笠在国民党内部悄然扩张着他的恐怖帝国。1943 年 4 月 15 日，美国海军部长弗兰克·诺克斯与中国外交部长宋子文正式签署了《中美特种技术合作协定》。美国版的协定声明，该组织的目的是“在中国沿海沦陷区和其他日占区域打击共同的敌人”。中文版的协定则明确指出，将组建在敌后执行特殊任务的特种部队和其他纵队。[12] 梅乐斯与戴笠将共同指挥中美合作所，以戴笠为首，梅乐斯为副，创建他们各自的权力基础：对梅乐斯来说，就是巩固美国海军情报部对战情局的优势；对戴笠来说，则是在国民党统治中强化其个人权力。梅乐斯还将各类新技术新发明带到中国，从致命毒剂到会爆炸的面粉，一切都让戴笠喜上眉梢。[13]

中美合作所的首要目的，就是训练敌后游击队对日军进行骚扰，同时配合美军在中国沿海的反攻计划。虽然正式从中美合作所训练营毕业的受训人员不足 2.7 万，但据估计受训部队总人数可能达到了 4

万甚至更多。训练课程混杂着邪恶与滑稽的味道，美国教官公开承认他们无法区分中国人，一名教官甚至建议在中国学员背上标上号码以示区别。这倒很对戴笠的胃口，因为他更希望中美合作所的学员只为他一人效力。戴笠禁止其部下与这些生活优越、住宅豪华的美国教官有所往来，甚至连其他国民党机构的人员也不允许进入中美合作所的训练营。相反，训练营要求学员必须表示出对蒋介石的个人崇拜，因为他们在经过训练后将成为这位最高领袖的“耳目”。[14]

中美合作所的活动地点里有一个禁区，那就是位于重庆郊外丘陵地带的歌乐山。这片长约 9 公里、宽约 7 公里的区域已然成了戴笠的私人领地。任何没有通行证的人都不得踏入这片地区，那些偶然在此游荡的人也会被抓起来，严加拷问之后便遭杀害。除了女性间谍，其他女人都不得进入合作所，特工于在职期也不可以结婚。山间坐落着戴笠的军统特务训练营和美方人员的住宅，小山谷里的“白公馆”是一座集中营，关押在那里的政治犯多被折磨致死。蒋介石的统治现在有了强力的执行者，其训练也得到了美国的资金支持。既然蒋介石的花言巧语和失败的社会福利制度无法拯救国家，那就轮到戴笠的“耳目”们出手“保卫”正在瓦解的国民政府了。

## “魔窟”76 号

蒋介石政府并非唯一一个实施战时恐怖统治的政府。早在 1938 年与日本人勾结之时，汪精卫的南京伪政府就开始组建自己的安全机构。汪精卫叛逃河内之后不久，周佛海就开始着手这项工作，他招募了两个上海恶棍——李士群和丁默邨为他的特工组织效力。[15] 与周佛海一样，魁梧的李士群和瘦削的丁默邨也是从共产党开始其政治生涯的，但他们很快叛变，加入了戴笠的军统。两人在军统培养出一种对匪帮暴力和政治野蛮的喜好。1939 年两人又再次叛变，投入汪精卫门下。

相比丁默邨“阴冷的态度与狠毒的眼神”，日本陆军大佐晴气庆胤倒是更喜欢李士群“直白明快的行事方式”。[16]

整个 1939 年，在汪精卫与日本人谈判的同时，周佛海与丁、李二人共同建立了一个控制上海政治圈的恐怖机构。在陆军大佐晴气的协助下，丁默邨和李士群在极司非尔路 76 号的一座公馆内（位于管辖权模糊的地区）设立了特工总部，这个地方被人称为“魔窟”，是罪恶与恐怖的深渊。[17]“76 号”令上海人谈之色变，就像“望龙门”之于重庆人。被抓获的人质们被关在“76 号”的地下室里，只要戴笠的秘密特工在上海干掉一个汪派公众人物，“76 号”就会枪决一个被关押的蒋派人士作为报复。[18]

随着汪精卫的伪国民政府于 1940 年 3 月正式启动，李士群和丁默邨的行动也在继续。此后的 3 年里，他们的谋杀和罪恶行径在短期内发挥了作用，使他们控制了上海的局面，但同时也削弱了汪伪政权的合法性。到 1943 年，汪精卫已完全不是那个在 1938 年飞向未知的人物了，他最亲密的同伴周佛海也对他失去了信心。周于年初抱怨道 ：“深感汪先生为汪夫人所支配，为宵小所包围，渐自失去全体领袖之身份。”[19] 周佛海的评论侧面反映出汪精卫政府的高层已出现了分裂。汪精卫的妻子陈璧君有一个以她为核心的亲属小集团，被称为“公馆派”。周佛海则与李士群、丁默邨走得更近，但他们之间也同样关系紧张，直到 1942 年初，周佛海还在与李士群争夺领导权。[20] 分裂从 1941 年 12 月开始日趋明显，当时正值日本与西方国家开战，汪伪政府的特工部门对潜伏在其内部高层的重庆政府军统特务展开了大肆捕杀，其中就包括周佛海的内弟杨惺华。这对周佛海来说极有可能成为一场灾难，所以他坚决反对李士群处死这些特工的要求，而是让他们官复原职，成为自己派系的一员。

让周佛海心神不宁的远不止权力斗争，在他帮助汪精卫投诚日本 3 年之后，周佛海开始确信自己做出了错误的决定。既然重庆政府已将两个西方大国拉到了自己一边，那就没必要再让一个汉奸政府斡旋在蒋介石和东京之间充当沟通的桥梁了。远在重庆的戴笠利用自己的军统网络，借助潜伏在上海和南京的特务，向汪伪政府施加重重压力。他设计给周佛海写了一封信，信中有诗："知否渝中母，倚闾望子归？"周佛海夜不能寐，因为他怕梦见母亲的处境（当时周母已被戴笠接到贵州息烽软禁。——译者注），他为此甚至生出了自杀的想法。[21]1942年末，周佛海打定主意，他要再次改换门庭。

与 1938 年叛国前一样，周佛海对自己最亲信的人也隐瞒不说。他在公开场合一副忠贞不贰的做派，暗地里却向戴笠传达了"主动投诚"的意愿。戴笠十分高兴能拉拢这样一位大人物，于是开始将周佛海作为汪伪政府内部的"卧底"加以充分利用。周佛海将一台大功率发报机藏在了自己位于上海愚园路的住所内。令人吃惊的是，周佛海安装发报机竟得到了日本人的首肯，那些同情他的日本军官很热衷于监听来自重庆的消息。然而，结果和他上次试图与重庆交涉一样，周佛海与故友蒋介石的直接对话毫无成果。1943 年 3 月，周佛海派遣吴开先（周在国民党"CC 系"的老友，是当时潜伏于上海的国民党地下组织领导）前往重庆继续向蒋介石示好，结果还是没得到任何回应。[22] 周佛海的秘密接触肯定逃不出戴笠的耳目，任何与蒋介石本人暗通款曲的传闻都可能摧毁美国人对国民党政权的信心。

1943 年 9 月，戴笠提出了一个新要求，周佛海必须协助暗杀李士群。作为特务头子，李士群的工作实在太"有效"了，在汪伪政权的地盘内，大量潜伏的军统特工遭到暴露并被暗杀。[23] 同时，李士群也是周佛海权力之路上的主要障碍。周佛海对于自己投入 100 万巨款密谋的暗杀计划信心十足，却万万没想到最终动手的竟是日本人。日本宪兵队的一名军官嫉恨李士群的权势超越了自己，于是在 1943 年 9 月 9 日邀请李士群到位于上海外滩的高档酒店百老汇大楼赴宴，并于其饭菜中投毒。用餐后不久，李士群大汗淋漓、痛苦难忍，不到一天就毙命了，周佛海最大的对手就此退场。[24] 汪伪政权本有可能建立一个森严合理的情报系统来加强统治，但在无休止的内部斗争中，这个希望破灭了。

当重庆和南京的特务部门在华南华中交锋时，共产党则继续隐匿在北方。1940 年末的百团大战让日本人吃了一惊，因为共产党极少发动正规的军事战役。为了报复，日军在 1941 年春开始实行"三光政策"，命令日军华北方面军"杀光、烧光、抢光"。此后的 3 年里，共产党华北根据地的 25 万军队遭到了 15 万日军华北方面军和 10 万中国伪军的残酷围剿。日军在发动袭击后并不是扬长而去，而是破坏当地庄稼、抢夺存粮，之后又多次返回，以确保没有任何抵抗力量死灰复燃。中共资料承认，根据地人口从 4400 万锐减至 2500 万，还有大量士兵从共产党军队中脱逃。[25] 在华北的大部分地区，共产党的第一要务已不是积极抵抗，而是如何生存下去，唯一的例外是毛泽东所在的陕甘宁边区，这里位于日占区外。[26] 日军的扫荡目标多集中在共产党的敌后根据地，而正面进攻中，日军的枪口又始终对准着重庆。

日军在华北倾泻怒火使延安的坚持抵抗变得更加重要，边远的地理位置也赋予了毛泽东一个休养生息的机会。在抗日战争中，自始至终存在着两股力量坚持抵抗日本的侵略。20 世纪 30 年代，美国海军陆战队军官埃文斯·卡尔逊在中国进行大量考察后，向美国政府发回了有关中国的报告。他在其中提到，蒋介石和毛泽东是中国的"双子星"，他们分别位于重庆和延安，给予数百万中国人必胜的决心。但连年的战争拖垮了重庆，延安的实力反倒增长了。

"珍珠港事件"后，主要政治派别在选择上出现了明显且不断扩大的分歧。在战争之初，国共两党都强调了各自纲领中多元主义和相互合作的部分，彼时两党必须尽量扩大对人民和外界的影响力，所以这种举措是合理的。这并非掩盖独裁统治的烟幕，尤其在 1941 年之前，国共两党的确都在努力吸引党外人士。但蒋介石和毛泽东的最终设想，都是同样一党执政的现代化中国。国民党不相信一个现代国家会是一个自由的国家，它同意并接受将恐怖手段作为治理国家的一部分。战争的灾难，以及中国内部日益深重的社会危机，致使政权中的技术官僚与温和势力被逐步削弱，而喜好暴力和高压政策的人物，权力却得到了强化。

然而，对于恐怖的含义和实施方式，这些同时存在的政权又有各自不同的理解。对李士群和丁默邨而言，扩大个人权势远比任何思想信念更加重要。虽然戴笠喜欢权力而且是个十足的虐待狂，但他的动机并非唯利是图，而是对蒋介石的忠心，他把蒋介石视为阻止中国崩溃的基石。戴笠本希望建立一支特务部队为政府充当人人畏惧但忠诚廉洁的耳目，但他的愿望被众多奸诈残忍的军统成员破坏了。在公众眼里，这些特务并不是意识形态的忠实捍卫者，而是以权谋私的软弱者。

第 16 章

# 开罗会议

开罗会议的新闻公报义正词严地向日本表明了中美英三国同盟的坚定立场，也凸显了倾一国之力抵抗日本达 6 年之久的中国获得了前所未有的国际认同。在蒋介石看来，此次会议清晰地显示了中国国际地位的上升。

## 美英两国间的抉择

1943 年 2 月 18 日，美国国会众议院大厅座无虚席，华盛顿的精英们云集一堂只为聆听一个人的演讲。这位魅力不凡的演讲人就是蒋介石的夫人宋美龄，她是第二位以女性身份，第一位以私人身份在美国国会参众两院发表演讲的人物。由于担心腐败和厌战的谣言可能给美国对华财政军事援助造成不利影响，宋美龄专程前往美国以期提升中国在美国的形象。宋美龄的出现的确引发了一场巨大的风潮。她身着简单的黑色旗袍，佩戴翡翠饰品，站在副总统亨利·华莱士身旁。聆听演说的政治家们先是为之风华绝代而倾倒，后又因其果决的言辞而惊讶不已。宋美龄讲述了一位美国飞行员的故事，这位参加了“杜立特空袭”的飞行员在返程途中被迫于中国境内跳伞逃生，当地人民像对待“失散多年的兄弟”一般欢迎他。宋美龄说这位飞行员后来告诉她，“当他看到我们的人民时，感觉自己就像回家了，而那是他第一次来到中国”。在长篇演说的结尾，她适时地提出了要求 ：“我们不但要有理想，不但要昭告我们有理想，我们还必须以行动来落实理想。”[1] 这无疑是对台下听众的挑战：请优先援助中国，别再批评它的政策。

美国的政策制定者们为蒋夫人的风采所折服，她外出筹措资金时，也常被心怀崇敬的美国民众团团簇拥。但在一个初生民主政体的表象之下，在坚持与亚洲法西斯主义斗争的同时，中国的大后方却已不堪重负。格雷厄姆·佩克就将宋美龄表面的成功解释为一种即将崩溃的预兆。“直到她访问美国之前，我还不认为中国真的开始崩溃了。”他写道，“对于国民党来说，宋美龄所受的赞许似乎比美国的援助更为有效。”[2] 实际上，蒋介石对于宋美龄访美的看法要比佩克的认识清醒得多。他思索道：“余妻访问白宫以后，美国对我政策唯有利用而毫无补助，诚意乃可断言。”[3]1943 年是同盟国之间的不信任感日渐深化的一年，中、英、美三国相互间的戒备之心更甚往日。到 1943 年底，蒋介石将会发现，中美两国间过山车般的关系将把他从胜利抛向灾难。

1942 年缅甸大溃退之后，中、美两国的政界和军方领导人之间的关系持续恶化。过程虽然缓慢，但仍可察觉。然而，从总体上看，全球战争正朝向对同盟国有利的方向转变。与前者相似的是，这个趋势同样缓慢，但也显而易见。在离中国千里之外的斯大林格勒，保卫战于 1943 年 2 月初达到了高潮。如今正秘密为南京和重庆两方效力的周佛海已认识到轴心国命运的转变。“德国东线极为不利，将有崩溃之势，”他在 1 月末的日记中写道，“如此时盟国再辟第二战线，则德国必败无疑。”周佛海是有先见之明的，斯大林格勒战役确实是一个转折点，苏联从此发动了对纳粹的反攻。但周佛海仍然认为，日本或许仍可在战后的世界存有一席之地。他怀疑美、英两国无法真正信任苏联，而认为同盟国可能尝试并支持、利用日本来牵制苏联：“英、美仍将保存德国相当势力，以抑制苏联。否则欧亚两大陆均将为俄之控制区域。故日、美、英、德在对俄关系上，均有于适当时机妥协之可能也。”[4]

周佛海低估了同盟国的决心。它们不会也不敢再给德国第三次机会凭军事力量统治欧洲，对日本妥协也因越来越残酷的太平洋战争而变得遥遥无期。但他说中了一件事：牵制苏联将是西方大国在战后的首要目标。在与重庆蒋介石政府的代表刘百川秘密会晤时，周佛海表示，如果美日有达成妥协的迹象，那么重庆政府就应该抢在美国人之前与日本实现和平。这个主意显然对汪伪政府有利，这能使其与太平洋战场的和平保持政治联系。然而，周佛海知道对蒋介石施压的最好方式：重庆政府始终焦虑地认为，美国可能不会坚持要求日本无条件投降，而是会以调停的方式达成和平协议。[5] 因为在欧洲战场击败纳粹如今已有希望，所以同盟国在决策中很可能将太平洋战场置于次要地位，中国战场就更不在其考虑之列了。

虽然宋美龄看似在美国国会取得了成功，但蒋介石对其盟友却变得更加不信任了。“联合国中之四国以我为最弱，”他写道，“甚以弱者遇拐子流氓与土霸可叹也。”无论它们声称自己是敌是友，都不过“以汝为俎上肉”。[6]

中国不断遭受外界批评，国民政府被指责为一个虚弱而腐败的独裁政权，不配与民主国家结为同盟。这些批评者中也包括美国和英国，可笑的是，前者在自己 1/3 的领土上还保留着合法的种族隔离政策，而后者的殖民地则遍布全世界，遑论它们还与残酷的斯大林政权结为了同盟。外界对国民政府的指控当然反映了中国丑陋的国内政治，但这也反映出中国在地缘战略上的劣势地位。蒋介石对美国及其总统的看法是尊重与愤怒并存的。1943 年 2 月，他愤怒地指责罗斯福和斯大林“破坏了中国过去三年的作战计划”，因为他们在 1943 的卡萨布兰卡会议之后达成了协定，利用苏联在斯大林格勒战役中提升的地位，令苏联保证将击败德国作为其首要战略目标。在蒋介石看来，日本进攻苏联的可能性已经不大，而苏联的承诺再次减少了这种可能性，中国因此成了受害者。“三巨头”将继续把中国视为无足轻重的角色，这更坚定了蒋介石的想法：他不得不为自己祖国的声誉而奋力抗争。“往昔美国以中国为点缀品与装饰品。”蒋介石郁闷地写道。他推测，甚至连对华财政援助也可能是因其增加了对英租借物资援助，为软化国内舆论态度而采取的一种间接方式。现在，他声称“又是明中国为牺牲品矣”。对于美国企图在战后控制太平洋地区，却不希望中国拥有独立空军部队这一事实，蒋介石更是心生怨恨。[7] 不过，蒋介石也认识到太平洋地区的权力重心正在转移。在一次谈话中，他表示不担心美国成为东亚主导力量，而是担心美国最终没能主导。[8] 他认为，如果即将出现一个霸权国家，那么它最好是美国，而不是日本、苏联或者英国。

与之形成鲜明对比，若说蒋介石不尊重英国，那多半是因他看到了英国人的狡猾、顽固和傲慢自大。他认为，英国与华结盟的目的无非是为保住它自己的地位，而丘吉尔更是令人头痛。1943 年 3 月，蒋介石强压怒火写道，丘吉尔在讨论维持战后秩序的“三巨头”国家时，“将中国完全排除在外”。几个月后，蒋介石又补充道 ：“凡为使节者，几乎皆具侦探特性，尤以英国系属者更为甚。”[9]

英国政治领袖对中国抱有同样悲观的看法。“只有在符合战略利益时，对华援助才是首要考虑。”英国外交部 1943 年 7 月的一份文件这样写道，并指出令蒋介石政府垮台比抗击日本更适合作为主要任务。实际上，丘吉尔认为将中国当作大国是荒唐可笑的想法，他也从不讳言美国试图提升中国国际地位的做法是完全错误的。他写信给外交部长安东尼·艾登称，“中国在任何方面都无法与其他三国相提并论”，“美国假意将中国视为大国”的做法根本是“装腔作势”。[10] 英国也并不相信美国的意图，罗斯福希望英国可以将香港归还中国以示善意，对此丘吉尔明确表示，他无暇考虑这个问题。[11]

自鸦片战争以来，英国在中国就是首屈一指的西方大国。但 20 世纪 30 年代威胁其在华地位的却不是美国，而是日本。虽然丘吉尔不愿视中国为战后国际秩序中的关键力量，但英国各界却普遍认识到，现在不得不将中国作为一个独立自主的国家来对待了。[12] 英国以一项切实行动传达了这种认识。自1842年以来，帝国主义西方国家在华活动最活跃的地方，就是中国最大的商业城市上海的中心地带，尤以公共租界和法租界为甚，但公共租界在太平洋战争爆发时便落入了日本之手。如今，美英两国提出要结束令人憎恨的治外法权制度，并将公共租界归还中国。如果中国赢得战争，那么上海将结束长达一个世纪的“分裂”，以完整的姿态回归中国主权之下。[13]

在美国的巨大压力下，英国在1943年1月11日同意并签署了新约，这标志着帝国主义在中国统治的终结，“不平等条约”也第一次被平等条约取代。汪精卫不甘落后，抢在2天之前的1月9日与日本签订条约，收回了公共租界的“主权”。他将此看作南京伪政府对同盟国宣战的收益，但这只是个虚伪的姿态，不过是用日本帝国主义替换了西方帝国主义而已。[14]

蒋介石认为英美盟友的许多做法都值得批评，但他还是把最辛辣的嘲讽留给了自己的美国参谋长。在一则日记中，蒋介石写道：“见史迪威氏，令人厌恶。鄙弃，从未见有！”[15]1943年2月，蒋介石记录了自己与史迪威之间的一次谈话。蒋介石要求每月从“驼峰”航线空运1万吨物资，并提供500架飞机，否则中国恐怕无法担负抗战带来的重压。史迪威反问：“是否尔所言者，若不能办到，即不对日抗战之意？”蒋介石认为史迪威的回答“可恶不敬已极”。他写道：

> 余乃忍不加反驳，只答其中国抗战已经六年，即使太平洋战争不起，英美不来援助，中国亦可独立抗战之意覆之。[16]

当然，“醋性子乔”私下里对蒋介石的评价也同样直言不讳。“我们处于这样一种境地，只能支持这个腐败政权并赞美其名义上的首脑，那个英明、伟大的爱国者和战士——‘花生米’。我的天！”[17]

## 东亚大棋局

当缅甸在 1943 年春重回盟军议事日程时，蒋介石对史迪威的猜忌也随之滋生。与大多数盟军高级指挥官不同，至少史迪威确信中国在亚洲战场的核心地位，这与他的反对者陈纳德、蒋介石不谋而合。尽管如此，史迪威还是与陈纳德就空军和陆军在中国战场上的优先地位争得不可开交。1942 年 11 月，曾在 1940 年总统大选中败给罗斯福的共和党人温德尔·威尔基被派往重庆作友好访问，此行在多年之后还牵扯出一段他与宋美龄一夜风流的绯闻。当时，威尔基要求会见陈纳德，后者还写了一封信呈交威尔基，说明了为确保中国乃至太平洋战场的胜利所必需的条件：105 架战斗机和 42 架轰炸机。这些资源将使他从空中赢下这场战争，但信送到华盛顿后很快就被马歇尔驳回了。不过，马歇尔也提醒史迪威应该尽快修补与陈纳德的关系。[18]

1943 年 5 月，陈纳德和史迪威被召回华盛顿，就中国战场的下一步行动做出汇报。史迪威依旧坚称中国军队必须得到更好的训练，才能在缅北发动对日反攻并打通那里的补给线。陈纳德并不赞同，他在写给马歇尔的备忘录中指出，“中国的国内形势已经到了危急关头”。他注意到汪精卫的伪军部队正在扩充兵源，“不断恶化的通货膨胀、饥饿和疾病对中国人的影响也终于开始显现”。他怀疑准备地面战争需要的时间过长，因此建议动用空中力量。他指出：“与终日无所作为相比，在中国发动一场空中反击的风险相对较小。”[19] 对此，史迪威的建议充满了醋意：“除我之外，没人对建立一支地面力量的枯燥工作感兴趣。既然陈纳德保证在 6 个月内将日本人赶出中国，那不如让他试试？这可是通往胜利的捷径啊。”[20] 会议结果对史迪威关于缅北战役的提议不利，指挥层认为应该在 1943 年秋雨季过后再发动反攻。相反，会议决定在云南建立一支中国军队，用以保护中国境内的重型轰炸机基地。罗斯福还同意大幅增加“驼峰”航线运送物资的吨位。“罗斯福不让我发表意见，”史迪威抱怨道，他认为一切以空中力量为核心的建议都是愚蠢的，“我插了两次话，但丘吉尔始终回避这个话题，我的意见不可能再受重视了。”[21]

关于这个问题，蒋介石同意在缅甸的作战计划，但条件是必须得到美军的实际支持。[22]对于西方盟友在缅甸开始新计划的承诺，蒋介石的担忧是有道理的，而这个计划最终也确实没能实现。1943年年中，美英两国指挥官的精力都集中在“霸王行动”上，也就是最终导致纳粹德国战败的欧洲登陆反攻计划。中国又一次被放在了优先顺序列表的最下方。同年8月，在魁北克召开的“四分仪”会议上，新成立的东南亚盟军司令部（SEAC）则将缅甸从中缅印战区中分离并收编，这个新战区将接受路易斯·蒙巴顿勋爵的指挥。这样做的部分压力来自丘吉尔，他担心美国公众舆论可能认为英国在亚洲战事中没有发挥足够重要的作用，因为当时美国各界都在说东南亚盟军司令部的“SEAC”其实是“Save England's Asian Colonies”的简写，意在挖苦这是为了拯救英国的亚洲殖民地。[23]缅甸和泰国被划归东南亚盟军司令部后，就脱离了蒋介石的权力范围，也再次将救援中国一事挤到了重要事项列表的底部。史迪威被任命为东南亚盟军司令部副司令，位列蒙巴顿之下，但他仍是蒋介石的参谋长，并保有中缅印战区的指挥权。此等局面既复杂又棘手，更不用说“醋性子乔”对英国人几乎和对蒋介石一样神经过敏了。[24]

1943年夏天，史迪威幻想着可以指挥中国军队，也包括共产党军队，而把蒋介石和国民党军方领导人晾在一边。他和蒋介石之间的关系也因此恶化至前所未有的地步。史迪威得意地写道，蒋介石“以为通过让我担任他的联合参谋长，我就必须接受他的任何命令，他太愚蠢了”。[25]事情发展到如此地步，史迪威已无法认真听取蒋介石的任何建议或考虑了。现在，他将自己视为唯一了解形势需要的人，认为蒋介石甚至英国人和大多数美国人都已误入歧途。

史迪威的自我膨胀使华盛顿震惊不已。蒋介石的内兄宋子文在“珍珠港事件”后便被任命为外交部长。在华盛顿，宋子文利用自己的影响力，借助罗斯福的密友兼政治调停人哈里·霍普金斯表达了对史迪威的不满，并要求美国解除史迪威的指挥权。霍普金斯对此表示同情，认为史迪威确实对中国有不良影响，并鼓励宋子文提议更换军事领导人。9 月 15 日，宋子文向白宫建议，既然蒙巴顿已被任命为东南亚盟军司令部的总司令，那么史迪威就没有必要再留在中国了。相反，应由一位中国将军来负责指挥中国军队，并接管中缅印战区的空中指挥权。[26] 白宫接受了宋子文的建议。9 月中旬，罗斯福已准备召回这位惹来各种麻烦的中国战区参谋长。宋子文返回重庆后，蒋介石于 10 月 15 日正式提出了召回史迪威的请求。

但随后蒋介石又犹豫了。尽管内兄积极鼓动他将史迪威撤职，但其他家庭成员同样劝告他要留住史迪威。宋美龄和宋霭龄出乎意料地为史迪威辩护起来，史迪威估计这两位“聪明的贵妇人”成功地使蒋介石认识到了“事态的严重性”，但他错误地将她们的辩护归结为宋子文的主张。[27] 蒋介石的夫人和大姨子意识到，如果史迪威被撤职，虽然可以解决其与蒋介石之间的长期不合，但在日军仍然威胁要征服大后方的节骨眼上，此举却暴露出了中美间的重大分歧。宋美龄的反对尤其强烈，而孔祥熙和宋霭龄则担心召回史迪威会导致宋子文的权力膨胀，反而损害孔祥熙的利益。华盛顿认为孔祥熙既贪心又愚蠢，这基本是个公认的事实；宋子文则不同，他更为自由开明，而且是凭自己的本事攀爬至权力高位的。蒋介石不想令宋子文的政治地位急速蹿升并超越其他家庭成员。他可能还担心，如果失去史迪威，由英国人蒙巴顿指挥的东南亚盟军司令部会迫使中国在作战时优先考虑英国的利益，而将中国的置于其后。[28]

10 月 16 日，蒙巴顿到达重庆并会见了史迪威，后者郁闷地用大写字母记录道：“总司令说我必须被解职。”[29] 但蒙巴顿极力劝说蒋介石留住史迪威。在各方压力下，蒋介石于 10 月 17 日会见了史迪威，两人的谈话气氛颇为紧张。蒋介石写道："晚约史迪威来见训诫其往日错误。彼承认，以后绝对服从也。"[30] 但史迪威可不是这么看的。当天深夜，他被蒋介石传唤。蒋介石对他说，他应"明白总司令和参谋长的职责，避免任何优越感"。史迪威认为这完全是"废话"，但仍"有礼貌地聆听着"。在整场解职风波中，史迪威都"感到十分轻松，没有遗憾也没有自责"。[31] 虽然两人搁置了纷争，但根本问题并没有得到解决。几天后，蒋介石终于决定改变主意，同意史迪威留下。宋子文怒不可遏，因为他在华盛顿的努力彻底白费，使他在这场闹剧中看起来像个小丑。但蒋介石根本没心思听宋子文的意见，他在日记中郁闷地回顾了过去的不快。他知道宋子文和苏联派来黄埔军校培训国共两党人员的共产国际特派员鲍罗廷，曾于20世纪20年代密谋将他赶下台。而在 1931 年的东北危机中，宋子文更是暗中拆台，拒绝为蒋介石提供资金。如今，宋子文被彻底挤出了权力中心。[32]

在 1943 年 10 月的同一周里，重庆政府并非只在"靠不住的盟友"一边押下赌注，也与南京汪伪政府保持联系，它派出另一位代表徐采丞前去拜访"内线"周佛海。徐采丞告诉周佛海，虽然中国与所有同盟国成员签署了不单独对日言和的协约，但也附有一个保留条件：若是出于保护中国领土主权的目的，则允许中国与日本单独和谈。周佛海对此有所怀疑："为中国设想，如下棋然，不应下死，保留转圜余地亦为理所当然。但未知重庆当时是否如此深思熟虑，英、美是否同意其有此保留也。"[33] 他的怀疑是正确的，西方盟友根本无意给予中国对日言和的自主权。

到 1943 年 11 月，同盟国与轴心国在棋盘上的位置已不同以往。欧洲战场上，希特勒的大军在斯大林格勒战役的失败助长了盟军在太平洋战场的反攻势头。此前，盟军已在1942年6月的中途岛战役中获胜，并在漫长的战斗之后，于次年收复了所罗门群岛。1943 年 7 月，意大利的墨索里尼政权被推翻。现在，同盟国占据了优势，而日本也不得不向蒋介石展示，与日本谈判要优于继续依赖美英两国。1943 年 9 月在东京召开的大本营会议指出，日本已不能寄望德国提供更多援助了。日本的战时经济处于重压之下，铁矿、钢材、煤和石油的供应均已短缺，国家不得不调整战略，将防卫本岛和征服东南亚产油区作为优先目标。日本既要守住缅甸和东南亚的大部分地区，也要努力确保苏联保持中立。会议还强调了避免中日冲突升级的必要性。[34]

现在，同盟国和轴心国都在召集成员国参加峰会。在各自的峰会上，它们展示了对战后亚洲的两种完全不同的设想。东京方面公开宣称，它的目标是从西方桎梏下“解放”自己的亚洲盟友。[35] 为体现诚恳的态度，日本于 10 月 30 日与汪伪政权签订了《日华同盟条约》。不论内容如何，至少其措辞比原有的屈辱协议要平等一些。第二天，汪精卫和周佛海飞赴东京，参加“大东亚共荣圈”成立大会，这个浮夸的名字是日本人对其帝国的称谓。

飞机降落在日本首都东京。这里确实是个艰苦的地方，它不仅是美军的主要轰炸目标，其子民还因大米的供应不足而日渐饥饿。除了表达对日益恶化的局面的不屑之外，召开这次会议也是为了展示日本与其盟友之间的亲善关系，并准备实施一个理念：日本将在这一地区进行一场政治改造，替代统治已久的旧式西方帝国主义。1943 年 11 月 5 日，日本首相东条英机欢迎了从亚洲各地来到东京会晤的首脑们。在周佛海看来，缅甸独立领导人巴莫“甚活泼，乃为学生派”；而轰走美国统治者的菲律宾总统何塞·劳雷尔“为一老练之政治家”。然而，最有魅力的与会代表当属苏巴斯·钱德拉·鲍斯，这位前印度国大党主席于 1941 年叛逃德国，随后又来到日本，成为新组建的印度国民军领袖，这一组织宣称为“自由印度”而战。对于鲍斯的发言，周佛海热情洋溢地写道：“鲍斯乃一意志坚强之革命家也。”鲍斯赞扬了日本的作用：“这已不是世界第一次向东方寻求光明和引导了……在创建一个崭新、自由和繁荣的东方时，日本政府和日本人民应该发挥领导作用。”鲍斯还回顾了一个鼓舞人心的例子，即 1904 ～ 1905 年的日俄战争。正是在这场战争中，一个亚洲国家第一次击败了欧洲大国。最后发言的是汪精卫，他在日本的身份是获得了正式承认的中国政府主席。与活跃的鲍斯及巴莫相比，汪精卫看上去心灰意冷。巴莫谈到汪精卫时，称其“长相惊人地英俊，说话极少，但措辞谨慎……从他拘束的态度和拖沓的言辞中，你很快就能感受到发生在中国的悲剧”。[36]

会议并没有做出切实的承诺，但对东南亚领导人和鲍斯来说，无论日本对其独立的支持有多么脆弱、自私，这次会议都清楚地标志着这样一个时刻：他们要求脱离英国或美国殖民统治争取独立自主的渴望终于得到了正式承认。然而，对汪精卫而言，会议却没有带给他这些好处。战争爆发后，中国本已受创的主权不仅没能加强，反而被削弱了。很难相信，与日本结成的新联盟能带来真正的伙伴关系。必须指出的是，无论这次大东亚各国参与的会议有多么外强中干，它仍是对同盟国战后设想的一次明确挑战。

同盟国虽然名为同盟，但内部却惊人地不团结，这对蒋介石来说是个头疼的问题。中国的劣势地位正源于这种独特而扭曲的伙伴关系。其中最关键的问题是，苏联仍对日本保持中立态度。这就意味着斯大林不会公开出现在任何有蒋介石参加的会议中，否则就等于表示支持与日本为敌的中国。不过，斯大林对于重塑战后亚洲一事显然极有兴趣。事实上，1941 年之后，几乎所有重大会议都有蒋介石的身影，但此局面被丘吉尔对中国人毫不掩饰的轻蔑破坏了。

## 开罗会议

对蒋介石来说，这些压力使得 1943 年 11 月 22 ～ 26 日举行的开罗会议（代号“六分仪”）变得更加重要。开罗会议是战争期间唯一一次旨在全面解决中日冲突的重大会议。此次会议正值美英关系持续紧张的时期。

1943 年冬春之交，美英双方在实施“霸王行动”的时机问题上争执不下：美方坚持要将之确定为战略优先，英方则希望留有更多选择余地。“霸王行动”的决定将不可避免地对其他战场产生后续影响，其中包括地中海战场、太平洋战场，甚至是中国战场。各方在开罗还将花费大量时间决定太平洋战场的作战策略。[37] 遗憾的是，开罗会议并不顺利，因为美英两国都不知该如何结束发生在太平洋上的战争。甚至在华盛顿和伦敦于 1943 年提升了太平洋战场的重要性后，仍未明确中国战场的意义。[38]

帕特里克·赫尔利曾在胡佛政府中担任过战争部长，现在则是罗斯福总统的私人代表。11 月 12 日，他在重庆与蒋介石进行了会谈。在蒋介石看来，赫尔利此行是为了解释罗斯福对丘吉尔和斯大林的态度，以免在即将举行的开罗会议上产生误会。蒋介石的理解是，美国总统“关于东亚诸事全凭余与英丘照既定方针力争，不稍迁让”，美方便能以中间人的身份从中调停。蒋介石也表明了自己准备在开罗会议上极力倡导的观点，其中包括建立一个联合国组织并给予中国在未来国际秩序中平等地位，以及在日后反攻缅甸时为中国军队提供海空支持。[39] 此时的“联合国”指的是同盟国成员，这个词语直到 1945 年后才具有当今联合国组织的意义。当时，蒋介石也充分思考了自己所饰演角色的意义。此前，从没有一个非欧洲国家的领导人能与西方大国领袖一同参与这样的重大会议，并在其中占据如此重要的位置。蒋介石在日记中写道：

> 余此去与罗、丘会谈，应以澹泊自得、无求于人为唯一方针，总使不辱其身也。对日处置提案与赔偿损失等事，当待英、美先提，切勿由我主动自提；英、美当知敬我毫无私心于世界大战也。[40]

蒋介石和宋美龄抵达了戒备森严的开罗，但当他们在公众面前现身时仍引发了一系列轰动。大英帝国的总参谋长阿兰·布鲁克将军注意到，一些下级军官在看到一贯风姿绰约的宋美龄时还是“忍不住一阵骚动”。布鲁克自己则认为她“并不漂亮”，还提到她“灰黄的面色”和“长期抽烟”遗留下的气味。[41]

平生第一次，蒋介石见到了过去3年来那位在他脑中屡屡浮现并令他不快的人物——温斯顿·丘吉尔。他们谈了半个小时，由宋美龄担任翻译，“颇融洽，此未见以前所想象者较优也”。第二天，他们又谈了整整1小时，丘吉尔问道：“你觉得我是个可怕的老头子，对吗？”[42]蒋介石和宋美龄都笑了起来，连英国外交部常务次长贾德干也提到“温斯顿为蒋介石夫人的风采所倾倒”。[43]

当天晚些时候，蒋介石会见了“面色苍老”的罗斯福。此时，罗斯福已有过度劳累的迹象，并最终因此去世。宋美龄继续活跃于众人中，蒋介石反倒退居一隅。他写道：“茶话会上，余妻与众人应酬谈笑，而余说话甚少，一时后便告退。”英美两国似乎已经确定了会议日程，可中国的提议和地位问题却还没有讨论。这让蒋介石心中不快，也隐隐觉得奇怪。[44]

开罗会议上有两项重大议题与亚洲事务有关。一项是亚洲的战后格局问题，另一项是中国和东南亚盟军司令部的当前战略问题。蒋介石为自己定下了参加会议要达成的最重要目标：战后归还东北、台湾和澎湖列岛；使朝鲜成为独立国家；中国领土内的所有日本工厂和航运作为赔偿的一部分移交中国。[45]

会议并不顺利，对于如何在亚洲作战，同盟国之间分歧严重。开罗会议为东南亚盟军司令部提供了3种可能的方案：“泰山计划”：重新夺回缅甸；“火枪计划”：进攻苏门答腊；“海盗计划”：从孟加拉湾两栖登陆，夺回安达曼群岛，进而威胁日军在东南亚的补给线。其中，“海盗计划”无疑是最具雄心的。[46]蒋介石支持的是“泰山计划”，这样中方就可以沿着斯利姆将军麾下的英军防线部署军队，但蒋介石同时也希望获得安达曼海登陆作战的承诺。抵达开罗时，他就在日记中写道，他主张海陆联合进攻缅甸的作战行动，并希望将曼德勒作为缅北战役的进攻目标。[47] 丘吉尔不愿支持这一行动，但蒋介石感到“会中全体人员皆已默认余之意见”。实际上，美国最高统帅部对此也兴趣缺缺，太平洋战场才是它的首要考虑。蒋介石可能也略有所感：“接见马歇尔，其话长冗无次序无重点……不能得其要领也。”[48] 蒙巴顿对蒋介石的评价不佳，他称自己忍不住怀疑蒋介石是否真懂战略战术。[49] 蒙巴顿显然没有考虑到美英双方都在有意模糊对蒋介石的态度，这也导致后者在做出重大战略抉择时更加困难。接着，罗斯福突然插手干预，他向蒋介石保证美英两国将实施“海盗计划”以配合“泰山计划”。[50]

与罗斯福的谈话令蒋介石认为，中国在战后拥有大国地位这个目标是可能实现的。私人会谈时丘吉尔不在场，蒋介石便对罗斯福总统谈到了对于日本的战后安排，以及战后世界的反共反帝问题。他写道：“余甚赞罗对俄国共产主义之政策已得初步效果为贺，唯希望对英帝国主义之政策亦能运用成功，以解放世界被压迫之人类，方能报酬其对世界战争之贡献也。”[51] 蒋介石的另一个关注点便是新疆，这片西北土地长期以来都被苏联所觊觎；此外，他还重申了支持朝鲜和越南独立的愿望。当然，越南独立是要在中美两国的联合监管下实现的。经过与罗斯福的谈话，蒋介石更加确信反帝国主义与反共产主义是可以共存的。据蒋介石的记录，他们还讨论了一个颇为诱人的计划：罗斯福建议，中国军队应在战后对日本的军事占领中担任主要角色。“此其有深意存也，”蒋介石写道，“余亦未明白表示可否也。”[52] 值得庆幸的是，罗斯福热情而模糊的表态永远不必在会议大厅中接受验证，美军统帅部是否有人认为这个建议意义重大也值得怀疑。蒋介石正经受着罗斯福诸多朋友和敌人几十年来得出的“惨痛”经验：这位总统总能用友好的言语让对方相信你们已经完美地达成了一致，哪怕这家伙在同一天早些时候刚对另一个人说了几乎完全相反的话。

罗斯福知道蒋介石与丘吉尔互不信任，他的做法显然是在挑拨两人的关系。谈到丘吉尔，蒋介石嗤之以鼻："其为英国式之政治家，实不失为盎格鲁—撒克逊民族之典型人物，而其思想与精神气魄以及人格则决不能与罗总统同日而语矣。狭隘浮滑自私顽固八字盖之矣。"罗斯福在宴会上向蒋介石灌输对丘吉尔的敌意，蒋介石日记中写道，"最令人头痛者就是丘的问题"，因为英国不愿让中国成为一个大国。[53]

不少美国人和蒋介石一样对英国抱有疑虑，他们同样担心美国为战争付出的巨大努力，最后保卫的却是大英帝国的利益。开罗会议召开时，丘吉尔心里很清楚，自己在亚洲的作战目标与罗斯福有本质区别，美国人希望能留有充分的余地，以便与斯大林直接讨论亚欧战后格局。早在 9 月的一次白宫午宴上，丘吉尔就说过要保持"盎格鲁—撒克逊民族优越性"的话。部分美国公众人物也认同此观点，其中就包括美国前驻华大使尼尔森·约翰逊（尽管他一直对国民党的困境表示同情）。然而，尽管受到自身偏见的影响，大多数美国人仍担心美国可能是在与帝国主义结盟，更担心这个同盟可能将对日作战转变为一场种族战争。助理国务卿，罗斯福的"智囊"之一阿道夫·伯利注意到，英美两国在包括"中国问题、种族问题和印度独立问题"在内的亚洲事务上都存在意见分歧。抛开丘吉尔冠冕堂皇的说辞，英国已经不堪重负，其战时债务仍在不断累积，曾经的"日不落帝国"开始逐渐沦为"美国的盟友"。[54]让英国人感到忧虑的还有美国人从未言明的观点：美国的主要敌人是日本而非德国。阿兰·布鲁克在他的日记里就曾提到，美国军方的"心思全在太平洋上"。[55]

蒋介石和宋美龄抽空匆匆游览了金字塔后，便于 11 月 27 日启程回国。开罗会议后，蒋介石进一步思考了此行的成果。他写道，"此为余在外交舞台之首演"，还预言自己在日后的出访中将更加自信。如果他能成功实现收回领土的目标，这将成为"中国外交史上空前之胜利”。[56] 在某种程度上，这是个荒唐自大的说法，即使以私人日记来说也是如此。然而，它也确实反映了一个事实：极少有国家与中国一样，虽然外交地位低下，却能迫使一个强大得多的帝国（此指英国）以平等（至少在名义上如此）身份来对待自己。蒋介石在日后不止一次评价了英国的影响力：“英国在世界之势力强固与远大，得窥一斑；而亚、非二洲之回教国民，皆使之服从听命，其魔力实不可思议，不能不令人惊叹。”在开罗会议的大多数时间里，丘吉尔都在为英国失去对美国的影响力而烦心，他若知道了蒋介石的评价，一定会稍感安慰。

## “一号作战”大幕拉开

蒋介石的亲身经历也反映出中国与西方大国之间关系的紧密程度。在不到 20 年的时间里，蒋介石就从一名默默无闻的军官，崛起为与美国总统、英国首相平起平坐的国家领袖。蒋介石反思道，现在中国必须抓住机会力图自强，才能为其他寻求独立的国家做出表率。从长期来说，中国如果真的要与美英两国竞争，就必须提高教育水平。但他也认识到，眼下最令人焦虑的问题显然是“英国决不肯牺牲丝毫之利益以济他人”，因此罗斯福保证为缅甸陆上军事行动提供海军支援也是迫不得已之语。事实证明，蒋介石的谨慎很有先见之明。[57]

就在蒋介石返回重庆的同时，在距开罗 1800 公里之外的伊朗首都德黑兰，发生了一起将使局面发生重大转变的事件。斯大林拒绝参加开罗会议，但在德黑兰会见罗斯福和丘吉尔时，他清楚地表明了自己的观点。斯大林指出，欧洲战场必须绝对优先，同时承诺一旦“霸王行动”开始实施，苏联就会加强东线攻势。他也确实做出了保证：苏联将加入对日作战，但时间必须在德国投降后。这个保证迅速改变了同盟国的目标，原本计划在孟加拉湾进行的“海盗计划”在 12 月 8 日被取消了。[58] 这个计划需要使用英国皇家海军大部分登陆艇，而美军指挥部也从不相信这是个可行的战略。放弃“海盗计划”又一次说明：对中国的承诺无论是遵守还是反悔，似乎都不会有什么严重后果。

出于对可能孤立无援的担忧，蒋介石拒绝将驻扎在云南的部队（Y军）部署至缅甸作战。“可见英国不愿在远东用兵。”他如此抱怨道。[59]丘吉尔允许蒙巴顿派出2万英军，用以支持中国军队在缅甸若开邦沿海的小规模两栖登陆作战，但蒋介石拒绝了这个提议。这个决定意味着“海盗计划”彻底流产，但蒋介石仍坚持实施反攻缅甸的“泰山计划”。因为他知道，让世界看见中国在本土以外的战斗中为盟军做出贡献是很重要的。同时可以理解的是，他也在提防同盟国将中国的利益与它仅存的军队当作地缘战略大棋盘上的一颗棋子来利用。他继续责怪“英国并无进攻缅甸之诚意”，并认为它的态度是在“扼杀中国经济”。[60]既然两栖进攻计划已无可能，马歇尔便决心实施缅北战役，打通穿越这一地区的交通线。[61]

政治如万花筒一般继续在蒋介石眼前不断变化。从开罗回国途经印度比哈尔邦的兰姆伽时，他与郑洞国将军进行了谈话，并检阅了驻扎于该地的3.3万名中国驻印军（X军）。此举也提醒了蒋介石，他的指挥权并不稳固。蒋介石哀叹道：“史迪威对于郑军长视若傀儡，不予以丝毫指挥之权，亦不令其到‘力多’前方指挥其所部，其他诸事亦多，可痛者。”但蒋介石也并未忽视训练优秀军官的问题：“唯我之官长精神体态与学术，皆不如人，平心论之，实无法与人争衡，古人谓无兢惟人。在此二十年以内若不积极培养体力训练人才则国家更无平等可期矣。谂及此，不禁愤愧无地，如何培植此后进人才为国吐气扬眉，以求得民族真正之解放也？”[62]

同时，一些美国人日渐怀疑他们该支持蒋介石到何种程度，对他的要求也变得更加严苛。重庆的局势与开罗不同。在开罗会议结束后，蒋介石返回重庆途中之时，美国驻华大使克拉伦斯·高思写信给国务卿科德尔·赫尔，表达了对中国能否坚持抗战的担忧。高思汇报了自己与翁文灏的谈话，这位颇受尊敬的中国经济部长坦率承认，“田赋征实”制度已在农民中激起了强烈愤恨。高思断言：“必须接受的事实是，中国人已无法解决他们病入膏肓的经济问题了。”不得不接受的事实还不止这些，中国政府如今在战略上已变得“彻底保守，在很多方面都消极被动、自我满足”；而中国军人不仅营养不良，而且军队腐败现象严重，执行的任务毫无军事价值。[63]

在重庆，高思并非唯一察觉到国民政府正腐化堕落的人。高思、格雷厄姆·佩克，还有许多其他人，都目睹了蒋介石政权在美元的资助下，挣扎着握紧权力；众多戴笠的军统爪牙抓捕了大批持不同政见者，对他们严加拷问，乃至处决。尽管蒋介石在残忍程度上无法与西方国家的另一位盟友斯大林相提并论，但到 1943 年底，国民政府的形象在美国人眼中已跌至谷底，难以对其产生尊重之情。高思提到的“法西斯式”行为将使国民政府成为战后美国一个令人尴尬的盟友。

不过高思也承认，尽管政治形势极为严峻，“但就此认为中国会不可避免地向日本妥协，那就大错特错了”。高思断言，国民政府确信同盟国将会赢得战争，因此“有必要站在胜利者一边”。他提醒赫尔，中国已经抵抗了 6 年，而且还将继续牵制“近 50 万日军兵力”。他承认“厌战情绪”对中国将来的行动是个巨大的威胁。在同年早些时候，蒋介石也曾承认“六年抗战至此更显得精疲力竭”。[64] 很多中国人认为自己的国家在保卫亚洲方面已经达到了自身极限，政府应该为战后格局保存实力，并阻止共产党在苏联的协助下占领北方地区。高思还承认，蒋介石最忧虑的就是美国向日本言和。以上种种原因都可以解释：为什么一个虚弱且备受打击的中国不愿在战争的下一阶段里发挥更积极的作用。

然而，即便有以上言论支持，高思的评价依然是不公平的。蒋介石曾明确表示，他愿意参与太平洋战场的联合军事行动。但在盟国其他成员集中兵力奋战于欧洲时，却要求蒋介石采取这一行动，这种建议就太没诚意了。在当前情况下，蒋介石采取防御战略一点也不让人意外。同盟国又一次用行动说明：中国在战略次序上是次要的甚至是边缘的（就地缘战略目标而言，这尚能理解），把中国当成一个三流合作伙伴却要求它像一流合作伙伴那般行事。这种要求几乎称得上是伪善的。同盟国战略的先决条件是，在反攻欧洲之前不应该在中国有进一步的军事行动。[65] 如果蒋介石果真出动军队进行某种单独攻势，中国军队必将一败涂地，重庆政权也将更快垮台。这可能导致南京汪伪政权控制中国更多地区，或者中国共产党更快取得全面胜利。

在致罗斯福的电报中，蒋介石明确表示了对于不能立刻在太平洋战场发动全面反攻的失望。他还提醒罗斯福，中国人民可能难以相信同盟国的援助承诺是出于真心，尤其在面对日益逼近的经济崩溃时更是如此。只有 10 亿美元的贷款，加上美国在华空军规模翻倍，并将空中运输物资增加到至少每月 2 万吨才能阻止中国迫在眉睫的经济崩塌，从而保全这个国家的抗日战力。否则，蒋介石担忧地说，日本就会在同盟国集中兵力于欧洲前线之时，乘机将中国“消灭殆尽”。[66]

这个要求无论如何都是不明智的，它被当作蒋介石贪婪无度的表现。然而，这其实是情有可原的，也许蒋介石认为美元在手总比用一纸空文表示支持的虚无承诺要实际得多。毕竟，中国在开罗会议上如此“崇高的地位”竟在几天之内就被削弱。毫无疑问,欧洲和“霸王行动”将在 1944 年的世界大战中占据主导地位。

新年到来时，蒋介石还没有意识到，他很快就要为自己政权的存亡而战了。同盟国集中兵力解放法国、挺进柏林的决定，将在短短几周内，对中国产生意想不到的危险后果。以美国为首的同盟国强加于蒋介石的决定将使整件事变得更糟糕。

第 17 章

# 反攻缅甸和豫湘桂会战

缅甸反攻，虽胜犹败，盟军死伤惨重。中国大陆豫湘桂等地接连失守，令国民党内和军队腐败问题凸显。国民党两地抗日，疲惫不堪，而共产党在延安实力逐步壮大，蒋介石备感压力，国民政府前途未卜……

## 生命线——滇缅公路

1944 年 6 月，黄耀武随军飞往印度，这是他生平第一次坐飞机。虽然了解“驼峰”航线的危险，但彼时的他年轻气盛，乐于冒险，所以并不在意。更令他困扰的是寒冷。地面温度还比较高，但是搭乘运输机道格拉斯 C-47 到达海拔约 9000 米的高空之后，士兵们只穿着一层军服，感到刺骨的寒冷。黄耀武回忆道：“冻得浑身发抖。到了高空后严重缺氧，全迷糊了，我的脑袋嗡嗡响，要死要活的。”他难受得昏睡过去，只凭借着微弱的体温撑到了目的地印度。[1]

黄耀武的父母祖籍广东，曾经移民美国，二人满怀热情与期望，参与建立新共和国，于是选择了在 1911 年后回国。黄耀武出生于 1928 年。动乱年代父母早逝，为了生存，年仅 15 岁的他毅然从军。对于早年的军旅生涯，黄耀武记忆犹新。新兵们坐在蒋介石、毛泽东以及何应钦的照片之前，照片里的领导人似乎从无党派分别，20 世纪 30 年代的惨痛冲突也仿佛从未发生。在那之后，他和战友们挺进深山，浴血奋战，发誓不将日本侵略者全部消灭绝不回乡。短短数月，他就将在最英勇、惨烈的抗战岁月里扮演重要角色。

中国分两个战场出击。尽管在缅甸战场上勉强获胜，但是在本土战场上，国民政府却将面对濒临垮台的灾难。1944年伊始，蒋介石给罗斯福总统发电报，警告德黑兰会议上的决策完全颠覆了开罗会议所达成的共识，势必刺激日本趁机侵略中国。“日本有理由推断，实际上现在盟军的全部力量都应用于欧洲，因此将放弃中国战场，任由其被日本机械化陆空部队鱼肉，”蒋介石郑重地说道，“不用多久日本就会发动全面战争。”[2]然而西方情报机构却持不同看法，确信日本将更可能处于防御位置。1944年2月举行的第四次南岳军事会议上，蒋介石表达了不被盟友们重视的沮丧：外国军队不能平等对待中国军队，这是最可耻的……究其根本是中国的军队仍不够强大。[3]

到了春天，种种迹象表明，一场战争正在中国东部悄悄发酵。3月23日，美国驻华大使高思通知国务卿科德尔·赫尔，称有可靠情报表示“日本正准备在河南发动军事袭击”。[4]然而，此时史迪威将军却关注着另一件事。2月14日《时代》周刊刊登了一篇热文，评价新开辟的印缅供给线：

> 整整17个月里，约瑟夫·史迪威将军在华盛顿、伦敦和新德里遭到连番抨击。批评者称中印公路（又称列多公路）完全是瞎费工夫。上周于印度首都，“醋性子乔”僵直地坐在白藤条沙发上，修长的手指把玩着心爱的雪茄烟嘴，眼睛半闭。他简单直接地回应了反对者：中印公路将完成美国的两个目标：第一，至少为封锁中的中国运送一部分物资；第二，建立反击日军的格局。英国海军上将路易斯·蒙巴顿则不敢苟同。美国的海军司令也承认，在蒋介石重整军队之前，必须在中国南部开设港口。但是“醋性子乔”比新德里的任何军方高层都要了

> 解中国，坚持认为“驼峰”航线和中印公路可以立刻救中国于水火，因此符合基本亚洲策略。[5]

不出所料，这篇旨在煽动的热文成功激怒了蒙巴顿，之前他曾试图召回史迪威但却徒劳一场。[6] 文章同时反映了史迪威及其支持者的观点。自从 1942 年 5 月败走丛林后，史迪威就一直对光复缅甸念念不忘。开罗会议上的提案令他燃起希望，但提案废止后希望再次破灭。同样的，英国和中国部队准备在缅甸发动突袭，1943 年 12 月底中国部队已经在边境地区和日本前哨短兵相接。但蒙巴顿领导下的东南亚盟军司令部，否决了再次开通西起印度阿萨姆邦，穿越缅甸，东至中国云南的公路。为此，盟军内部爆发一场争论，史迪威坚决主张在中印公路上尽快展开突袭，而蒙巴顿和参谋长魏德迈却坚持认定这种作战计划不切实际。最终史迪威胜出，论战告终。他派出代表游说罗斯福，总统态度暧昧，并不反对在缅北展开军事行动。而盟军指挥官们此时都在忙于一级任务：为 4 个月后的诺曼底登陆做秘密准备。史迪威得以开展他的计划，因为没人愿意去制止他。

彼时，蒋介石仍担心日本酝酿对中国发动突袭，但他无法说服西方的盟友们。3 月 27 日，考虑到反攻缅甸会置中国大陆于险境，蒋介石提出将 9 万 Y 军和美国空军战斗机转移到印度。罗斯福于 4 月 3 日回复，除非蒋介石同意出兵，否则再对中国进行援助就“不合理”了。在史迪威、马歇尔等人的继续施压下，蒋介石被迫同意。[7] 尽管疑虑重重，他还是派卫立煌率 4 万中国远征军支援缅甸前线。在缅甸北部重镇密支那，史迪威也率领麾下一众中美部队冲锋陷阵。5 月 17 日，盟军夺取了日军飞机场，但很快历史又再度重演。时间仿佛倒退到 1942 年，史迪威再次被日军围困城内。

然而这一次，史迪威获得了更多营救。黄耀武就是当时第六军新二十二师的士兵之一。这批驻印部队训练有素，它们还能获得驻印情报部门的消息，尽管情报不容乐观。日军已充分利用丛林作战经验在树上安置了机枪掩体。道路一边是茂密的丛林，一边是陡峭的悬崖，士兵们只能顺着藤生植物往上爬。[8] 缅甸受雨季滋养的茂盛丛林，和中国的平原或森林截然不同。这方水土对于中国和英美士兵而言实在是太陌生了。没过多久，黄耀武和战友们就单枪匹马陷入了丛林。他们迅速发明了模仿猴叫的方法来互相联系并麻痹日军：如果黄耀武学猴叫了三声，队友也回叫了三声，那就是“警报解除”的暗号。

但在缅甸作战也是有好处的。根据《租借法案》，史迪威控制着大批物资，这意味着军队补给充足，没有后顾之忧。黄耀武也记得快吃腻每餐的牛肉和南瓜了，而这只是军队的日常饮食，却足以令即将在2000 公里以东作战的多支国民党部队羡慕不已。[9]

而令盟军始料未及的是，日本人也已制订了作战计划：攻打缅甸盟军的同时对中国大陆发动突袭。日军首脑的决定看似天衣无缝。早在 1943 年秋，帝国总司令部（大本营）就已经意识到日本在亚洲的地位危于累卵。随着美国深入亚太地区，日本在 1942 年间的既得利益岌岌可危。1944 年春，盟军的突袭迫使东京方面重组部队来保卫一部分太平洋中部岛屿。1944 年 2 月马绍尔群岛失守，致使东条英机海军总司令乌纱不保，转任日本陆军大臣。[10] 日军决定效仿 1941 年的放手一搏，企图凭借大胆、出其不意的军事行动再占上风。它决心孤注一掷，在亚洲大陆发动最后一次大规模猛攻，即因帕尔战役。为此，日军从缅甸北部派遣了 8.5 万兵力到英属印度备战。

## 不堪回首豫湘桂

另一场军事行动企图将中国彻底踢出战局，即豫湘桂会战，日本称之为“一号作战”或“大陆打通作战”。位于东京的帝国总司令部同意以军事行动在中国中部打开一条通道。方案由日本远征军提出，这支部队在去年深陷泥潭，妄图控制住日军侵略地区。1944 年 1 月 4 日，计划成形。最主要的军事目标是破坏美军在中国的空军基地，其次利用铁路开辟从中国大陆到法属印度支那的通道。时任首相的东条英机仅批准了打击空军基地，计划于 1 月 24 日获官方批准并实施。[11]

豫湘桂会战是日军在华进行的规模最大的一次战役。近 50 万的兵力横跨中国大陆布阵法属印支边境。这场战役远非普通的战略目标。对于日军和国军来说，这都是背水一战。解除中国的武装完全变成了紧要任务，甚至是首要任务。如果日本可以在亚洲战场上争取到主动权，就能趁美国在欧洲战场疲于奔命之际和其谈判。[12]

4 月中旬，蒋介石和高思先前的怀疑被证实无误。日本帝国陆军突然大举进犯河南。日军调派了 50 万兵力和 200 架轰炸机，准备了 8 个月的燃料和足以撑 2 年的弹药。[13] 国军指挥官时隔许久才搞清楚日本人的动向。军令部长徐永昌坚信步入 1944 年春天后，日本可能在中国南部发动突袭，但是直到 5 月一切才明了，突袭目标是中部的平汉铁路沿线。[14] 国民党亦调兵中原，准备迎接一场腥风血雨。

然而，此时常年对日作战的耗损以及国民政府腐败无能使国军兵力下降。军队自 1941 年起开始招募新兵，壮丁被强征入伍也愈发稀松平常。被征入伍者通常被捆绑成几队，押往离家很远的地方；如果离家乡近，他们很容易就溜掉了。[15] 通货膨胀导致军饷缩水，参军入伍早已不再是肥差。与此同时，包括云南 Y 军在内的几支硕果仅存的精锐之师，却远在几千公里外的缅甸密支那，跟随史迪威苦战，试图杀出日军包围。

中原部队的军事实力在理论上和实际上存在着天壤之别。这种区别在 1944 年 5 月惨烈的战斗中暴露无遗。蒋鼎文和汤恩伯两位将军负责华北第一战区，死守河南省黄河流域的洛阳，当地饱受洪涝和饥荒之苦。蒋鼎文面对豫北颓势自有一番说辞，花园口决堤事件导致豫北地区苦不堪言。蒋鼎文写道，他早料到兵力不足，但要求增援却被拒绝，因为其他国军都已经被派去围堵共产党了。他的部队三面受敌，需要坚守的战区广阔，但人手却少得可怜。日本军队就不同了，它的机动部队可以在这块平原上大显身手。

蒋鼎文也极力暗示问题出在总司令身上。他的部队早该于 4 月 23 日或 24 日在洛阳先发制人，但是直到 5 月 1 日才获得蒋介石批准进攻。此时日军已经深入，为时已晚。蒋鼎文不得不增援汤恩伯，因为后者遵照蒋介石先前的指示，已经从另一方向启程去禹县待命。此类沟通失误已经司空见惯。第三十八军和第十三军也没收到进军洛阳的消息，而按照之前的命令仍往禹县方向行进。接下来的日子里这一幕不断发生：一部分蒋、汤部队赶往战情告急区，但其他的部队通信中断，难以协同作战。蒋鼎文曾说过“蒋委员长，你也记得吧”这种话，就是暗指蒋介石的命令扰乱了整个行动。[16]

但最让人不寒而栗的还是蒋鼎文关于当地百姓的描述。作战过程中，意料之外的是豫西山区的老百姓攻击国民党部队，他们抢劫枪支、弹药和炸弹，甚至连高性能迫击炮和无线电收发器都不放过。他们包围部队，谋杀军队长官。此类事件时常耳闻。事后，村里带头的和保甲（村庄户籍单位）长直接逃走。他们同时还抢走了部队的存粮，留下空荡荡的屋子和庄稼地，这意味着将士很快就会弹尽粮绝。[17]

蒋鼎文不情愿地承认，国军自身的表现是导致出现这种情形的重要原因。他说，当然会有一小撮不守规矩的士兵，骚扰了村民，但村民也缺乏管理，不知道不可以对抗政府军队。然而，蒋鼎文确实意识到百姓对国军信任的垮塌危害之巨大。最终国军因为平民袭击造成的伤害要比对敌作战的损失严重得多。[18]

蒋鼎文的说辞全为自己开脱，把所有的责任推在汤恩伯、蒋介石和其他人身上。一份递交政府的报告严厉地控告了这些司令们的劣迹。声称第一战区的溃败，原因在于蒋鼎文和他的副手汤恩伯无心政治和军事，取而代之的是花时间损公肥私，因此鼓励了下级也一起跟风。

蒋鼎文和汤恩伯的部队有诸多优势，例如拥有的捷克制武器实际上要比日军某些武器还要先进，但他们却从来都没用在刀刃上。报告另称，他们从普通士兵的军饷里分了一杯羹，并且凭空伪造假士兵名册来索要军饷，所以师部根本没有这么多兵力。

大部分观察家认为蒋鼎文只是名义上的司令官，真正掌权的其实是汤恩伯，因此将火力对准了他。6 年前他在台儿庄战役的英勇表现如今看来也已无足轻重。“汤恩伯身负中原御敌之重责，”他的批评者郭仲隗说，“而当敌人渡黄河犯郑县时，不亲到前敌指挥……徜徉沐浴于下汤之温泉。”主帅远在 800 公里之外泡汤，前线部队自然就作鸟兽散了，难怪士兵们“一枪不发”。汤恩伯的部队据称是国民党的精锐之一，却像平民那样被使唤来，为意图逃出战区的军官们搬提行李。汤恩伯自己溜得飞快，带上了两个电报员和二三十个贴身警卫。“抱头鼠窜……绝未见敌。”控告言辞犀利：“捏禀中央统帅部，谓伊部队在某处与敌激战，或称伊将如何出击。”“试问彼早已不知其部队所在，”郭仲隗继续控诉，“何法令其出击？捏报军情，罪恶难恕。”[19]

蒋鼎文和汤恩伯都难辞其咎。从某种程度上来说，汤恩伯的弃兵而逃和 1942 年史迪威的经历如出一辙。史迪威绝对清廉，也能体恤部下。可是他脾气变幻莫测，对待部下不近情理，即使面对被派来救援缅甸的美军亦是如此，并且任由个人恩怨左右军事判断。中、缅、印战区这些西方的将领和中国的何其相似，一方面他们都是有雄心壮志的领导者，一方面却也因品行不端而须接受军事审判：蒋鼎文和史迪威显然是这种特征的典型人物。

对蒋鼎文和汤恩伯的控诉还在继续。士兵们因为缺乏物资，不得不向农民们“借”粮食；又因为需要寻找粮食、进行磨谷，所以无心操练。就算如此，稻谷的品质依然很差，这意味着士兵们将营养不良，并且“他们的士气已消耗殆尽”。[20] 而如今，军民关系也变得极尽脆弱。豫北失守，日本侵略者们霸占了大批被遗留在政府粮仓里的存粮：缴获的上百万袋面粉足足够20万士兵5个月的口粮。

汤恩伯的借口是河南农民被汉奸欺骗，抢夺国军武器。这点令郭仲隗不屑一顾："河南人民朴诚忠勇，全国皆知，当水旱迭乘之际而出丁出粮。"事实上，汤恩伯在这一点上却说对了。当地村民轻易地捡起国民党仓皇逃跑时丢下的武器用以自卫。郭仲隗认为："即异日友军胜利，战局转变，而将来欲恢复北方各省，河南之重要基点已失，尚不知须增加若干困难。"[21]

蒋鼎文又把责任推给通敌的汉奸，这些人通常混迹于低级别行政机构和警察局，能够扰乱军队和误导人民。他的报告里呈现了国民政府和人民之间信任的崩溃。当地百姓不遵从国军的命令摧毁公路以阻止日军进犯。有时候甚至国军白天刚把公路破坏，有的村民就连夜返回修补。[22]

国民党如今正啃食着1938年花园口决堤事件和1942年河南大饥荒所带来的恶果。尽管饥荒的出现部分源于国民政府的无能，但并不能完全怪它，因为如果没有日本人的侵略，这一切可能根本就不会爆发。但对于那些忍受了无尽恐惧，眼见自己沦为难民，因为收成不好和苛捐重税而挨饿的农民来说，这都是国民政府的无能造成的。而现在国民党又再次要求他们走上前线，这一次河南人民拒绝了。

埃弗里特·德鲁姆赖特是当时美国驻西安的外交人员，也是后来美国驻台湾蒋介石政府的大使。他向高思提交了本次战争的报告，后者又将报告递交至美国国务院。约6万～7万的日本军队只遇到国军零星抵抗，第一战区就已瓦解，与之相伴的是蒋鼎文和汤恩伯两人的名誉扫地。"中国在人员、物资和粮食方面损失严重。当年收成最好的麦谷遭到了最严重的损失。"再往西，陕西省如今对日军来说是势在必得。[23]白修德也观察到豫中会战溃败的所有征兆：指挥官不在前线，部队军官滥用军事设备转移私人财产，没收农民的耕牛。这同时也导致国军被自己的人民抢夺武器。"3周之内日本人的意图就全数达成；

他们掌握了向南的铁路命脉，消灭了对手 30 万大军。”[24]

洛阳失守后，另一场灾难紧随其后。这一次是国军高层低估了日军的实力。5 月底，薛岳将军再次备战守卫长沙，这座城市在 1938 年 10 月蒋介石从武汉撤军后饱受苦难。尽管薛岳之前在保卫战役中表现英勇，但这一次的兵力悬殊实实在在地束缚了他：他本人拥兵 1 万，日军却有 3 万。而事实上，日本人也已熟悉薛岳那一套包围战术，因为他在长沙战役前就已经使用过。[25]“他的军队已经服役 3 年了，”白修德认为，“武器装备也消耗 3 年多了，士兵们比 3 年前打胜仗的时候更饥饿。”[26] 可蒋介石在紧要关头拒绝派兵增援，他此举其实有着私人考虑：担心薛岳会有二心。陈纳德将军对蒋介石如此行事感到震骇。[27] 最终，薛岳和守城将军张德能未能守住防线，抵抗了 6 年的长沙城仅仅 3 周后，就于 1944 年 6 月 18 日落入日军手里。这样一来，美国对中国部队的信心同样一落千丈。而此时，如果能看到国民党的反击则变得尤为重要。6 月 15 日高思写道：“一种忧郁的战败情绪正在重庆蔓延。”加上河南村民和政府军队对抗，“当然也怪他们自己的行为”，这些尤为伤害部队士气。仅仅 1 周后，蒋介石在中央军事学院发表沉痛讲话。“这就是由于大家都抱了一种心理，以为敌人太强，我们太弱，”他说，“现在的时代是科学的时代，现在办事必须合乎科学的精神。”[28] 可惜，现实和讲话里暗示的技术现代化相距甚远。在之后的一次讲话中，蒋介石也开始聚焦河南人民袭击军队的情况，并承认撤退军队烧杀抢掠的恶行。“当然，”他悲痛地说，“这样的军队一定会战败。”[29]

日军的下一个目标可能是衡阳。最终，在中原战事正急的同时，日军很可能对广州北部和武汉南部两地展开军事袭击。如此一来，中国的核心地带将一分为二，这令自由区更加孤立。另外，由于蒋介石和史迪威两人水火不容，国军的战斗力再次受到威胁。薛岳此时也到了衡阳，但蒋介石还是怀疑他有异心，因此拒绝给他直接的援助。蒋介石也确实派了自己信任的方先觉参与守卫衡阳，加上陈纳德的空军支持，日军开战后即被赶出城外。但很快中国部队的物资就消耗殆尽，蒋介石并没有再补充物资。陈纳德只好直接向史迪威请求支援，为前线索要仅仅 1000 吨的物资，但史迪威拒绝了。他丢下一句话 ："让他们自作自受吧。" [30]

蒋介石和史迪威都没有尽到责任。他们的恩怨和个人偏见左右了军事决定，导致成千上万名中国士兵白白送命，这些士兵都值得人们万分崇敬。尽管如此，事实证明最终蒋介石的努力（而不是史迪威）是决定性的，因为蒋介石意识到，让全世界的人都看到中国人民在奋力抗战是多么重要。虽然没有空运物资，但他派遣了附近的兵力增援衡阳。守城之战英勇无比，但最终衡阳仍于 8 月 8 日陷落。[31]

## "迪克西使团"延安行

若在 1938 年，只要顽强抵抗，即使战败也足以让蒋介石寻得支持。但在 1944 年，这一幕已经不再重现。现在的国民党已经令罗斯福总统非常不满，而他对中国抗战的信心是蒋介石需要竭力保住的。战争初期，国民党就节节败退。但它在上海、武汉战场上的表现，甚至是最后战败时刻，都给世人留下了深刻的印象 ：那就是国民政府是严肃对待抗战的。现在，洛阳和长沙的溃败导致重庆和华盛顿方面都颇有微词。乔治·马歇尔将军告诉罗斯福，现在应该将中国剩余军事资源交给"一个有能力利用这些资源进行成功抗日的人"。在马歇尔看来，只有史迪威是合适人选。因此罗斯福要求委派美国人做中国军队的总司令。蒋介石别无选择，只好答应。[32]

蒋介石并非对美国人试图剥夺他的指挥权，甚至统治权一事毫无察觉。他坚信美国人正将孙科培养为国民党的新领导人。作为孙中山的儿子，孙科强大的家世背景让他足以胜任。他无可撼动的党内地位也让他可以任意提倡自由政策，却不像其他重要人物那样被戴笠的军统找麻烦。“孙科在各处煽动，以民主口号企图摇荡人心，打击现局。”蒋介石这么抱怨道。“而若干中委亦随声附和，反对现状，形势汹涌，如有大祸之临头者。”接下来的几个月里，蒋介石扩大了怀疑对象。“俄国（苏联）是幕后主使……孙科甚至比汪精卫这个叛徒还不如！”蒋介石写道，“美英俄皆期以孙科为傀儡……而以美为最甚。”[33]

随着日军大举进犯，美国对国民党的信心正在迅速消散，而孙科并不是它最关注的对象。美国副总统亨利·华莱士在中国会见了孙科，并判断他“不具备领袖气质”。[34] 美国驻重庆使馆的第二任外交秘书谢伟思是史迪威的部下，他向高思报告说，如果国民党在中国大陆垮台，后果将十分严重。江西、湖南两个水稻种植大省相继陷落，涌现新的难民潮，需要在西部更贫瘠的土地耕种以供养更庞大的军队。加上日本伪钞的注入，这将导致国民党领导下的中国遭受更为严重的通货膨胀。而国民政府的覆灭，他总结说，“可能只是时间问题”。[35] 这个想法让谢伟思大胆地总结出“中国未来会有可以替代国民党的领导力量”。

1944 年 1 月，美国外交官约翰·佩顿·戴维斯给出理由，说明此时美国若和延安共产党正式会面是明智的。“仅有一位美国官方观察员曾经拜访过共产党，”他提到，“而且这已经是 6 年前的事了。”后来他们又收集了一些资料，尽管它们是二手的，但关于共产党的几点似乎也相当清楚了：在日本军事和工业中心周围都有共产党的革命根据地，它的抗日经验丰富。如果苏联要卷入战争，就必须先绕过它的根据地。他称，“共产党将是蒋介石政府最强劲的挑战”。更有争议的是，他暗示共产党领导了“中国最具凝聚力、最有纪律性和最强势的抗日政权”，同时也暗示共产党比国民党更积极地抗日，并且有可能建立“新的中国和与苏联重建友好关系的基础”。共产党则表明愿意接受美国使者的到访，所以美国人必须在共产党改变主意之前抓住机会，因为蒋介石对延安的封锁让和解变得更为艰难。蒋介石当然会反对任何此类尝试，并且“应该是美国总统直接向他提出要求，最初蒋介石或许会拒绝，但总统总能以手中的筹码让他妥协”。[36] 高思将戴维斯的消息转达给华盛顿方面，他观察到蒋介石的地位同时被几方面威胁着。例如，最近国民党内有一些年轻官员试图发动政变来革新国民政权。另外，坚持打压共产党可能会导致中国内战，尤其像某些国民党军官，比如驻军西北的胡宗南，据称他就和共产党还有合作协议。[37]

史迪威也坚信应该让共产党更完全地参与到作战中来，因为比起国民党，共产党更了解中国社会。尽管自己是共和党员，但史迪威对蒋介石政权的厌恶让他没有了惯常的政治倾向。“蒋介石没有看到大量的中国百姓拥戴红军，”史迪威写道，“好像他们是将百姓从重赋、征兵和戴笠的盖世太保中解脱出来的唯一可见希望。”[38]

最初,蒋介石极力反对任何关于美国和共产党官方接触的建议。“余唯以照理力拒而已。”他写道。[39] 然而 1944 年 6 月,美国副总统亨利·华莱士的到访动摇了他。华莱士提交了一份相当悲观的中国抗战报告给罗斯福，称蒋介石周围全是反动分子，并且评价蒋介石“显示出对共产党相当有偏见，以至于似乎当前谈判能获得满意且持久的结果希望渺茫”。[40] 最终，蒋介石迫于美国的压力同意和共产党接触。

1944 年，漫长夏天里的一系列事件令蒋介石变得偏执。“二十年来共匪与俄国合以谋我，已不胜其痛苦，”他写道，“而今复即英美亦与共匪沆瀣一气，是世界帝国主义皆向余一人围攻矣！”[41] 史迪威也许把蒋介石看作“花生米”，一个胆小怕战的丑角。但在蒋介石看来，他对自己盟友的害怕是有充分的理据的。在抵抗日军总攻时他的兵力已经大减，与此同时，他被逼出兵缅甸参与一场他并不同意的战争。而美国正寻找其他政治力量来暗中削弱他的统治。

蒋介石的劲敌此时也很紧张。7 月 15 日，延安的苏联军事顾问彼得·弗拉基米洛夫会见毛泽东。“他看上去很疲惫。”这位苏联人记录道。他观察到毛泽东在一次彻夜长谈中来回踱步，烟灰掉得到处都是。“美国的立场对我们的未来至关重要。”毛泽东告诉他。弗拉基米洛夫感到毛泽东正期望尝试和英美两国达成某种和解来减少对苏联的依赖。[42]

1944 年 7 月 22 日，一架道格拉斯 DC-3 战机降落在延安的黄土地上，机上乘坐的是美国军事观察组一行。毛泽东和朱德特地穿上新的制服，赶往机场迎接。现场有军乐，有阅兵，还有作为苏联官方新闻中心塔斯通信社记者的弗拉基米洛夫，他准备用自己的莱卡相机记录下这一历史时刻。可惜历史预示着一场闹剧，甚至是悲剧，道格拉斯 DC-3 战机在一片尘土中突然冲出跑道，随着螺旋桨重重地砸在地上，飞机猛地停下来。所幸最后无人员伤亡，会面一切照旧。[43]

前来拜访的美国观察团，后来以“迪克西使团”而为人所熟知，此名称是对南北战争时期南部联盟任务的一种幽默引用。观察团一行 9 人，加上 1 个月之后的第 10 人，由谢伟思领导。他进行政治分析，陆军上校包瑞德则负责搜集军事情报。弗拉基米洛夫对谢伟思印象深刻：“年轻，充满活力，记性好。”访问期间，谢伟思充分利用了弗拉基米洛夫所说的这些优势，询问了无数个问题。[44] 随后谢伟思的观察报告发回重庆，高思又将其转交给华盛顿。这是一份全新、鲜为人知的关于延安现状的报告。从条件艰苦的窑洞到整风运动，共产党的政治活动都蒙着一层神秘的面纱，这点和腐败的重庆政府浮夸的行事风格形成鲜明对比。谢伟思发现自己正尽力避免“被中国共产党迷惑”。虽然如此，军事观察团对中共的第一印象都非常正面，普遍感觉“他们来到了另一个国家，正接触着一个完全不同的民族”。延安和国统区显然在各个层面都截然不同。“从守卫到宪兵，这里完全不见重庆政府虚伪的官场做派。”谢伟思写道，“人们谈到毛泽东和其他领导人时，普遍使用尊敬的口吻……但这些人其实都十分平易近人，我们完全不需要对他们低声下气。”另外，给人留下印象的就是延安领导人朴素的生活和着装，街上没有乞丐，也没有赤贫的难民。谢伟思还注意到，至少在表面上，延安的男女在着装和举止上都很接近。他甚至发现这里也缺少“在重庆的公园里或者幽静的街道上谈情说爱的男女”，让他回想起曾经听到的对延安的评价，“这真的不是一个浪漫的地方”。[45]

谢伟思还发现了不少其他共产党正鼓励施行的社会运动：大力发展农民艺术，例如民间舞蹈，这是毛泽东在1942年要求文化和艺术更贴近农民阶级的产物。[46]谢伟思报告说延安不搞书籍审查，有一种自由的氛围。“军队士气高涨，”他写道，“战争迫在眉睫，没有失败主义，反而有着自信。”[47]他观察到，“一般人看来，延安都没有警力”。几个月来，谢伟思一直尝试获得对共产党领导人和领导系统一定程度的了解。他形容这些领导人“缺乏明显的个性”，但总的来说都年富力强，同时还都是实用主义者。他认为：“所有的尝试，都要看是否适应中国国情。”他确实看到他们在思想上高度统一。[48]总的来说，谢伟思称赞了毛泽东的成就，并和蒋介石政府做了对比。

7月26日，谢伟思在美国使者欢迎宴上与毛泽东相邻而坐，后者询问他美国是否有可能在延安设立领事馆。谢伟思用外交口吻阐述了这一行动的障碍，但毛泽东强调如果美国在抗日战争结束后立即撤军，那将是国民党对共产党发动攻击和中国内战爆发的时刻。[49]

冷战期间，因为中美两国政治热度降至冰点，谢伟思、包瑞德和其他“迪克西使团”的成员都觉得深处困境。像“谁弄丢了中国”这类尖锐和误导性十足的政治问题令他们深受其害。他们的支持者辩称，美国和共产党合作是有实际可能的。但反对者却攻击说他们已经成了共产党欺骗运动的受害者。

以上两种解读似乎都不令人信服。谢伟思和同僚们有理由辩称共产党的革命根据地有纪律更严明的军队，并且和国军相比更为节俭，因为事实的确如此。尤其是成功推行的税收改革，标志着一次真正的社会经济改造，这点国民党从未做到过，而共产党却做到了。

尽管观察入微，谢伟思一行还是不能草率地类比两党：因为只能拿对国民党长期且深入的了解同一次简短、精选的延安之行做比较。

经过多年和重庆政府的亲密接触，谢伟思等人亲历了臭名昭著的国民党内腐败，以及骇人听闻的河南大饥荒，这就难怪他们会觉得共产党的根据地更吸引人。[50] 可是谢伟思等人也同样低估了毛泽东通过躲避大规模空袭和收纳难民所获得的好处，而这些从战争开始就一直困扰着重庆政府。另外，他们私下也并不清楚共产党的党内讨论，毛泽东就明确表示过永远不可能真的和美国结盟。[51] 因为毛泽东的思想路线是倾向于斯大林和一场激进、武力的本土革命的。

谢伟思等人也不承认美国的行动或不作为要对蒋介石政权的腐败和错误负责。例如多年的孤立，将中国摆在同盟国中最不重要的位置，以及让蒋介石面对不可能完成的任务。就在谢伟思和包瑞德拜访延安之际，国民党军队正在奋力守卫衡阳。与此同时，国民党军队中的精锐正随史迪威南下缅甸，踏上堂吉诃德一般的征途。高思忠实地将谢伟思那篇热情洋溢的报告递交华盛顿，但同时也附文反对共产党对自身贡献的评价。“最近共产党声称的抗战成就被夸大了。”高思声称。但他同时承认，共产党的确在北方各省建立了宝贵的抗日根据地，同时也在北部和中部抑制了某些日本军队。

## 胜利在望

中原地区持续陷落，缅甸战争也陷入瓶颈。黄耀武从不怀疑死亡会随时降临在自己和战友身上。他有一名患有夜盲症的战友，后者在某一天夜里消失在丛林里，再也没有回来过。黄耀武的长官清楚自己的部队不熟悉地形，于是下令搭建军营：第一排放机枪，然后是防御工事，最后才搭建士兵的避所。铺盖通常很简陋，士兵们就把床单和毯子铺在树木中间，而敌军的威胁常常近在咫尺。有一次的夜间遭遇战就造成了日军 100 人、盟军 30 人的死亡。其中一位遇难者是美国的军事联络官。当时他将降落伞当作临时帐篷，此举却令他成了一个特别显眼的靶子。[52] 日军对缅甸东北部密支那的围攻似乎没有要结束的迹象。史迪威如果利用英国部队可能早已突出重围，但他心系外交关系，坚持让美国军队反攻。他的军队里包括一支名为“梅里尔突击队”的精锐之师，其中包含了中国和缅甸本地军，但在翻山越岭后军队人数已然锐减。最终抵达密支那时，许多士兵已经病危，日军的围困也切断了他们的物资补给。蒙巴顿对史迪威如此无视自己军队的死活大动肝火，再次试图召回他。[53]

史迪威的日记显示出对自己部下战斗的忧虑，同时高度评价了中国部队，赞扬它追击并清剿日军的英勇行为。但同时，他依然抽时间抱怨一版流入战区的《周六晚报》。“陈纳德是亚洲战场的一枝独秀”，这是报道中对他的劲敌的评价，他对此讽刺道：“那史迪威就是个蠢货。”甚至在被围困中，史迪威仍关心自己的舆论形象。[54] 他亦有时间发泄对蒙巴顿的轻蔑：“他有胆量在总部发表演说，但这糊弄不了我们军人。他们正盯着奄奄一息的大英帝国呢，那样子可不太好看。”[55]

然而就在同一周里，被史迪威蔑视的英国军队在因帕尔险胜日军，扭转了缅甸战役的局势。其中陆军中将斯利姆的部队以毫不留情地打击日军而闻名：敌人只有死路一条，没有俘虏一说。大约有 8 万日本士兵在夺城之战中阵亡。[56] 之后史迪威那支包含了美国人、中国人和克钦人的军队，从北部出发进一步摧毁日军。到 8 月 3 日，日军自知败局已定。雨季渐近，日军终于撤退，将密支那拱手让给史迪威。而在突围的 3 个月里，最初跟随史迪威的士兵现在死伤者已近 4/5。[57]

缅甸颓势终于转变，但史迪威的功劳远没有美国舆论宣传的那么夸张。高思嘲笑国民党失败的同时敏锐地注意到有军内知情人士称“我们没有为中国军队提供武器援助；远征缅北是一个错误；我们驻扎在怒江的兵力应该调往东部前线”。[58] 他知道这些决定并非出自蒋介石，而是来自史迪威及其背后的东南亚盟军司令部的指挥官们。缅北战胜之时，国民党却在东部战场上付出了惨痛的代价。

8 月 8 日，密支那突围仅 5 天后，同样被包围的衡阳却最终失守。河南保卫战的糟糕表现说明，再多的军队也可能抵挡不了日军的猛攻。但是蒋介石已经对豫湘桂会战提出过警告，却被盟军的情报机构所轻视。因为缺少在缅甸与日军交锋的那些精锐部队，这场战役国民党无疑败得更为惨烈。这倒让史迪威报了一箭之仇，也得到了他的公路。

但直到 12 月，史迪威萦绕于心的中印公路遗留部分才得以完成。阿萨姆一段在缅甸北部城市腊戌同滇缅公路汇合，从印度向中国通过陆路运输物资再次成为可能。1945 年 7 月，约 5900 吨物资通过该公路运往中国。尽管在当时，"驼峰" 航线运送的物资要远多于中印公路，但随着战事拉长，这条公路显然会担任更重要的角色。[59] 中印公路后被蒋介石改名为 "史迪威公路"，表面上是为了歌颂美国人建造它的决心，但也许言外之意是 "傻子才能忍受这名字"。可惜，等到公路广为所用之时，史迪威却去世了。遥想 1944 年那个炎热的夏天，在缅甸丛林里作战的史迪威自己都预料不到这个结局。

直至今日，这条公路仍以 "史迪威公路" 之名为人所知。当时黄耀武年仅 16 岁，他后来回想其那些永远都不会被记住名字的战友们："这些同志牺牲了，我心里挺不好受，都是当初一起从广东走过来的，现在没有了。" 他接着说："战争的结果就是这样，胜利也不是容易换来的，牺牲了连掩埋都不掩埋，部队在前进打仗没工夫，尸首搁在那儿半天就被蚂蟥、蝼蚁都给吃光了，家中连封阵亡通知书都没有收到，更谈不上抚恤金，挺惨的。"

那些与黄耀武在深山里歃血为盟的战友们，他们的森森白骨埋在缅北的森林里，这些人也许仅仅奢求一个感恩的国度能铭记他们的牺牲。然而，现实是残酷的。"结果后来的历史真就把他们遗忘了。" 多年之后黄耀武承认。"可在我心里他们都是烈士，是为国家为民族牺牲的。他们是死得其所，但有谁想得起他们来？" [60]

第 18 章

# 蒋史交火

1944 年蒋介石和史迪威的关系势同水火，双方均无意愿再继续合作。史迪威寻求罗斯福支持后率先发力，蒋介石也不甘示弱，一场政治角力正式展开。面临非此即彼的选择，罗斯福在权衡各方利益后，又会做出怎样的选择?

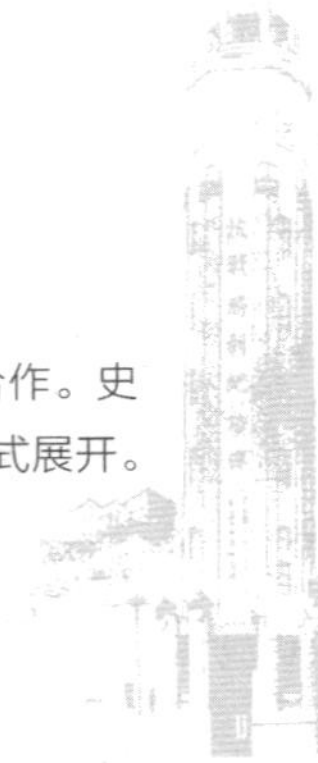

## 冲突爆发

1944 年 9 月 19 日，一辆轿车停在了位于重庆近郊的蒋介石和宋美龄居住的黄山官邸前。约瑟夫·史迪威将军下了车，手里攥着罗斯福总统写给蒋介石的信，看上去极度兴奋。

他知道带来的消息是爆炸性的。“在生命的日历上用红色标注这一天，”他得意洋洋地写在日记中，“终于，罗斯福算是打开天窗说亮话了，并且很多话里火药味十足。”[1]

而此刻的黄山官邸内，一场会议正在进行，会议主持人当然是蒋介石，与会人员包括罗斯福派往重庆的特使帕特里克·赫尔利，重获蒋介石好感的宋子文等国民党高官，以及陆军总司令何应钦。史迪威把赫尔利叫了出去，把罗斯福的信给他看了看，说他受命需亲自将信交给蒋介石。赫尔利提醒史迪威千万要小心谨慎。和罗斯福的信不谋而合，这场他被中途叫出的会议也正在讨论史迪威的新任务：增援物资和部队将会送往缅甸，并且史迪威将会被任命为总司令。“乔，你已经赢了。”赫尔利恳求道。如果史迪威直接把信递过去，那将会永久地破坏中美关系，后果可能殃及未来的世世代代。[2]

1944 年 9 月之前，中国正经历着悲惨抗战史上最艰难的年份。那一年秋天，日本的“一号作战”仍然持续在中原开辟新的重要战线，蒋介石的众多精锐部队却还留在缅甸。1944 年 8 月衡阳陷落后，蒋介石也深陷绝望之中。针对目前这种悲惨境地，他写道：“今日之患不在倭寇而在盟邦矣。”时至今日，他终于坚信罗斯福“似其已决心有非速谋倒蒋不可之势”。被孙科和共产党两面夹击，蒋介石沉湎于自怜之中。“处境至此悲惨已极，今日环境，全世界恶劣势力已联络一气来逼迫我侮辱我，”他愤怒地吐露，“似乎地狱张开了口要等待吞吃我。”[3]

在私底下，蒋介石打算走一步险棋。他写道：“最后至不得已时应做辞军政各职之准备。”这样一来将会使美国措手不及。“美罗必以为余不能亦不肯辞职，因之对余压迫无所顾忌……以其非利用中国陆军作战则彼美必期自派一百万以上陆军来东亚作战牺牲也。”蒋介石思考着该如何回应罗斯福正给他施加的那些压力。此时此刻，大约有 27739 名美军驻扎在中国，其中 17723 名隶属空军。[4] 而罗斯福可能会借此机会冷落蒋介石。另一方面，可能“以余辞职以后，中国中心失所为对日作战一大不利，不得不对余转变其已往压迫之态势”，并停止侮辱他和中国。又或者美国会在类似孙科这样的傀儡背后垂帘听政，进而随着军事和政治环境不断恶化，美国人就会再次需要蒋介石，因为“彼亦觉不能不有余非余不可”，并且会对他重新以诚相待。[5] 两天后，蒋介石决定不再视辞职为选择：“对国家来说太危险了。”他思考着离开位子之后可能会涌现的许多问题，从孙科可能同苏联交好，到各省军政长官也许会和日军勾结。

这似乎是一个为个人打算的决定，但蒋介石发出的威胁并非毫无价值。他曾经辞职过，最明显的一次是在 1931 年冬满洲事件闹得最沸沸扬扬的时候。那一次孙科确实代司其职，但发现无论涉及军事还是财政，党内没有哪一个派系会臣服于他。1932 年初，蒋介石重新掌权，并且令中国政界认识到他才是团结中国的不二人选。如果罗斯福现在向孙科示好，那他可能也需要汲取相同的教训。

1944 年的时局和 1932 年已经非常不同。但孙科仍然不是可靠的候选人，美国人也并未如蒋介石所想的那样亲近他。但是对于共产党，事实则不然。8 月 31 日，蒋介石放弃辞职的同一天，美国大使高思和他会面并商讨了关于国共两党合作的事宜。蒋介石“似乎并没有意识到共产党已得先机”，高思之后写道，蒋介石也没有意识到“国民政府对自由区的影响和控制如果还没到分崩离析的地步，也已经在持续恶化中了”。高思建议设立某种跨党派的战争委员会来解决问题，但蒋介石仅仅是礼貌地接受了这一提议。[6]

实际上蒋介石清楚美国人的计划。所有的这一切令他更为愤怒：

> 最近内外形势之压力日甚一日，尤以美国在精神上无形之压迫更甚，彼必期余无条件与共党妥协，又期余接受其以史迪威总司令……帝国主义之面目全露。[7]

而史迪威无疑在华盛顿方面赢得了更多支持。他清楚地表明缅甸的危机是由于蒋介石不愿意给他更多援助所造成的。9 月 7 日，赫尔利到达重庆以期充实新的中美联合作战体系。在此体系之下，史迪威将受命对中国境内的所有军队拥有指挥权，甚至也包括了共产党的部队。逾一周之后，蒋介石和史迪威在前者组织的会议上再一次针锋相对。当时，史迪威刚从桂林回来，整个桂林市在日军的正面进攻下濒临陷落。在日记中，史迪威坦言蒋介石要对此负责：“灾难正逼近桂林……他们应该做的是枪毙蒋介石和何应钦（陆军总司令），以及其余一伙人。”[8] 现在蒋介石要求缅甸东北部密支那的 X 军继续东进替龙陵解围。史迪威拒绝执行此要求，坚持认为部队需要休整，但蒋介石声称除非一周内 X 军有动静，否则他将不得不调回驻扎在缅甸的 Y 军以守卫云南省会昆明，而史迪威认为这是“胡扯和废话”。[9] 此次冲突后，9 月 15 日高思会见蒋介石，再次施压要求在国民政府内加入其他的党派成员。蒋介石对此要求感到愤怒。[10] 然而，更大的压力如排山倒海般向他袭来。

9 月 16 日，罗斯福和丘吉尔出席第二次魁北克会议，讨论欧洲战场的重大决策，包括希特勒政权覆灭后在德国建立占领区。当罗斯福从乔治·马歇尔那里接到史迪威对蒋介石拒绝援助缅甸的抱怨时，他正另有所想。然而，事实上，蒋介石向缅甸派遣的第二〇〇师和 10000 名新兵却没有在史迪威的报告中被提及。[11] 罗斯福担心缅甸会有一场灾难发生，这样的反应也可以理解，在新一轮总统选举前仅仅几周发生这些事情是相当不妙的。马歇尔的部下现在拟了一封短信，信尾由总统亲笔签名，以此表达他对扭转缅甸战局的深切关心（至少像他们报告的那样）。信上要求蒋介石不仅不能从缅北撤军，还应该向该地区派遣更多援军。罗斯福声称，如果蒋介石同史迪威和蒙巴顿合作，“1945 年初新的陆上运输线将通往中国，抵抗日本和强化国民政府的统治都能得到保障”。但是如果蒋介石不派遣陆军支持缅甸反攻，那么缅甸和中国大后方的地面联络将会被切断。罗斯福的警告越发露骨：“如此一来你必须准备好接受一切后果，并且承担个人责任。”罗斯福语气坚定：“最近几个月我一次次地提醒你采取严厉措施抵御日益迫近中国和你个人的灾难。”最重要的是，罗斯福有一条要求是明确的，即任命“史迪威将军为中国战区盟军总司令”，这可能是蒋介石迄今为止收到的最强硬的一封信了。[12]

而这恰恰是 1944 年 9 月那天史迪威坚持要面交蒋介石的那封信。讽刺的是，蒋介石刚刚准备同意罗斯福的最高要求，即将中国军队的指挥权交给外国人。因此实在没有必要再面交这样一封信，还对一国之首逐字逐句地使用如此严厉，并且具有强烈攻击性的言辞。可惜，史迪威仍坚持要把信交给蒋介石。赫尔利试图让蒋介石阅读中文翻译来缓解打击，殊不知这比英文更加直白和露骨。蒋介石阅读完毕后简单地说了句“我了解了”，同时面露不安。随即，他将茶杯倒置。这个动作意为会议结束了，而与之一同终结的是任何同史迪威继续合作，或是由美国人来指挥中华民国百万大军的可能性。[13]

## 蒋介石摊牌

向蒋介石递交罗斯福署名信是一条分水岭。为了逞一时之快，史迪威将会付出惨痛的代价。而接下来 1/4 世纪的中美关系更因此而备受牵连，可以说，美国人至今仍在为当时史迪威的部分行为买单。

蒋介石在接到史迪威面交的来信时表面上不动声色，但当单独和内兄宋子文在一起时，他终于抑制不住眼泪，并怒不可遏地指责是史迪威的行为才催生这封信。这是一种合理的指控，因为罗斯福和马歇尔均听信了史迪威的暗示，即由于蒋介石拒绝援助才使缅甸战局恶化。宋子文致电与宋子文、陈纳德交好的美国记者约瑟夫·艾尔索普，请他帮忙草拟一封回信。这封给罗斯福的回信中，明确声明中国不再欢迎史迪威。但蒋介石却迟迟未发出回信，当时国民党军队正在艰难地加强广西的西南防线，试图说服白崇禧指挥第四战区和第九战区。[14]与此同时，史迪威却幸灾乐祸地给其妻写了一封信，信内含一首歪诗。诗的第一节充满了尖酸刻薄的言辞：

> 我已久候复仇之际——
> 最后终于盼来良机，
> 我眼看着花生米，
> 给了他重重一击。[15]

至此，中美关系已经恶化到了几近惨不忍睹的地步。在许多美国人看来，蒋介石政府是一个忘恩负义、腐败横流并仅仅是次要的政权。它的存在只会分散同盟国的精力，因为此时西欧战场的头号战役“霸王行动”（诺曼底战役）即将爆发。

1944 年 10 月，美国使馆的外交官赖斯发回一篇令人沮丧的评价：与之对话的许多美国军人中，“几乎所有人都严重地，并且时常强烈地对中国和中国人持批判态度”。所有情况中最让他们震惊的是腐败（包括高官太太们消费原本用于军备物资的汽油）以及通敌（因为疑似汉奸的人没有被合理审问即被释放）。但这位外交官也承认这些看法是和“肮脏，疫病横行，污秽”的中国城镇，以及譬如随地吐痰等坏习惯的普遍反感联系在一起的。他观察到许多美国军人认为，由于在印度服役并且近距离地看到社会现实，他们对印度也已经失去同情心。[16] 赖斯同时也反馈了一些预测，正如“一战”后占领德国的美军有时更同情德国人，而非自己的盟友法国人一样，战后驻扎日本的美军也会发现日本优于中国。“当然，”他写道，“在战后，这将会影响美国的民意。”[17]

然而，此时中国的领导层也开始把美国视为沉重的负担，美军的人数不断地增加，却没有援助中国境内的战役，并且他们拒绝接受中国已经被包围的事实。美国已经开始在中国境内囤积军事力量，准备在未来纳粹战败后的某个阶段派上用场。现在大约有 10600 名美军驻扎在云南省省会昆明。1944 年初，陆军总司令何应钦发电报给云南省长龙云，要求增加对云南和印度美军的牛肉供给。龙云回复道：“美军在昆明已经待了一年有余，消耗了大量的物资。”他接着说：

> 自 1943 年春天以来，每一天美国人都吃掉将近 30 头牛、1000 多只鸡和几千个鸡蛋，甚至还没算上猪和羊。用来耕作的牛都被买光了，这是一笔惊人的巨大开销……我们不仅没办法补给印度，连补给云南都成问题了。[18]

同年晚些时候，蒋介石也介入该问题，强调美军日常饮食比中国军队消耗了多得多的肉类。龙云也指出，宰杀太多的牛以供饮食势必导致耕牛减少，而耕牛恰恰是保证粮食产量所必需的。肉类供给也难以用鸡肉和猪肉作补充，因为这些家禽家畜都是农户散养的，并没有达到产业化规模，因此难以买到更多。[19] 可以理解美国人想要为驻华部队保持提供他们习惯的饮食，以保证士气高涨，但是中国的花费却鲜被认可。

1945 年 1 月，有 32956 名美军驻扎在中国，到 8 月时人数已经增加到 60369 名。从 1944 年 11 月到 1945 年 5 月这段时间里，美国人的开销从每月 10 亿元疯涨到 200 亿元，其中还不包括非战斗人员。[20]

此时，蒋介石和中国正忙于应付日军的猛攻，对于还要发信沟通美军牛肉供给问题感到尤为厌烦。蒋介石深信他的西方盟友们再次将他和中国的紧急要务搁置一旁，而保护其自身利益。由于强迫中国军队参与建设列多公路，西方的盟友们忽略了真正的威胁：日军发动的大规模的豫湘桂会战。蒋介石并不认为美国召回史迪威就会巩固他的地位，他还没有那么自负："就算美国现在妥协，同意召回史迪威，他们仍然……想要推翻我。"[21] 史迪威这位美国司令似乎忘却了自己所造成的恶劣后果。他开始着手一项计划，准备把共产党军队纳入整个国民革命军指挥系统。在这个系统内，共产党需要通过他向蒋介石汇报战况。作为回报，共产党将获得 5 个师的装备和物资，并且有权力调度黄河以北的军队。[22]

但是，蒋介石坚持让史迪威离开。9 月 25 日，蒋介石要求召回史迪威的正式申请被递交至华盛顿。[23] 10 月 5 日，罗斯福和蒋介石就双方关系进行了最坦诚的交流，这对于两位擅长回避言语冲突的政客来说不同寻常。实际上，罗斯福的讲话由马歇尔代笔。"我必须声明，对于您推翻'8·12'协议中史迪威任中国战区盟军总司令的做法，我感到惊讶和遗憾。"罗斯福写道。他警告中国在豫湘桂会战后的局面太危险，以至于他更倾向于完全撤出驻守在中国内地的美军。但是由于维持“驼峰”航线运输太过重要，目前情况需要“史迪威在您之下直接指挥驻缅甸的中国军队以及云南的所有陆军”。罗斯福也明确承认史迪威不应该担任中国军队的总司令，或者直接控制租借物资。其实，蒋介石非常清楚正是因为史迪威掌控租借物资，豫湘桂会战时中国军队才会所获甚少。然而，罗斯福最后仍留言警告道：“我认为将史迪威调离缅甸战场，后果远比你想的严重。”[24]

史迪威自己清楚召回一事仍悬而未决。事已至此，他对蒋介石的评价似乎暗示二者几乎再无合作可能。在史迪威眼里，蒋介石需要“对战争失败负主要责任”，“言语中对美国的努力不屑一顾”，并且“不会严肃对待战斗”。史迪威对罗斯福也很反感，认为后者没有给他支持：“罗斯福开始扼住我的咽喉，将我抛弃……只是，他们伤不到我。让他们见鬼去吧。”[25] 而随后在 10 月 7 日，史迪威看到了罗斯福给蒋介石的信件，他认为“相当鼓舞人心”，尤其是那段反对把他调离缅甸的建议令他尤为满意，他将信件的尾声形容为“犀利的结尾”。[26]

对于美国总统的来信，蒋介石却有着与史迪威不同的评价。他通过赫尔利回复了信件，表明仍然愿意将指挥权交给一位美国军官，但必须是“一位能让我寄托信心，能与我精诚合作的伙伴”。话里只有一层意思：“显而易见，史迪威将军缺少这些十分重要的品质。”他最后把要求讲得明明白白：希望史迪威被召回，而且是立即。

蒋介石的回信结尾也不客气。他给赫尔利的是一封相对非正式的便条，意图向罗斯福更清楚地阐明理由，尤其是阐述他对史迪威军事决断力的不信任。“史迪威将军和我从未在缅甸战役上达成共识。”蒋介石声称。他了解在缅甸重新开始陆路交通的重要性，但也坚持认为此举只有在缅南的水陆进攻支持下才能实现，这点开罗会议上已经提出，后来德黑兰会议又否决了。仅仅是“缅北的有限攻势”将“得不偿失，甚至可能会极其危险”。1944 年夏天，在史迪威刚提出这样的进攻策略之时，蒋介石就已表示反对。由于史迪威暗指“中国有拒绝为盟军做出任何实质性贡献的嫌疑”，因此蒋介石最终同意让部队在缅甸东面的比哈尔邦的兰姆伽操练，以投入为列多公路而即将发生的战斗。随后史迪威要求让更多中国的守备部队进入缅甸，并且强行征用“驼峰”航线。

在蒋介石看来，这一连串举措直接导致了一个结果：“日军趁此良机对中国境内发动进攻，先是攻打河南，然后是湖南。”而缅甸战役却将中国的军队和物资都耗掉了。虽然事实上，国民革命军在华东面对的敌军是缅甸战场上的6倍，但史迪威仍然“漠不关心”。蒋介石最尖锐的指责在于尽管租借物资已经运抵云南，但史迪威仍然拒绝发放。蒋介石声称只有极少数的武器发放给中国战场上的将兵：“60门山炮、320挺反坦克枪以及506支反坦克火箭筒。”因此，他声称：“我们夺取了密支那，却失去了几乎整个华东地区。在这当中，史迪威将军要负大部分责任。”蒋介石接着表达了他对罗斯福那封信件言外之意的惊愕，此前史迪威曾粗鲁地将这封信面交给他。蒋介石不认为中国正处于彻底崩溃的危险中，也憎恨罗斯福在中国局势不妙时就打算撤销援助的行为。赫尔利将蒋介石的便条递交给罗斯福时也附加上了自己的意见，他坦言：“蒋介石和史迪威根本合不来。今天，您要在蒋介石和史迪威之间做出选择。”其实，当时没有其他中国领导人可以取代蒋介石，罗斯福最后会做出什么样的选择，赫尔利已经很清楚了。[27]

“终于尘埃落定，”史迪威写于10月19日，“我被召回了。”次日下午5点，史迪威和“花生米”还有最后一次会议。双方都说着一些言不由衷的话：蒋介石称对发生的一切感到遗憾，而史迪威则请蒋介石记住他做的这些都是为了中国好。蒋介石欲授予史迪威青天白日勋章，这是中国颁发给外籍人士的最高荣誉，但史迪威拒绝了（“让他自己留着吧！”）。[28] 4天之后的10月24日，史迪威飞往德里。此后，他再也没有踏足中国。[29]

战时，中美两个盟国关系紧张，而蒋介石和约瑟夫·史迪威之间的积怨则是这一时期最鲜明、最具代表性的显著事件。但这只是冰山一角，在正常战争的过程中，中美之间不断地爆发从争夺情报地盘，到财政援助、部队任务的论战等争执。蒋介石和史迪威两者间的分歧是重要原因，但也不能忽视马歇尔和其他盟军首脑在战争开始制订的大战略的影响，即中国不会成为盟军的主要战场。[30] 这实在可以理解，但不能指望中国人也认为自己是可以无条件牺牲的。通过虚构"蒋介石必须出兵以证明中国对盟军的价值"，盟军任由中美关系恶化。与其一再坚持强行夺取缅甸这一价值可疑的目标，让蒋介石利用有限的军事资源去保卫中国也应该是完全合理的，哪怕在舆论方面显得中国并未积极地参与到全球性的反法西斯战争中。倘若如温斯顿·丘吉尔所愿则更妙，即利用蒋介石作为一个可靠的代表，向其他非欧洲人民展示非白人民族主义者对日本泛亚主义以及共产主义的挑战。而事实上，蒋介石政府却被卷入到一些徒劳无益而且过于雄心勃勃的目标中，给人留下的印象是中国自身的目标和利益总是要让位于西方同盟者和苏联。中美之间不信任的种子早已种下，在 1949 年共产党最终获胜后仍然持续。直至今日，中美之间的关系仍然表明，要让过去的创伤愈合，还有很长的一段路要走。

与此同时，日军豫湘桂会战正持续向中国中南部推进。国民党大后方的气氛变得焦躁不安，如同日军已经胜利在望一般。1944 年 11 月在桂林，格雷厄姆·佩克感到了一种深刻的歇斯底里。整个城市像"一座流动的游乐园，在颠簸的海上飘摇着"，桂林到处挤满了成群的难民。为了逃离城市，火车站里人满为患，人们尽可能快地向西边撤离，以躲避日军的攻击。[31] 11 月 24 日，桂林失守，日军的炮火离重庆又近了一步。一度陷入僵局的战争可能很快就会分出胜负。

第 19 章

# 百年国耻今日雪

随着“二战”在欧洲率先结束，中、美、苏三方势力重新聚焦亚洲，抗日战争也接近尾声。日本面临何种绝境被迫投降，而蒋介石政府又如何意外获胜？抗战胜利后，中国的统一之路仍然荆棘丛生，一场内战即将爆发。

## 绝处逢生

不同于罗斯福的前三次竞选运动，1944 年美国总统大选的结果令人难以预料。来自纽约的托马斯·E. 杜威，这位精力充沛的共和党改革派州长似乎有机会一举取代已经年老多病的现任总统。而如今史迪威事件更是为已经白热化的选举推波助澜。因为不得不召回史迪威，在华的美军决策者表现得仿佛对蒋介石这个如今对于美国不值一钱的盟友唯命是从，而这在一定程度上要归功于“醋性子乔”的支持者的舆论影响。

《纽约时报》记者布鲁克斯·阿特金森从中国返美，准备对此进行专题报道。飞机中途停靠开罗时，他已经写好了文章，为了躲避军方审查，在搜查行李时他把草稿揣在了夹克衫的兜里。尽管回到了故乡美国，他的文章仍然被审查和禁止发表，直到 10 月 31 日罗斯福下达指示同意解禁。阿特金森的文章是毁灭性的，它暗示了“一个行将就木的反民主政权的政治胜利”，并且形容蒋介石政府“固步自封、冷酷无情”，而且“专制独裁”。总而言之，整篇文章都在声讨蒋介石“几乎不愿意”抗日。[1]

罗斯福估算得很准确，发表这篇文章将会抹黑蒋介石，而非自己身边的军事顾问们。11 月 7 日，罗斯福以选举人团 432 票对杜威 99 票的成绩再次当选美国总统。尽管只以 200 万的选民票数险胜，但仍是一次体面的胜利，而且他身边又有了一位新的副手，哈里·S. 杜鲁门。亨利·华莱士则被抛弃一旁，因为民主党政治掮客明确表示他们认为这个左派怪胎不适合任副总统。中国显然不是关键事务，美国公众更关心欧洲战场以及太平洋战场的局势。所以史迪威事件并未导致局势对罗斯福造成更不利的局面，但美国和蒋介石政府之间的关系却降至冰点。

随后，重庆和华盛顿的关系却意外好转。但最终结果表明，这次的重修旧好其实危机暗藏。从短期来看，召回史迪威和罗斯福的再次当选可能正好给中美本就紧张的合作关系火上浇油。

令时局风云突变的首要原因是当年 12 月日军突然停止了豫湘桂会战，尽管真正的战斗直到 1945 年 2 月才正式结束。豫湘桂会战是日军在抗战时期最深入中国内地的一次侵略，所侵占的领土甚至比 1938 年夏天的武汉会战还多。然而，此次行动并未实现日本为数众多的长期军事目标。虽然日军摧毁了美国在桂林附近的空军基地，但美军很快就在内陆选址重建了。更重要的是，美军控制了太平洋上的塞班岛，这意味着除驻华美军之外，美国又获得了一座可以轰炸日本本土的岛屿，而这项作战计划里就包括 1944 ~ 1945 年对东京的大轰炸。此外，豫湘桂会战的确打通了维希政府控制下的法属印度支那与华中、华北之间的交通线，但 1945 年初日军在中国内地的颓势令这条通道再无用武之地。[2] 在此次战役中大约有 2.3 万名日本兵牺牲。[3] 豫湘桂会战并未使日本赢得干脆，同时也让国民党元气大伤。产粮和募兵大省河南与湖南相继失守，作战期间造成的伤亡近 75 万人。[4]

日军的攻势中途而止，让蒋介石在1945年初抓住了救命稻草。同时，他还找到了其他“乐观”的理由。蒋介石把史迪威的召回当作美国开始“真诚”援助的信号：“此乃新年之最足自慰。”他依然担心美国试图给诸如薛岳、龙云这样的党内对手提供武器，但又自我安慰，认为“绝非如英俄专以侵略统制为主义也”。[5]鉴于英国完全无意在战后的任何和解中认真对待中国，蒋介石还被说服相信美国想提升中国的国际地位。

另一方面，史迪威还没有和继任者艾伯特·魏德迈将军交接就离开了中国，也没有留下多少公文。一位爱嘲讽的老兵说：“公文都在史迪威的裤兜里。”[6]魏德迈对蒋介石印象十分深刻，但对中国的整个军事指挥情况备感震惊。蒋介石也无奈地发现，魏德迈打算承袭史迪威那一套控制租借物资的策略。“可知美国政策仍未改变也，”他写道，“今日心神甚为苦闷。”[7]蒋介石仍然坚信美国打算武装自己的党内军事对手，“对于我军到处以供给武器为诱惑之饵，必使我国内部分裂与我军人媚外叛命而后快”。[8]自从在史迪威那里受辱后，现在盟军表露的任何一丝不尊重都会刺激蒋介石的敏感神经。

蒋介石对于美国的愤怒也许会令他的对手感到惊讶。驻华大使高思发回华盛顿的那些日益绝望的书信里，显示出他对中国时局缺乏信心。在史迪威被召回后不久，高思便请辞了，赫尔利从总统特使升任为驻华大使。赫尔利的到任终结了由谢伟思提倡，高思默许的亲共产党政策，并助了蒋介石一臂之力。而蒋介石从未真正了解过在民主国家公众舆论的作用，他的妻子宋美龄反而擅长此道，因此她苦心讨好美国媒体和大众。蒋介石也不能理解因为他导致史迪威被召回一事在美国会造成多坏的影响。不幸的是，赫尔利缺乏前任的分析能力以及对华经验。高思把蒋介石想得太坏，赫尔利则又想得太美好，还并非总是对蒋介石有利。作为来自俄克拉荷马州的石油商人，赫尔利举止太过活泼，以粗心弄错中文姓名而著称。他在初次见到蒋介石的时候把委员长喊成了“石先生”，把毛泽东读作“穆斯邓”。同时，赫尔利过分相信蒋介石能够统一中国，他并没有意识到共产党是国民党政权的有力竞争者。而洞悉这种既复杂又微妙的政治局势，对避免在当下爆发国共两党内战尤为关键。

蒋介石有充分的理由担心共产党。随着毛泽东权力日益增强，他的政权就日益受威胁。拥有逾百万党员、90 万正规军和同等人数的民兵组织的共产党，在战后显然会成为主力军。然而在当时，中国的所有党派都认为抗战至少还要再拖一两年才能结束。如何正确地领导共产党走向新世界，这一命题令毛泽东陷入了进退两难的境地。世人需要看到共产党也在抗日，公开反对蒋介石将令其失去道德的制高点，而本来可以借此声讨蒋介石重点打击共产党而轻视抗日。另一方面，毛泽东打定主意：“这一次我们必须解放中国。”[9] 党内也在激烈讨论如何最大化地利用豫湘桂会战带来的机遇。随着国民党处于守势，日军也近乎疲于奔命。显然一年半载后，共产党就有机会在战后冲突中占上风。毛泽东则提出要谨慎：“我党还不够强大，不够团结和巩固。”他警告不应该试图夺取势力未完全确保的地方。尽管社会政策实施的效果良莠不齐，共产党仍小心翼翼地进驻到国民党撤退地区。[10]

“迪克西使团”是策略中的一个重要组成部分，共产党试图利用此举与美国重归于好，并说服使团成员相信共产党能够为美军进入中国海岸提供后方支持。但 1944 年 10 月召回史迪威事件的余波如今已经改变了蒋介石和美国人的关系。截至 1944 年秋，总司令史迪威和驻华大使高思两人都对蒋介石充满了敌意，尽管他们并不支持共产党的目标，但对于其已知的方面仍赞不绝口。而史迪威的继任者魏德迈，在和蒋介石交往时则要礼貌多了。高思的继任者赫尔利也非常喜欢魏德迈，让他静观两党纷争，并鼓吹蒋介石的主张。

赫尔利的确开了个好头。1944 年 11 月 7 日，这位新任大使违背了蒋介石的意愿，擅自进行了自己的迪克西之旅。当飞机降落在延安的土地上，他走出机舱站在舷梯顶部，对等候在此的欢迎仪式感到局促不安。欢迎礼中，包括毛泽东本人发出一声巧克陶族作战时的呐喊，这是一种对俄克拉荷马州传统的致敬。苏联派驻延安根据地的记者彼得·弗拉基米洛夫，对赫尔利同共产党最高领导人对话的方式感到印象深刻："干净利落，非常自信。"但他也承认，虽然有"一丝古怪"（也许是想到了作战时的呐喊）。[11] 谈判过程气氛活跃，双方达成了"五点计划"，允许共产党加入蒋介石领导下的联合政府，并保有自己的军事武装力量。然而，当赫尔利返回重庆后，蒋介石断然驳回了此提议。他认为除非共产党的部队直接听令于国民党，否则在新政权内将不会有它的位置。

于是，赫尔利改变策略，表示坚决拥护蒋委员长的首选——共产党必须先把军队并入国民革命军，然后才能加入联合政府。[12] 此举一出，指责之声开始满天飞。"蒋介石竟敢说：中共必须先将军队交给他，然后他才赏赐中共以'合法地位'。"毛泽东嘲弄道。[13] 而就赫尔利本人来说，他在给代理国务卿爱德华·斯戴迪纽斯的电报中已经表明立场："在我和共产党进行的所有谈判中，我一直坚称美国无意为中国共产党提供物资或者其他援助，无论它是一个政党还是一个反国民政府的政权。"其他美国官员则强烈反对，谢伟思辩称"正如我们在南斯拉夫做的一样"，美国人只需要和蒋介石挑明会武装一切抗日军队即可。[14] 前一年的晚些时候，谢伟思给史迪威发电报称："国民党依靠美国的支持才得以生存，但我们绝不依赖国民党。"[15] 他还补充道："我们不必对蒋介石心怀感激。"就算这只是一封私人电报，如此评价一个抗日逾7年的政权仍然令人震惊。但是，至少在美国战争情报部门内部，战情局同样倡议在华北设立"主要情报组织，中心设在延安，并且在山西、河北、山东和热河这四地的八路军或游击队革命根据地活动，并配备17个高级行动组和一大批当地情报人员"。[16] 美国人的这一认可，将使共产党的地位提升至新的高度。

1945 年 3 月，谢伟思汇报了他与毛泽东的对话，这位共产党领导人明确表示美国支持蒋介石是愚蠢的一步。毛泽东断言，共产党是唯一真正代表农民利益的政党，而农民在中国的人口中占比最大。而且毛泽东再次强调赫尔利凭借“五点计划”获得了与共产党的亲善关系。他抱怨道：“我们不理解为什么有了好的开头，美国的政策却好像要动摇了。”[17]

赫尔利和谢伟思的分析都不完全错误。根据谢伟思的分析，就算共产党的部队可以援助抗日，蒋介石仍会不惜一切代价避免其被视为独立的政权。尽管美国有两种迥异的观点，但可以理解它们都认为最好的政策就是能尽快结束抗日战争。总的来看，这当然对目前疲于应战的盟军来说是最好的结果。然而，中国将要付出的代价很可能是迅速爆发一场内战。问题的核心是一个不争的事实，美国人不可能也不愿意看到这一点。国民党和共产党为了自身利益，均不热衷于建立联合政府。蒋介石和毛泽东二人都视此举为暂时性安排，两党都暗中准备争夺中国的绝对统治权。

然而，蒋介石和毛泽东并非唯一考虑到中国政治现状的人物。身处南京的周佛海也在尝试自保。整个 1944 年，汪精卫的健康状况每况愈下。南京政府成立伊始，汪精卫就是一副凄凉和凋零的形象。与此相似的还有周佛海、陈公博以及其余大部分汪伪政府的要人。意识到日本承诺的政治自治是如此空洞后，汪精卫似乎变得心灰意懒，而直到任职的最后岁月，他也只不过是一个傀儡。伴随着内心的沮丧，汪精卫的旧疾又复发了。其实他从未真正地从 1935 年的暗杀行动中恢复过来。1944 年 3 月，他被送往日本。在名古屋帝国大学医院内，他几乎整天都卧床不起。同年 8 月，周佛海飞往日本探望他。当时，汪精卫骨瘦如柴，但仍能够表达，他希望周佛海和陈公博接手南京伪国民政府。汪精卫忠诚的妻子陈璧君，一想到她的对手即将获得权力就抑制不住不安。[18]

11 月 10 日，汪精卫死于肺炎引起的并发症。第二天，周佛海通过驻南京的日本使馆获悉此事。“回忆由昆明伴同至河内之情形，不禁悲怆欲绝，”他写道，“人事不常，哀哉！”[19] 后来，汪精卫的遗体被空运回南京。死亡反而令他终于达成了毕生所愿——和孙中山再次团聚。一座巨大的新墓落成于南京城外的紫金山顶，汪精卫的遗体就紧邻着他已故的政治导师最后的安息之处。汪精卫的政治生涯同时见证了他在政治和地理上的巨大跨越：从激进革命者到日本汉奸；从南京到欧洲，从重庆到河内再回到南京，接着到日本，最后又魂归南京。而在 14 个月后，他将接受人生最后一段旅程。

陈公博接替汪精卫成了汪伪政权的代主席。与此同时，周佛海正费尽心机地两面讨好。作为陈公博手下的第二指挥官，他仍然保持与戴笠的紧密联系，因为他们计划借助美军的力量攻占华东地区。截至 1945 年夏，中国战场上有超过 6 万名美国军人，其中包括 34726 名空军和 22151 名陆军人员。[20] 周佛海保证，伪国民政府的军队将加入美国正规军，而且他们将拒绝和共产党有任何合作。周佛海和国民党华东第三战区司令顾祝同展开冗长的讨论，商讨在联合进攻前保卫上海至浙江的海岸线。[21] 国民党和汪伪政权的友好关系令许多旁观者感到困惑。约翰·佩顿·戴维斯就是其中之一，他用略令人费解的方式描写了顾祝同：“他不是特别的忠诚或是不忠诚，他只是忙于和日本人做交易。”[22] 但周佛海找到了似乎适用于他本人的参照物。8 月 21 日，他看到面对“霸王行动”，需要另觅他处的维希政府。他指出：“其所处之境与我同。”随后，又补充道：“法人不暇自哀，而我哀之。”在欧洲战场的最后时光里，这个法国傀儡政府将会辩称，在没有外部援助到来的情况下，与德国合作是保护法国的一种手段。贝当元帅也会有一段著名的说辞：如果戴高乐将军是“法兰西之剑”，而他本人，作为维希政府的首脑，则是“法兰西之盾”。[23] 当然，甚至在维希政府成立两年前，汪精卫集团就已经用过相同的说法了，并视自身与重庆政府殊途同归。而周佛海还看到了和法国相似的其他令人担忧之处。美国人仍然被困于巴黎城外的乡下，巴黎的街道上充斥着攻击德军的抵抗运动成员。“这可能会发生在南京和上海，”周佛海写道，“届时混乱情况真不可设想矣。”[24]

## 雅尔塔协议

1945 年初，一切似乎变得明朗了，纳粹在欧洲的暴行将于数月内完结。罗斯福、斯大林和丘吉尔则将目光转向亚洲，盼望战争尽快结束。1943 年 11 月在德黑兰，斯大林终于承诺，当欧洲战场形势逆转后，会带领苏联加入太平洋战争，此时罗斯福希望确认该承诺已经付诸行动。而远在新墨西哥州的沙漠里，一场关于原子弹的非凡试验正在进行。但是在 1945 年初，关于其是否能成功运用尚未明晰，因此盟军需要计划一场征服日本的战役，而这很可能会是一场非常血腥的鏖战。开始于 1945 年 2 月 4 日的一次会议将决定大部分欧洲和亚洲战场的命运。会议选址在黑海边的雅尔塔，位于苏联的克里米亚地区。

雅尔塔会议主要探讨了欧洲的战后格局，包括如何瓜分欧洲大陆。但亚洲战场也是一大议题。同盟国联合参谋部坚信，直到 1947 年中旬胜利才会到来。他们告知罗斯福和丘吉尔，给二者施加压力以确保斯大林会出兵亚洲。

然而，斯大林的参与是有条件的。他要求控制千岛，它是一处从日本北海岸延伸至苏联堪察加半岛的群岛。苏联还要求控制位于苏联海岸边的库页岛的南部。另外，苏联还希望获得在中国东北的各项军事和交通特许权，以及对外蒙古的实际控制权，而当时国民党仍宣称对整个蒙古拥有主权。斯大林完全承认中国对东北的最高统治权，但同时也需要确认苏联在该地的势力。斯大林希望同盟国其他领导人不要事先同中国有任何磋商，直接同意这些要求。作为交换，他承诺在欧洲战场结束90天内将出兵参与打击日本。这笔交易由一系列机密协议提出，而这批协议均补充在此次会议的官方记录里。[25]

对于同盟国在雅尔塔会议上关于中国未来的讨论，蒋介石毫不知情，但他也有自己的怀疑。“唯此会于我国之影响必大，”他承认，“罗或不致与英俄协以谋我乎。”但得悉协议的公共条款时，就立刻陷入愁绪，他觉得整个世界又重新陷入“一战”余波标志性的争霸竞赛中。“罗丘史三头会议之结果，已造成第三次世界大战之祸因，”他写道，“美罗犹借此作其外交胜利之宣传，抑何可笑。”[26]

雅尔塔协议有秘密附加条款的谣言令蒋介石疑窦丛生。最终，罗斯福会见了中国驻美国大使魏道明，并承认关于中国东北确有秘密协议。得闻此事后，蒋介石勃然大怒。与此同时，赫尔利返回华盛顿。他也同样关注那些有关苏联特权的谣言，一段时间后，罗斯福准许他查看雅尔塔协议的细则。所读内容令赫尔利备感震惊，因为他所看到的这份国务院文件上提出，假使美国登陆中国沿海，它可能会武装共产党。罗斯福赞同赫尔利关于蒋介石的看法，尽管他警告赫尔利不要公开发表任何会导致国共和解更为困难的内容。然而4月2日，赫尔利于华盛顿召开新闻发布会，声称美国只承认国民政府，并承诺不再和共产党进一步接触。[27]

纵使罗斯福想要缓和赫尔利所提出的鲜明立场也为时已晚。这位疾病缠身的总统为了“二战”耗尽了最后精力。1945年4月12日，距离赫尔利的发言仅过去10天，罗斯福在位于佐治亚州沃姆斯普林斯的家中死于脑溢血。在举国哀悼中，杜鲁门宣誓就任总统。这位精明的新任总统需要应付的问题之一就是中国日益增长的危机。由于战情局和米尔顿·梅乐斯手下的中美合作所之间的地盘争夺战，导致美国在华情报力量被削弱，因此国务院内不断传来不同声音。赫尔利一直坚定立场，力挺蒋介石。谢伟思和戴维斯则继续毫无保留地赞成扶植其他党派以防止蒋介石不听话或者倒台。相应地，赫尔利更加坚信反对他的都是个人行为。[28] 这些无畏的争吵将导致战后美国政治的悲剧之一——“谁丢掉了中国？”这一永无结果的论战。

尽管赫尔利公开宣称对国民党有信心，他仍然没有意识到中国境内政治局势已经发生变化。而他本可以建议蒋介石建立联合政府，这样就能有余地重组军队。毛泽东愤怒地谴责了美国的这一行动。“赫尔利蒋介石这一套，不管他们吹得像煞有介事，”他怒斥道，“总之是要牺牲中国人民的利益，进一步破坏中国人民的团结，安放下中国大规模内战的地雷。”[29] 在整篇讲话里，毛泽东谴责蒋介石犹如“君主”，并鄙夷其通过国民大会修正宪法的想法，认为这等同于 20 世纪 20 年代召开的“猪仔国会”。几天后，他又补充说道：“以美国驻华大使赫尔利为代表的美国对华政策，越来越明显地造成了中国内战的危机。”[30]

毛泽东信心倍增，一定程度上是由于确信苏联的加入将会使权力天平向共产党倾斜，但这位共产党领导人还是低估了斯大林变化多端的实用主义思想。雅尔塔会议期间，罗斯福向斯大林归还了苏联在 1904 ~ 1905 年日俄战争中失去的东亚控制权。但罗斯福也获得了苏联的保证——不会积极支持共产党打击国民党。他将这一情况告知蒋介石，但斯大林却没有向毛泽东提及，这位共产党领导人对斯大林的背叛还浑然不觉。[31]

蒋介石并不愿意相信斯大林的真诚，事实证明这完全合乎情理。4 月 30 日，阿道夫·希特勒在柏林废墟下的地堡内自杀。1945 年 5 月 8 日，欧洲“二战”结束。如今，亚洲终于处在了风暴中心，而苏联也即将成为其中一分子。7 月初，蒋介石派宋子文和懂俄文的儿子蒋经国赴莫斯科同斯大林谈判。斯大林同意承认只有蒋介石才是中国的统治者，但是相应地，他也索取了大量回报，其中包括中国承认外蒙独立以及赋予苏联在东北的特权地位。中国将向苏联做出哪些让步尚未确定，当月中旬，斯大林即启程前往波茨坦参加盟军会议。

蒋介石对于杜鲁门拒绝干预中苏谈判感到恼火。“可说侮辱已极，”

他怒不可遏，“余对雅尔塔会议并未承认，并未参加，毫无责任，何有执行之义务。彼诚视中国为附庸矣。”回想起深陷史迪威危机的岁月，蒋介石忧虑地沉思：“美国外交之无中心无方针无礼仪如此。”[32]

豫湘桂会战对中国社会和军事均造成毁灭性的打击，尤其在中国最富饶的地区造成了更加严重的贫困和破坏。国民党在战争早期试图创立一套综合的社会福利系统，但执行的时候，距离重庆越远的地区效果就越差。直到战争结束前一年，面对巨大的需求，这些努力似乎都变成了空洞的嘲讽。为了解决该问题，中国开始接触一个卓越的新组织：联合国善后救济总署（UNRRA）。罗斯福意识到从轴心国势力下解放出来的地区遭遇悲惨，需要国际组织为饥饿的人们提供食物，并帮助各国重建社会秩序。虽然在 1943 年 11 月 9 日，大约有 44 个国家在白宫签署了救济总署的基本文件，但该机构大部分是依靠美国提供的资金运转，并主要由美国人负责管理。

驻华办公室主任是美国人本杰明·H. 凯泽，他于 1944 年 12 月抵达重庆。凯泽不断收到警告称这可能是最艰苦的任务之一：重庆炎热、多山，还缺乏任何可行的交通网络，但分配给他住的房子与很多人相比已经算不错了。“当前的季节很少会有天气晴朗的时候，但只要出现了，”他指出，“就能看到远处的河流和群山。”[33] 然而，与他被委派的任务相比，个人的舒适实在是太微不足道了。对于救济总署到底在扮演着何种角色，中美双方有着大相径庭的解读，凯泽的任务也因此变得尤为困难。

中国政府和救济总署之间的误解从双方一同工作几个月后的声明中就显而易见。蒋廷黻是国民党内的著名人物，被任命为中国善后救济总署（CNRRA）的负责人，该机构作为合作组织应该配合联合国善后救济总署在中国境内的运作。1945 年 7 月 3 日，蒋廷黻声称，贵州和广西两省展开成功的救援和重建工作显示“中国正决心在外部援助到来之前先展开自救”。他还细数了中国政府部门如何同主要的非政府组织例如美国红十字会、中国红十字会和基督教组织配合工作。蒋廷黻宣称，总体来说，各方的共同努力使其在经验和知识方面都“收获颇丰”。[34] 尽管语气亲切，蒋廷黻仍暗示期待联合国善后救济总署提供更多援助。他表达了中国官方普遍持有的一种意见，即美国若希望出现一个进步的政府，它也要一同付出代价。首先，国家被重创以致屈服并非中国人民的错。而另一方面，凯泽也有理由认为，救济总署的物资需要填饱的是一个极其贪婪和腐败的政权，他的信件暗示了其无法完全认真地对待国民政府。1945 年 5 月，在联合国善后救济总署驻华办公室成立 6 个月后，凯泽将蒋介石描述为“消极怠工”，是中国方面推行“无为”的典型。[35]

但是，国民党有足够的理由担心救援被完全视作美国的赏赐。此前对国民党救援不力的指责几乎全部落在了蒋介石政府的头上，特别是在河南大饥荒的时候，国民党的腐败和无能也被指责为这场灾难的主要原因。这种说法却没有考虑到，国民政府是由于战时环境，才被迫做出这一系列极其为人不齿的选择。假如现在要把食品援助完全描绘成美国人的慷慨相助，跟国民党的牺牲毫无联系，那么蒋介石政府将失去所有合法性，而且还得为损失承担骂名，也无法分享赞誉。

国民党并不认为自身是破产和虚伪的政权。蒋介石政府仍决心统治战后的中国，一个与 1937 年对日作战时完全不同的中国。党内众多决策者也认为需要建立一个国家，这个国家的政府与人民之间的义务将更加广泛，而且定义也都更为清晰。在这点上，他们并非唯一这么想的人。罗斯福政府于 1944 年通过了《退伍军人权利法案》，为退伍军人提供培训和教育。而 1945 年 7 月，英国人民投票淘汰了战时备受尊敬的领导人丘吉尔，转而支持提出广泛社会福利的工党领袖克莱门特·艾德礼。对某些国民党决策者来说，英国的做法是一个绝佳的例子。1942 年，英国一名名声赫赫的自由党政客发起的贝弗里奇计划引发了巨大的热潮。该计划倡导建立福利国家，提供全民失业和医疗补助。

在英国，它被所有主要政党采纳，连工党赢得大选时的宣言也深受其影响。回到重庆，国民党官僚们考虑到战后中国的形势，也赞同“世界著名的贝弗里奇报告”。[36]

虽然西方一直责怪国民党除了腐败和制造混乱别无所长，但国民党提案也并非对中国毫无用处。战争伊始，蒋介石的技术官僚们就把提供福利和救助难民与建立一个更强大、更团结的国家机构联系在一起。[37]“国联”卫生组织（世界卫生组织的前身）等全球性运动促成的“卫生现代化”议程加强了中国人民的民族认同感，而运动的其中一部分就是卫生保健事业。[38]国民政府的行政院甚至声明会尽量及时地为人民提供更多的卫生保健援助，并且“鼓励私人和志愿机构也参与其中”。[39]虽然计划里的确包括为无力支付人群提供“免费”的卫生保健等想法，但显然远没有战后欧洲的社会卫生体系那么全面。[40]甚至在孤注一掷的抗战末年，对卫生保健的关注也始终和建立一个现代化、理性的国民政府紧密联系。可以看到，这一计划的各项措施的效果和进度参差不齐：接种疫苗和对农村妇女进行卫生保健教育的项目一直延续到 1945 年，同时进行的还有为四川各县改造公厕这项看上去不切实际的措施。[41]事实上，在巨大的财政和政治压力下，开展这些运动合乎逻辑：它们成本低廉，而且解决了实际的卫生问题，毕竟当时在四川的农村地区，40℃的高温气候之下，肮脏的公厕肯定会导致爆发流行性疾病。此外，这些运动虽有不足，但表现了致力于基层重建的决心。[42]

国民党一直有意对外界建立一个现代化的、生机勃勃的国家形象。而社会福利事业特别能够引起共鸣，因为这是对共产党挑战的有力回应。不仅是对谢伟思和“迪克西使团”的司令官包瑞德上校，而且对整个中国的百万同胞来说，共产党似乎遵循了平等主义，即援助物资人人有份。因此，国民党至少实施一些行动来与之抗衡。可惜，赤裸裸的现实却阻碍了这些美好的计划。该项事业进展缓慢的根本原因很简单——缺乏资金。到1945年为止，国民政府的严重腐败问题已经无可争辩，但若与涉及的实际成本相比的话，盟军承诺用于中国重建的财政援助又极少。[43] 就算蒋介石“兑现我的支票”这个绰号当之无愧，其他国家特别是英国和斯大林领导的苏联向美国索取的物资更多。救济总署的美国法律顾问詹姆斯·约翰逊在一封私人信件上承认，的确有一些障碍阻挠了盟军对战后中国的整体布局：

> 其中，就有中国财政困难这一根本问题，导致了所有政府部门以远低于其潜能的效率在运作。设备和人员都齐全的公共医院却几乎没有病人的情景屡见不鲜，原因在于给员工支付工资之后（甚至连员工的工资也发不全），医院已没有足够的资金再为患者治疗。伴随着救济总署能想象到的每一步行动和准备工作，财政困难导致的问题不断地涌现。[44]

联合国善后救济总署的调查还发现在战乱地区饥荒严重。在河南，它详述了由于豫湘桂会战造成的大规模破坏而导致饥荒更为严重的案例。机构的数据显示，1945年该省大约70%的人口亟须物资；有13万名疟疾患者，有超过200万人在挨饿。[45] 尽管被财政现状、政治分裂和腐败问题等阻碍，但这些标志着政治变革的举措仍然符合国民党推行社会改革的愿望。1945年4月，蒋介石自1938年后首次召开国民党全国代表大会（国民党“六大”），会议从5月5日一直开到5月21日。会上提出的改革披着自由的外衣，包括正式确认多党派加入国民大会，以及多党选举制度（虽然只在地方而不是中央施行）。大会还宣布国民政府意图减少地租并且改革土地税。会上，公众强烈抨击腐败问题已经损害到公共生活。[46] 显然，共产党的挑战已经影响到国民党的计划。然而，大会宣言里仍有迹象表明国民党的黑暗面，尤其是蒋介石打算设立委员会来监督和限制民主化进程。

共产党也召开第七次全国代表大会予以回击，选择的时机正好与国民党会议重合，即 1945 年 4 月 23 日～ 6 月 11 日。而共产党的这次会议距离上一次甚至更久（上届会议于 1928 年在莫斯科召开，当时正躲避国民党的清洗行动），就连最近的一次全会也是在 1938 年召开的。“中国共产党从来没有现在这样强大过，革命根据地从来没有现在这样多的人口和这样大的军队。”毛泽东带着自信，甚至是有些强势的语气在开幕式上如此说道。他本人作为党内正式承认的第一领导人，也处于本次会议的核心。这项开始于整风运动的进程现在进入了高潮阶段。最后，毛泽东用一则幽默的故事——《愚公移山》结束了大会，他乐于用此类故事使理论变得浅显易懂。毛泽东开始讲述：古代寓言里有一位叫北山愚公的老人，他发现被两座大山挡住了去处，于是他开始挖山。旁边的智叟嘲笑他妄想完成这无穷尽的任务，愚公回答他，就算在死之前没有移走两座山，他还有儿子，还有子子孙孙可以接着挖。“这件事感动了上帝，”毛泽东说，“他就派了两个神仙下凡，把两座山背走了。”毛泽东对这则寓言以他的无神论解释为，这个上帝不是别人，而是“全中国的人民大众”，将要搬走帝国主义和封建主义这两座大山。既然有广大人民支持，“这两座山，有什么挖不平呢？”[47]

## 抗日战争胜利

如今共产党和美国的关系变得更为紧张。7 月，魏德迈致信毛泽东询问 4 名美国士兵和他们的中文翻译的下落。在不久前的 5 月，这几人跳伞意外地落入了共产党控制区内并且被“保护性拘留”。魏德迈继续写道：“鉴于我们双方都希望打败日军，我希望类似的事件将来不再发生。”但是显然双方间培养的友好关系已经果断降温。[48]

与此同时，盟军开始制订计划对日发动大规模攻势。在波茨坦，各国首脑们集中讨论了欧洲的和解问题。而中、英、美三国还发表了题为《促令日本无条件投降》的公告，警告“日本不接受的后果是迅速且彻底的毁灭”。[49] 在中国，尽管蒋介石到 1946 年一直拒绝任何可能让史迪威本人重回中国指挥作战的建议，但魏德迈还是考虑采用史迪威的计划，训练新三十九师反攻华东地区。而相应的，根据马歇尔的建议，陈纳德将军在 7 月底也被召回美国，这一建议是由史迪威促成，旨在作最后的报复。[50] 整个局势充满悬念，但同时也有一种疲惫之感。欧洲的和平已经到来，亚洲却可能迎来一场持续到 1946 年甚至 1947 年的战争，这着实令人沮丧。

中日双方的军队都已经筋疲力尽。1945 年年中，日军被赶出了其在太平洋地区最重要的占领地。自 1944 年 11 月起，美军轰炸机利用失而复得的塞班岛作为基地，对日本本土进行了更猛烈的轰击。从 1945 年春开始，它的火力中加入了燃烧弹，对东京、名古屋和大阪等主要城市进行了毁灭性的轰炸。从 4 月到 6 月，美军占领冲绳岛。其间遭遇日军疯狂抵抗，最终以日军司令牛岛满将军的自杀收场。日本的战时经济亦濒临崩溃：船运业被大幅毁坏，这意味着支撑其战争继续的宝贵经济来源变得更加不足。而中国方面，国民革命军在豫湘桂会战后也濒于瓦解。它的作战状态深受腐败、通货膨胀和彻底的战斗疲劳影响。然而不知何故，至少在表面上，中日双方均坚持在中国大陆继续对抗。

到了 1945 年 8 月 6 日，一架名为“艾诺拉·盖伊”的美国空军飞机飞至日本城市广岛上空，掷下了重达 4400 公斤的原子弹——“小男孩”。这是第一颗用于袭击人类的原子弹，瞬间就烧死了 6.6 万人。如果日本还不无条件投降的话，杜鲁门承诺会“以一种史无前例的方式”进行“雨点般的空中突袭”。[51] 正当日本开始面对一座城市被一种比任何已知的科技都要强大的力量所毁灭时，莫斯科方面也在快速行动。日本大使佐藤尚武在苏联的协助下，一直试图和美国商讨谈判协议。然而，在 1945 年 8 月 8 日下午 5 点，外交部长维亚切斯拉夫·莫洛托夫突然召见佐藤，并请他入座。之后莫洛托夫递给他一封措辞强硬的信。“考虑到日本拒绝投降，盟军向苏联提议其加入抵抗日本侵略的战争，”佐藤读到，“苏联政府已经同意了盟军的提案……从 8 月 9 日起，苏联将视自己进入对日作战的状态。”[52] 当日凌晨 1 点，苏联的部队就已经入驻中国东北。而又是在同一天，另一枚原子弹“胖子”被投掷在长崎，造成逾 4 万人死亡。现在，日本政府变得极度恐慌。一部分顽固分子企图证明战争仍能继续，在陆军大臣阿南惟几并未完全知晓的情况下，借他之名发布了一篇令人毛骨悚然的声明，“就算我们要啃草皮，吞泥土，并且战死沙场，我们仍会血战到底”。[53] 但结局已不可避免。8 月 14 日上午 10 点 50 分，日本天皇发布了预先录好的诏书，表明是时候“忍其所难忍，堪其所难堪”。在当时，几乎没有日本国民能完全理解这份广播的全部意义，因为天皇使用的是谦和而威严的古日文，而且录音的音质非常差。但是其含义非常明确：日本将接受《波茨坦公告》的条约，并且无条件投降。

第二天清早，蒋介石照例早起。“唯有深感上帝所赋予我之恩典与智慧之大殊不可思议之，”他写道，“尤以圣诗篇第九章无不句句应验，毫无欠缺为感。”[54]《圣经·诗篇 9》中包含如下的语句：“你曾灭绝恶人，你曾涂抹他们的名，直到永永远远。”蒋介石接着祷告，正冥想时听见了日本投降的广播录音。早上 10 点，他前往录音室发表了自己的胜利广播。“我们中国在黑暗和绝望的时期中，八年奋斗的信念，今天才得到了实现。”他说道。在讲话期间，蒋介石特别提到了两个人：耶稣基督和孙中山。他庄严地宣布了“我们国民革命的历史使命的成功”。[55]

抗日战争就这样突然而意外地结束了。而它几乎是偶然地爆发于 1937 年 7 月，数周之内就从北平附近的零星战斗转移到华东，直至持续了 8 年。此间，中国发生了翻天覆地的变化。到 1945 年 8 月，中国同时拥有了前所未有的国际地位，和近一个世纪以来最虚弱的国力。

战争伊始，中国还受制于治外法权和帝国主义。如今，不仅招人愤恨的外国人的法律豁免权终止了，而且中国还要在战后的世界里留下印记。自 1842 年清政府签署《南京条约》以来，中国第一次重获全面的独立。另外，中国现在还是“四巨头”之一，是成立新的联合国组织永久且核心的角色，同时是唯一的非欧洲成员国。在亚洲，日本和英国几十年的势力走到了尽头。美国和苏联将在新的国际秩序中占据核心位置，而中国将重获民国时期丧失的自治权力。抗日战争是为了民族地位和国家主权而战斗，这是对辛亥革命的继承，中国已经完全实现了这个目标。

然而，中国也为此付出了沉重代价。抗日战争掏空了整个国家。早在 19 世纪 60 年代太平天国战争爆发前，中国就已经濒临分裂，后来是清政府决定下放军权才避免了国家的覆灭。而抗日战争使中国再次接近亡国的深渊。甚至在当下这个胜利的时刻，整个国家还是分裂的。中国同时存在着国民党和共产党两股势均力敌的势力，双方进行着和谈却又似乎都在准备内战。领土范围也有了彻底的变化。几个世纪以来，中国统治的中心都在华东和华北。战争迫使国民党在西南偏远生疏的土地上重新定义它的任务。蒋介石一边享受着胜利的时刻，一边审视着国内外的一片狼藉。太多的人失去生命：被炸死，被日军残忍屠杀，被淹死、饿死，或是战死。甚至直到现在，具体的数目仍不清楚，只能推算有 1400 万～ 2000 万的中国人死于八年抗战。中国和美国的关系也由于史迪威的彻底失败而变得紧张。统治政权的崩坏导致美国对重庆政府的印象更为幻灭。中国有着宏图，但现实却是人民食不果腹，国民党腐败残酷，之前告诫国民要有民族认同感，现在却又徒劳地压制国民的期盼，即建立符合个人认同感的国家。国内普遍感到需要一次彻底的变革。这一次，中国无法再逃避。

而那些在 1938 年走了弯路的人现在情况又怎样呢？周佛海很早之前就已经意识到，他拥护汪精卫和日本扶植的南京傀儡政权是死路一条。周佛海的日记止于 1945 年 6 月，关于他对抗战结束的感受我们没有直接的记录。然而，自 1938 年乘飞机离开重庆以后，他一定反思过世界格局的变化。可能他乐于看到蒋介石成为新中国的领导人，毕竟蒋介石是他的故友。他也有可能对共产党发展到了如此地步而感到不安。

和平首日，蒋介石有许多任务要办理。中午时分，他开始起草一份受降书给冈村宁次将军，后者是日本的中国远征军总司令。他还开始整理各省接受日军投降的将领名单。[56] 隔日（此处疑为作者笔误。据蒋介石 8 月 15 日日记："中苏互助协定已于今晨六时签订。"故应为"当日"。——译者注）清早，他还签署了《中苏友好同盟条约》，尽管苏联支持蒋介石政府的实际目的笼罩着一层不祥的黑雾。[57]

还有一项任务蒋介石不敢再耽搁，那就是孙中山的未竟事业——统一中国。结束广播后，他就发电报给毛泽东，邀请其来重庆"共商大业"。毛泽东回应会派周恩来为代表前往会谈，但是蒋介石回复毛泽东请其务必亲自参与这些将决定中国战后政府形态的会议。[58]

漫长的八年抗日战争终于落下帷幕，而中国人终于有能力书写他们历史的新篇章。

# 后　记

FORGOTTEN ALLY

China's World War II, 1937 ~ 1945

## 不能被遗忘的盟友

### 战后之战

中日战争突然而止。1945 年 8 月初，蒋介石在加快步伐，遏制他国势力对其辖区的侵蚀。他的首要遏制对象是英国，他打算让香港的实际主权回到中国手中。如果英国知道蒋介石的打算，那就有可能爆发战后首次激烈军事冲突。蒋介石当时的大部分注意力仍在共产党身上。8 月 12 日，蒋介石宣布共产党军队无权接受日本或叛军的投降。8 月 14 日，他又采取了另一项更重要的举措，与苏联签订《中苏友好同盟条约》（据蒋介石 8 月 15 日日记，《中苏友好同盟条约》应于当日清晨六时签订。此处作者采用的是对外公开的条约签订时间。——译者注）。这项条约允许苏联在中国东北享受各种特权，并让中国放弃对外蒙古的主权。15 日，蒋介石邀请毛泽东到重庆商议战后重建等重要议题。美国驻华大使赫尔利答应亲自陪同前往，毛泽东才同意重庆之邀。[1]

得知《中苏友好同盟条约》后，毛泽东很震惊。他从未想到斯大林会背着他与蒋介石签署另一份协议。斯大林对于共产党能否打败国民党军队也没有十足的把握。他当时正想方设法重建苏联在欧洲的地位，不想浪费时间和精力去支持反抗美国的盟友，这导致毛泽东处于弱势地位。毛泽东和蒋介石会面是历史性的一幕，这次会面距离他们上次会面已有 20 多年。毛泽东在重庆逗留了 6 周，商议中双方都做了妥协。毛泽东不再坚持成立联合政府，蒋介石同意共产党军队保留 12 个师的编制。这两位领导人都知道国共双方试图达成共识至关重要，但他们俩也都认为内战无法避免。总的来说，重庆谈判的成果难以维系。

谈判形成的制衡状态很脆弱。中国共产党开始巩固其在中国东北的地位，并首次试图占领整个地区。国民党军队在美军的帮助下重返东北地区，与共产党发生多次冲突。地区冲突随时有可能升级为内战，共产党只得暂时收起统一中国的愿望。与此同时，苏联意识到美国不打算让联军统治战后的日本，因此它一方面不太愿意落实与国民党签订的中苏协定，另一方面又不愿意与美国摊牌。[2]

1946 年，杜鲁门总统明确表示，不允许美军协助国民党政府的军事行动。赫尔利指责其国务院同僚从中捣乱，随后他突然提交辞呈。[3] 因此，杜鲁门决定派最有声望的特使——刚刚当上美军参谋长的马歇尔将军前往中国。杜鲁门希望马歇尔能够努力促成国共双方达成一致。

接下来的几个月里，马歇尔的任务变成不断经受挫折。国共双方都不愿意妥协。国民党不愿意让共产党在中国境内拥有军队和政府。共产党不愿意将军队交给政权结构有问题的国民党。虽然双方同意自 1946 年 1 月 10 日起停战，但马歇尔觉得谈判结果难以维系。[4] 1946 年上半年，马歇尔原本希望国共谈判能出现实质性进展，却被国共两党升级的矛盾所破坏。到 1946 年夏，共产党巩固了在东北的政权。蒋介石认为共军势单力薄，无法抵抗国军的进攻，继续要求共产党解散部队，而共产党坚持认为国民党必须放弃自 1946 年就开始的攻击行为。[5] 1947 年 1 月 7 日，马歇尔宣布他打算终止两党间的调解工作。

中国百姓无法放心地将自身的命运托付给国民党。抗战结束后，中国的经济状况岌岌可危，但还没到无法挽回的地步。蒋介石拒绝减少军费开支，他认为武力战胜共产党是夺回掌控权的唯一方法。蒋介石实行的政府价格管制政策收效甚微，加上政府并不承认抗战期间发行的债券，因此随后发行的新债券也没有多少富人愿意认购。[6] 抗战结束前的几年，通货膨胀就已经相当严重，到 1947 年更是失控。国民政府不仅独裁而且非常腐败，政府官员经常巧立名目没收私人财产，收复失地后表现得非常傲慢，这些都导致他们丧失了民心。

如何处置叛国投敌者是个特别棘手的问题。1944 年 11 月，汪精卫在日本名古屋去世，他的尸体被运回中国，安葬在革命先行者孙中山先生的墓旁边。返回南京途中，蒋介石想到的首要任务就是彻底破坏：他下令用烈性炸药炸毁汪精卫墓。汪精卫死后，其继任者陈公博接受了审判，并于 1946 年春被处决。投敌叛国者的遭遇也不尽相同。1946 年春，汪精卫的遗孀陈璧君也像陈公博一样，受到了审判，但她积极地为自己辩护，声称她丈夫宣告主权的领土已遭蒋介石政府遗弃。审判席中有些观众为她欢呼鼓掌，向她索要签名。最后，她被判入狱，但没被处决，于 1959 年死于上海。[7] 抗战后期，周佛海大部分时候是个两面派，因此也免遭处决。他可能希望得到更宽大的处理，但他的保护者戴笠于 1946 年坠机身亡，其他势力强大的人物不愿意将政治资本浪费在周佛海身上。1948 年，他因心脏病发作死于监狱。总的来说，由于中国陷入内战的新危机，投敌叛国者成为社会边缘人物。

日本也因入侵中国而备受谴责。1948 年，在远东国际军事法庭上举行了“东京审判”，南京大屠杀只是被告方其中一项罪名，7 名被告被判处死刑，包括松井石根上将和前外交大臣广田弘毅。他们都与日本在华战争的升级有密切的联系。[8]

在战前，社会评论家许晚成因对中国社会变化的研究而闻名。他为因战争出现的“政党熔炉”而忧心。“与孙中山那时相比，现在的国民党当局的民族革命目标已变成……”他故意没有写下去，用省略号代替了想说的话。他还举例说明，国民党对占领区实行低汇率兑换政策，老百姓积累的那点微薄积蓄因此贬值，所剩无几。“天地都在困惑，”许晚成斥责，“好像都在说：‘难道抗战胜利完全依靠的是逃到中国腹地去的国民党吗？’”国民党官员回来后，以对待叛徒或亡国奴的方式对待留在占领区的同胞，这种做法不利于民族团结。正如许晚成指出的那样：“许多‘汉奸领袖’中，哪几个不是国民党员？”他总结道：“国民党独裁时期，腐败非常严重，他们已经忘记了民族革命的目标。他们只想着如何搜刮民脂民膏，增加自己的财富。”

平心而论，战后初期国民党确实取得了不少成就，但那些成就主要体现在外交领域。中国的战时贡献令其成为新成立的联合国安全理事会的常任理事国之一，每个常任理事国都在安理会上享有否决权。中国在很多新成立的国际组织里都占据了一席之地。直到 1945 年，在国际事务中，享有平等主权的非西方国家依然很少。对于印度而言，就算它即将获得独立地位，但英、法仍然在其国土保有大片大片的殖民地。中国被赋予了极高的国际地位，与 1937 年战争爆发时的半殖民和瓦解状态的政府形成了鲜明对比。

一旦中国爆发内战，形势将对国民党极其不利，很大程度上是因为蒋介石判断失误。抗日战争期间，蒋介石所使用的手段已经到了令人毛骨悚然的程度。内战期间，他似乎丧失了判断力。特别是他决定延长战线，夺回共产党的心脏地带东北，这个决定极欠考虑。1945 ~ 1946 年，乔治·马歇尔曾鼓励蒋介石夺回该地区，但到了 1946 年春，这种可能性已经变得微乎其微了。[9]

自 1947 年起，中国共产党东北人民解放军总司令林彪在中国北方取得了多场重要战役的胜利，国民党距离胜利更遥远了。虽然大城市及沿线铁路仍受国民党控制，但共产党已经掌握了中国大部分地区，基本上与几年前日本人控制下的中国差不多。1948年秋，国民革命军陆军二级上将卫立煌带领30万国民党军队与林彪带领的70万共产党军队对峙。[10]同年11月，当地主要城市沈阳（当时称奉天）被解放。林彪带领的中国人民解放军深入华北腹地，准备进攻中部地区。1949年上半年，蒋介石将海军和空军总部转移到台湾，很多老百姓尾随而至。5月，蒋介石出发前往台湾，自此之后再也没有返回大陆。这场战争持续了整个夏天，但蒋介石知道大势已去，南京、上海、重庆等大城市接连失守，各方都预料到共产党会赢得胜利。1949年10月1日，毛泽东在首都北京宣布中华人民共和国成立。

共产党在中国大陆取得的胜利为随后几十年东亚的政治格局，以及中美关系奠定了基础。从美国的角度讲，“失去”中国成了加剧冷战早期冷峻政治氛围的因素，尽管美国从未真正具备谈论失去与否的资格。蒋介石的反对者不愿继续沉默了。美国著名记者白修德也厌倦了被迫收回对蒋介石控诉的情况，他离开《时代》周刊后，与贾安娜合著了《中国的惊雷》一书，书里有很多控诉蒋介石的内容。“中国最大的危险，”他写道，“是国民党的右翼分子。”[11]还有很多其他批评国民党的重要著作。战时在重庆战争情报办公室工作的格雷厄姆·佩克，也写了一本很杰出的回忆录，名为《两种时间观》(*Two Kinds of Time*)。这本书同样严厉抨击了蒋介石，他对蒋介石在1949年以前在中国大陆的统治的评价是，“蒋委员长几乎是唯一对自己的统治满意的人”。[12]

美国右翼批评自由党对中国共产党过于温和。参议员约瑟夫·麦卡锡宣称共产党已渗入美国各政府机构，公众因此被笼罩在“红色恐怖”之下。外界始终怀疑罗斯福派往中国的几位重要顾问，包括美国财政部官员哈里·德克斯特·怀特和总统经济顾问劳克林·居里是苏联的间谍。然而，值得铭记的是，苏联在战时并不打算削弱国民党的实力，而怀特和居里也都积极地为国民党政府提供物资援助。[13]国民党成立了一个“中国游说团”，主要由有影响力的共和党人组成，包括美国陈纳德将军的遗孀安娜·陈纳德，宋子文，当然还有《时代》周刊的创始人亨利·卢斯。毛泽东获胜而蒋介石失败的事实对美国最直接的影响就是 1950 年朝鲜战争的爆发。朝鲜半岛的这场战争令美国对新中国的态度变得很强硬。

20 世纪 60 年代初，麦卡锡主义的影响力开始褪去，共产党在大陆的政权也很稳固。西方对抗日战争的学术分析也因此发生很大改观，尤其是在美国。毛泽东显然已经胜出，重要的问题变成了他成功的原因。查尔莫斯·约翰逊教授写了一本开创性的图书，他认为毛泽东 1949 年取得胜利的根源在于他在延安实行的土地改革政策起到了动员作用，中国的广大农民也因此接纳了共产主义。[14] 这本书在学术界引起了极大反响，最重要的回应来自历史学家马克·塞尔登，他在《延安道路》（*The Yenan Way*）中写道，毛泽东获胜的核心原因是战时的社会变革，而不是土地改革。

当时，美国深陷“越战”泥沼无法自拔。对很多人而言，20 世纪 40 年代与中国共产党打交道的经验，在 30 年后有助于加深他们对印度支那共产党的理解。对那些认为越南战争是场不义之战的人而言，毛泽东当年的抗日行动有助于他们了解本土社会革命的合理性，而不是一味去反对。然而，正是由于这段战时历史“以延安为中心”，国民党的历史作用基本上被忽略了。其他有进步思想的评论家抨击由“中国游说团”提供的历史版本，游说团将蒋介石装扮成受害者。著名历史学家芭芭拉·塔奇曼利用史迪威的一篇论文写了一本经典著作，强烈抨击蒋介石政权。该书在尼克松改变对华态度的时候出版，因而更进一步地摧毁了蒋介石的声誉。[15]

围绕毛泽东在延安进行土改革命的神话成了新中国对自己的核心定位。这个版本的历史将大量重要人物排除在外。英、美、德、法、日签订协议后，战争给中国社会带来了翻天覆地的变化，中国在经历了八年抗战后，终于迎来了和平。南京大屠杀、重庆大轰炸、汪精卫成立伪政府，这些内容都被淡化处理。日本则总以敌人这个形象出现。20世纪50年代至20世纪70年代，日本成为美国冷战时期的伙伴，中国政府试图努力分离日美关系，但并没有持续煽动对日本的仇恨。大部分与日本有关的讨论围绕着需要与那些真正有悔改之意的人“和解”。真正的危险是在台湾的国民党，因为它仍受美国海军的保护。

战争期间，中国社会文化的各个方面似乎都有所转变。服兵役使中国人更习惯于集体的生活方式，同时工作和生活集中在同一地点，以防在上班途中遭遇空袭。更深远的影响在于，战争带来的政治动员的气氛一直挥之不去，持续地遗留在中国人民的生活当中。

接着，冷战的坚冰被打破。1972年，美国总统理查德·尼克松访华，世界对峙的局面开始发生转变。蒋介石和毛泽东分别于1975年和1976年相继逝世。海峡两岸的战斗也偃旗息鼓。到20世纪80年代早期，关于战争的历史记述开始出现意味深长的转变。

新政策中最具代表性的标志是各类型的战争纪念馆的建立。1987年，政府在七七事变爆发的原址宛平县建成了一家大型博物馆，其纪念内容几乎涉及了抗日战争各大事件，从1931年日本侵占中国满洲到1945年日本战败。这所中国人民抗日战争纪念馆肯定了国民党军的贡献以及台儿庄大捷等战役的重要性。在沈阳城郊有一座纪念九一八事变的博物馆，正好坐落在当年关东军炸毁的一段南满铁路上。博物馆正前方矗立着一座“残历碑”，上面的日期永远地定格在1931年9月18日事变爆发的那天。而最让人难以忘怀的要数1985年开馆的侵华日军南京大屠杀遇难同胞纪念馆，馆址就位于当年屠杀的发生地。战争结束40多年后，在屠杀原址上修建这样一座博物馆是一项创举。[16]

20世纪90年代以来，中国越来越开放，开始利用公开的历史资料讨论一些原来避讳的话题。特别是重庆开始利用最大可能来还原这段历史。重庆作为四大盟国战时首都之一，它是唯一没来得及庆祝抗日战争的胜利或哀悼其在战争中损失的城市。甚至连抗日战争期间建立的抗战胜利纪功碑，也在 1949 年后更名为解放碑，以纪念共产党从国民党手中解放重庆这一大事件。

21 世纪初，重庆开始弥补过去失去的岁月，重新恢复“英雄之城”的荣誉。蒋介石抗日战争时期在黄山居高临下的故居也被修葺一新。在故居的历史记述中，蒋介石被描述为抗日战争时期的国家领导人，对其政治和军事上的失误只字未提。重庆市的三峡博物馆展出了重庆大轰炸的立体雕塑，重建了 1941 年较场口隧道窒息惨案的遗址。

与此同时，大众传媒也被用来传播对历史的新解读。2005 年，地方电视台制作了系列纪录片《战时首都》（*Temporary Wartime Capital*），以庆祝抗日战争胜利六十周年和重庆战时功不可没的角色。市面上还发行了同名 DVD，封面有西方家喻户晓的战时首都的标志性建筑：英国的议会大厦、美国的首都华盛顿特区以及莫斯科的红场。但是，它也展示了重庆市中心的抗战胜利纪功碑，整体高度是其他建筑的两倍。它传递给世界各国的信息十分清晰：赢得“二战”胜利的同盟国不只三位，而是四位。向国内传递的信息是，重庆在过去取得的全球重要地位，应该得到全中国人民的认可。

可是，当涉及战争史中争议性最大的部分时，达成共识的希望似乎还是很渺茫。2006 年，中日顶级学者成立了一个联合委员会，试图就两国历史中众多争论不休的问题达成一致。尽管努力协调各方意见，关于战争爆发的理解上双方依然存在分歧，尤其是在日本侵略是否蓄谋已久的问题上。这份关于历史问题的报告自 2009 年被提出以来，就一直没有被中国政府正式采用。[17]

## 今天的“战争”

正如在中国的情况一样，日本关于战争的历史记忆也错综复杂。有一种说法在中国非常流行，在西方也有所耳闻，那就是日本人一概拒绝承认战争中犯下的罪行。真实的情况是，日本存在着一些右翼分子的声音，他们矢口否认日军在战争期间犯下的罪行。日本保守的主流大众常常也过于武断，不愿相信日军罪行的严重性。此外，日本还会提到自己特殊的苦难史，是唯一遭受两枚原子弹轰炸的国家，将这作为“和平民族”的力证。[18] 但是，对导致两枚原子弹发射的原因少有提及。然而，在日本还是存在一部分公众：他们试图审视并绝不原谅日本在中国和世界其他地区施下的暴行。早在中国或西方关注南京大屠杀惨案之前，日本著名左翼记者本多胜一，就曾积极推进日本对这一历史的认识，重新调查南京大屠杀事件。尽管日本有少数学校试图引进“修正主义”课本，试图将日本在华暴行最小化，但尚未被学校系统广泛实施。

21 世纪第一个十年，中国的发展势不可挡，对全球的影响力也在逐渐增加。其中部分表现为外交关系上的自信，尤其是对日本的态度。再三发生的事件表明，人们对战争记忆犹新。根据日本在抗战时期给中国留下的普遍记忆，反对者用大规模游行示威的方式抗议日本索要钓鱼岛。没有亲历过战争的年轻一辈，利用老一辈遗留下来的经历，对当代东亚国际关系表明他们的立场。

但是，在中国更为显著或者从长远发展来说，更加意味深远的是利用战争团结中国内部，在世界政治中将中国的形象定位成团结合作而非分裂对抗。在中国，诸如“抗日战争”或“抗战”一类的词汇，仍然是描述中日战争最普遍的用词。而“反法西斯”一词也变得越来越常见，尤其是在想要表达中国的抗战不仅仅是反对日本帝国主义的单打独斗，而是世界反轴心国的集体战斗中的一部分时。言外之意很明确：早期世界需要中国出力之时，她没有袖手旁观；如今在她试图融入国际舞台，扮演更重要角色时，也应该被予以信任。在新的历史解读中，中国承认了美国在抗日战争中的作用，但并非总是赞誉美国。一位中国历史学家推论说：美国让中国成为世界强国之一的目的是，为美国在战后创造一个“附属国”。这正好呼应了丘吉尔对同一问题的担忧。另一位支持者认为，美国是从“维护自身利益”出发去制定其外交政策的。[19]

战争还深深地根植在流行文化中。1986 年，第一批修正主义电影中有一部叫作《血战台儿庄》的抗战电影，主要庆祝了国民党在 1938 年 4 月取得的胜利。南京大屠杀也多次被改编成电影，包括陆川的《南京！南京！》（2009 年）和张艺谋的《金陵十三钗》（2012 年）。甚至有以抗战作为背景，以多人对战的形式让玩家痛扁日本皇军的游戏。[20]

2010 年，中国著名电视主持人崔永元做了一期访谈节目，详细讲述了他重新发现国民党在抗日战争中角色的过程。崔永元声称，小时候他看过的许多电影中都暗示了国民党与日本人狼狈为奸，直到长大成人，他在一位国民党老兵的带领下重访战场之后，才对他们的角色有了更深入的理解。那位老兵向他展示了战友们阵亡的地点。崔永元回忆道：“这可能是我生活中第一次看到国民党军人并产生了由衷的敬意。”

在云南省，他采访了 100 多位国民党老兵。无论是听到八路军被日本鬼子包围到群众中间，被群众指认而非隐藏的时刻，还是发现连汉奸都可能良心未泯的一刹那，崔永元认为个人口述是解释战争复杂性的最佳方式。他评论说：“我们看汉奸的回忆录，他有他一整套的说法，而不是我们想象的就是卖国那么简单。甚至有的汉奸认为，那是抗战的另外一种方式，用空间换时间。”[21]

在经历了近 70 年的和平年代后，独特的抗战精神再一次兴起。直到最近，有关抗日战争的讨论一直很有限。有关战争的言论开放，尤其是关于国民党所起的作用和中国当时的国际地位，表明了中国在制定当代国内外政策时的重大转变。

然而，我们从抗日战争中得出的最重要的结论之一，在中国可能仍然不受欢迎。那就是，抗战是中国步入现代化必然之中的偶然。战时，试图改变中国的三个男人——毛泽东、蒋介石和汪精卫，各自为了实现中国现代化而规划了不同的道路。如果抗日战争没有爆发，反帝反共的国民政府极有可能建立统一政权。而它之所以没能做到，不仅是因为国民党自己的重大失误，战争的爆发也使得这种愿望变得不可能。当然，如果日本占领了整个亚洲，中国可能被日本蹂躏数十年甚至更长的时间。这些都是历史的一部分，值得被铭记并且常常反思。

当下在中国广泛讨论的另一个话题是，经济危机的危害将造成社会的动荡不安。在毛泽东执政期间制定的一系列固定工作单位、医疗和工资的所谓“铁饭碗”制，作为20世纪90年代经济改革代价的一部分被废除了。从2000年年中开始，胡锦涛政府（原著如此。1999～2002年，胡锦涛担任中共中央政治局常委、中华人民共和国副主席等。——译者注）制定了一系列新的补助政策，旨在帮助社会弱势群体，弥补中国社保制度中的一些漏洞。21世纪早期关于这一议题的争论早已不足为奇。抗日战争迫使国民党和共产党在确定国家对人民负有更多义务的前提下，创立了一种新的社会契约。今天争论的部分是八年抗战期间的遗留问题，当时国家急需人民为国出力，同时也愿意对人民承担更多的责任。

抗日战争对中国的重要性日益凸显，它也将影响西方对中国的看法。中日之间不断发生的冲突急需获得理解，而要解决这一问题，重新评估中日战争是当务之急。此外，更深层次的理由是，还历史公正与完整。在过去几十年里，我们对“二战”中有所贡献的盟军的认识，有着巨大的偏差。美国被视为全球战争中不可缺少的一个角色。英国已经承认，支持它继续战斗下去的关键来自帝国和英联邦国家的贡献。苏联的英勇反抗，牺牲了2000多万人的生命，这成了现在人们对盟军付出意义的主要理解。

中国依然是被遗忘的盟友，它的贡献随着亲历者的离世而渐渐被人淡忘。其战争的经历没有苏联悲惨，但同样是为了捍卫主权而进行的生死抗战。中国遭受的损失也是不可估量的：抗战死亡人数高达1500万～2000万，难民人数有8000万～1亿之多。国民党创建于1928年的充满漏洞，却是真正意义上的经济发展也被破坏殆尽。无论是南京大屠杀还是重庆大轰炸，亦或是本国政府在绝望中炸毁的黄河大堤，对经历过8年残酷战争的普通中国人而言，死亡已经是家常便饭。

当时，这个民生凋敝的国家，转瞬间其重心从南京、上海转移到重庆和延安，仍然不向敌人投降屈服，一直坚持抗战了8年。1937～1945年，中国国民党和中国共产党是东亚地区唯一坚持反抗日本帝国主义的两大政党。整场战争，国民党利用了大约400万军队，协力牵制了大约50多万的日本士兵，否则他们极有可能转移到“二战”的其他战场。共产党开展了游击战，有效地避免了日本人控制中国北方大部分地区，阻断了他们的军队和物资供应。

如果没有中国人民的英勇抵抗，中国早在1938年就沦为日本的殖民地。那将给日本控制整个亚洲大陆提供有利条件，加速日本对东南亚地区的扩张。一个屈服的中国，也更利于日本入侵英属印度。没有“中国的困境”——这个由于中国拒绝停止反抗造成的困境，日本帝国主义的野心将更有可能实现。抗日战争中，曾担任蒋介石政府中央宣传部副部长的董显光，在其作品中创作了各式各样的人物，旨在向外界传递中国持续抗争的不屈不挠的形象。其中，有一位人物的名字具有高度象征性——余抗命。这个名字就是“我与命运抗争”的意思。[22]

不管是国民党还是共产党，都与从未预料的命运抗争过。我们西方人认可它们所遭受的苦难、抵抗的经历，以及被迫做出的可怕选择，就会对我们共同拥有的“二战”记忆和理解怀有更深的敬意。

# 注 释

## 前 言

[1] 西南师范大学重庆大轰炸研究中心：《重庆大轰炸》（西南师范大学出版社，2002年），第101、102、111页。（[2][3][5][7] 均出自《重庆大轰炸》）

[4] 田中由纪、玛丽莲·杨：《轰炸平民》（纽约，2009年），第106、107页。

[6] 蒋介石：《蒋介石日记》（现收藏于美国胡佛档案馆），1939年5月3、4日。

[8] 中国在1937～1945年死于战争的人数十分庞大，但至今数目仍未有定论。文安立在《躁动的帝国：从乾隆到邓小平的中国与世界》（伦敦，2012年）第249页中曾指出约有200万中国士兵死于战场，1200万平民死于战乱，其数据引自鲁道夫·拉梅尔的《中国的血腥世纪：自1900年以来的种族灭绝大屠杀》（纽约，1991年）、郭汝瑰的《中国抗日战争正面战场作战记》（江苏人民出版社，2006年）；而孟国祥的《中国抗战损失研究的回顾与思考》（《抗日战争研究》2006年第4期）基于大量数据事实，指出中国战时伤亡人数为800万～1000万；戴安娜·拉里在《战争中的中国人民：人类灾难与社会转变（1937～1945）》（剑桥，2010年）第173页中，承认统计出准确数据存在巨大的困难，但也指出：战后中国官方统计出，自1937年后中国人口总数减少了约1800万。

[9] 黄美真：《日伪对华中沦陷区经济的掠夺与统制》(社会科学文献出版社,2005年)，第36页。

[10] 关于日本在华精锐部队的数量，可参阅马克·皮特、爱德华·J. 迪亚、方德万编著的《为亚洲而战：中日战争军事史论集（1937～1945）》(斯坦福,2011年)，第39页。

[11] 易劳逸等：《1927～1949年国民党统治下的中国》（剑桥，1991年），第277页。

[12] 引自布拉·雅格、拉纳·米特的《破碎的历史：战争、记忆与冷战后的亚洲》（剑桥，2009年），第179页。

[13] 近年来有关世界大战的历史研究开始更多地将中国战区纳入研究范围，例如尼尔·弗格森的《世界战争：历史上的仇恨时代》（伦敦，2006年）、马克斯·黑斯廷斯的《地狱：世界战争（1939～1945）》（伦敦，2012年）、安东尼·比弗的《第二次世界大战》（伦敦，2012年）。

[14] 白修德、贾安娜：《中国的惊雷》（纽约，1946年），第3页。

[15] 更多英国人民对中国抗日战争的影响的看法，请参阅汤姆·布坎农的《东风西渐：中国与英国左翼》（牛津，2012年），第2章。

[16] 请参阅马克·W. 弗雷泽的《中国工业工作场所的形成：国家、革命和劳动管理》（剑桥，2002年）、莫里斯·卞的《现代中国的国营企业体系的形成》（剑桥，2005年）。

## 第1章

[1] 关于中日两国的亲密关系，可参阅傅佛果的《中日在时空上的紧密联系》（剑桥，2009年）。

[2] 详见罗纳德·P. 托比的《近世日本的国家与外交》(普林斯顿,1984 年)。

[3] 史景迁 :《寻找现代中国》(纽约,1990 年),第 122 页。([16] 也出自《寻找现代中国》)

[4] 韩书瑞、罗友枝 :《十八世纪中国社会》(纽黑文,1989 年)。

[5] 文安立 :《躁动的帝国 :从乾隆到邓小平的中国与世界》。

[6] 请参阅罗伯特·毕可思的《争夺中国 :1832 ~ 1914 年的外来侵略》(伦敦,2011 年)。

[7] 邓嗣禹、费正清 :《中国对西方的反应》(剑桥,1954 年),第 39、40 页。

[8] 史景迁 :《寻找现代中国》,第 175 页 ;也可参阅史景迁的《神的中国之子 :洪秀全的太平天国》(纽约,1996 年)、斯蒂芬·普拉特的《天国之秋》(纽约,2012 年)。

[9] 孔飞力 :《中华帝国晚期的叛乱及其敌人 :1796 ~ 1864 年的军事化与社会结构》(剑桥,1970 年)。

[10] 保罗·柯文 :《历史三调 :作为事件、经历和神话的义和团》(纽约,1997 年),第 85 页。

[11]J.M.D. 普林格尔 :《中国为统一而奋斗》(伦敦,1939 年),第 71 页。

[12] 陶涵 :《蒋介石与现代中国》(剑桥,2009 年),第 52 页。

[13]Mikiso Hane :《现代日本 :历史的调查》(博尔德,1992 年)。([14][15] 均引自《现代日本》)

[17] 岛津直子 :《战争中的日本社会 :死亡、记忆与日俄战争》(剑桥,2009 年)。

[18] 杨露谊 :《总动员帝国 :满洲与战时帝国主义文化》(伯克利,1998 年),第 91 页。

[19] 拉纳·米特 :《东北神话 :现代中国的民族主义、抵抗与通敌》(伯克利,2000 年)。

[20] 邓嗣禹、费正清 :《中国对西方的反应》,第 180 页。

[21] 拉纳·米特 :《痛苦的革命 :中国走向现代社会的斗争》(牛津,2004 年),第 109 页。

[22] 陶涵 :《蒋介石与现代中国》,第 1 章。

[23] 白吉尔 :《孙逸仙 / 孙中山传》(斯坦福,2000 年)。

[24] 约翰·亨特·博伊尔 :《1937 ~ 1945 年中日战争时期的通敌内幕》(斯坦福,1972 年),第 16 页。([25][26][27] 均出自《1937 ~ 1945 年中日战争时期的通敌内幕》)

[28] 关于五四运动,请参阅拉纳·米特的《痛苦的革命》。

[29] 李大钊 :《共产主义的胜利》,1918 年 11 月 15 日,引自邓嗣禹、费正清的《中国对西方的反应》,第 249 页。

## 第 2 章

[1] 张绪心、高理宁 :《天下为公 :孙中山与其革命思想》(斯坦福,1991 年),第 86 页。([2] 也出自《天下为公》)

[3] 陶涵 :《蒋介石与现代中国》,第 44 页。

[4] 费约翰 :《唤醒中国 :国民革命中的政治、文化与阶级》(斯坦福,1998 年)。([5] 也出自《唤醒中国》)

[6] 斯图尔特·R. 施拉姆 :《毛泽东的通往权力之路 :革命的文献 (1912 ~ 1949)》(阿蒙克,1992 年),第 1 卷,第 426 页。

[7] 斯图尔特·R. 施拉姆 :《毛泽东的通往权力之路》,第 1 卷,第 126 页。

[8] 埃德加·斯诺：《红星照耀中国》(伦敦，1973 年)，第 92、94 页。

[9] 北京大学教授关于沙面屠杀的言论，请参阅史景迁的《寻找现代中国》，第 258 页。

[10] 陶涵：《蒋介石与现代中国》，第 50 页。([11][14] 也出自《蒋介石与现代中国》)

[12] 斯图尔特·R. 施拉姆：《毛泽东的通往权力之路》，第 2 卷，第 261 页。

[13] 方德万：《中国的民族主义和战争（1925 ~ 1945)》(伦敦，2003 年)，第 3 章。

[15] 关于共和国时期军阀割据情况，请参阅爱德华·马科德的《枪炮的威力：中国军阀主义的兴起》(伯克利，1993 年)。

[16] 关于英国在中国扮演的角色，请参阅《不列颠在中国》(曼彻斯特，1999 年)。

[17] 韦慕庭：《中国国民革命（1923 ~ 1928)》(剑桥，1984 年)，第 72 页。

[18] 赵文词：《中国与"美国梦"》(伯克利，1995 年)，第 30 页。

[19] 关于威尔逊对殖民主义世界的看法，请参阅曼尼拉的《威尔逊时刻：自决和反殖民民族主义的国际起源》(牛津，2007 年)、岛津直子的《日本、民族与平等》(伦敦，1998 年)。

[20]Eri Hotta：《泛亚主义与日本侵略战争（1931 ~ 1945)》(贝辛斯托克，2007 年)，第 71 页。

[21] 杨露谊：《总动员帝国：满洲与战时帝国主义文化》，第 89 页。

## 第 3 章

[1] 李维斯发给南京的电报，现藏于台北"国史馆"，资料编号为 T-172-1：1068。

[2] 对于国民党在 1937 年之前不良记录的最有力的指控，请参阅易劳逸等的《1927 ~ 1949 年国民党统治下的中国》；为国民党作辩解的则参阅魏斐德等的《重新评价共和中国》(剑桥，2000 年)。

[3] 凯瑟琳·汉德写于 1935 年 9 月 14 日的信件，藏于耶鲁大学神学院图书馆。

[4] 关于中国海关处的中国雇员，请参阅《现代亚洲研究》2006 年第 40 期。

[5] 引自詹姆斯·W. 莫利编著的《最后对峙：1941 年的日美谈判》(纽约，1994 年)，第 22 页。

[6] 汉娜·帕库拉的《宋美龄传》(纽约，2009 年)、李台姗的《蒋夫人：中国永远的第一夫人》(纽约，2006 年) 是两本深入研究了宋美龄一生的著名学术著作。

[7]《英国海外政策文件·远东事务卷（1936 ~ 1938)》，系列 2，第 21 卷，1937 年 10 月 5 日，第 368、369 页。

[8] 关于戴笠，请参阅魏斐德的《间谍王：戴笠与中国特工》(伯克利，2003 年)。

[9] 引自柯博文的《面对日本》(剑桥，1991 年)，第 33、34 页。([12][15][29] 均出自《面对日本》)

[10] 拉纳·米特：《东北神话：现代中国的民族主义、抵抗与通敌》，第 171 页。([11] 也出自《东北神话》)

[13] 见熊玠、雷文编的《中国的苦胜：对日抗战（1937 ~ 1945)》(阿蒙克，1992 年)，第 187 ~ 189 页；方德万的《中国的民族主义和战争（1925 ~ 1945)》，第 151、132、156、157、136、143 页。([14] 出自《中国的苦胜》)

[16] 柯博文：《面对日本》，第 217 页。更多关于杜重远被起诉的情况，请参阅

Mariko Asano Tamanoi 的《交叉的历史：帝国时代的满洲》（檀香山，2005 年）。

[17] 汪精卫：《中国的问题和解决方案》（上海，1934 年），第 104、113、117 页。

[18] 斯图尔特·R. 施拉姆：《毛泽东的通往权力之路》，第 4 卷，第 546 页。

[19] 关于这一时期，请参阅史蒂芬·C. 埃弗里尔的《高地的革命：中国的井冈山根据地》（拉纳姆，2005 年）。

[20] 孙书云：《长征》（伦敦，2007 年），第 169 页。

[21] 方德万：《中国的民族主义和战争（1925 ～ 1945）》，第 183 ～ 188 页；陶涵：《蒋介石与现代中国》，第 125 ～ 137 页。

[22] 关于西安事变，请参阅陶涵的《蒋介石与现代中国》，第 117 ～ 137 页。

[23] 詹姆斯·伯特伦：《中国第一幕：西安事变》（纽约，1938 年），第 118 页。([24] 也出自《中国第一幕》)

[25] 詹姆斯·B. 克劳利：《日本对自治权的追求：国家安全与外交政策》（普林斯顿，1996 年）。

[26] 引自詹姆斯·W. 莫利的《中国困境：日本在亚洲大陆的扩张（1933 ～ 1941）》（纽约，1983 年），第 196 页。([27][28] 均出自《中国困境》)

## 第 4 章

[1] 柯博文：《面对日本》，第 368 页；马乔里·德赖伯格：《1933 ～ 1937 年华北与日本扩张：地方势力与国家利益》（里士满，2000 年），第 142 ～ 151 页。

[2]《美国外交关系》，第 3 卷，1937 年 7 月 2 日，第 128 页。([19][24] 也引自《美国外交关系》，第 3 卷)

[3] 周天度：《从七七事变前后蒋介石日记看他的抗日主张》，引自《抗日战争研究》2008 年第 2 期，第 137 页。([4][18][22][34][36][42] 均引自《从七七事变前后蒋介石日记看他的抗日主张》)

[5] 杨天石：《找寻真实的蒋介石》（山西出版集团，2008 年），第 219 页。([47] 也出自《找寻真实的蒋介石》)

[6] 方德万：《中国的民族主义和战争（1925 ～ 1945）》，第 188 页。([7][13][31][32][40][50] 均出自《中国的民族主义和战争（1925 ～ 1945）》)

[8] 杨天石：《找寻真实的蒋介石》，第 221 页；周天度：《从七七事变前后蒋介石日记看他的抗日主张》。

[9]《申报》，1937 年 7 月 9 日的报道。

[10] 陶涵：《蒋介石与现代中国》，第 146 页。

[11] 关于德国对国民党军队的影响，请参阅方德万等编著的《为亚洲而战》。

[12] 马乔里·德赖伯格：《1933 ～ 1937 年华北与日本扩张：地方势力与国家利益》，第 3 章。

[14] “珍珠港事件”爆发之前的那一年，日本政府 70% 的开支用于军事。请参阅克里斯托夫·贝利、蒂姆·哈珀的《被遗忘的军队：英国人在亚洲的帝国与英日战争》（伦敦，2004 年），第 3 页。

[15] 约翰·亨特·博伊尔：《1937 ～ 1945 年中日战争时期的通敌内幕》，第 144 页。

（[16] 也引自《1937 ～ 1945 年中日战争时期的通敌内幕》）

[17]《北华捷报》，1937 年 7 月 14 日的报道，该消息于 1937 年 7 月 10 日首次刊于《字林西报》。（[23][25][26][27][28][29][30][33][44][45] 均引自《北华捷报》）

[20] 蔡德金编：《周佛海日记》（中国社会科学出版社，1986 年），1937 年 7 月 14 日。

[21] 蔡德金编：《周佛海日记》，1937 年 7 月 16、17、18 日。

[35] 斯图尔特·R. 施拉姆：《毛泽东的通往权力之路》，第 5 卷，第 695 页。

[37] 斯图尔特·R. 施拉姆：《毛泽东的通往权力之路》，第 5 卷，第 701 页。

[38] 斯图尔特·R. 施拉姆：《毛泽东的通往权力之路》，第 5 卷，第 711 页。

[39] 引自易劳逸等的《1927 ～ 1949 年国民党统治下的中国》，第 181 页；方德万等编著的《为亚洲而战》，第 205 页。

[41] 引自斯图尔特·R. 施拉姆编著的《毛泽东的通往权力之路》，第 6 卷，第 10 ～ 11 页。

[43] 引自斯图尔特·R. 施拉姆编著的《毛泽东的通往权力之路》，第 6 卷，第 5 页。

[46]《抗战爆发后南京国民政府国防联席会议记录》，引自《民国档案》1996 年第 1 期，第 31 页。（[48][49] 均出自《抗战爆发后南京国民政府国防联席会议记录》）

## 第 5 章

[1]《北华捷报》，1937 年 11 月 3 日的报道，该消息于 1937 年 10 月 28 日首次刊于《字林西报》。（[3][4][5][6][7][9][11][12][13][18][19][25][26][30] 均出自《北华捷报》）

[2] 方德万：《中国的民族主义和战争（1925 ～ 1945）》，第 197 页。（[15][22][27][28] 均出自《中国的民族主义和战争（1925 ～ 1945）》）

[8] 上海市档案馆编号为 U1–16–217 的资料，第 23 页。（[10] 也出自上海市档案馆资料）

[14] 杨天石：《找寻真实的蒋介石》，第 229 页。（[17] 也出自《找寻真实的蒋介石》）

[16] 拉纳·米特：《东北神话：现代中国的民族主义、抵抗与通敌》，第 5 章。

[20]《英国海外政策文件·远东事务卷（1936 ～ 1938）》，系列 2，第 21 卷，1937 年 11 月 11 日，第 470、471 页。（[21][35][36] 均出自《英国海外政策文件·远东事务卷（1936 ～ 1938）》）

[23] 陶涵：《蒋介石与现代中国》，第 149 页。（[34] 也出自《蒋介石与现代中国》）

[24] 蔡德金编：《周佛海日记》，1937 年 9 月 27 日，10 月 3、23 日。

[29]《中央日报》，1937 年 11 月 9 日的报道。（[31][33] 均出自《中央日报》）

[32] 蔡德金编：《周佛海日记》，1937 年 11 月 16 日。

[37]W.H. 奥登、克里斯托夫·衣修伍德：《战地行纪》（伦敦，1938 年），第 240 页。

[38] 蔡德金编：《周佛海日记》，1937 年 12 月 11 日。更多关于上海沦陷后的社会生活可参阅安克强、叶文心编著的《在朝阳的阴影下：日本占领下的上海》（剑桥，2004 年）。

## 第 6 章

[1] 耶鲁大学神学院图书馆：《迁徙》（M.M.Rue 的论文集），第 2、3 页。（[2][4][5][25] 均出自《迁徙》）

[3] 史蒂芬·R. 麦金农：《武汉，1938：战争、难民与现代中国的缔造》（伯克利，

2008 年)，第 45 ~ 54 页。([17] 也出自《武汉，1938》)

[6] 熊玠、雷文编 :《中国的苦胜 : 对日抗战(1937 ~ 1945)》，第 137 页。([28] 也出自《中国的苦胜》)

[7] 杜毅、杜颖编 :《还我河山 : 杜重远文集》(文汇出版社，1998 年)，第 257 页。([8][9][13][19][26][27] 均出自《还我河山》)

[10]《英国海外政策文件·远东事务卷 (1936 ~ 1938)》，系列 2，第 21 卷，1938 年 1 月 31 日，第 676、677 页。([11][12] 均出自《英国海外政策文件·远东事务卷(1936 ~ 1938)》)

[14]《关于太原失守后华北战略部署的意见》，1937 年 10 月 13 日，引自斯图尔特·R. 施拉姆编著的《毛泽东的通往权力之路》，第 6 卷，第 93 页。

[15]《国共合作成立后的迫切任务》，1937 年 9 月 29 日，引自斯图尔特·R. 施拉姆编著的《毛泽东的通往权力之路》，第 6 卷，第 71 页。

[16]“游击战争主要应处于敌之翼侧及后方”，1937 年 10 月 23 日，引自斯图尔特·R. 施拉姆编著的《毛泽东的通往权力之路》，第 6 卷，第 107 页。

[18] 凯瑟琳·汉德 1937 年 12 月 25 日的日记。

[20] 约书亚·H. 霍华德 :《战时工人 : 中国兵工厂劳工 (1937 ~ 1953)》(斯坦福，2004 年)。

[21] 苏志良等 :《去大后方 : 中国抗战内迁实录》(上海人民出版社，2005 年)。([22][23] 均出自《去大后方》)

[24] 鲁柳 :《举国迁徙 : 中国抗战时期的“大转移”(1937 ~ 1945)》，引自《加利福尼亚大学博士论文集》，第 202、203、210、250、287 页。

## 第 7 章

[1] 家近亮子、王雪萍 :《从〈蒋介石日记〉解读 1937 年 12 月的南京形势》，引自《民国档案》2009 年第 2 期，第 111 页。

[2]《北华捷报》，1937 年 8 月 15 日的报道。([5][6][9][62] 均引自《北华捷报》)

[3] 杜重远 :《到大同去》，引自杜毅、杜颖编的《还我河山》，第 258、259 页。

[4] 蔡德金编 :《周佛海日记》，1937 年 8 月 15 日。

[7] 柯伟林 :《机械中国 : 发展的起源(1928 ~ 1937)》，引自叶文心的《中国人的蜕变 : 通往现代化与超越之路》(伯克利，2000 年)，第 140 页。

[8] 若林正编 :《1937 ~ 1938 年南京暴行》(纽约，2007 年)，第 30、35、36 页 ; 马克·皮特、爱德华·J. 迪亚、方德万 :《为亚洲而战》，第 175 页。

[10] 曾玛莉 :《出口业的发展 : 国联与中华民国》，载《社会与历史比较研究》2007 年第 49 期。

[11] 约翰·拉贝 :《拉贝日记》(纽约，2000 年)。([12][14][15][33][37][46] 均出自《拉贝日记》)

[13] 阮玛霞 :《饶家驹安全区 : 战时的上海难民们》(斯坦福，2008 年)，第 4、5 章。

[16]Iechika : *Nanjingxingshi*，第 111 页。([17][19][64][65][66] 均出自 *Nanjingxingshi*)

[18] 汤姆·布坎农 :《东风西渐 : 中国与英国左翼》，第 62、63 页。

[20] 窦莫安：《所有俘虏均遭屠杀》，《纽约时报》1937年12月18日的报道。([29][58][59] 均引自《所有俘虏均遭屠杀》)

[21] 中国第二历史档案馆：《程瑞芳日记》，1937年12月10日，第26页。([24][27][30][31][43][44][45][47][48][49][55][57] 均出自《程瑞芳日记》)

[22]《魏特琳日记》，引自章开沅编著的《目击大屠杀：美国传教士见证日本人在南京的暴行》(阿蒙克，2001年)。([32][39][40][41][42] 均引自《魏特琳日记》)

[23] 关于中国古代慈善事业，可参阅韩德琳的《行善的艺术》(伯克利，2009年)、艾志端的《铁泪图：19世纪中国对于饥馑的文化反应》(伯克利，2009年)。

[25] 罗芙芸：《卫生的现代性：中国通商口岸卫生与疾病的含义》(伯克利,2004年)。

[26] 入江昭：《美国大使在东京扮演的角色》，引自多萝西·博格、冈本俊平编著的《作为历史的珍珠港事变：1931～1941年的日美关系》(纽约，1973年)，第119、120页。

[28] 陶涵：《蒋介石与近代中国》，第151、152页。

[34]《费吴生日记》，1937年12月19日，引自章开沅编著的《目击大屠杀》，第92页。([35][36][38][52][53][54] 均出自《费吴生日记》)

[50] 尼尔·博尔斯提尔特、罗伯特·克莱尔：《东京国际法庭》(牛津，2008年)，第191页。

[51] 被屠杀人数的确切数字近年来出现了多种说法，涉及的学术著作有 Wakabayashi 的《南京的暴行》(伯克利，2000年)、傅佛果的《南京大屠杀的历史和历史学》(纽约，2006年) 等。

[56] 更多关于南京被占领之初人民的生活情况，请参阅卜正民的《通敌：战时中国的日本代领与地方精英》(剑桥，2005年)，第5章。

[60]《美国外交关系》，第3卷，1937年12月14日，第806页。([61] 也引自《美国外交关系》，第3卷)

[63] 更多关于泛亚主义的资料，请参阅 Eri Hotta 的《泛亚主义与日本侵略战争(1931～1945)》。

## 第8章

[1]W.H. 奥登、克里斯托夫·衣修伍德：《战地行纪》，第39页。

[2] 请参阅史蒂芬·R. 麦金农的《武汉，1938》，第1章。([3][5][6][7] 均出自《武汉，1938》)

[4] 约翰·亨特·博伊尔：《1937～1945年中日战争时期的通敌内幕》，第78～81页。

[8] 参阅熊玠、雷文编的《中国的苦胜》，第139页；史蒂芬·R. 麦金农的《武汉，1938》，第34页。

[9] 马克·皮特、爱德华·J. 迪亚、方德万：《为亚洲而战》，第194页。([15] 也出自《为亚洲而战》)

[10]《对日作战与本党前途》(报告)，引自秦孝仪编的《先总统蒋公思想言论总集》(中国国民党中央委员会党史委员会，1984年)，第15卷，第197页。

[11] 更多关于李宗仁与广西的资料，请参阅珞雷尼姆·哈钦斯的《战争之省：中日

冲突中的广西（1937 ～ 1945）》，载《中国经济季报》1986 年第 108 期。

[12] 张瑞德：《遥制：蒋介石手令研究》，引自史蒂芬·R. 麦金农等的《战时中国各地（1937 ～ 1945）》（斯坦福，2007 年），第 78、79 页。

[13] 杜重远：《经大同》，引自杜毅、杜颖编的《还我河山》，第 273 页。（[14][23] 均出自《还我河山》）

[16] 方德万：《中国的民族主义和战争（1925 ～ 1945）》，第 224 页。（[22] 也出自《中国的民族主义和战争（1925 ～ 1945）》）

[17] 盛成：《台儿庄纪事》（北京语言大学出版社，2007 年），第 36 页。（[19] 也出自《台儿庄纪事》）

[18] 凯瑟琳·汉德 1938 年 4 月 8 日的日记；杜毅、杜颖编：《还我河山》，第 273 页。

[20]《美国外交关系》，第 3 卷，第 154 页。

[21]《英国海外政策文件·远东事务卷（1936 ～ 1938）》，系列 2，第 21 卷，1938 年 4 月 29 日，第 744 ～ 746 页。

[24] 戴安娜·拉里：《一个被蹂躏的地方：1938 年徐州地区的灾难》，引自戴安娜·拉里、史蒂芬·R. 麦金农等的《战争的创伤：战争对现代中国的影响》（温哥华，2001 年），第 102 页。（[25] 也出自《战争的创伤》）

[26] 斯图尔特·R. 施拉姆：《毛泽东的通往权力之路》，第 6 卷，第 322 页。

## 第 9 章

[1]《美国外交关系》，第 3 卷，1938 年 6 月 7 日，第 194 页。（[2][3][12][14][17] 均出自《美国外交关系》，第 3 卷）

[4] 史蒂芬·R. 麦金农：《武汉，1938》，第 57 页。（[20] 也出自《武汉，1938》）

[5]《德国总顾问法尔肯豪森关于中国抗日战略之两份建议书》，引自《民国档案》1991 年第 2 期，第 26 页。

[6] 详见欧内斯特·梅的《奇怪的胜利：希特勒战胜法国》（纽约，2001 年）。

[7] 梁长根：《抗战期间国民政府在黄泛区的资源整合与国家调度》，引自《军事历史研究》2007 年第 1 期，第 57 页。

[8]《1938 年黄河决堤史料一组》，引自熊先煜的《抗战日记》，《民国档案》1997 年第 3 期，第 9 页。

[9] 熊先煜：《抗战日记》，1938 年 6 月 9 日；戴安娜·拉里：《河水泛滥：1938 年黄河决堤的战略突破》，引自《历史上的战争》2001 年第 8 期，第 198、199 页。

[10]《日本的忧伤》，《时代》周刊 1938 年 6 月 27 日的报道。（[11] 也引自《日本的忧伤》）

[13] 戴安娜·拉里：《河水泛滥》，载《历史上的战争》2001 年第 8 期。

[15] 戴安娜·拉里认为日本实现了总体目标（引自《河水泛滥》）；马仲廉认为河水决堤前日军已经决定改线前往武汉，因此决堤缺乏战略意义，详见《抗日战争研究》1999 年第 4 期；方德万在《中国的民族主义和战争（1925 ～ 1945）》里对这项举措的军事意义给予了更多肯定。

[16]《宴别德籍顾问致词》，引自秦孝仪编的《先总统蒋公思想言论总集》。（[19][21] 均出自《先总统蒋公思想言论总集》）

[18] 马克·皮特、爱德华·J. 迪亚、方德万：《为亚洲而战》，第 265 页。

[22] 毛泽东的言论引自斯图尔特·R. 施拉姆编著的《毛泽东的通往权力之路》，第 6 卷，第 478 页。

[23] 陶涵：《蒋介石与近代中国》，第 158 页。（[24] 也出自《蒋介石与近代中国》）

## 第 10 章

[1] 请参阅李·麦基萨克的《作为国家的城市》，引自约瑟夫·埃谢瑞克主编的《再造中国城市：现代性和国家认同（1900 ～ 1950）》（檀香山，2000 年）。

[2] 杜重远：《敌人内部严重状况的新报告》，1938 年 4 月 24 日，引自杜毅、杜颖编的《还我河山》，第 276 页。

[3] 请参阅米华健的《欧亚十字路口：新疆历史》（纽约，2006 年）；更多西藏问题请参阅林孝庭的《西藏与国民政府时期的中国边疆：1928 至 1949 年的权谋与民族政策》（温哥华，2006 年）。

[4] 安德列斯·罗德里格斯：《建设国家，保卫前线：抗战期间（1937 ～ 1945）动员并重建中国边陲》，载《现代亚洲研究》2011 年第 45 期。

[5] 白修德、贾安娜：《中国的惊雷》，第 13 页。

[6] 西南师范大学重庆大轰炸研究中心：《重庆大轰炸》，第 92、93 页。

[7] 周勇：《重庆通史》（重庆出版社，2002 年），第 2 卷，第 876 页。

[8] 四川省档案馆：《抗日战争时期四川省各类情况统计》（西南交通大学出版社，2005 年），第 29 页。

[9] 苏志良等：《去大后方》，第 394 页。（[10][12][13][15] 均出自《去大后方》）

[11] 张瑞德：《在大轰炸的阴影下：重庆地区民众的日常生活与心态》，引自傅凌智、诺曼·史密斯的《超越痛苦：回顾现代中国战争》（温哥华，2011 年）；埃德娜·陶的《重庆大轰炸与抗日战争（1937 ～ 1945）》，引自马克·皮特、爱德华·J. 迪亚、方德万编著的《为亚洲而战》。

[14]《中国的战争：天狗》，《时代》周刊 1939 年 5 月 15 日的报道。

[16] 埃德娜·陶：《重庆大轰炸与抗日战争（1937 ～ 1945）》；陶涵：《蒋介石与现代中国》，第 179 页。

[17] 史蒂芬·R. 麦金农：《武汉，1938》，第 55 ～ 59 页。

[18] 拉纳·米特：《二战期间国民党对中国人民的分类》，引自《现代亚洲研究》（2011 年 3 月），第 258、259 页；四川省档案馆民国共和时期文件第 38 档案，1940 年 6 月，编号为 2/614。（[23][24][26] 均出自《二战期间国民党对中国人民的分类》）

[19] 重庆市档案馆资料，编号为 0067-1-1150。（[20][21][22] 均出自重庆市档案馆资料）

[25] 方德万：《中国的民族主义和战争（1925 ～ 1945）》，第 255 ～ 258 页。（[27][69] 均出自《中国的民族主义和战争（1925 ～ 1945）》）

[28] 柯伟林：《中国战时经济》，引自熊玠、雷文编的《中国的苦胜》，第 191 页；费利克斯·铂金：《中国国民党政权的毁坏：财政崩溃期间的行政变革（1937 ～ 1945）》，引自《现代亚洲研究》（2011 年 3 月），第 283 页。（[29][30][31] 均出自《中国的苦胜》）

[32] 凯瑟琳·汉德 1938 年 5 月 2 日的日记。（[44] 也出自凯瑟琳·汉德的日记）

[33] 卜正民：《通敌：战时中国的日本代领与地方精英》，第 2、3 章。

[34] 耶鲁大学神学院图书馆：《与悍匪在一起的一个月》（M.M.Rue 的论文集）。

[35] 引自安克强、叶文心编著的《在朝阳的阴影下：日本占领下的上海》，第 161 页。

[36] 卜正民：《抗战时期中国卖国者的民族主义》，引自卜正民、施恩德的《民族的构建：亚洲精英及其民族身份认同》（安阿伯，2000 年），第 170 页。

[37] 上海市档案馆资料，编号为 Q113-2-12、Q165-1-64。（[39][40][42][43] 均出自上海市档案馆资料）

[38] 耶鲁大学神学院图书馆：《一百号营房印象》（M.M.Rue 的论文集）。

[41] 请参阅比可思、伊莎贝拉·杰克逊编著的《近代中国的通商口岸：法律、土地和力量》（伦敦，2013 年）。

[45] 朱鸿召：《延安日常生活中的历史（1937 ～ 1947）》（广西师范大学出版社，2007 年），第 11 页。（[53][54][55][57][58][59][60][61][62] 均出自《延安日常生活中的历史（1937 ～ 1947）》）

[46] 范力沛：《中日战争时期的中国共产主义运动（1937 ～ 1945）》，引自易劳逸等的《1927 ～ 1949 年国民党统治下的中国》，第 183 ～ 187 页。（[47][51][52][63][65][67] 均出自《中日战争时期的中国共产主义运动（1937 ～ 1945）》）

[48] "就与国民党谈判以及抗战接受海伦·福斯特·斯诺采访"，引自斯图尔特·R. 施拉姆编著的《毛泽东的通往权力之路》，第 6 卷，第 16、17 页。

[49] 马克·塞尔登：《革命中的中国：延安道路》（剑桥，1971 年）。

[50]《论持久战》，引自斯图尔特·R. 施拉姆编著的《毛泽东的通往权力之路》，第 6 卷，第 319 ～ 389 页。

[56] 请参阅约书亚·H. 霍华德的《战时工人：中国兵工厂劳工（1937 ～ 1953）》，第 3 ～ 5 章着重介绍了重庆工人的状况。

[64] 马克·塞尔登：《革命中的中国：延安道路》，第 161 ～ 171 页；范力沛：《亦敌亦友：中共党史中统一战线问题》（斯坦福，1967 年），第 142 ～ 153 页。

[66] 更多平型关战役的情况，请参阅马克·皮特、爱德华·J. 迪亚、方德万编著的《为亚洲而战》，第 164 ～ 167 页；更多共产党革命根据地以及延安以外的抗日运动情况，可参阅班国瑞的《遍山战火：红军在南中国的三年（1934 ～ 1938）》（伯克利，1992 年）；更多新四军的情况，可参阅班国瑞的《新四军：在长江淮河流域抵抗的共军（1938 ～ 1941）》（伯克利，1999 年），戴维·古德曼的《中国革命中的太行抗日根据地社会变迁》（拉纳姆，2000 年），纪保宁、大卫·古德曼、冯崇义编著的《华北抗日根据地与社会生态》（当代中国出版社，1998 年），纪保宁的《两种革命：陕北的乡村重建和合作化运动》（斯坦福，1997 年），达格芬·嘉图的《战争中的中国农村：抗日的影响（1937 ～ 1945）》（温哥华，2008 年）。

[68] 陶涵：《蒋介石与现代中国》，第 171 页。

## 第 11 章

[1] 蔡德金编：《周佛海日记》，1938 年 11 月 26 日至 12 月 1 日。

[2] 高宗武：《高宗武回忆录》（中国大百科全书出版社，2009 年），第 30 页。

([3][16][32][33] 均引自《高宗武回忆录》)

[4] 蔡德金编：《周佛海日记》，1938 年 12 月 1、3 日。

[5] 蔡德金编：《周佛海日记》，1938 年 12 月 5 日。

[6] 蔡德金编：《周佛海日记》，1938 年 12 月 5、7、8 日。

[7] 蔡德金编：《周佛海日记》，1938 年 12 月 9、12、17 日。

[8]《为国军退出武汉告全国国民书》，引自秦孝仪编的《先总统蒋公思想言论总集》，第 30 卷，第 305 页。([9][11][12][13][15] 均引自《先总统蒋公思想言论总集》)

[10] 马克·皮特、爱德华·J. 迪亚、方德万：《为亚洲而战》，第 35 页。

[14] 方德万：《中国的民族主义和战争（1925 ~ 1945)》，第 232 页。

[17] 然而，1939 年的日记缺失了。

[18] 约翰·亨特·博伊尔：《1937 ~ 1945 年中日战争时期的通敌内幕》，第 168、169 页。([19][22][24][25][26][30][36][38][40] 均出自《1937 ~ 1945 年中日战争时期的通敌内幕》)

[20] 蔡德金编：《周佛海日记》，1937 年 8 月 21 日。

[21] 蔡德金编：《周佛海日记》，1937 年 8 月 16、17 日；高宗武：《高宗武回忆录》，第 30 页。

[23] 蔡德金编：《周佛海日记》，1937 年 8 月 30、31 日，9 月 1、3 日。

[27] 大卫·P. 巴雷特、徐乃力：《勾结日本的中国通敌者（1932 ~ 1945)》(斯坦福，2001 年)，第 57 页。

[28] 蔡德金编：《周佛海日记》，1938 年 10 月 30 日，11 月 15、23 日。

[29] 蔡德金编：《周佛海日记》，1938 年 10 月 30 日。

[31] 蔡德金编：《周佛海日记》，1938 年 12 月 19 日。

[34] 蔡德金编：《周佛海日记》，1938 年 12 月 20 日。

[35] 蔡德金编：《周佛海日记》，1938 年 12 月 21、26 日。

[37]《蒋介石日记》，1938 年 12 月 21 日。

[39]《蒋介石驳斥近卫文磨的声明》，引自郑培凯、李文玺、史景迁编的《寻找近代中国之史料选辑》(纽约，1999 年)，第 321 页。

[41] 蔡德金编：《周佛海日记》，1938 年 12 月 27、29、31 日。

## 第 12 章

[1] 叶超：《皖南事变经过的回顾》，引自《安徽文史资料全书》，第 6 卷，第 5 页。

[2] 方德万：《中国的民族主义和战争（1925 ~ 1945)》，第 237 ~ 239 页。([3] 也出自《中国的民族主义和战争（1925 ~ 1945)》)

[4] 克里斯托夫·索恩：《一类盟友》(牛津，1978 年)，第 52 页。

[5] 引自熊玠、雷文编的《中国的苦胜》，第 10、11 页。([6][8][21] 均出自《中国的苦胜》)

[7] 阿尔文·D. 库克斯在不朽之作《诺门罕：日俄交战（1939)》(斯坦福，1985 年)中详尽地介绍了这场战役。

[9] 约翰·亨特·博伊尔：《1937 ~ 1945 年中日战争时期的通敌内幕》，第 243 ~ 246 页。([10][11][13][16][19][22] 均出自《1937 ~ 1945 年中日战争时期的通敌内幕》)

[12] 高宗武：《高宗武回忆录》，第 74、75 页。

[14] 蔡德金编 :《周佛海日记》，1940 年 1 月 13 日。

[15] 蔡德金编 :《周佛海日记》，1940 年 1 月 26 日。

[17]《中华日报》1940 年 3 月 30 日的报道。

[18] 蔡德金编 :《周佛海日记》，1940 年 3 月 30、31 日。

[20] 引自《美国外交关系》，第 5 卷，1940 年 2 月 17 日，第 287 页。([25] 也出自《美国外交关系》，第 5 卷)

[23] 蔡德金编 :《周佛海日记》，1940 年 5 月 13 日。

[24] 引自大卫·P. 巴雷特、徐乃力的《勾结日本的中国通敌者（1932 ~ 1945)》，第 65 页。([26] 也出自《勾结日本的中国通敌者（1932 ~ 1945)》)

[27] 约翰·亨特·博伊尔 :《1937 ~ 1945 年中日战争时期的通敌内幕》，第 303 ~ 305 页 ；陶涵 :《蒋介石与现代中国》，第 174、175 页。

[28] 引自斯图尔特·R. 施拉姆编著的《毛泽东的通往权力之路》，第 6 卷，第 153 页。

[29] 陶涵 :《蒋介石与现代中国》，第 166、167 页。([38][52][59][63] 均出自《蒋介石与现代中国》)

[30] 引自易劳逸等的《1927 ~ 1949 年国民党统治下的中国》，第 152 ~ 160 页。([31][32][33] 均出自《1927 ~ 1949 年国民党统治下的中国》)

[34] 王建国 :《顾祝同与皖南事变》，引自《抗日战争研究》1993 年第 3 期，第 197 页 ；班国瑞 :《新四军 ：在长江淮河流域抵抗的共军（1938 ~ 1941)》，第 515、516 页。

[35] 董南才 :《皖南事变突围记》，引自《玉环文史资料》第三辑，第 79 页。([36] 也出自《皖南事变突围记》)

[37] 张光宇、李仲元 :《新四军在皖南事变中的军事失误与教训再探讨》，引自《武汉大学学报》1992 年第 6 期，第 72 页。

[39] 引自斯图尔特·R·施拉姆编著的《毛泽东的通往权力之路》，第 6 卷，第 637 页。

[40]《蒋介石与共产党人》，《时代》周刊 1941 年 2 月 3 日的报道。

[41]《美国外交关系》，第 4 卷，1941 年 1 月 3 日，第 477 页。([42][51] 均出自《美国外交关系》，第 4 卷)

[43] 请参阅斯图尔特·R. 施拉姆编著的《毛泽东的通往权力之路》，第 7 卷，第 340、351、355 页。

[44]《江西省的新生活运动（1934 ~ 1938)》，载《现代亚洲研究》2010 年第 5 期。

[45] 请参考上海市档案馆编号为 Q130-1-1、R18-1-321、R48-1-801 的资料。

[46] 请参阅拉纳·米特的《东北神话》，第 3、4 章。

[47] 王建国 :《清乡运动与李士群之死》，引自《安徽史学》2004 年第 6 期，第 56、57 页。

[48] 胡居成 :《江渭清与苏南反“清乡”》，引自《铁军》2011 年 11 期，第 9 页。([49] 也出自《江渭清与苏南反“清乡”》)

[50] 谢世廉 :《川渝大轰炸》(西南交通大学出版社，2005 年)，第 76 ~ 89 页。

[53] 详见康斯坦丁·普列沙科夫的《斯大林的失误》(波士顿，2005 年)。

[54] 引自斯图尔特·R. 施拉姆编著的《毛泽东的通往权力之路》，第 6 卷，第 764 页。

[55] 蔡德金编 :《周佛海日记》，1941 年 6 月 22 日。

[56] 蔡德金编 :《周佛海日记》，1941 年 6 月 29 日。

[57]Mikiso Hane :《现代日本》，第 292 ~ 308 页。

[58] 詹姆斯·W. 莫利：《最后对峙：1941 年的日美谈判》，第 13 页。

[60] 罗曼纳斯、桑德兰：《史迪威使华》（华盛顿，1953 年），第 30、31 页。

[61] 俞茂春：《美国战略情报局在中国》（纽黑文，1997 年），第 25 页。

[62] 盖尔哈特·温伯格：《全球战争》（剑桥，2005 年），第 252 ～ 264 页。

[64] 蔡德金编：《周佛海日记》，1941 年 12 月 8 日。

## 第 13 章

[1] 传教医生韦尔瓦·布朗写于 1937 年 10 月 4 日的信件，藏于耶鲁大学神学院图书馆。（[2][4][5][6][7] 均出自传教医生韦尔瓦·布朗所写的信件）

[3] 罗伯特·J.C. 布托：《东条英机与战争的来临》（斯坦福，1969 年），第 402 页。

[8]《中华民国三十一年元旦告全国军民同胞书》，引自网页 http：//www.chungcheng.org.tw/thought/class07/0016/0001.htm。

[9]《蒋介石日记》，1941 年 12 月的本月反省录。

[10]《蒋介石日记》，1941 年 12 月 27 日，引自王建朗的《信任的流失：从蒋介石日记看抗战后期中美关系》，《近代史研究》2009 第 3 期，第 50 页。

[11]《蒋介石日记》，1941 年 12 月 15 日。

[12]《蒋介石日记》，1941 年 12 月 17 日。

[13]《蒋介石日记》，1941 年 12 月 20 日。

[14] 克里斯托夫·索恩：《一类盟友》，第 189 页。

[15]《美国外交关系·中国卷》，1942 年 1 月 7 日，第 193 页；克里斯托夫·索恩：《一类盟友》，第 181 页。

[16] 克里斯托夫·索恩：《一类盟友》，第 183 页。

[17] 方德万：《中国的民族主义和战争（1925 ～ 1945）》，第 25 页。（[40][47][73] 均出自《中国的民族主义和战争（1925 ～ 1945）》）

[18] 白修德、贾安娜：《中国的惊雷》，第 145 页。

[19] 芭芭拉·W. 塔奇曼：《史迪威与美国在中国的经验（1911 ～ 1945）》（纽约，1971 年），第 251 页。（[33] 也出自《史迪威与美国在中国的经验（1911 ～ 1945）》）

[20] 易劳逸等：《1927 ～ 1949 年国民党统治下的中国》，第 145 页。

[21] 芭芭拉·D. 梅特卡夫、托马斯·R. 梅特卡夫：《印度简史》（剑桥，2002 年），第 200 页。（[23] 也出自《印度简史》）

[22] 陶涵：《蒋介石与现代中国》，第 194 页。（[34][38][63][64][68][71][72] 均出自《蒋介石与现代中国》）

[24] 圭德·萨马拉尼：《塑造亚洲的未来：蒋介石、尼赫鲁和“二战”期间的中印关系》，引自网页 http：//www.ace.lu.se/images/Syd_och_sydostasienstudier/working_papers/Samarani.pdf。

[25]《蒋介石日记》，1942 年 2 月 27 日。

[26]《蒋介石日记》，1942 年 2 月 15 日。

[27]《蒋介石日记》，1942 年 2 月 19 日。

[28]B.K. 米什拉：《克里普斯的使命》（德里，1982 年），第 48 页。

[29]《告印度国民书》，引自秦孝仪编的《先总统蒋公思想言论总集》。

[30]《蒋介石日记》，1942 年 2 月 21 日。

[31]《访问印度的感想与对于太平洋战局的观察》，引自秦孝仪编的《先总统蒋公思想言论总集》。

[32] 约瑟夫·W. 史迪威等 :《史迪威日记》(纽约,1948 年),1942 年 1 月 14 日,第 14 页。

[35] 美国国家档案馆文件，编号为 RG 493（171[3]）。

[36] 许晚成 :《抗战八年重庆花絮》（上海，1946 年），第 7 页。

[37] 格雷厄姆·佩克 :《两种时间观》（华盛顿大学出版社，2008 年），第 384 页。

[39] 查尔斯·罗曼努斯、莱利·桑德兰 :《中国、缅甸、印度三国威胁 : 中缅印战区的生死瞬间》(华盛顿,1959 年),第 19 页。([41] 也出自《中国、缅甸、印度三国威胁》)

[42]《史迪威日记》，1942 年 1 月 24 日，第 26 页。([45][48][49][50][51][52][55][58][59][61][62][67] 均出自《史迪威日记》)

[43] 参阅徐国琦的《中国与世界大战 : 寻求新的国家认同与国际化》（剑桥大学出版社，2005 年）、克里斯托夫·索恩的《一类盟友》。

[44] 克里斯托夫·贝利、蒂姆·哈珀 :《被遗忘的军队》，第 156 ~ 166 页 ; 方德万 :《中国的民族主义和战争（1925 ~ 1945）》，第 30 页。

[46]《史迪威日记》,1942 年 3 月 9 日,第 44 页 ; 陶涵 :《蒋介石与现代中国》,第 197 页 ; 方德万 :《中国的民族主义和战争（1925 ~ 1945）》，第 31 页。

[53]《史迪威日记》,1942 年 3 月 25、26 日,第 60、61 页 ; 克里斯托夫·贝利、蒂姆·哈珀 :《被遗忘的军队》，第 180 页。

[54]《蒋介石日记》，1942 年 3 月 29 日。

[56] 白修德、贾安娜 :《中国的惊雷》，第 147 页。

[57]《蒋介石日记》，1942 年 4 月 8 日。

[60] 陶涵 :《蒋介石与现代中国》，第 202 页 ; 方德万 :《中国的民族主义和战争（1925 ~ 1945）》，第 32 页。

[65]《蒋介石日记》，1942 年 5 月 6 日。

[66]《史迪威日记》，1942 年 5 月 20 日 ; 芭芭拉·W. 塔奇曼 :《史迪威与美国在中国的经验（1911 ~ 1945）》，第 298 页。

[69]《蒋介石日记》，1942 年 5 月。

[70] 罗古 :《印缅之征战》（上海，1945 年），第 35 ~ 75 页。

[74]《蒋介石日记》，日期不明确，引自王建朗的《信任的流失 : 从蒋介石日记看抗战后期中美关系》，《近代史研究》2009 年第 3 期，第 50 页。

[75] 陶涵 :《蒋介石与现代中国》，第 209 页 ; 方德万 :《中国的民族主义和战争（1925 ~ 1945）》，第 34、35 页。

[76] 美国国家档案馆文件，编号为 RG 493（616/178）。

## 第 14 章

[1] 宋致新 :《1942 : 河南大饥荒》（湖北人民出版社，2005 年），第 66 页。([2] 也出自《1942 : 河南大饥荒》)

[3] 格雷厄姆·佩克：《两种时间观》，第 386 页。（[36][43] 均出自《两种时间观》）

[4] 张日新：《蒋经国日记（1925 ～ 1949）》（中国文史出版社，2010 年），1940 年 6 月 26 日，第 55、56 页。（[5] 也出自《蒋经国日记（1925 ～ 1949）》）

[6] 阿瑟·杨格：《1937 ～ 1945 年中国的财政经济与通胀状况》（剑桥，1965 年），第 23 页。（[29][30][31][32][33][38][39][40] 均出自《1937 ～ 1945 年中国的财政经济与通胀状况》）

[7] 方德万：《中国的民族主义和战争（1925 ～ 1945）》，第 277 页。（[9][10][11][42] 均出自《中国的民族主义和战争（1925 ～ 1945）》）

[8] 布莱恩·G. 马丁：《通敌的盾牌：1939 ～ 1945 年汪伪政权的安全服务》，引自《情报与国家安全》季刊（2001 年），第 117 页。

[12] 方德万：《中国的民族主义和战争（1925 ～ 1945）》；宋致新：《1942：河南大饥荒》，第 144 页。

[13] 宋致新：《1942：河南大饥荒》，第 144 页。（[14][15][16][18][19][23] 均出自《1942：河南大饥荒》）

[17] 刘震云：《温故一九四二》（人民文学出版社，2009 年）。

[20] 白修德、贾安娜：《中国的惊雷》，第 166 页。（[21] 也出自《中国的惊雷》）

[22] 白修德：《丰年未至》，《纽约时报》1943 年 3 月 22 日的报道。

[24]《蒋介石日记》，1943 年 4 月 5、11 日。

[25]《蒋介石日记》，1943 年 4 月 18、20 日。

[26] 萧邦奇：《在苦海：抗日战争期间的难民》（剑桥，2011 年）。

[27] 克里斯托夫·贝利与蒂姆·哈珀：《被遗忘的军队》，第 285、286 页。关于战时饥荒的对比分析，请参阅苏嘉塔·柏瑟的《富足中的饥荒：1942 ～ 1945 期间发生在孟加拉、河南和东京的大饥荒》，载《现代亚洲研究》半月刊（1990 年 10 月）。

[28] 更多关于农村饥荒问题，请参阅杜赞奇的《文化、权力与国家：1900 ～ 1942 年的华北农村》（斯坦福，1988 年）。

[34] 许晚成：《抗战八年重庆花絮》，第 29 页。（[35][37] 均出自《抗战八年重庆花絮》）

[41] 西南师范大学重庆大轰炸研究中心：《重庆大轰炸》。（[49] 也出自《重庆大轰炸》）

[44] 易劳逸等：《1927 ～ 1949 年国民党统治下的中国》，第 252、253 页。（[46][48] 均出自《1927 ～ 1949 年国民党统治下的中国》）

[45]《抗日时期的经济问题和财政问题》，1942 年 12 月，引自《毛泽东选集》（人民出版社，1967 年），第 3 卷，第 111 页。

[47]《抗日时期的经济问题和财政问题》，1942 年 12 月，引自《毛泽东选集》，第 3 卷，第 111、114 页。

## 第 15 章

[1] 魏斐德：《间谍王：戴笠与中国特工》。关于凯斯维克和英国特别行动处驻华的相关情况，请参阅理查德·奥尔德里奇的《情报与抗日战争：英美政府的秘密特工》（剑桥，2000 年），第 15 章。（[2][5][8][12][13][14] 均出自《间谍王》）

[3] 俞茂春：《美国战略情报局在中国：冷战的序曲》，第 43、44 页。关于阎宝

航为东北政治事业积极奋斗的一生，请参阅拉纳·米特的《合谋、镇压和地方主义：1931 ～ 1949 年阎宝航与集权式民族主义》，载《现代中国》（1999 年 1 月）。（[9] 也出自《美国战略情报局在中国》）

[4] 易杜强：《战争与革命中的西南联大》（斯坦福，1998 年）。

[6] 关于史迪威与陈纳德之间的冲突，请参阅方德万的《中国的民族主义和战争（1925 ～ 1945）》，第 36、37 页。

[7] 俞茂春：《美国战略情报局在中国》，第 25 页；理查德·奥尔德里奇：《情报与抗日战争》，第 267 页。另参阅迈克尔·沙勒：《1938 ～ 1945 年美国十字军在中国》（纽约，1979 年）。

[10] 理查德·奥尔德里奇：《情报与抗日战争》，第 287、296 页。

[11] 关于情报方面的议题，请参阅方德万的《揭开神秘的面纱：二战期间在华的情报行动》，引自《情报与国家安全》季刊（2001 年）。

[15] 布莱恩·G. 马丁：《通敌的盾牌：1939 ～ 1945 年汪伪政权的安全服务》，引自《情报与国家安全》季刊（2001 年），第 95 页。（[16][17][23] 均出自《通敌的盾牌》）

[18] 约翰·亨特·博伊尔：《1937 ～ 1945 年中日战争时期的通敌内幕》，第 281 ～ 285 页。（[24] 也出自《1937 ～ 1945 年中日战争时期的通敌内幕》）

[19] 蔡德金编：《周佛海日记》，1943 年 1 月 6 日。

[20] 布莱恩·G. 马丁：《重重背叛：1942 ～ 1945 年周佛海与重庆政府的关系》，引自《20 世纪中国》半月刊（2008 年 4 月），第 59、60 页。（[22] 也出自《重重背叛》）

[21] 蔡德金编：《周佛海日记》，1942 年 12 月。

[25] 易劳逸等：《1927 ～ 1949 年国民党统治下的中国》，第 247 ～ 249 页。

[26] 或参阅大卫·古德曼、冯崇义（音译）的《战争中的华北：革命中的社会生态（1937 ～ 1945）》（拉纳姆，2000 年）。

## 第 16 章

[1] 汉娜·帕库拉：《宋美龄传》，第 419 页。（[41][42] 均出自《宋美龄传》）

[2] 格雷厄姆·佩克：《两种时间观》，第 477 页。

[3]《蒋介石日记》，1943 年 2 月的本月反省录，引自《近代史研究》2009 年第 3 期，第 51 页。

[4] 蔡德金编：《周佛海日记》，1943 年 1 月 26、29 日。

[5] 蔡德金编：《周佛海日记》，1943 年 2 月 2 日。

[6]《蒋介石日记》，1943 年 2 月 28 日。

[7]《蒋介石日记》，1943 年 2 月 13、21 日，3 月 4 日。

[8]《蒋介石日记》，1943 年 4 月 16 日。

[9]《蒋介石日记》，1943 年 6 月 30 日、8 月 19 日。

[10] 克里斯托夫·索恩：《一类盟友》，第 306 页。（[11][12][13][24][38][43][49] 均出自《一类盟友》）

[14] 约翰·亨特·博伊尔：《1937 ～ 1945 年中日战争时期的通敌内幕》，第 308 页。（[36] 也出自《1937 ～ 1945 年中日战争时期的通敌内幕》）

[15]《蒋介石日记》，1943 年 6 月 29 日。

[16]《蒋介石日记》，1943 年 2 月 7 日。

[17]《史迪威日记》，1943 年 1 月 19 日，第 161 页。（[21][25][27][29][31] 均出自《史迪威日记》）

[18] 陶涵：《蒋介石与现代中国》，第 219、220 页。

[19] 美国国家档案馆文件，编号为 RG 493（616/174）。

[20]1943 年 5 月会议中史迪威的记录，引自《史迪威日记》，1943 年 5 月，第 172 页；方德万：《中国的民族主义和战争（1925 ～ 1945）》，第 36、37 页。

[22] 方德万：《中国的民族主义和战争（1925 ～ 1945）》，第 37 页。（[23][28][46][54][55][58][61] 均出自《中国的民族主义和战争（1925 ～ 1945）》）

[26] 马若孟：《简述：投向现代中国史的新曙光》，引自吴景平、郭岱君的《宋子文驻美时期电报选》（复旦大学出版社，2008 年），第 256 页。

[30]《蒋介石日记》，1943 年 10 月 18 日。

[32]《蒋介石日记》，1943 年 10 月 18 日。

[33] 蔡德金编：《周佛海日记》，1943 年 10 月 5 日。

[34]R.B. 史密斯：《1943 ～ 1993 年不断变化的东亚视野：转型与延续》（伦敦，2010 年），第 18 页。（[35] 也出自《1943 ～ 1993 年不断变化的东亚视野》）

[37] 格哈德·温伯格：《战争中的世界：全球二战史》（剑桥，2005 年），第 624 ～ 629 页。

[39]《蒋介石日记》，1943 年 11 月 12 日。

[40]《蒋介石日记》，1943 年 11 月 17 日。

[44]《蒋介石日记》，1943 年 11 月 21、22 日。

[45]《蒋介石日记》，1943 年 11 月 21 日。

[47]《蒋介石日记》，1943 年 11 月 21 日。

[48]《蒋介石日记》，1943 年 11 月 23 日。

[50] 方德万：《中国的民族主义和战争（1925 ～ 1945）》，第 43 页；《蒋介石日记》，1943 年 11 月 23 日；格哈德·温伯格：《战争中的世界：全球二战史》，第 628 页。（[65] 也出自《中国的民族主义和战争（1925 ～ 1945）》）

[51]《蒋介石日记》，1943 年 11 月 23 日。

[52]《蒋介石日记》，1943 年 11 月 23 日。

[53]《蒋介石日记》，1943 年 11 月 25、26 日。

[56]《蒋介石日记》，1943 年 11 月 26 日之后的本周反省录。

[57]《蒋介石日记》，1943 年 11 月的本月反省录。

[59]《蒋介石日记》，1943 年 10 月 1 日。

[60]《蒋介石日记》，1943 年 10 月 3 日。

[62]《蒋介石日记》，1943 年 11 月 30 日。

[63]《美国外交关系·中国卷》，1943 年 11 月 30 日，第 167 ～ 176 页。（[66] 也出自《美国外交关系·中国卷》）

[64]《蒋介石日记》，1943 年 4 月 20 日。

## 第17章

[1] 黄耀武：《我的战争（1944 ～ 1948）》（春风文艺出版社，2010年），第24页。（[8][9][52][60] 均出自《我的战争（1944 ～ 1948）》）

[2] 方德万：《中国的民族主义和战争（1925 ～ 1945）》，第46页。（[6][7][13][15][32][53] 均出自《中国的民族主义和战争（1925 ～ 1945）》）

[3] 秦孝仪编：《先总统蒋公思想言论总集》。（[28][29] 均出自《先总统蒋公思想言论总集》）

[4]《美国外交关系·中国卷》，1944年3月23日，第43页。（[23][25][34][35][36][37][40][45][47][48][49][50][58] 均出自《美国外交关系·中国卷》）

[5]《亚洲之战：意见分歧》，《时代》周刊1944年2月14日的报道。

[10] 格哈德·温伯格：《战争中的世界：全球二战史》，第647页。

[11] 马克·皮特、爱德华·J.迪亚、方德万：《为亚洲而战》，第392 ～ 398页。（[14] 也出自《为亚洲而战》）

[12] 克里斯托夫·贝利、蒂姆·哈珀：《被遗忘的军队》，第370页。（[56][57] 均出自《被遗忘的军队》）

[16] 蒋鼎文：《蒋鼎文关于中原会战溃败原因之检讨报告》，1944年6月，引自《中华民国史档案史料汇编》，第97页。（[17][18][19][20][21][22] 均出自《蒋鼎文关于中原会战溃败原因之检讨报告》）

[24] 白修德、贾安娜：《中国的惊雷》，第178页。（[26] 也出自《中国的惊雷》）

[25] 王奇生：《湖南会战》，载《抗日战争》2004年第3期。

[27] 陶涵：《蒋介石与现代中国》，第194页。（[31][32][59] 均出自《蒋介石与现代中国》）

[30] 芭芭拉·W.塔奇曼：《史迪威与美国在中国的经验（1911 ～ 1945）》，第473页。

[33]《蒋介石日记》，1944年4月15日、5月15日、8月1日。

[38]《史迪威日记》，日期不详。（[54][55][57] 均出自《史迪威日记》）

[39]《蒋介石日记》，1944年3月24日。

[41]《蒋介石日记》，日期不详。

[42] 彼得·弗拉基米洛夫：《延安日记（1942 ～ 1945）》（纽约，1975年），第229、230页。（[43][44] 均出自《延安日记（1942 ～ 1945）》）

[46] 关于共产党对于传统民间艺术形式的改编，见洪长泰的《战争与大众文化：近代中国的抵抗（1937 ～ 1945）》（伯克利，1994年）。

[51] 盛慕：《对抗西方帝国主义：毛泽东、斯大林和美国》（普林斯顿，1997年），第74、90页。

## 第18章

[1]《史迪威日记》，1944年9月19日，第281页。（[8][15][25][26][28][29] 均出自《史迪威日记》）

[2] 陶涵：《蒋介石与现代中国》，第288页。（[11][14][23] 均出自《蒋介石与现代中国》）

[3]《蒋介石日记》，1944年8月17 ～ 28日、9月2日。

[4] 查尔斯·F. 罗曼努斯、赖利·森德兰：《中缅印战区的时机消失》（华盛顿，1959年），第19页。

[5]《蒋介石日记》，1944年8月29日。

[6]《美国外交关系·中国卷》，1944年9月4日，第546页。（[12][16][17][24][27]均出自《美国外交关系·中国卷》）

[7]《蒋介石日记》，1944年8月6日。

[9]《史迪威日记》，1944年9月15日，第279页；陶涵：《蒋介石与现代中国》，第285页。

[10]《蒋介石日记》，1944年9月15日。

[13] 陶涵：《蒋介石与现代中国》，第288页；芭芭拉·W. 塔奇曼：《史迪威与美国在中国的经验（1911～1945）》，第494页。

[18] 龙云于1944年1月22日拍给何应钦的电报，引自张振利的《从民国档案看1944年助滇美军肉类供应风波》，载《云南档案》2011年第12期。

[19] 蒋介石于1944年9月11日拍给龙云的电报、龙云于1944年9月18日拍给蒋介石的电报，引自张振利的《从民国档案看1944年助滇美军肉类供应风波》，载《云南档案》2011年第12期。

[20] 易劳逸等：《1927～1949年国民党统治下的中国》，第157页。

[21]《蒋介石日记》，1944年9月的本月反省录，引自《近代史研究》2009年第3期，第60页。

[22] 芭芭拉·W. 塔奇曼：《史迪威与美国在中国的经验（1911～1945）》，第495页；陶涵：《蒋介石与现代中国》，第291页。

[30] 方德万的《中国的民族主义和战争（1925～1945）》非常清晰地阐述了这一观点，请参阅该书第1章。

[31] 格雷厄姆·佩克：《两种时间观》，第582页。

## 第19章

[1] 芭芭拉·W. 塔奇曼：《史迪威与美国在中国的经验（1911～1945）》，第505、506页。

[2] 马克·皮特、爱德华·J. 迪亚、方德万：《为亚洲而战》，第443、444页。（[3][4]均出自《为亚洲而战》）

[5]《蒋介石日记》，1945年1月5～7日，引自《近代史研究》2009年第3期，第61页。

[6] 艾伯特·魏德迈：《魏德迈报告》（纽约，1958年），第294页。

[7]《蒋介石日记》，1945年1月14日，引自《近代史研究》2009年第3期，第61页。

[8]《蒋介石日记》，1944年12月22日，引自《近代史研究》2009年第3期，第61页。

[9] 陈兼：《毛泽东的中国与冷战》（教堂山，2001年），第22页。（[12]也出自《毛泽东的中国与冷战》）

[10] 莱曼·P. 范·斯莱克：《中日战争时期的中国共产主义运动：1937～1945》，引自易劳逸等：《1927～1949年国民党统治下的中国》，第279页。

[11] 彼得·弗拉基米洛夫：《延安日记（1942～1945）》，1944年11月8日，第287页。

[13] 毛泽东：《赫尔利和蒋介石的双簧已经破产》，1945年7月10日，引自《毛泽

东选集》，第 3 卷，第 281 页。

[14] 赫伯特·费斯：《中国的纷乱》（普林斯顿，1953 年），第 266、267 页。（[15][28] 均出自《中国的纷乱》）

[16] 美国国家档案馆文件，编号为 RG493（614/170[8]）。（[48] 也出自美国国家档案馆文件）

[17]《美国外交关系·中国卷》，1945 年 3 月 13 日，第 277、279 页。

[18] 蔡德金编：《周佛海日记》，1944 年 8 月 10 日。

[19] 蔡德金编：《周佛海日记》，1944 年 11 月 11 日。

[20] 查尔斯·F. 罗曼努斯、赖利·森德兰：《中缅印战区的时机消失》，第 258 页。

[21] 布莱恩·G. 马丁：《重重背叛》，引自《20 世纪的中国》（2008 年 4 月），第 77 页。

[22] 约翰·亨特·博伊尔：《1937 ～ 1945 年中日战争时期的通敌内幕》，第 318 页。

[23] 关于这个时期的情况，请参阅朱利安·杰克逊：《法国：黑暗岁月（1940 ～ 1944）》（牛津，2003 年）。

[24] 蔡德金编：《周佛海日记》，1944 年 8 月 21、26 日。

[25] 陶涵：《蒋介石与现代中国》，第 300、301 页；格哈德·温伯格：《战争中的世界：全球二战史》，第 806、807 页。

[26]《蒋介石日记》，1945 年 2 月 10 日的本周反省录、17 日的本月反省录，引自《近代史研究》2009 年第 3 期，第 61、62 页。

[27] 陶涵：《蒋介石与现代中国》，第 302、303 页；陈兼：《毛泽东的中国与冷战》，第 24 页。

[28] 赫伯特·费斯：《中国的纷乱》，第 273 页。

[29]《赫尔利和蒋介石的双簧已经破产》，1945 年 7 月 10 日，《毛泽东选集》，第 3 卷，第 282 页。

[30]《评赫尔利政策的危险》，1945 年 7 月 12 日，《毛泽东选集》，第 3 卷，第 285 页。

[31] 陈兼：《毛泽东的中国与冷战》，第 25 页。

[32]《蒋介石日记》，1945 年 7 月 28 日，引自《近代史研究》2009 年第 3 期，第 62 页。

[33] 重庆发往华盛顿的通信，1944 ～ 1946 年，联合国档案，编号为 S-0528-0032。（[34][35][39][40][44][45] 均出自联合国档案）

[36] 马德云：《中国的贝弗里奇计划：社会保障与中国的战后的重建》，载《欧洲东亚研究杂志》2012 年第 11 期。

[37] 请参阅陈怡君的《贫穷有罪：中国都市贫民（1900 ～ 1953）》（普林斯顿，2012 年）；罗芙芸：《卫生的现代性》。

[38] 罗芙芸：《卫生的现代性》。

[41] 四川省档案馆资料，编号为 113-116。

[42] 请参阅《欧洲东亚研究杂志》2012 年第 11 期。

[43] 易劳逸：《中日战争期间的国民政府：1937 ～ 1945》，引自易劳逸等的《1927 ～ 1949 年中国国民党统治下的中国》，第 145 页。

[46] 陶涵：《蒋介石与现代中国》，第 305 页。（[50][57] 均出自《蒋介石与现代中国》）

[47]《愚公移山》，1945 年 6 月 11 日，《毛泽东选集》，第 3 卷，第 272 页。

[49] 关于《波茨坦公告》，请参阅格哈德·温伯格的《战争中的世界：全球二战史》，

第 837 ～ 841 页。

[51] 罗伯特·J.C. 布托：《东条英机与战争的来临》，第 151 页。([52][53] 均出自《东条英机与战争的来临》)

[54]《蒋介石日记》，1945 年 8 月 15 日，引自《同舟共进》2008 年第 2 期，第 47 页。

[55] 蒋介石：《抗战胜利告全国军民及全世界人士书》，1945 年 8 月 15 日，引自秦孝仪编的《先总统蒋公思想言论总集》，第 32 卷，第 121 页。

[56]《蒋介石日记》，1945 年 8 月 15 日，引自《同舟共进》2008 年第 2 期，第 47 页。

[58]《蒋介石日记》，1945 年 8 月 15 日，引自《同舟共进》2008 年第 2 期，第 47 页。

## 后 记

[1] 陶涵：《蒋介石与现代中国》，第 318 页；陈兼：《毛泽东的中国与冷战》，第 27 页。

[2] 陈兼：《毛泽东的中国与冷战》，第 32 页。([4][5] 均出自《毛泽东的中国与冷战》)

[3] 陶涵：《蒋介石与现代中国》，第 364 页。([9] 也出自《蒋介石与现代中国》)

[6] 文安立：《决定性的冲突：中国内战（1946 ～ 1950）》(斯坦福，2003 年)，第 89 页。

[7] 约翰·亨特·博伊尔：《1937 ～ 1945 年中日战争时期的通敌内幕》，第 362 页。

[8] 尼尔·博尔斯提尔特、罗伯特·克莱尔：《东京国际法庭》(牛津，2008 年)。

[10] 陶涵：《蒋介石与现代中国》，第 385 页；文安立：《决定性的冲突》，第 6 章。

[11] 白修德、贾安娜：《中国的惊雷》，第 310 页。

[12] 格雷厄姆·佩克：《两种时间观》，第 690 页。

[13] 海因斯、克莱尔：《间谍：克格勃在美国的兴衰》(纽黑文，2000 年)。

[14] 查尔莫斯·约翰逊：《农民民族主义与共产主义政权》(斯坦福，1962 年)。

[15] 芭芭拉·W. 塔奇曼：《史迪威与美国在中国的经验（1911 ～ 1945)》。

[16] 拉纳·米特：《旧灵魂、新记忆：后毛泽东时代中国战争史的变迁》，载《当代历史杂志》(2003 年 1 月)。([17] 也出自《旧灵魂、新记忆》)

[18] 伊恩·布鲁玛：《罪恶的代价：德国与日本的战争记忆》(纽约，1994 年)。

[19] 阮家新：《驻华美军部署及作战概况》，引自《抗日战争研究》(2007 年)，第 27 页。

[20] 聂洪萍：《游戏、民族主义与爱国主义教育》，载《当代中国》(2013 年 5 月)。

[21]《崔永元谈〈我的抗战〉》，《南方周末》2010 年 10 月 7 日的文章。

[22] 董显光：《七年抗战后的中国》(伦敦，1945 年)。

# 附　录

**权威媒体评论**

## “慷慨的赞扬”还是“迟来的公道”？

新华网记者　俞　菀

近70年后，纪念反法西斯战争胜利的“庆功宴”上，世界的目光再次聚焦中国。2014年，牛津大学中国研究中心主任拉纳·米特的《中国，被遗忘的盟友》中译本问世。

在引起西方舆论轰动之后，作者试图将此书的影响力扩展到叙述对象本身。专家认为，无论将此书作为一种“慷慨的赞扬”，还是一种“迟来的公道”，西方人眼中的中国抗战史都释放出一种积极信号，给国人打开了一个追溯和反思历史的崭新窗口。

### 比较视野下的纠偏：为何中国成了“被遗忘的盟友”？

8月22日下午，在复旦大学美国研究中心举行的新书发布会上，拉纳·米特说，在历史研究全球化过程中，西方史学家不断尝试走出“欧洲中心论”的表述方式。重新评价四大同盟国之一中国的作用，成为非常重要且明智的切入点。

拉纳·米特认为，很长一段时期以来，西方主流学界一直未能对中国在“二战”中的角色给出恰如其分的说法。即使在中国被考虑在内的时候，也只是一个次要角色。为何会有这样的偏见？拉纳·米特力图在一种比较视野下，剖析东西方之间的认识误区，以许多最新解密的档案来佐证纠偏的初衷，并最终呈现出一段尽可能接近真相的历史。“中国是最早抗击轴心国侵略的国家，牵制了身处中国内陆的大批日军，在同盟国的整体部署中，中国的战略地位显然极其重要。”然而，由于冷战时期的影响，这段历史被忽视了。拉纳·米特在研究中发现，西方学界对中国为“二战”所做贡献的视而不见，与早先对当年苏联所付出牺牲的漠视何其相似。而对于中国成为“被遗忘的盟友”是因为“西方中心论”的观点，拉纳·米特并不赞同。尽管战场在几千英里之外，但“中国反抗压迫的经历早已传出中国国界，只是鲜有人认为当代中国是‘抗日战争的产物’。”拉纳·米特说，台儿庄战役、长沙会战、豫湘桂会战，很难像敦刻尔克大撤退、诺曼底登陆及硫黄岛决战等那样，引发强烈的“文化共鸣”。

记者了解到，早在中译本问世之前，《中国，被遗忘的盟友》已引起了全球学界的高度关注。除了其阐述的主要观点外，丰富的史料与独特的讲述方式都形成了很大的冲击，也给予国内的抗战史研究重要的贡献和启发。

“我们要让世界人民认识到中国在‘二战’中的作用，自说自话肯定不行。”中国社会科学院近代史研究所研究员杨天石说，除了实事求是地讲述历史，还要有世界性的研究平台，有各国学者共同参与的研究群体。“国外知名学者的论述，可以作为我们在世界舞台上发声的重要引证。”复旦大学历史学系教授金光耀说，从拉纳·米特的著作中反观国内的抗战史研究，显然还有很多资料没有被很好地利用。

## 隐忍的情感讲述：寻找历史创伤的出口

不同于国人时常接触到的史学论述，拉纳·米特字里行间透露出隐忍而深沉的人文关怀。作为费正清、史景迁之后的西方新生代“中国通”，拉纳·米特显然与中国有着深厚的渊源。尽管这样会使这本书看起来并不时刻那么“严肃”，却因许多逸闻故事而引人入胜。

从领袖日记、战士笔录到战乱时中产阶级的回忆，作者以独特的视角讲述发生在中国人身上的故事。英国《每日电讯报》评论，“拉纳·米特严肃、优雅、适度的梳理，对于遭受过精神创伤的中国人而言可谓理想的疏导”。

《中国，被遗忘的盟友》给中国的历史教育带来一个启示——“要从人文关怀的角度讲述‘二战’中的中国，跳出对抗性叙事，建构和解构性叙事”。中国传媒大学新闻传播学部副教授周逵说，“无论是中西方之间、中日之间还是国共两党之间，都要更客观地评价那段历史”。

中国中外关系史学会副会长石源华说，西方学者用一本书，阐述了对中国看法的改变。因此，我们也应该有所改变，历史教育必须要有更广阔的胸襟和视野。复旦大学国际政治系主任徐以骅说：“讲述抗战史不是要煽动对日仇恨。”正如拉纳·米特在书中反复强调的那样，中国人疾恶如仇的同时也是善良宽厚的。“中国和世界人民一同付出并见证了战争的惨烈和牺牲，中国人也用了最大的善意去对待盟友、难民、战犯和遗孤。”

## 现代化转型的背景：“负责任的大国”铭记历史的方式

正如英国《泰晤士报》评论的那样，“想要了解（中国）今日为何能崛起，就应该更多地着眼于其历史”。以拉纳·米特为代表，当今有不少西方史学家认为，研究中日战争是解读中国为何能够一跃成为世界大国的关键。

上海社科院世界中国学研究所所长，《中国震撼》的作者张维为十分赞同这一观点，“抗日战争对中国现代化国家的形成所发挥的作用，可能是其他战争都无法替代的”。它可以较好地解释中国民族认同感的由来，也可以很好地解释，为何在内忧外患的变革中，中国人民选择了将命运托付给共产党。

值得关注的是，中日战争对当代中国留下的各种影响，如抗战纪念馆、抗战影视剧等，都成为拉纳·米特这本“另类史书”的注脚。

拉纳·米特坦言，西方史学家重写“二战”中的中国并获得如今的影响力，得益于中国自身的重大变化。有关“二战”的政治历史研究，也有了更多合作的空间。

为什么战争改变了中国？拉纳·米特说，西方世界会越来越关注这个问题的答案。“中国参与那场艰苦卓绝的战争，不仅仅是为了国家尊严和生存，还为了所有同盟国的胜利。正是在第二次世界大战中，东西方一起抗击了有史以来最黑暗的邪恶力量。”

发表时间：2014 年 8 月 23 日
来源：新华网（http://news.xinhuanet.com/world/2014-08/24/c_126909124.htm）

# 牛津教授：西方盟友不靠谱，最终导致蒋介石丢了大陆

澎湃新闻记者　彭珊珊

“二战”结束前夕，雅尔塔会议召开，国际秩序重构，中国作为同盟国未获资格参加，对涉及自身领土的问题也没有发言权；半个多世纪后的今天，西方众多“二战”史的书写中，只见太平洋战争和欧洲战场、原子弹和苏联出兵，鲜有关注中国的八年抗战。对于中国作为“盟友”抗击轴心国的角色，西方过去为何“遗忘”，今天又如何“唤醒”？

## 西方当主角，中国“跑龙套”？

在多数西方学者笔下，第二次世界大战是从1939年德国入侵波兰开始，以1945年美国发射原子弹、苏联出兵迫使日军投降告终的。而中国自1937年开始的浴血奋战，包括1400万人的牺牲（英、美两国死亡总人数各约40万）、8000万人的流离失所、对80多万日本精锐部队的牵制与消耗，却在历史的叙述中被忽视。米特表示，如果是在10年前，几乎没有欧洲学者会在“二战”的论述中强调中国战场的作用。美国学者道格拉斯·波奇就曾在《胜利之路：“二战”中的地中海战场》一书中称，正如地中海战场在欧洲盟军作战中的边缘地位一样，中国战场在太平洋战争中的地位也是边缘的。

中国是最早抗击轴心国侵略的国家，在这个意义上，中国是第一个同盟国。在珍珠港事件爆发前的4年里孤军对抗装备精良的日本军队，

长期的抗战又大大牵制了日本的兵力，然而西方世界“未能对中国的角色给出恰如其分的说法”。米特认为，如果说“二战”是一场美国、苏联和英国扮演主角的大戏，那么西方人眼中的中国就是个“跑龙套”的。要客观地看待这段历史，必须承认中国是战时同盟国四大核心国之一，与美、苏、英三国地位同等。

米特教授在接受澎湃新闻采访时表示：“各国、各地有不同的‘抗战史’。日本有15年战争的说法。在东北，战争从‘九一八’开始打了14年，对全中国而言，卢沟桥事变才是开端，所以抗战是8年。在伦敦，人们强调丘吉尔首相、强调英法与德之间的冲突，在美国，人们强调太平洋战争——大多数西方人曾觉得中国的作用无足轻重，但现在他们的看法正在改变。此外，陪都重庆、沦陷的上海、发生大屠杀的南京、红色的延安等，每一个城市的抗战历史都不同。它们不一样，但也不冲突，都是抗战史的一部分。这是我写《中国，被遗忘的盟友》这本书的原因。我希望能呈现一个比较完整的抗战。”西方世界对抗日战争的认知不足，并非因为战事发生在遥远的亚洲。正如米特在书中所说，南京大屠杀和重庆大轰炸早已传出中国国界，在当时的欧洲小说家、摄影师、记者的笔下，中日战争和西班牙内战都被视为反法西斯战争的一部分。

抹杀这段历史的是冷战。米特认为，1949年以后，红色中国在西方世界眼中成了无法与之对话的庞然大物，站在对立面的共产主义阵营中，而日本成了西方国家在冷战中的同盟。美国必须把日本培养成对抗苏联、中国威胁的盟友，因而有意忽略了日本过去的罪行。

## 蒋介石为盟军利益牺牲国内战场?

《参考消息》曾发表评论《“二战”回眸：西方遗忘了浴血的中国》，认为《中国，被遗忘的盟友》让“谁丢掉了中国”这个问题具备了新意。米特在书中写道：“国民党政权艰难维系到1945年，之所以最终灭亡，并不是因为盲目地反共、拒绝抗日，也不是因为愚蠢或原始的军事思想作怪，而是源于内外交困以及不可靠的西方盟友。”米特指出，1941年12月7日“珍珠港事件”爆发后，美国的主要战略目标之一就是“确保中国持续参战”，以此牵制身处中国内陆的大批日军。欧美希望以最低的代价把中国留在战争中，而蒋介石一再被迫牺牲中国战场的利益，而把兵力按照有利于盟军地缘战略利益的方式做部署。

石源华认为，典型的例子是1944年反攻缅甸的战争和豫湘桂战役：彼时中国军队在缅甸战场以惨烈的方式取得了胜利，但是也因此未能全力以赴地投入中国战场上的豫湘桂战役，后者的失败导致中国全面地陷入了政治、经济的危机。美国在缅甸的问题上逼迫中国，也导致后期中美关系陷入僵局。

“蒋介石在日记中抱怨美国迫使他调集军力去解救缅甸，而无力顾及中部地区的重要战役，最后酿成苦果。蒋介石认为缅甸不重要，军队不该去，他是被迫的。”米特表示，缅甸是一个矛盾且复杂的问题，他并不完全同意蒋介石的看法：“当时在西南地区的军队不可能及时送到中部豫湘桂战役的战场上，因为交通网络已被阻断，甚至有些士兵是在印度接受训练的。另一方面，中国军队不只是在中国的战场上战斗，具有重要的象征意义。”入缅作战是当时中国军队在国外战场的唯一战例。

那么，为什么豫湘桂战役的失败对于蒋介石和国民党军队是个巨大的灾难呢？米特认为，主要原因是“珍珠港事件”之后的3年里，中国并没有从美国那里得到足够的援助，而并非抽调兵力去缅甸战场。

值得注意的是，近年来关于缅甸远征军的公开报道明显增多，也有社会力量在帮助滞留缅甸的抗战老兵。米特表示，他们作为和英美并肩作战的同盟国军人，也应该被世界记住。

## 重新审视抗战史，何以可能？

“现在，历史和其他事务一样在经历全球化的过程，欧洲史学家也在脱离以欧洲为中心的历史书写。”米特教授表示，最近欧洲学者的“二战”史著作开始注意到中国的贡献，例如安东尼·比弗，“我们对‘二战’史的新看法也是历史全球化的一部分”。

另外，新材料的开放无疑是新著作的源头。米特表示，中、英、美各国都有新公布的重要资料，例如斯坦福大学的《蒋介石日记》，英国国家档案馆所藏抗战时期大使馆的资料等等。“我在书中关注蒋介石、毛泽东、汪精卫这三股势力，上海市档案馆、重庆市档案馆的便利条件使得著作中相关的内容更加丰富。”

石源华认为，中国的崛起和国际地位的提升更是不可忽视的现实因素。米特则表示：“中国的开放为研究提供了很好的条件。牛津大学正在筹备一个新的中国研究中心，这将是欧洲最大的中国研究基地，我们希望和中国学者有更密切的合作。”

西方国家对于这场战争的认识在增加，还体现在相关研究机构的兴起。米特教授主持的牛津大学中国研究中心（前身为牛津大学中国抗日战争研究中心）已和重庆、台北、北京、上海等地的研究机构建立联系，并有计划与台北的“国史馆”和一些大陆学者合作研究中国战时的外交史。数据图书资源的提供、汉语教学研习、国际研讨会的召开以及博士、博士后研究人员及访问学者的招募，都是该中心将开展的工作。

在美国，哈佛大学亚洲研究中心设立的“1931 ~ 1945 年中日战争的合作研究”项目也是有代表性的国际合作。该项目旨在促进中、日、美和其他国家学者之间的合作，研究专题包括：日本入侵中国东北后中国地方政府是如何统治的，日本、国民党和共产党的军事战略，战争中的国际关系，1931 ~ 1945 年中国的宣传、文化和文学等。

## 今天的东亚，要完成的是 1945 年未完成的事情

米特表示，事实上有很多日本学者、媒体在揭露日本战争罪行方面做了努力，从日本学界在这一研究领域设立的奖学金之多就可以了解

一二。而日本右翼否认战争罪行的行为，在欧洲不可能发生，没有人敢于公开为希特勒辩白。

“根源不在于发生了什么，而在于有没有发生什么。”1945 年战争结束后，欧洲大陆也是残垣断壁，但是这片曾经由法西斯统治的土地上建立了新的国际秩序——北大西洋公约组织和欧盟。这意味着稳定的治理，也意味着统一的认识，所有国家联合在一起对法西斯的行径表达愤怒。遗憾的是类似的情况没有在东亚出现。

在东亚，战后政治力量迅速、突然地分化成对立的两个阵营，日本成为美国领导下的阵营成员，而中国是新兴的社会主义大国。因此，在欧洲出现的跨国组织没能在亚洲出现。“我们正在为此付出代价。当下东亚各国之间的对话不仅艰难，而且常常走向极端。中、日的岛屿争端，中国在南海、东南亚问题上对美国的指责，甚至许多国家之间无法进行有效对话，这都是 1945 年抗日战争结束后，中、英、美、日、苏各方没能协同解决战争遗留问题所酿成的苦果，”米特教授说，“今天的东亚，要完成的是 1945 年未完成的事。”

发表时间：2014 年 8 月 28 日
来源：澎湃新闻网（http://www.thepaper.cn/newsDetail_forward_1264143）

# 世界欠中国的战争债，中国应重视战争纪念

《环球时报》驻英国特约记者　孙　微

“世界欠中国的战争债。”2013 年 10 月，牛津大学教授拉纳·米特在《纽约时报》上撰文讲述了一个在西方长期被忽视的话题——中国的抗日战争史。拉纳·米特是牛津大学中国研究中心主任，被认为是西方新一代中国抗战史研究权威。2013 年 9 月，他的英文版专著《被遗忘的盟友：中国的“二战”》出版。如今简体中文版的《中国，被遗忘的盟友》也已面世，该书详述了整个抗日战争中的重大事件与人物斗争。2014 年 8 月 19 日，《环球时报》记者在伦敦对拉纳·米特进行了专访。谈及中国的“二战”经历时，拉纳·米特表示西方对此知之甚少。他认为，随着中国成为经济强国，中国的历史将会变得愈加重要。

## 西方对中国抗战知之甚少

**《环球时报》**：您怎么想到研究中国“二战”贡献这个话题？研究期间遇到的最大挑战是什么？

**拉纳·米特**：主要原因是这是最后一个没有被西方史学家充分讨论的故事。有关英、美甚至日本在“二战”中扮演角色的书籍汗牛充栋，但讨论中国“二战”角色的书，尤其英文著作相当少。这一发现令我甚为震撼，因此我尝试把有关中国抗战故事的本土研究汇集起来，放在更宏大的历史背景中来看待。

当然，做这种研究也非常有挑战性。很多史料毁于战火，一些毁于后来的政治斗争，还有一些材料没有解密。另外，也有些主题现在仍然很难触及。例如，我的书中有一部分谈论汪精卫，我想了解汪精卫当时主张与日本和谈的动机，但由于他是汉奸，在中国仍然很难对他进行深入的讨论。类似于这样一些历史决定的背后，有着许多复杂因素，讨论起来颇具挑战性。

**《环球时报》**：您在《世界欠中国的战争债》一文中称，"中国抵抗日本侵略是未被讲述的'二战'伟大故事之一"。据您了解，西方媒体以及学者对这一观点有没有什么反应？

**拉纳·米特**：学界有两方面的反应。一方面，西方对中国在"二战"中扮演的角色有了越来越浓厚的兴趣，他们认同西方应该进一步了解中国在"二战"中的角色。另一方面，本书在翻译之前，中国的社交媒体就对一位外国教授写中国"二战"史表示不满，当然这也展开了有关中国角色的讨论。我很有兴趣了解，国外对中国"二战"角色的兴趣是否会激发中国内部更多的讨论。

事实上西方对中国的抗战知之甚少，除了一些学者，有关抗日战争的讨论并没有在西方公共讨论中占据一席之地。如今，像苏联在"二战"中的贡献都逐渐成为更主流的大众文化。随着中国在全球政治中扮演更重要的角色，世界其他地区的人会逐渐更了解中国历史，但这需要时间。

## 战争纪念有助于形成强大的公共文化

**《环球时报》**：西方舆论以及学界整体上对中国在"二战"中的作用持什么看法？

**拉纳·米特**：让我们先来定义中国在"二战"中做出了什么贡献，为什么会被忽略。首先，1400 万中国人死于战乱，8000 万至 1 亿的人成为难民，80 多万日本兵被拖住南下的脚步。如果中国在 1938 年投降，那么整个亚洲的状况将完全不同，日本帝国称霸整个亚洲的可能性要高很多。所以中国的抵抗对于亚洲甚至全球历史而言非常重要。

那么为何如此巨大的贡献却被忽略了呢？原因一个在于西方，一个在于亚洲，而两者都和冷战有关。中国的战时经历跌入了冷战带来的“黑洞”中。“二战”结束没多久，在西方眼中，中国就从战时同盟变成了冷战中的对手。西方史学家本可以去中国找档案，举行会议与中国同行讨论，然而冷战让这一切难以为继。此外，冷战使得中国关闭了通向西方的大门，中国的史学家无法与海外史学家互动，无法把中国战时历史放在全球史的框架中进行讨论。

这种情况在过去二三十年里发生了很大变化，对“二战”历史的看法已经经历了全球化的历程。人们了解到，如果只关注英国、德国、美国或者中国，你将不能全面了解“二战”期间究竟发生了什么。所有这些国家彼此都是盟友或敌人，如何理解它们之间的互动对于理解战争非常关键。无论是国民党还是共产党领导的抗战，中国对日军的抵抗非常重要。1941 年珍珠港事件后，美国和英国的支持也对最终的胜利至关重要。抗日战争主要是中国对日本的胜利，但同时也是中国与盟国在全球范围内的胜利，这两方面都应当铭记。

**《环球时报》**：中国 2014 年高规格纪念抗战爆发七十七周年，2015 年据说也会有隆重的“二战”纪念活动，您怎么看这样的纪念？

**拉纳·米特**：这是战争纪念走向全球化的一部分。在美国、英国、法国，纪念战争的开始与结束已经形成非常强大的公共文化。在中国，直到最近几年，对抗战的纪念才多起来。可以说抗日战争在中国的文化纪念活动中并不那么核心，但这并不是全部。

高规格纪念的积极意义在于，它能帮助人们了解中国各个群体在抗战中所做出的贡献，包括共产党，包括蒋介石领导的政府，也包括更广大的人民群众，比如那些难民，那些在艰苦年代仍然保持社会运转的人。每个国家在纪念时都试图学习并教育国民如何防止类似的战争再次发生，这也能为和平解决亚洲当下的诸多问题做出贡献。

**《环球时报》**：对于当今中国人的"反日情绪"，西方社会又是怎么看待的？

**拉纳·米特**：大部分西方人对中国抗日战争知之甚少，因此他们对此所掌握的知识不足以做出评论。在过去几个月里，伦敦公众围绕"'一战'的爆发究竟应不应该归咎于德国"进行了很多辩论。可见，在100年后的英国，这仍然是一个有争议的问题，而中日问题在西方则很少引发类似讨论。当然这一局面在未来很有可能发生变化，因为随着中国成为经济强国，中国的重要性正在上升，中国的历史也就更加重要。在英国的学校里，中国历史已经变得更加"主流"，学习中国历史比10年或15年前要容易。这些都需要时间来改变。

## 日本公众对"二战"史态度复杂

**《环球时报》**：能否总结一下当下日本政府的"二战"历史观有哪些改变或新观点？

**拉纳·米特**：日本公众对"二战"史有着复杂的态度。有些中国青年常在互联网上抱怨日本尚未承认其战争罪行，他们需要做得更多。其实这种说法过于简单。从战后日本社会对战时罪行的处理方式可以看出，他们迈出了很大的步伐。举例来说，南京大屠杀在冷战时期第一次引起世界关注，并不是由中国或西方的披露造成的，而是日本左翼记者在中国采访幸存者之后发表报告带来的。

此外，日本有一个活跃、民主的公共领域，学者、记者、作家、教师、教授都参与到辩论中来，各自有着不同观点。日本主流社会对战时日本严重侵犯他国主权、践踏人权以及违背所有价值观的做法有着深刻了解。

然而，值得注意的是，当下的日本也存在对战争持修正主义态度的观点，即刻意淡化战争期间日本在中国和其他亚洲地区的罪行，并拒绝承认日本需要进一步教育自身并对此负起责任。但这仅是众多观点中的一个，如果认为这是日本唯一的甚至主流的观点，则有误导性。安倍晋三和其他一些日本高层领导人过于粉饰日本战时行径，但在他所处的自民党内部以及记者、市民都认为安倍在此问题上看法不正确。关注一下安倍的民意调查会发现，对于安倍的经济政策，民调显示支持度还是很高的，因为当时经济确实还不错；但是他的修正主义观点，公众支持度并不高。因此，日本不止有一种观点，不能把一个领导者的观点当作是全体人民的观点。

**《环球时报》**：对于让东北亚纠结的日本历史问题，您觉得造成这种状况的原因是什么？出路是什么？

**拉纳·米特**：东北亚长期纠结于历史问题的根源是，“二战”结束时，亚洲并没有拿出一个全面、各方同意的和解方案。这和欧洲以及广义上北大西洋的情况恰恰相反，当时美、法、（西）德以及其他大国达成共识，后来有了北约、欧盟等组织。而这从来没在亚洲发生过。

“二战”结束后，冷战来得很快，结果把中国同美国、日本以及该地区的其他主要国家分离开来。这种情况持续了几十年。现在是时候重拾“1945 年未竟的事业”了。因为随着经济增长和相互依赖的程度增大，当下比任何时候都需要一个维护地区稳定的共识或者框架，这也是各方共同的责任。

如果说要从战时吸取经验教训，我们应该牢记战时领导人尤其是日本领导人犯下的错误：他们认为该区域的权力之争是零和游戏，一个权力的增强意味着另一权力的衰落。这种想法是错误的。权力关乎相互依存、共同实现目标的能力。如今，亚洲有两个重要工具可以利用——经济和文化。不论怎样，任何强国都需要赢得人心。达成稳定、互惠的框架是最重要的区域目标。

发表时间：2014 年 8 月 26 日
来源：环球网（http://world.huanqiu.com/exclusive/2014-08/5117425.html）